中国共产党建党100周年优秀学术成果丛书

经贸强国

中国流通产业竞争力评价

丁一志　余福茂　著

浙江工商大学出版社
ZHEJIANG GONGSHANG UNIVERSITY PRESS

·杭州·

图书在版编目(CIP)数据

经贸强国：中国流通产业竞争力评价 / 丁一志，余福茂著. — 杭州：浙江工商大学出版社，2020.8

ISBN 978-7-5178-4056-5

Ⅰ. ①经… Ⅱ. ①丁… ②余… Ⅲ. ①流通产业一竞争力一研究一中国 Ⅳ. ①F724

中国版本图书馆 CIP 数据核字(2020)第 157602 号

经贸强国:中国流通产业竞争力评价

JINGMAO QIANGGUO:ZHONGGUO LIUTONG CHANYE JINGZHENGLI PINGJIA

丁一志　余福茂　著

责任编辑	谭娟娟
封面设计	林朦朦
责任印制	包建辉
出版发行	浙江工商大学出版社
	(杭州市教工路 198 号　邮政编码 310012)
	(E-mail:zjgsupress@163.com)
	(网址:http://www.zjgsupress.com)
	电话:0571 - 88904980,88831806(传真)
排　　版	杭州朝曦图文设计有限公司
印　　刷	杭州高腾印务有限公司
开　　本	710mm×1000mm　1/16
印　　张	23.75
字　　数	375 千
版 印 次	2020 年 8 月第 1 版　2020 年 8 月第 1 次印刷
书　　号	ISBN 978-7-5178-4056-5
定　　价	79.00 元

总　序

　　1921年中国共产党的成立，是中国历史上开天辟地的一件大事。2021年，中国共产党将迎来百年华诞。100年来，中国共产党走过了波澜壮阔的光辉历程，从一个只有50多人的小党发展成为拥有9000多万名党员的世界第一大党，领导中国人民完成新民主主义革命，实现了民族独立和人民解放；建立社会主义制度，完成了中国历史上最广泛、最深刻的社会变革；做出改革开放伟大决策，开创了建设中国特色社会主义道路，为实现中华民族的伟大复兴指明了方向。历史和现实雄辩地证明，没有共产党就没有新中国，没有共产党就没有中国特色社会主义事业的胜利。中国共产党不愧为伟大、光荣、正确的马克思主义政党，不愧为领导中国人民不断开创新事业的核心力量。中国共产党100年的光辉历程，犹如一幅逶迤而又气势磅礴、雄浑而又绚丽多彩的画卷。

　　高山耸峙，风卷红旗过大关。中国共产党的百年历史就是在一个个挫折中不断成熟、在一场场考验中不断成长的奋进诗篇，如今的中国共产党已经拥有了应对挑战的丰富经验和克服困难的强大能力。面对百年未有之大变局，党的十八大以来，以习近平同志为核心的党中央统揽国内国际两个大局，统筹推进"五位一体"总体布局，协调推进"四个全面"战略布局，把中国特色社会主义不断推向前进。在"两个一百年"奋斗目标的历史交汇点上，党的十九届五中全会统筹中华民族伟大复兴战略全局和世界百年未有之大变局，提出了到2035年基本实现社会主义现代化远景目标，中国共产党将带领全国人民开启全面建设社会主义现代化国家、实现中华民族伟大复兴中国梦的新征程。

　　全面总结、系统阐释党的光辉历程是理论界义不容辞的责任。我校作为一所习近平同志在浙江任职期间视察并寄予厚望的省重点建设高校,发挥在哲学社会科学领域的优势,宣传、阐释浙江乃至全国各地在党的领导下开展的伟大实践和探索,是我们的使命与担当。为此,我们筹划了这次"中国共产党建党100周年优秀学术成果丛书"出版工作。对于浙江工商大学来说,这套丛书在2021年出版发行具有双重意义。首先,这套丛书是我们向建党100周年的献礼工程;其次,2021年我们将迎来学校110周年校庆,因此,这套丛书的出版发行也是校庆系列活动中的标志性项目。

浙江工商大学110年的校史与中国共产党100年的党史是紧密交织在一起的。我校的前身是创建于1911年的杭州中等商业学堂。这是浙江省新式商业教育之先驱,也是当时全国最早创办的商业专门学校之一。1921年后,当中国共产党人为民族解放和人民幸福前赴后继、英勇奋斗时,学校在军阀混战、抗日战争和解放战争相继发生的旧中国,坚守实业救国初心,以传承实业教育为己任,筚路蓝缕、艰辛办学,学校数易其名、屡迁校址。1949年中华人民共和国成立、中国共产党成为执政党后,学校迅速完成了从旧高商向新高商的转变,进入历史新纪元,1963年,学校由商业部直属,更名为杭州商业学校,列为全国重点学校。党的十一届三中全会开启了改革开放历史新时期,社会急需大量商业管理人才,学校进入了一个崭新的发展时期,实现了一个又一个跨越:1980年,国务院批准建立杭州商学院,学校升格为本科大学;1990年获得硕士学位授予权;2003年获得博士学位授予权;2004年,教育部批准杭州商学院更名为浙江工商大学;2015年,学校被确定为浙江省人民政府、商务部和教育部共建大学;2017年学校被确定为浙江省重点建设高校。目前,学校正在按照2020年末召开的学校第三次党代会确定的战略目标,全力冲刺"双一流",建设卓越大学,奋力标定在全国乃至世界高等教育中的新坐标。

回望学校110年办学历程,特别是新中国成立以来,我校始终坚持正确办学方向,与时代同呼吸,与祖国共命运。在我校的办学历史中涌现了爱国民主先驱、中华人民共和国首任粮食部部长章乃器,著名经济学家、原国家计划委员会副主任骆耕漠等一大批杰出校友。可以说,浙江工商大学就是一所传承红色基因、怀揣实业兴国梦的高校。从这个角度来看,浙江工商大学110年校史就是中国共产党100年党史的缩影。

在百年党庆和110年校庆的交汇点上,浙江工商大学组织全校力量编写这套丛书,热情讴歌党的丰功伟绩,唱响校庆活动的红色旋律。丛书选题、编写工作从2020年初就开始酝酿,2020年5月在全校范围征集"庆祝中国共产党建党100周年等重点选题和优秀研究成果",经过专家评审、选题凝练,7月确定丛书总体框架、各分册主题和内容,随后进入书稿撰写阶段。此后,编写组还多次召开集体研讨会,研究书稿撰写、统稿、出版工作。目前呈现在读者面前的是丛书的第一辑,随后各分册会陆续出版发行。

这套丛书涉及政治学、历史学、管理学、法学、经济学、统计学、语言学等学科,涵盖党的历史、现代化建设、党建业务、社会治理、经济发展、对外交流、数字经济等多个主题。各分册从不同视角展现了全国人民特别是浙江儿女在中国共产党的领导下投身革命救亡图存、改革开放发展经济、走在前列实现跨越的伟大实践与探索。我们希望这套丛书能够进一步激发社会各界的爱党爱国热情,进一步坚定广大读者的"四个自信",进一步鼓舞全国人民在党的领导下建设社会主义现代化国家的冲天干劲。

这套丛书的编写、出版过程凝结了各分册作者、学校人文社会科处、浙江工商大学出版社相关同志的心血,在此致以问候!浙江省委宣传部、浙江省社科联、浙江省委党史和文献研究室等部门相关领导和专家对丛书的整体定位、选题、编写工作给予了大量指导,一并表示衷心感谢!

陈柳裕

C目录
ontents

1

概　述

　　流通作为连接生产和消费的重要桥梁，是社会再生产过程中的重要组成部分，对生产、分配和消费具有深刻的影响。随着社会经济与科学技术的发展，"互联网＋"的时代背景为商贸流通业的升级发展提供了良好的机遇，对我国流通业的发展产生了重大且深远的影响。流通业更多关注和精准把握消费者需求，甚至引导和创造消费需求；减少了交易环节和升级了网上交易环境；不断创新商贸流通发展模式，呈现出多元化与多样化的发展特点，创造了更高的附加值。互联网和智能经济的发展极大地促进了流通业的升级发展，进一步提高了要素流动和配置效率，使我国流通业在国民经济中占据越来越重要的地位，从而促进经济高质量发展。目前，我国流通业主要通过大力发展电子商务和技术创新等手段进一步实现规模性、创新性和国际化发展，对社会经济的贡献不断凸显，并越来越受到党中央、国务院的高度重视，形成了良性循环发展模式。

　　第一，我国流通业整体发展规模持续扩大，促进经济进一步发展。

　　改革开放40多年来，随着我国经济和科学技术的不断发展，我国商贸流通业整体发展规模持续扩大，已发展成为国民经济的主导产业。从零售发展规模来看，根据国家统计局数据，我国全社会商品零售总额从 2015 年的30.10万亿元增加到 2018 年的 38.10 万亿元，同时与 2011 年对比，增长了1.88％。从国民经济增加值来看，2018 年，我国流通业增加值达到了 9.92 万亿元，剔除价格因素，较 2017 年增长了 7.60％，较 2010 年增长了 96.30％。从对流通业的固定资产投资力度来看，我国流通业的固定资产投资额在 2017 年达到了 10.05 万亿元，较 2016 年和 2010 年分别增长了 7.95％和 132.17％，占全社会投资总额的 15.67％，仅次于制造业、房地产业。 从对外经济贸易发展规模来看，2018 年，我国货物进出口额达到了 30.51 万亿元，继 2012 年后又在全世界蝉联第 1，使我国成为世界贸易规模最大的国家，在"十三五"期间的前 3 年保持了 7.69％的年均增长速度。 从就业人数来看，我国流通业人员规模也再现扩张趋势，2018 年，我国流通业城镇单位就业人员数达到了 2519 万人，较 2010 年增长了 44.3％。 具体如图 1-1 所示。

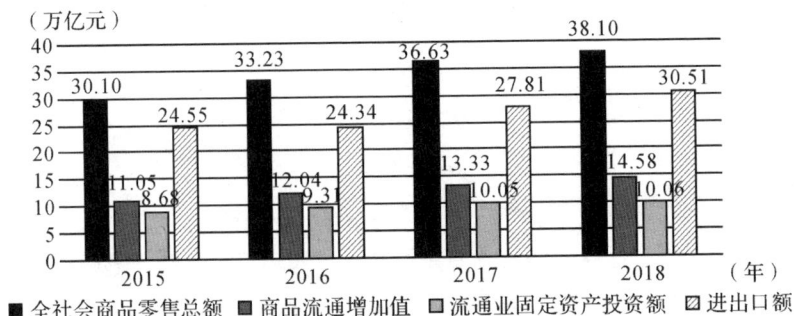

图 1-1　2015—2018 年流通业发展规模

第二，网络零售保持快速发展，规模不断扩大，使流通业现代化程度进一步提高。

近几年，我国进入数字经济发展时代，互联网技术和人工智能等技术的进步进一步促进了电商发展。 特别是网络零售一直处于快速发展阶段，促进了流通业现代化程度的不断提高，为商贸流通业的发展做出了巨大的贡献。 根据商务部统计测算数据，2018 年，我国电商交易额达到了 31.63 万亿元，同比增长 10.36％，占批发零售业销售总额的 45.76％（见图 1-2），且这一比例在近几年均在 45％以上，体现了我国流通业较高的现代化发展水平。

在网络零售发展方面，2018 年，我国网络零售额超过了 9 万亿元，较 2017 年增长了 25.52％，且 2014—2018 年期间的年均增长率达到了 36.95％，大大超过了全社会商品零售总额的增长速度。 2018 年，网络零售额占全社会消费品零售总额的 23.64％（见图 1-2），且这一比例较 2010 年提高了近 20 个百分点，较 2015 年提高了超 10 个百分点。 由此可知，我国网络零售的发展大大促进了流通业的转型发展，使流通业现代化发展程度不断提高。

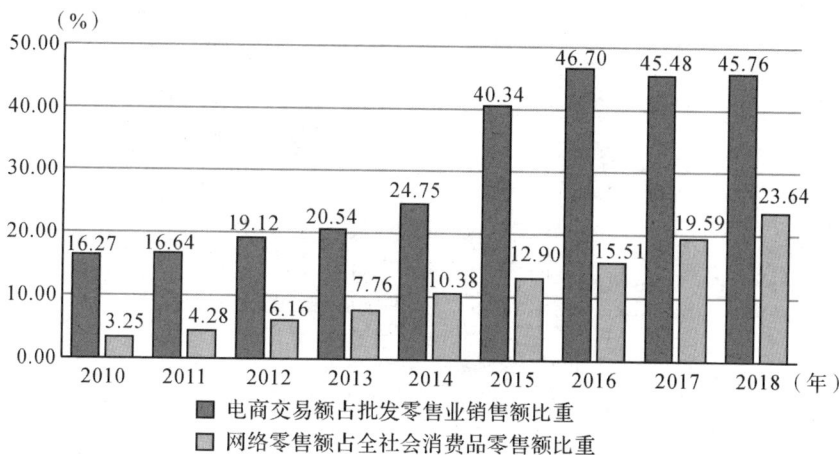

图 1-2　流通业现代化发展程度

第三，我国跨境电商处于迅猛发展阶段，成为全球跨境电商最大的交易市场，使流通国际化程度进一步提高。

2012 年，我国外贸总额首次超过美国，成为世界贸易规模最大的国家。在 WTO 公布的数据中，2018 年，中国贸易进出口总额达 30.51 万亿元，保持世界第 1，美国第 2（28.23 万亿元），德国第 3（18.79 万亿元），日本第 4（9.81 万亿元）。在我国成为贸易大国的基础上，跨境电商的发展大大促进了我国国际市场规模的扩大。根据商务部数据，2018 年，我国跨境电商进出口总额达 9 万亿元，占当年全国进出口总额的 29.50%，占全球跨境电商市场规模的 40% 以上，可见，我国已经成为全球跨境电商最大的交易市场。同时，我国跨境电商发展正处于增量提质的重要战略机遇期。

从时间纵向发展来看，我国跨境电商交易规模处于不断的、快速增长的发展阶段。2018 年，我国跨境电商交易规模较 2017 年同比增长 11.66%；2011—2018 年的年均增长率为 27.64%，2011 年的增长率达到了最高的 38.46%。具体如图 1-3 所示。同时，我国跨境电商交易额占全国进出口总额的比重也在持续提高，从 2010 年的 6.44% 上升至 2018 年的 29.51%，上升幅度超过了 23 个百分点。具体如图 1-4 所示。可见，在国家"一带一路"倡议的大力推进下，跨境电商的发展已经成为推动我国外贸经济增长的重要途径。

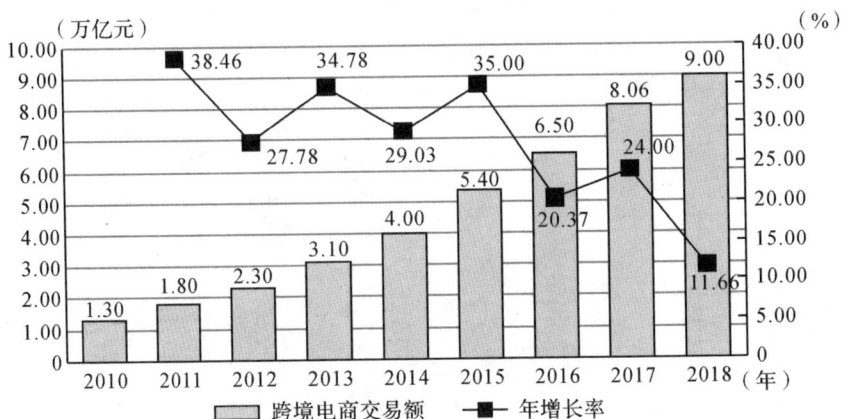

图 1-3　2010—2018 年我国跨境电商发展规模及年增长率

图 1-4　2010—2018 年我国跨境电商交易额占进出口总额比重

第四，流通业经营效益规模不断扩大，流通效率呈逐步提高的发展趋势。

从微观企业的经营效益来看，我国流通业企业的经营效益呈不断增长的发展趋势，且增长速度保持在 10% 以上。根据国家统计局发布的最新统计数据，2018 年，我国流通业企业的主营业务收入超过了 60 万亿元，与 2017 年同期相比增长了 9.26%，是 2010 年的 2.38 倍，其中主营业务利润超过了 4.38 万亿元，较 2017 年增长了 12.31%，是 2010 年的 2.06 倍，这证明了我国流通业企业的经营效益规模在不断扩大。

从流通效率来看，2018 年，批发零售业的商品库存率（商品库存占商品销售额的比例）为 6.09%，相比 2017 年降低了 0.80 个百分点，同 2014 年比较，降低了 0.95 个百分点。 从流通效益来看，2018 年，商贸流通业企业的经营利润率（经营利润）为 7.21％，较 2017 年提高了 0.15 个百分点，与 2010 年对比，则下降了 1.12 个百分点。 由此可知，我国商贸流通业的商品流通效率呈逐渐提高趋势，但流通效益方面还存在流通成本较大、利润较低的问题，需要进一步提高。

第五，流通业的经济社会贡献不断凸显，产业引擎作用突出。

目前，流通业已逐渐成为我国经济增长的主引擎和就业的蓄水池。 从流通业增加值占 GDP 的比重来看，根据统计年鉴数据，2018 年，我国商品流通业增加值占实际 GDP 的比重为 30.84％，较 2017 年提高了 0.22 个百分点，较 2014 年提高了 18.56 个百分点。 2018 年，我国流通业城镇单位就业人员占全社会城镇单位就业人数的比重为 14.60％，仅次于制造业和建筑业，较 2014 年提高了 0.60 个百分点，增长幅度较小。 具体如图 1-5 所示。

从消费对经济增长的贡献来看，我国的消费贡献率逐渐提高。 根据国家统计局公布的数据，2018 年，我国最终消费支出占 GDP 的比重为 55.27％，拉动 GDP 增长的贡献率为 65.90％，较 2017 年分别增长了 0.20 个百分点和 8.40 个百分点，其占比和贡献率比资本形成总额分别高了 5.70 个百分点和 24.40 个百分点。 由此可知，流通业对经济增长的贡献度较大，并对经济增长的拉动作用较大，已成为经济增长的重要驱动力。

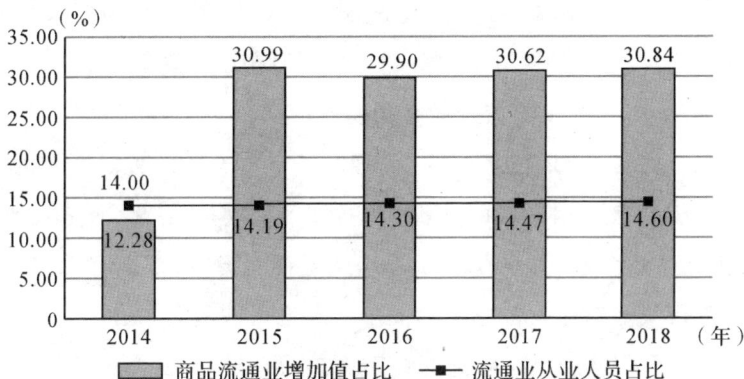

图 1-5　流通业经济贡献和就业贡献率

第六，流通业发展政策不断优化，大力促进流通业发展。

随着流通业的不断发展和对经济增长的贡献不断加大，以及在互联网信息技术日益发展的背景下，近几年，国家政府部门越来越重视流通业的发展，并积极出台相关政策，采取各项措施来促进流通业发展。2015年5月，国务院出台的《关于大力发展电子商务加快培育经济新动力的意见》，提出推动传统商贸流通企业发展电商、支持物流配送终端及智慧物流平台建设等诸多扶持举措。同月，商务部专门出台的《"互联网＋流通"行动计划》，明确了流通业发展的目标。2015年8月，国务院常务会议提出做强现代流通业，鼓励"互联网＋流通"，主要强调推广电商等新兴流通方式，鼓励流通企业发挥线下实体店的物流、服务、体验等优势，推动实体与网络市场融合发展，同时鼓励流通企业与制造企业集群式"走出去"，扩大境外发展规模。2016年，国务院办公厅出台的《关于深入实施"互联网＋流通"行动计划的意见》，提出"互联网＋流通"是经济社会创新、协调、绿色、开发、共享发展的重要途径，并从加快流通转型升级、推进流通创新发展、加强智慧流通基础设施建设、加快完善流通保障制度、营造诚信经营和公平竞争环境等方面提出相关意见。2018年，财政部、商务部联合发布《关于开展2018年流通领域现代供应链体系建设的通知》，主要涉及：强化物流基础设施建设，夯实供应链发展基础；发展单元化流通，提高供应链标准化水平；加强信息化建设，发展智慧供应链；聚焦重点行业领域，提高供应链协同化水平；推广绿色技术模式，提高供应链绿色化水平。2019年，国务院办公厅发布了《关于加快发展流通促进商业消费的意见》，主要在流通业态新模式发展、流通升级发展、流通设施优化、流通渠道扩大、流通特色发展、流通发展资金支持力度、流通发展环境等方面提出了相关意见，并要求各部门和各地区切实抓好各项政策措施的落实落地。由此可知，党中央和国务院都高度重视流通业，不断强化流通业的重要作用，不断深化流通业各方面的发展，为流通业的现代化发展、国际化发展、协同化发展和绿色化发展创造了良好的发展条件和支撑基础。

2 中国流通业竞争力发展指数测算及分析

2.1 中国流通业竞争力评价指标体系改进

2.1.1 流通业范围界定

关于流通业的范围界定，分为广义和狭义两种。广义的流通业包括批发贸易业、零售业、物流（仓储运输）业、住宿餐饮业、拍卖业、会展业、典当业、租赁业、旧货业等，狭义的流通业主要包含批发业、零售业、住宿餐饮业和物流业等。

目前对于流通业的界定尚有争议，根据数据可行性，本书将流通业的范围界定为交通运输业、批发零售业、住宿业、餐饮业、租赁和商务服务业、居民服务和其他服务业。

2.1.2 综合评价指标体系的构成、计算方法及说明

《中国流通发展报告2012》中已经详细介绍了中国流通发展综合评价指标体系构建的基本思路和框架、评价指标选取原则、评价指标体系的构成和说明及采用的综合评价方法。本书根据各方面的反馈意见，在原有评价指标体

系的基础上做进一步改进，来测算和分析全国及各省区市的流通业竞争力发展情况。

2.1.2.1 发展支撑力

流通业的发展离不开各项基础设施的保障，更离不开消费者的购买力，因此流通业发展支撑力指标包括基础指标和购买潜力指标。基础指标分别使用人均社会消费品零售总额、流通业固定资产投资额占比、流通里程强度和社会物流总额来测度；购买潜力指标分别使用城镇居民消费潜力和农村居民消费潜力来测度。具体指标计算公式见表2-1。

2.1.2.2 发展现代化

流通业现代化是指信息技术带来的流通技术结构、流通业态形式和流通结构布局的现代化转型，并通过流通现代化建设，流通体系和内部结构进一步健全，流通业功能不断增强，城乡流通体系逐步完善，从而降低流通成本，提升流通效率。

第一，业态现代化。

连锁经营是在整体规划下进行专业化分工，并在分工的基础上实施集中化管理，使复杂的商业活动简单化，更容易获取规模效益的一种经营业态。因此，连锁经营（包括直营、特许经营和自由连锁）是流通业未来的发展方向之一。

现代物流是利用先进信息技术和物流装备，整合传统运输、储存、装卸、搬运、包装、流通加工、配送、信息处理等物流环节，实现物流运作一体化、信息化、高效化的先进组织方式；是除了降低物质消耗、提高劳动生产率之外的第三利润源泉，其发展水平已成为衡量一个国家和地区综合竞争力的重要标志。因此，现代物流是流通业未来的发展方向之一。

因此，本书从物流配送化程度、连锁经营化程度、人均连锁经营化规模3个方面来衡量流通业态现代化发展程度。具体指标计算公式见表2-1。

第二，技术现代化。

以技术现代化为基础，实现电子虚拟流通方式与传统实体流通主体的创新结合是流通业未来的发展方向之一，而技术创新是以投入大量资金和时间为基础的，因此可以通过人均流通资本指标来间接衡量现代化技术的投入和使用程度，进而反映流通业的技术现代化发展程度。

因此，本书通过电商成交额占比和人均流通资本指标来衡量流通技术现代化发展情况。具体指标计算公式见表 2-1。

第三，城乡一体化。

我国农村流通体系分散，结构单一，城乡失衡现象严重，因此，发展农村流通，实现城乡流通一体化，是我国流通业未来发展需要着力增强的部分。然而，由于农村流通体制的落后，关于农村流通的统计数据有较多缺失，本书选择农村居民消费支出占比指标来间接反映城乡流通一体化程度。具体指标计算公式见表 2-1。

2.1.2.3 发展国际化

流通发展国际化是指流通要素跨国界的流动，包括资本的国际化、管理的国际化和商品经营的国际化。流通国际化是一个双向过程，可以将其概括为外向度（外向国际化）和开放度（内向国际化）。前者是一国的企业通过各种形式参与国际流通市场的竞争，使企业经营具有国际化特征；后者是外国流通企业进入国内市场，使国内市场的竞争呈现出国际化特征。对于流通业来说，从资金流角度来衡量，包括资金投入和产出，能够较好地反映流通国际化程度。同时可以从行业结构角度进一步了解流通国际化的发展程度。因此，我们用流通业对外直接投资情况来测度流通业发展外向度；从流通业实际利用外资额占比、外资商业销售额占比、外资住宿餐饮营业额占比 3 个方面来测度流通业发展开放度。具体指标计算公式见表 2-1。

2.1.2.4 发展绩效

流通业竞争力发展首先是为了降低流通成本，提高流通效率，最终是为了更好地促进经济和社会发展，提高对社会和经济发展的贡献度。

本书使用流动资产周转率和库存周转率指标来衡量流通效率；从流通业对地区经济增长的贡献（用流通业增加值占比代替）、对拉动工业增长的贡献

（用拉动倾向代替）、对拉动消费增长的贡献（用促进倾向代替）及对促进就业的贡献（用就业贡献率代替）等 4 个方面来衡量流通业对经济社会发展的整体贡献。 具体指标计算公式见表 2-1。

表 2-1　中国流通业竞争力发展评价指标体系

一级指标	二级指标	三级指标	计算公式或说明
发展支撑力	基础	人均社会消费品零售总额	社会消费品零售总额/常住人口
		流通业固定资产投资额占比	流通业固定资产投资额（限额以上）/全社会固定资产投资额
		流通里程强度	流通里程综合指数（公路里程数×5＋铁路里程数×3＋水运里程数×2）/GDP
		社会物流总额	社会物流总额
	购买潜力	城镇居民消费潜力	城镇居民家庭人均可支配收入
		农村居民消费潜力	农村居民家庭人均纯收入
发展现代化	技术现代化	人均流通资本	流通业固定资产原值/流通业从业人员数
		电商成交额占比	电子商务成交额/批发零售业销售总额
	业态现代化	物流配送化程度	连锁零售企业统一配送商品购进额/零售业销售总额
		连锁经营化程度	连锁经营销售额/零售业销售总额
		人均连锁经营化规模	连锁经营销售额/常住人口
	城乡一体化	农村居民消费支出占比	农村居民消费支出额/居民消费总额
发展国际化	外向度	人均商品出口额	商品出口额/常住总人口
		流通业对外直接投资占比	流通业对外直接投资净额/全社会对外投资净额
	开放度	流通业实际利用外资额占比	流通业的外商直接投资额占比
		外资商业销售额占比	批发和零售行业的外资商业销售额占比
		外资住宿餐饮营业额占比	外资住宿餐饮营业额/住宿餐饮营业额

一级指标	二级指标	三级指标	计算公式或说明
发展 绩效	流通效率	流动资产周转率	批发零售业流动资产/主营业务收入
		库存周转率	主营业务成本/库存
	社会经 济贡献	流通业增加值占比	流通业增加值占 GDP 的比重
		拉动倾向	流通业增加值增长速度/工业总产出增长速度
		促进倾向	流通业增加值增长速度/社会消费品零售总额增长速度
		就业贡献率	流通业从业人员数占比

2.1.3　综合评价方法

面对大量的单项指标，需要将它们综合成总评价指标，才能进行最终评价。因此，需要选择科学合理的合成模型，这也是构建整个评价模型的重点。关于综合评价方法，目前主要有定性评价法、效用函数平均法、多元统计分析法、模糊评价法、灰色系统评价法、神经网络与遗传算法等。不同的方法可能会得到不同的评价结果，在实际应用时，应根据实际需要选择合适的方法。对于事物的评价，在选择评价方法和评价模型时，首先要考虑选择的方法是否符合实际意义，其次看合成模型是否适用于所选取的指标，最后看评价结果是否符合公众的理解。

基于以上考虑，本书采用最基本也是最直观、最能够体现综合评价的"主观认识"属性的评价方法——效用函数平均法。这种方法既能分别分析流通业的各层面，发现其中的薄弱环节和不足，还能综合分析流通总状态。具体的操作步骤为：①将每一个指标按一定的形式转化为评价当量值；②采用一定的统计合成模型计算总评价值。

假设第 i 个地区（共 n 个地区，$i=1, 2, \cdots, n$）的第 j 个评价子系统（共 m 个子系统，本书中 $m=6$，$j=1, 2, \cdots, m$）的第 k 个指标（共 p 项指标，$k=1, 2, \cdots, p$）的实际值为 y_{ijk}，也为基础指标值。子系统内各指标权重为 w_{jk}，且 $\sum_{k=1}^{p_j} w_{jk} = 1$；各子系统之间的权重分配系数为 w_{0k}，且 $\sum_{j=1}^{m} w_{0k} = 1$。$f_{jk}$（$j=1,$

2，…，m；$k=1$，2，…，p_j）为单项指标无量纲化函数（效用函数或当量函数）。ϕ_j 为第 j 个子系统内部的合成模型，ϕ_0 为总目标合成模型。

以下即为基于分层组合评价思想的一种效用函数平均法评价模型，其中 3 个关键因素的确定，决定了最后的评价结论，分别为单项指标无量纲法 f_{jk}（$j=1$，2，…，m；$k=1$，2，…，p_j）、子系统内各指标权重 w_{jk}（$j=0$，1，…，m；$k=1$，2，…，p_j）、加权合成模型 ϕ_j（$j=0$，1，2，…，m）。

（1）计算无量纲化值：$z_{ijk}=f_{jk}$（y_{jk}）。

（2）计算各系统内部的合成值 $z_{ij}=\phi_j$（z_{jk}，w_{ijk}）。

（3）计算总系统的合成值 $z_{ij}=\phi_0$（z_{ij}，w_{0j}），其中 $z_i=\phi_0$ $\{\phi_j[f_{jk}(y_{ijk})，w_{jk}]，w_{0j}\}$（$i=1$，2，…，$n$；$j=1$，2，…，$m$；$k=1$，2，…，$p_j$）。

2.1.3.1 指标数据无量纲化方法

指标同度量化就是将每一个评价指标按照一定的方法量化，消除因单位不同导致的数值变化，成为对评价问题测量的一个量化值，即效用函数值。

从理论上来说，同度量化的方法有综合指数法、均值化法、标准化法、比重法、初值化法、功效系数法和极差变化法等。一般来说，只要单项指标的取值区间与取值点的物理含义明确，综合评价的结果就是比较好理解和可解释的。在众多方法中，综合指数法不仅简单，而且含义更直观，意含绝对目标的相对实现程度。同时，该方法的复杂度与评价结论的合理度并无必然关系。本书采用综合指数法进行指标同度量化，计算公式为：

$$z_{ijk}=\begin{cases}100\times y_{ijk}/y_{jkB}\text{（正指标）}\\100\times y_{jkB}/y_{ijk}\text{（逆指标）}\end{cases}\qquad(2\text{-}1)$$

其中，z_{ijk} 为第 i 个地区 j 子系统第 k 个指标的单项评价分数，y_{ijk}，y_{jkB} 分别为第 k 个指标的实际值与标准值。当实际值等于标准值时，单项指数等于 100；当实际值大于标准值时，单项指数大于 100；当实际值小于标准值时，单项指数小于 100。对于适度指标，则先通过单向化处理再用上述公式做无量纲化，或采取分段函数做无量纲化处理。

根据综合指数法的计算公式，确定标准值是使用该方法的关键。实际中常用的标准值有最大值、最小值、算术平均值、变量总值、初值、环比速率、历史标准值或经验标准值等。 由于流通发展状态评价是一个动态过程，而实际又需要固定标准值，可以将标准值设为各变量的平均值或发展目标值或最优值等。

2.1.3.2 流通业竞争力发展指数中的权重问题

在整个评价指标体系中，各个指标的作用和重要性都是不同的，因此需要设定权重来反映各指标的相对重要性和作用。 统计领域中存在多种确定权重的方法，其中权重有主观权重和客观权重之分。 主观权重确定方法中较为科学的是基于专家系统的 AHP 构权法，即专家 AHP（Analytic Hierarchy Process）法。

AHP 法，即层次分析法，它把一个复杂决策问题表示为有序的递阶层次结构，通过人们的比较判断，计算各种决策方案在不同准则及总准则之下的相对重要性量度，从而据此对决策方案的优劣进行排序。 其在构造统计权数方面应用得十分广泛，是比较有效的构权方法之一。 AHP 法的构权过程如下：

（1）选 m 位专家组成员，要求各成员对商贸流通领域比较熟悉且能够理解 AHP 法的操作思路，能够较为准确地判断在综合评价过程中不同指标之间重要性的差异。

（2）由专家 AHP 法构造各子系统下各指标重要性两两比较的比例判断矩阵。 对于某一个有 P 项指标的子系统，第 k 个专家所给出的 AHP 比例判断矩阵记为：

$$\begin{matrix} I_1 & I_2 & \cdots & I_P & \text{指标} \end{matrix}$$

$$A(k) = \begin{bmatrix} a_{11(k)} & a_{12(k)} & \cdots & a_{1p(k)} \\ a_{21(k)} & a_{22(k)} & \cdots & a_{2p(k)} \\ \vdots & \vdots & \vdots & \vdots \\ a_{p1(k)} & a_{p2(k)} & \cdots & a_{pp(k)} \end{bmatrix} \quad (k=1, 2, \cdots, m) \quad (2\text{-}2)$$

（3）计算平均合成矩阵 $\overline{A} = (\overline{a_{ij}})_{p \times p}$，式中 $\overline{a_{ij}} = \dfrac{1}{m}\sum\limits_{k=1}^{p} a_{ij(k)}$（$i, j = 1, 2, \cdots, p$）。

（4）计算基于平均矩阵的重要性权向量 $w = (w_1 \quad w_2 \quad \cdots \quad w_p)^T$，$w$ 的

计算方法很多，在判断其一致性较高的情况下，不同方法之间的差异极小。

本书采用行和法确定权向量，即 $w = \sum\limits_{j=1}^{p} \overline{a_{ij}} \Big/ \sum\limits_{h=1}^{p} \sum\limits_{j=1}^{p} \overline{a_{hj}}$。

（5）计算一致性比率 CR，对判断矩阵的一致性进行检验，判断专家权重的合理性。公式为：$CR = \dfrac{CI}{RI}$，$CI = \dfrac{\lambda_{\max} - p}{p - 1}$，$\lambda_{\max} = \dfrac{1}{p} \sum\limits_{i=1}^{p} \dfrac{(\overline{A}w)_i}{w_i}$，

$$\overline{A}w = \begin{bmatrix} \overline{a_{11}} & \overline{a_{12}} & \cdots & \overline{a_{1p}} \\ \overline{a_{21}} & \overline{a_{22}} & \cdots & \overline{a_{2p}} \\ \vdots & \vdots & \vdots & \vdots \\ \overline{a_{p1}} & \overline{a_{p_2}} & \cdots & \overline{a_{pp}} \end{bmatrix} \begin{bmatrix} w_1 \\ w_2 \\ \vdots \\ w_p \end{bmatrix}。$$

其中，CI 为一致性指标，RI 为随机一致性指标，可查表获得。当 CR ≤ 10%，即认为判断是一致的，所构权向量是合格的。通过专家的多轮商讨，在专家 AHP 判断矩阵的基础上进行平均，通过最后导出的权值体系可知，所有 CR 均是符合要求的。

2.1.3.3　流通业竞争力发展指数合成方法

考虑到实际评价工作的现实可操作性与可直观理解性，以及所选指标的特点，本书采用普通加权算术合成方式进行合成，表达式为：

$$z_{ij} = \sum_{k=1}^{p_j} (z_{ijk} \times w_{jk}) \Big/ \sum_{k=1}^{p_j} w_{jk}$$

$$(i = 1, 2, \cdots, n;\ j = 1, 2, \cdots, m;\ k = 1, 2, \cdots, p_j) \qquad (2\text{-}3)$$

2.2　中国流通业竞争力发展指数测算及分析

2.2.1　指标数据来源及说明

本书的数据来源于国家统计局官方网站、国研网，以及《中国统计年鉴》《中国连锁经营统计年鉴》《中国物流年鉴》《中国连锁批发零售统计年鉴》

与各省区市的统计年鉴等，主要获取全国及各地区在 2009—2017 年间相关评价指标的统计数据，来测算流通业竞争力发展水平和较为完整地刻画出流通业的发展轨迹。 由于西藏地区流通发展评价相关指标的数据缺失多，会造成对西藏流通发展水平测度的不准确，本书所选样本中略去西藏，只包括除西藏及港澳台之外的其余 30 个省区市。 本书采用综合指数法对表 2-1 中的各个指标数据进行无量纲化，以实现对流通业发展水平的综合评价。

同时，需要进一步说明的是，由于目前我国流通业的统计体系还不是很完善，在综合分析时，本书针对全国和各省使用稍有差异的指标体系，但从整体上来讲，并不影响流通业竞争力发展指数的主要发展趋势分析和地区比较分析。

2.2.2 实证结果

本书测算了我国 30 个省区市 2010—2017 年的流通业发展综合指数，具体结果如表 2-2 和表 2-3 所示。 需要特别说明的是，由于某些地区三级指标相关数据的缺失，尤其是关于流通现代化的基础数据，为了使区域间能够具有可比性，本书一方面对测量区域流通发展现代化的三级评价指标进行了调整，另一方面以全国 2009 年的三级指标值为基准来计算各个省区市的指标指数值。

表 2-2　中国流通业竞争力发展总指数

指标	2010 年	2011 年	2012 年	2013 年	2014 年	2015 年	2016 年	2017 年
中国流通业竞争力发展指数	110.47	114.58	118.09	122.53	127.56	138.61	136.64	138.98
一、发展支撑力	109.67	118.53	129.01	139.46	150.35	160.26	170.00	181.48
1.基础	106.07	105.65	109.47	113.87	118.87	123.17	126.81	131.70
1.1 人均社会消费品零售总额	118.19	139.36	158.84	179.01	199.38	219.58	241.06	264.28
1.2 流通业固定资产投资额占比	108.58	90.23	89.34	89.90	93.21	97.58	96.96	98.94
1.3 流通里程强度	87.79	75.94	70.99	66.30	62.85	60.28	57.32	52.53

续　表

指标	2010 年	2011 年	2012 年	2013 年	2014 年	2015 年	2016 年	2017 年
1.4 社会物流总额	109.72	117.06	118.71	120.29	120.05	115.22	111.92	111.07
2.购买潜力	113.26	131.41	148.56	165.05	181.83	197.36	213.19	231.25
2.1 城镇居民消费潜力	111.12	126.78	142.76	156.60	170.67	184.58	198.91	215.36
2.2 农村居民消费潜力	115.41	136.04	154.35	173.49	192.98	210.15	227.47	247.14
二、发展现代化	100.29	103.27	105.22	106.79	115.81	126.93	132.08	133.04
1.技术现代化	99.53	97.32	105.44	107.68	138.39	172.44	188.10	189.91
1.1 人均流通资本	108.90	102.05	102.59	100.57	110.81	113.21	120.21	126.18
1.2 地区流通业资产总额	90.16	92.59	108.28	114.79	165.96	231.67	255.98	253.64
2.业态现代化	103.49	116.29	114.05	115.33	110.92	105.14	104.50	104.13
2.1 物流配送化程度	95.14	101.55	102.19	103.21	103.19	100.52	102.33	102.18
2.2 连锁经营化程度	92.77	93.62	82.80	75.19	65.76	60.37	55.28	56.40
2.3 人均连锁经营化规模	122.55	153.69	157.15	167.60	163.81	154.53	155.89	153.80
3.城乡一体化	97.84	96.20	96.18	97.34	98.13	103.20	103.64	105.09
农村居民消费支出占比	97.84	96.20	96.18	97.34	98.13	103.20	103.64	105.09
三、发展国际化	114.59	117.46	119.86	121.18	121.78	120.06	129.13	127.95
1.外向度	126.07	125.19	126.30	123.72	133.97	124.00	128.80	143.69
1.1 人均商品出口额	129.84	148.81	155.42	163.95	171.13	167.07	162.86	179.42
1.2 流通业对外直接投资占比	122.31	101.58	97.18	83.49	96.82	80.94	94.75	107.97
2.开放度	103.11	109.72	113.43	118.63	109.58	116.11	129.45	112.20
2.1 流通业实际利用外资额占比	102.86	115.37	131.39	150.86	122.17	142.48	186.09	131.13
2.2 外资商业销售额占比	109.15	114.73	110.41	105.83	109.06	109.41	113.22	116.68

指标	2010 年	2011 年	2012 年	2013 年	2014 年	2015 年	2016 年	2017 年
2.3 外资住宿餐饮营业额占比	105.27	105.59	101.05	101.58	98.56	90.72	88.62	89.48
四、发展绩效	117.35	119.05	118.26	122.72	122.31	147.21	115.34	113.44
1.流通效率	108.36	110.16	106.84	111.79	106.12	101.02	101.51	101.58
1.1 流动资产周转率	105.27	105.59	101.05	101.58	98.56	90.72	88.62	89.48
1.2 库存周转率	111.44	114.73	112.63	122.00	113.68	111.31	114.39	113.68
2.社会经济贡献	126.35	127.93	129.68	133.64	138.50	193.40	129.18	125.30
2.1 流通业增加值占比	100.55	100.90	102.50	103.66	105.71	105.35	105.62	104.80
2.2 拉动倾向	69.23	74.20	123.32	126.41	142.47	418.10	121.67	58.58
2.3 促进倾向	237.07	239.54	196.26	201.34	202.47	145.60	184.09	231.19
2.4 就业贡献率	98.54	97.09	96.65	103.16	103.35	104.54	105.35	106.62

表 2-3　30 个省区市流通业竞争力发展总指数

地区	2010 年	2011 年	2012 年	2013 年	2014 年	2015 年	2016 年	2017 年
上海	325.15	345.33	350.57	405.89	375.96	367.97	381.58	419.36
天津	158.86	166.04	169.32	167.02	178.40	162.93	160.62	187.02
北京	209.29	219.04	207.35	215.77	214.29	218.15	251.39	243.26
广东	182.98	243.57	212.99	221.55	218.18	209.77	215.45	215.22
江苏	173.56	187.76	186.21	185.53	187.59	195.39	196.97	206.87
福建	124.23	135.24	147.37	148.93	159.17	169.53	163.14	160.79
浙江	160.40	177.00	186.95	214.43	212.30	212.56	217.13	231.12
辽宁	98.74	112.46	115.08	120.29	127.99	115.98	101.36	141.21
海南	93.69	93.47	98.52	103.2	110.85	102.6	83.81	111.84
新疆	93.96	95.83	119.72	122.95	117.23	106.64	97.02	124.05
内蒙古	89.88	88.44	83.37	86.25	42.18	79.60	84.47	84.21
甘肃	75.13	81.48	76.86	73.67	102.44	79.84	74.06	129.55
青海	78.77	79.83	80.76	113.09	92.64	82.98	97.52	86.23
重庆	87.45	102.77	107.91	110.09	116.51	119.73	118.25	131.20

地区	2010 年	2011 年	2012 年	2013 年	2014 年	2015 年	2016 年	2017 年
湖北	89.05	89.19	92.16	109.55	106.68	113.97	117.11	122.00
贵州	66.85	69.12	71.13	70.04	72.31	80.19	76.32	80.29
云南	84.37	96.45	91.03	88.81	88.26	77.81	111.87	96.31
山东	119.76	124.06	132.31	121.54	139.44	137.23	133.63	138.20
黑龙江	77.18	86.50	62.90	73.83	83.69	87.66	88.78	92.90
河北	84.53	89.44	91.54	87.88	95.32	82.69	90.19	108.58
安徽	80.66	85.51	93.28	93.58	90.80	84.57	97.90	100.85
江西	90.52	92.59	99.27	93.97	96.94	105.34	100.66	107.89
广西	75.12	79.52	83.32	82.17	81.47	87.37	89.57	93.68
湖南	133.86	124.52	128.34	122.01	116.00	115.57	117.68	137.23
吉林	83.81	88.68	92.05	87.82	87.39	87.67	71.70	68.71
陕西	75.72	93.79	88.38	97.90	101.15	94.82	105.91	114.31
山西	77.87	77.35	131.67	82.56	101.45	99.14	87.54	99.06
河南	70.63	84.22	88.40	92.95	92.32	92.67	94.81	94.20
四川	83.03	92.17	96.66	102.20	120.75	99.50	118.82	125.73
宁夏	78.72	81.98	88.84	92.95	85.46	82.89	83.67	96.16

2.2.3 全国流通业竞争力发展分析

根据中国流通业竞争力发展指数的测算结果，在 2010—2017 年期间，我国流通业发展取得了较好的成绩。从 2010—2017 年中国流通业竞争力发展指数走势来看，表现出明显加快的发展趋势，与 2010 年相比，2017 年中国流通业竞争力发展指数增长了 25.81%。具体结果如图 2-1 所示。在未来，我国可以进一步促进流通业的发展，提高我国流通业在国民经济中的地位，让其成为我国的支柱产业和战略产业，成为我国经济增长的源泉，从而实现我国经济增长方式的加快转变。

综上所述，我国流通业发展取得了十分明显的进步，其发展的动力因素是哪些？从流通业竞争力发展指标的 4 个一级指标构成要素来看，在 2010—

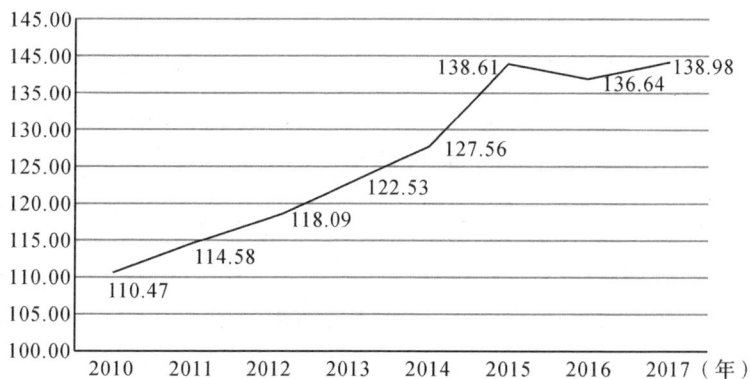

图 2-1　中国流通业竞争力发展指数趋势图

2017 年间，发展支撑力要素成为我国流通业竞争力发展的最主要驱动因素，对流通业竞争力发展的贡献最大，其年平均贡献率为 40.43%，拉动流通业竞争力发展指数提高了 11.21 个百分点。 发展国际化和发展绩效要素对流通业竞争力发展指数的贡献旗鼓相当，其年平均贡献率分别为 23.28% 和 24.30%，分别拉动流通业竞争力发展指数提高了 5.38 和 5.49 个百分点。 发展现代化要素对流通业竞争力发展的贡献最小，其年平均贡献率为 11.99%，贡献点数为 3.86 个百分点。 具体结果如图 2-2 所示。 由此可知，在 2010—2017 年间，促进我国流通业竞争力发展的最大作用力是发展支撑力，其次是发展国际化和发展绩效，而发展现代化的作用力最小，需要进一步提升。

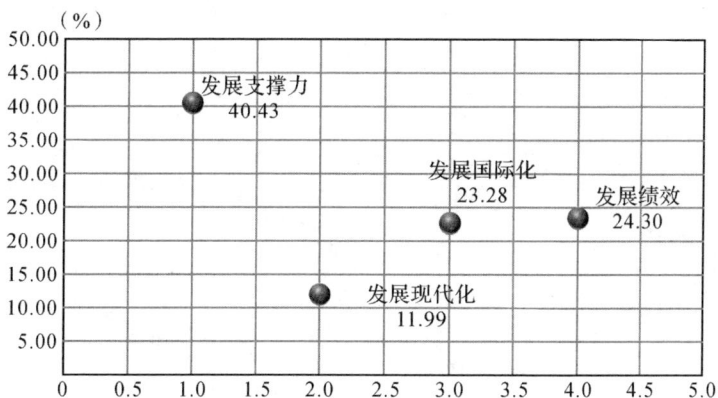

图 2-2　流通业竞争力发展指数一级指标的平均贡献率

　　从流通业竞争力发展指数的二级指标构成要素来看，根据上述所计算的 2010—2017 年的要素平均贡献率，对我国流通业竞争力发展贡献最大的是潜力指标，达到 32.72％；其次是社会经济贡献指标和外向度指标，分别为 20.04％和 16.38％；其他各项指标的贡献率均在 10％以下；贡献最小的是城乡一体化指标，贡献率为－0.57％，表现出其对我国流通业竞争力的发展有阻碍作用。 这反映了我国城乡流通发展不均衡，差距较大，是制约我国流通业竞争力发展的影响因素。 另外，业态现代化指标和流通效率指标的贡献也较为不足，影响了我国流通业的整体发展，其贡献率仅分别为 3.82％和 4.26％。 由此可知，目前我国流通业竞争力发展的短板主要是城乡流通发展不均衡、流通效率低、流通业态现代化发展不足，这些也是我国流通业竞争力发展需要进一步加强和提高的地方。

3 中国流通业竞争力发展指数各构成要素分析

3.1 发展支撑力指数

发展支撑力指数是指对中国流通业竞争力发展起支撑作用的构成因素的综合评估指数，由基础指数和购买潜力指数组成。

3.1.1 基础指数

基础指数基于流通发展的基础因素考察流通发展支撑力的状况，采用人均社会消费品零售总额、流通业固定资产投资额占比、流通里程强度和社会物流总额 4 个构成指标来综合衡量流通业发展的基础支撑情况。

3.1.1.1 基础指数的发展变化及贡献分析

从图 3-1 中可知：一方面，在 2010—2017 年间，基础指数基本呈现逐年递增的发展趋势，且增长速度较为平稳，年均增长速度为 3.15％；另一方面，从基础指数数值的大小来看，我国流通发展基础指数均超过了 100，显示出我国流通业竞争力发展的基础要素每年均呈现增长的态势。因此，从整体来说，我国流通业竞争力发展的基础要素处于不断提高的发展阶段。

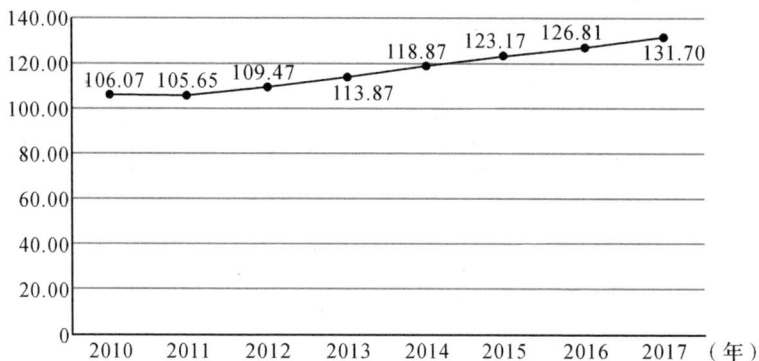

图 3-1　基础指数的变化趋势

从基础指数对流通业竞争力发展的贡献率情况来看，在 2010—2017 年，基础指数对中国流通业竞争力发展总指数的贡献率除 2011 年和 2015 年有所下降外，整体呈现上升的发展态势，2017 年的贡献率比 2010 年提高了 2.92 个百分点。 从基础指数对中国流通业竞争力发展总指数的贡献点数上看，2010—2017 年分别拉动中国流通业竞争力发展指数上升了 7.25，4.85，6.54，7.69，8.56，7.50，9.15，10.17 个百分点，2017 年的贡献点数最大，2011 年的最小。 具体如图 3-2 所示。 综上所述，我国流通业竞争力发展的基础要素对流通业发展的贡献率整体波动较小，且总体呈现出上升趋势；流通基础要素对流通业发展的拉动也呈现上升趋势，这表明流通基础要素对我国流通业发展的贡献度在逐步提高。

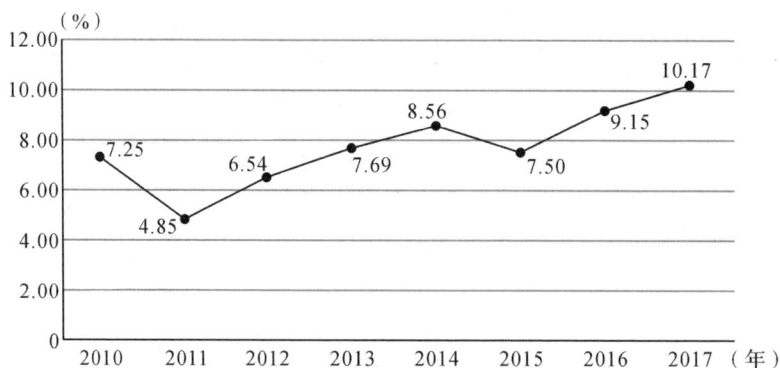

图 3-2　基础指数的贡献率

3.1.1.2 基础指数的构成要素分析

第一，人均社会消费品零售总额指数变化趋势及贡献。

人均社会消费品零售额是地区批发和零售业、住宿和餐饮业及其他行业把消费品直接售给城乡居民和社会团体所得的零售额，反映了社会商品购买力的实现程度，以及零售市场的规模状况。因此，消费品流通发展情况可以间接反映流通基础要素的发展情况。从图 3-3 可以看出，人均社会消费品零售总额指数在 2010—2017 年间呈现逐年递增的发展态势，且增长速度较快，从 2010 年的 118.19 上升到 2017 年的 264.28，增长了 1 倍多。这表明，我国商贸流通市场的发展速度较快，且表现出明显的扩张趋势。

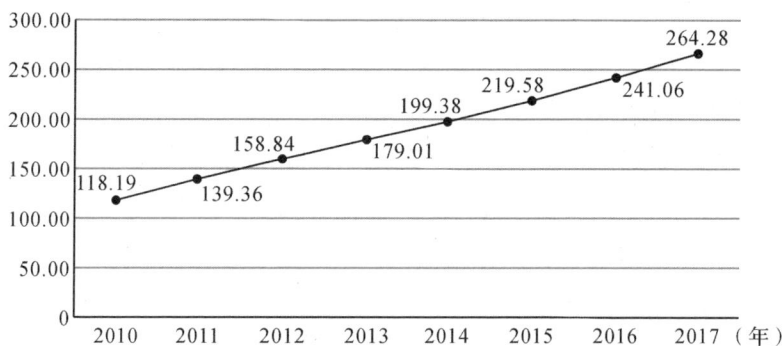

图 3-3 人均社会消费品零售总额指数的变化趋势

同时，从人均社会消费品零售总额对流通业竞争力发展总指数的贡献情况来看，人均社会消费品零售总额对流通业发展的贡献率在 2010—2017 年间（除 2015 年有所下降外）整体呈上升发展态势，表明人均社会消费品零售总额对中国流通业竞争力发展指数的贡献在逐渐提高。从人均社会消费品零售总额对中国流通业竞争力发展总指数增长的拉动点数值来看，2010—2017 年分别拉动中国流通业竞争力发展指数增长了 0.57，1.23，1.84，2.47，3.11，3.74，4.41，5.13 个百分点，表现出对流通业发展的拉动作用在不断增强。具体如图 3-4 所示。

（%）

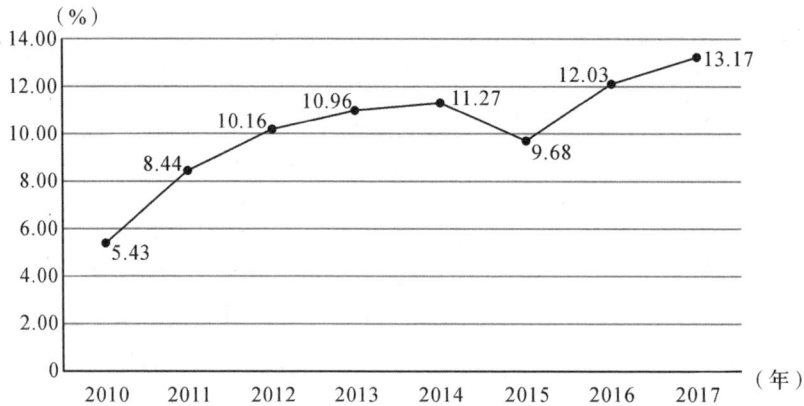

图 3-4　人均社会消费品零售总额指数的贡献率

第二，流通业固定资产投资额占比指数的变化趋势及贡献。

从图 3-5 可以看出，流通业固定资产投资额占比指数在 2010—2017 年间整体呈下降趋势，由 2010 年的 108.58 下降到 2017 年的 98.94，表明流通业的固定资产投资力度有所下降。 同时，2011 年后，流通业固定资产投资额占比指数均跌至 100 以下，表明期间流通业固定资产投资水平均已低于 2009年。 由此可知，虽然我国流通业已逐步得到各界的重视，但在 2011—2017 年间，其固定资产投资规模却有所减少。

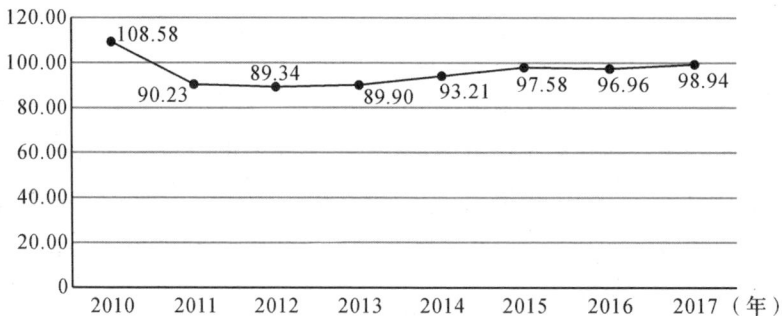

图 3-5　流通业固定资产投资额占比指数的变化趋势

从图 3-6 可以看出，在 2010—2017 年间，流通业固定资产投资额占比指数对流通业竞争力发展的贡献率大幅度降低，从 2.56％降至－0.08％，虽然期间有轻微的数值波动，但整体呈现明显的下降态势。 流通业固定资产投资额占比指数对流通业竞争力发展的贡献率为负值是该指标值呈下降趋势所导致的,说明我国流通业的固定资产近年来呈现下降的发展趋势。

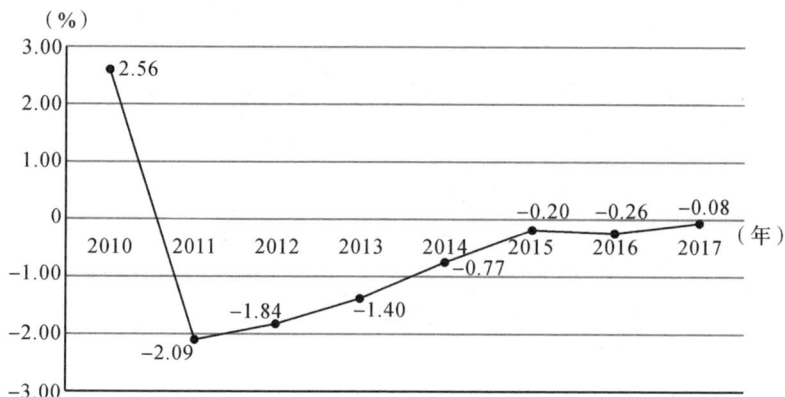

图 3-6 流通业固定资产投资额占比指数的贡献率

第三,流通里程强度指数的变化趋势及贡献。

从图 3-7 可以看出,流通里程强度指数在 2010—2017 年间呈持续下降的趋势,由 2010 年的 87.79 下降至 2017 年的 52.53。 同时,流通里程强度指数均在 100 以下,说明该期间的流通里程强度都低于 2009 年的水平,表明我国交通设施的建设力度在逐渐减小。

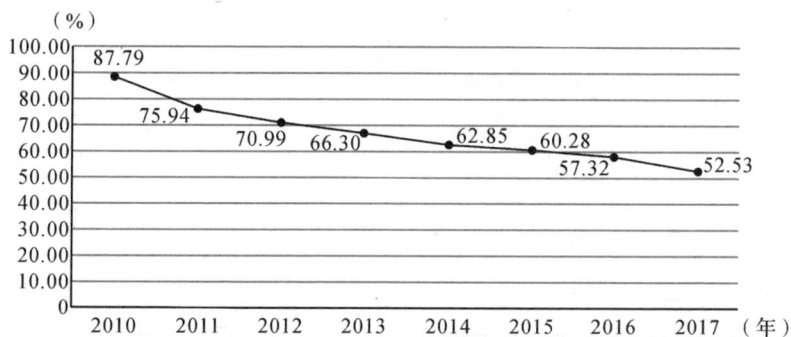

图 3-7 流通里程强度指数的变化趋势

从图 3-8 可以看出,在 2010—2017 年间,流通里程强度指数的下降,使得其对中国流通业竞争力发展总指数的贡献率均为负值,数值均在 −4% 左右。 同时,从流通里程强度对中国流通业竞争力发展指数的贡献点数上看,2010—2017 年间分别拉动中国流通业竞争力发展总指数增长 − 0.38,

−0.75，−0.91，−1.05，−1.16，−1.24，−1.33，−1.48 个百分点，可以
看出，流通里程强度对我国流通业竞争力发展的抑制作用越来越大。

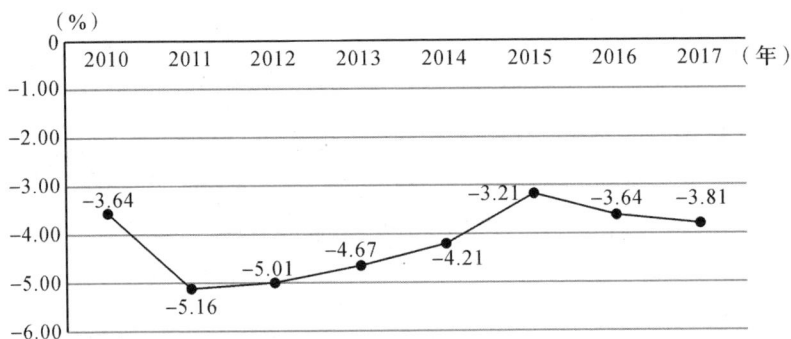

图 3-8　流通里程强度指数的贡献率

第四，社会物流总额指数的变化趋势及贡献。

从图 3-9 可以看出，2010—2017 年间，社会物流总额指数呈现先上升后下
降的发展态势，从 2010 年的 109.72 上升至 2013 年的 120.29，并达到最高
点；2014 年开始下降，并降至 2017 年的 111.07。这说明，我国社会物流总
额前期呈现出不断扩张的状态，后期则呈现出逐渐缩减的状态。

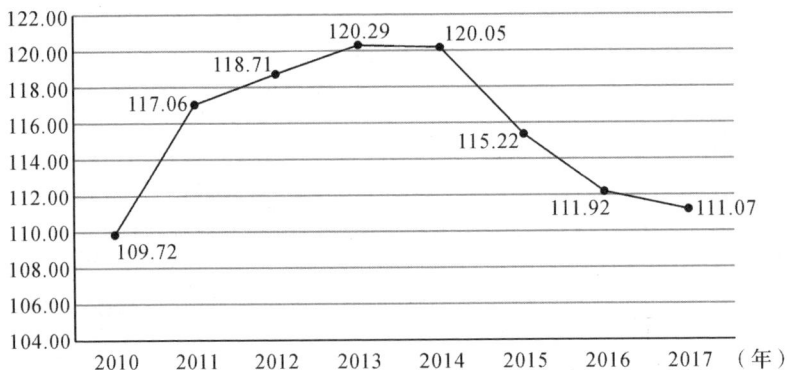

图 3-9　社会物流总额指数的变化趋势

从图 3-10 可以看出，2010—2017 年，社会物流总额指数对流通业竞争力发
展总指数的贡献率基本呈现下降的发展态势，先从 2010 年的 2.90％上升到 2011
年的 3.66％，后逐年下降，到 2017 年降到了 0.89％。从社会物流总额指数对
中国流通业竞争力发展总指数的贡献点数上看，2010—2017 年，分别拉动中国

流通业竞争力发展指数值上升了 0.3，0.53，0.58，0.63，0.63，0.48，0.37，0.35 个百分点。 由此可知，我国社会物流规模在 2010—2014 年对流通业竞争力发展的拉动作用不断增大，而 2015—2017 年的拉动作用则逐渐减小。

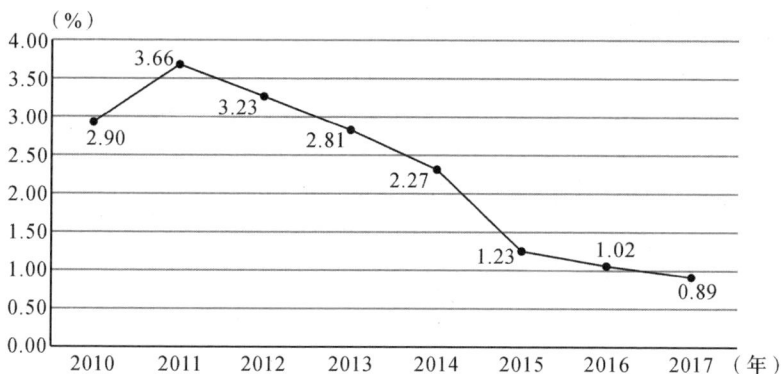

图 3-10　社会物流总额指数的贡献率

综上可知，2010—2017 年间，由于我国消费品流通市场和物流行业的迅速发展，我国的社会消费品零售总额和社会物流总额有了较大的提高；我国流通发展基础指数对流通业竞争力发展的作用主要来源于人均社会消费品零售额和社会物流总额指标的带动作用。

3.1.1.3　各省区市基础指数的排名

从表 3-1 可以看出，2017 年基础指数排名前 10 位的地区依次是北京、上海、青海、浙江、天津、江苏、黑龙江、内蒙古、吉林、福建，其基础指数分别为 217.25，198.10，187.49，179.79，168.71，165.10，162.51，159.95，155.03，154.61；排在最后 10 位的地区依次是湖南、陕西、广西、山西、河北、海南、河南、安徽、江西、宁夏。 可以发现，流通业的基础要素的发展与地区经济发展情况并无明显的关系，排名较靠前的地区既有一些经济发达地区，也有一些经济较为落后的地区，较为明显的地区是青海、黑龙江、内蒙古等地。

从流通基础指数的构成指标来看，北京、上海的人均社会消费品零售总额指数在全国依次排第 1 位、第 2 位，分别为 537.49，490.74，使得北京和上海的流通基础指数较大，排名靠前；黑龙江、青海等地的流通业固定资产投资额占比指数在全国排名靠前；同时，青海地区的流通里程强度指数值位居全国第1，为276.71，从而使得该地区的流通基础指数排名较为靠前。 由此可知，在流通基础指数的构成指标中，影响较大的是人均社会消费品零售总额指标，其主要决定了各地区流通基础发展指数的全国排名情况。

表 3-1　2017 年各省区市流通基础指数排名

排名	省区市	基础指数	排名	省区市	基础指数
1	北京	217.25	16	重庆	141.78
2	上海	198.10	17	云南	140.24
3	青海	187.49	18	四川	136.53
4	浙江	179.79	19	新疆	135.78
5	天津	168.71	20	贵州	127.32
6	江苏	165.10	21	湖南	125.80
7	黑龙江	162.51	22	陕西	124.87
8	内蒙古	159.95	23	广西	113.07
9	吉林	155.03	24	山西	111.86
10	福建	154.61	25	河北	111.56
11	山东	153.67	26	海南	111.53
12	湖北	152.38	27	河南	109.29
13	广东	152.09	28	安徽	105.34
14	甘肃	152.08	29	江西	102.11
15	辽宁	150.28	30	宁夏	99.75

3.1.1.4　基础指数总体评价

通过多角度对流通业的基础指数进行纵向和横向的比较分析，我们对流通业发展支撑力的基础指数的变化情况有了全面的了解。 总体而言，在2010—2017 年间，全国流通基础指数持续上升，但增长速度较小；同时，对流通业竞争力发展总指数的贡献率也基本呈现上升态势，表现出对流通业竞争力发展具有明显的拉动作用和促进作用。 从基础指数的内部组成要素来看：2017 年，人均社会消费品零售总额是影响各地区基础指数排名的主要指标；同时，全国人均社会消费品零售总额指数表现出以较快的速度不断上升的发展态势，而全国流通业固定资产投资额占比和流通里程强度指数则呈现持续下降的态势。由此可知，中国流通业的基础能力在逐步增强，但发展的速度有所放慢。从 2017 年各地区流通基础指数值来看，绝大多数地区超过了 100（仅宁夏地区低于 2009 年全国水平）。同时，部分西部地区和东北地区的省区市取得较好的发展结果，其流通基础指数在全国排名相对靠前。这可能是受到国家大力推进中西部发展的影响，进而表现为流通基础指数在全国排名较为靠前。

3.1.2　购买潜力指数

购买潜力指数是测度居民消费潜力的指标，其可以衡量我国商品消费市场的发展潜力状况，因此采用城镇和农村居民消费潜力来进行间接测度。购买潜力指数是从流通市场的消费潜力方面来考察流通发展支撑力的状况，采用城镇居民家庭人均可支配收入和农村居民家庭人均纯收入 2 个指标来分别衡量城镇居民和农村居民的消费潜力。

3.1.2.1　购买潜力指数的发展变化及贡献分析

从图 3-11 可以看出，购买潜力指数在 2010—2017 年间从 113.26 持续上升至 231.25，年均增长速度为 10.77%，说明我国居民的收入在不断提高，且增长速度较快，也反映了我国流通市场的购买潜力越来越大，这有利于带动流通业未来的发展。

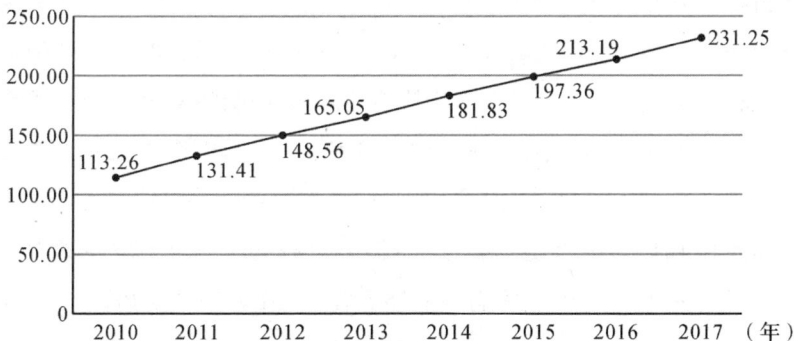

图 3-11　购买潜力指数的变化趋势

根据图 3-12，从购买潜力指数的贡献率来看，居民消费潜力对我国流通业竞争力发展指数的贡献率除 2015 年外基本呈现上升发展态势，从 2010 年的 15.83％ 上升至 2017 年的 42.09％，提高了 26.26 个百分点。 从购买潜力指数对中国流通业竞争力发展指数的贡献点数上看，2010—2017 年间，购买潜力拉动中国流通业竞争力发展指数分别上升了 1.64，3.91，6.07，8.13，10.23，12.17，14.15 和 16.41 个百分点，贡献点数逐年增加，表现出购买潜力指数对流通业竞争力发展的贡献越来越大。 可以看出，居民消费潜力增长对我国流通业的发展有较大的贡献，因此，进一步提高居民收入，促进居民消费升级，有利于促进我国流通业的发展。

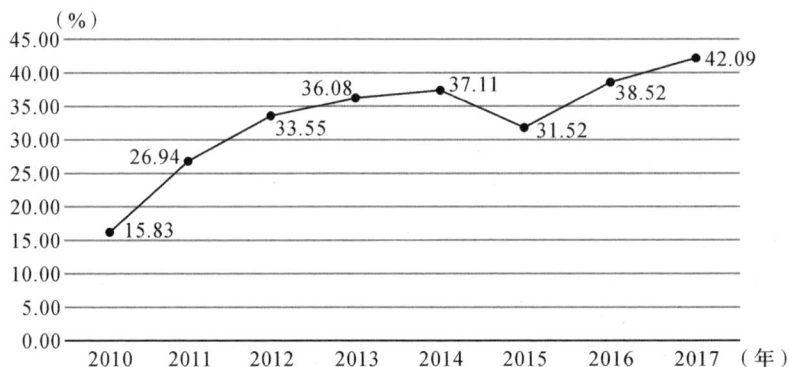

图 3-12　购买潜力指数的贡献率

3.1.2.2　购买潜力指数构成要素分析

第一，城镇居民消费潜力指数变化及贡献。

从图 3-13 可以看出，城镇居民消费潜力指数在 2010—2017 年间呈逐年上升发展趋势，从 2010 年的 111.12 上升到 2017 年的 215.36，上升幅度近 1 倍，年均增长速度为 9.94％，上升趋势明显。 这说明随着经济的发展和相关政策的出台，我国城镇居民家庭人均可支配收入逐年增加，并且增长速度较快。

从图 3-14 可以看出，城镇居民消费潜力对流通业竞争力发展的贡献率在 2010—2017 年间（除 2015 年略有下滑外）基本呈上升发展态势，从 2010 年的 6.63％ 上升至 2017 年的 18.50％，提高了近 12 个百分点。 2015 年虽相比

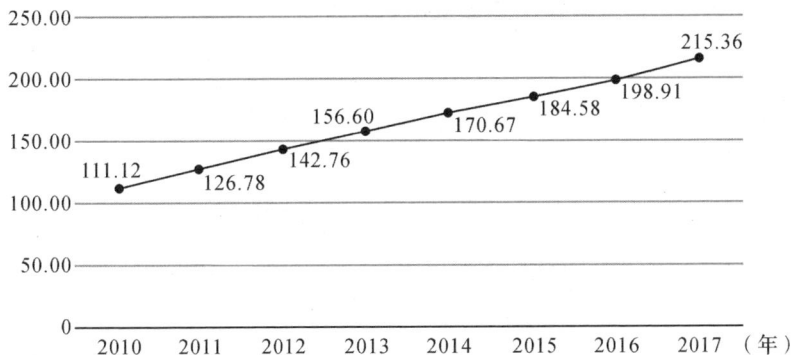

图 3-13 城镇居民消费潜力指数的变化趋势

2014 年有所下降,但同 2010 年相比仍明显有所提高。 从对中国流通业竞争力发展总指数的贡献点数上看,2010—2017 年,城镇居民家庭人均可支配收入拉动中国流通业竞争力发展指数分别上升了 0.69,1.67,2.67,3.54,4.42,5.29,6.18 和 7.12 个百分点,贡献点数逐年增加且贡献作用较为明显。 可以看出,我国城镇居民家庭人均可支配收入的提高对流通业竞争力发展的拉动作用在逐步提高,且拉动作用较大,较好地带动了流通经济的发展。

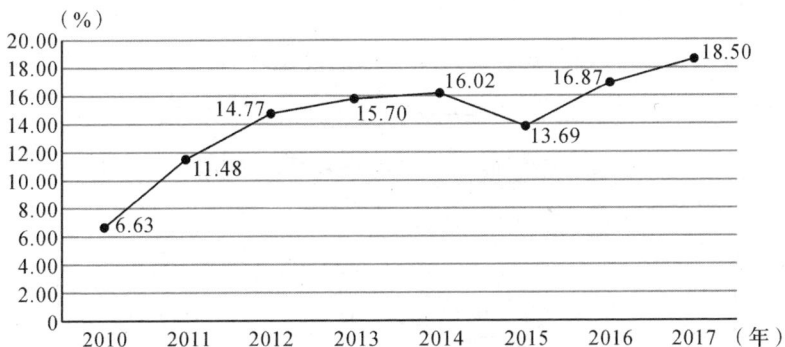

图 3-14 城镇居民消费潜力指数的贡献率

第二,农村居民消费潜力变化及贡献。

从图 3-15 可以看出,农村居民消费潜力指数值在 2010—2017 年的变化趋势和城镇居民消费潜力的变化趋势一致,呈逐年上升发展态势。 该指数从 2010 年的 115.41 上升到 2017 年的 247.14,增长幅度超过 1 倍,年均增长速度为 11.54%,增长较快。 这反映了近年来随着我国农村经济的发展和政策的普及，农村居民家庭人均纯收入也在不断提高，且提高速度超过了城镇居民家庭人均可支配收入。

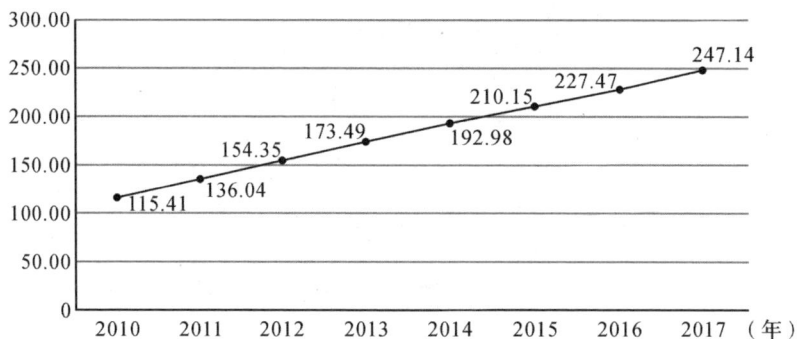

图 3-15　农村居民消费潜力指数的变化趋势

从图 3-16 可以看出，农村居民消费潜力对流通业竞争力发展的贡献率在2010—2017 年间的变化趋势也和城镇居民消费潜力的保持一致，从 2010 年的9.19％上升至 2017 年的 23.59％，上涨了 14.4 个百分点。从农村居民消费潜力对中国流通业竞争力发展总指数的贡献点数上看，2010—2017 年，分别拉动中国流通业竞争力发展指数值上升了 0.96，2.25，3.40，4.59，5.81，6.88，7.97 和 9.20 个百分点，呈逐年递增的发展态势。由此可知，我国农村居民消费潜力相比城镇居民消费潜力对流通业的发展具有更大的拉动作用力，说明农村流通市场的发展潜力较大，应该进一步加快农村地区的流通业发展。

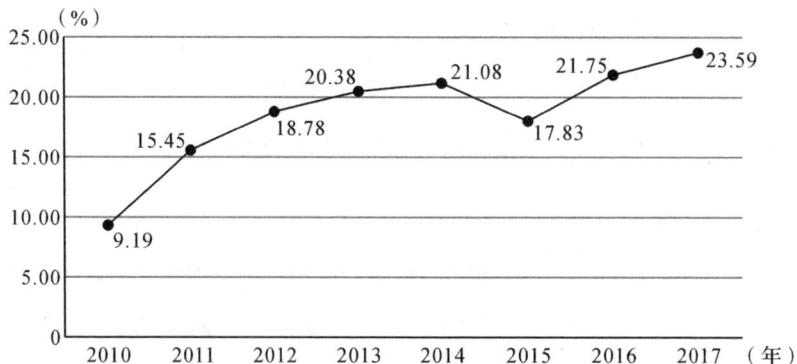

图 3-16　农村居民消费潜力指数的贡献率

3.1.2.3 各省区市购买潜力指数排名

从表 3-2 可知，2017 年购买潜力指数排名前 10 位的地区依次是上海、北京、浙江、天津、江苏、广东、福建、山东、辽宁、湖北，其购买潜力指数分别为 441.16，407.63，381.23，319.28，305.30，266.39，265.66，247.91，229.99 和 221.41；排在最后 10 位的地区分别是黑龙江、广西、新疆、宁夏、陕西、山西、云南、青海、贵州、甘肃。由此可知，处于全国排名前 10 位的地区基本是经济发达地区，其购买潜力指数较大，均在 200 以上，反映了这些地区由于人口多，收入水平增长较快，为流通业发展提供了较大的发展空间。同时，其他地区的购买潜力指数也均在 100 以上，表明此部分地区居民的收入水平均有所提高，为当地流通业竞争力发展提供了更高的市场购买力。

从购买潜力指数的构成指标来看，2017 年，上海、北京、浙江、江苏、广东、天津、福建等经济发达地区的城镇居民消费潜力指数和农村居民消费潜力指数均在全国排名靠前。此部分地区的城镇居民消费潜力指数均在 200 以上，上海、北京、浙江的最高，均在 300 以上；其农村居民消费潜力指数也均在 200 以上，上海、北京、浙江、天津的最高，均在 400 以上。由此可知，我国经济发达地区的居民消费潜力较大，且农村地区的消费潜力要大于城镇地区。因此，我国需要进一步提高经济欠发达地区的居民收入水平，促进居民消费增长，加快当地流通产业的发展。

表 3-2　2017 年各省市区购买潜力指数排名

排名	省区市	购买潜力指数	排名	省区市	购买潜力指数
1	上海	441.16	16	海南	209.86
2	北京	407.63	17	河北	208.87
3	浙江	381.23	18	河南	204.46
4	天津	319.28	19	四川	203.39
5	江苏	305.30	20	吉林	202.92
6	广东	266.39	21	黑龙江	197.71
7	福建	265.66	22	广西	194.43

排名	省区市	购买潜力指数	排名	省区市	购买潜力指数
8	山东	247.91	23	新疆	192.66
9	辽宁	229.99	24	宁夏	185.98
10	湖北	221.41	25	陕西	185.58
11	内蒙古	221.30	26	山西	185.43
12	湖南	219.44	27	云南	182.43
13	江西	214.12	28	青海	173.34
14	重庆	211.51	29	贵州	167.62
15	安徽	210.98	30	甘肃	156.43

3.1.2.4　潜力指数总体评价

通过多角度对 2010—2017 年间流通业发展潜力进行比较分析，可以发现，我国流通业购买潜力指数在 2010—2017 年间持续稳定提升，这主要是受城镇居民家庭人均可支配收入和农村居民家庭人均纯收入这两个指标的共同影响，且农村地区的人均纯收入增长较快，对流通业购买潜力指数的影响较大。同时，这两个指标在 2010—2017 年间的变化步调表现出同步性，均处于不断提高的发展状态。这也反映了国家统筹城乡均衡发展政策所发挥的作用，即逐步实现了城镇和农村居民收入的同步稳定提高，尤其是促进了农村居民收入的稳步提高，为流通业的发展提供了更大的发展空间。

3.2　发展现代化指数

发展现代化指数是指对流通业现代化发展指标的综合评估的指数。流通现代化发展是我国流通业竞争力目前及未来发展的重要方向，它是流通业竞争力发展的核心内容，能够直接体现地区流通业竞争力的整体发展状况。基于发展现代化指数，本书主要从技术现代化指数、业态现代化指数和城乡一体化指数 3 个方面来评估区域流通业现代化发展的情况。

3.2.1 技术现代化指数

技术现代化是指从现代化信息技术应用程度的角度来考察流通现代化的发展状况,其可以直接考察流通业运用新技术的情况,运用现代化信息技术对流通业创造价值的影响程度。因此使用该指标更能体现流通业发展的现代化程度。

在流通领域,体现现代化信息技术应用情况最明显的主要特征是连锁企业的发展和电商的发展,然而由于连锁经营的地区数据不完整,本书采用人均流通资本和地区流通业资产总额两个指标来间接衡量现代化信息技术在流通业的应用,从而来评估流通技术现代化的发展程度。其中,人均流通资本反映了流通业技术发展的平均水平和质量,地区流通业资产总额反映了流通业发展的现代化程度。

3.2.1.1 技术现代化指数变化及贡献

从图 3-17 可以看出,技术现代化指数值总体呈上升趋势,从 2010 年的 99.53 上升到 2017 年的 189.90,增长幅度近 1 倍。同时表现出低价和高价明显的发展阶段,即 2010—2013 年增长速度较为平缓,2014—2017 年增长速度较快。可以看出,我国流通领域现代化发展的速度逐渐加快,流通业现代化信息技术的运用越来越广泛与成熟。这与国家提倡产业转型升级有相当大的关系,因为技术的创新和现代化的发展已成为产业转型的一种趋势。

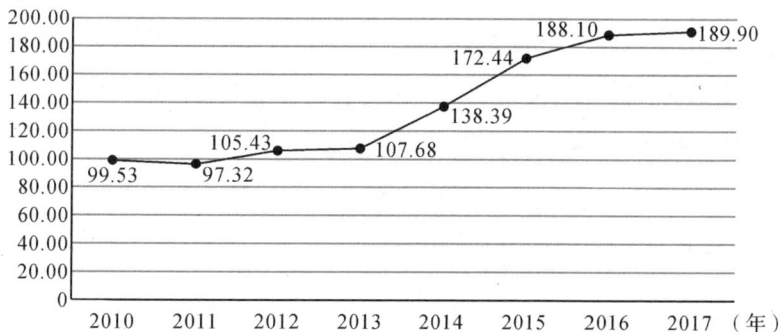

图 3-17 技术现代化指数的发展变化趋势

从图 3-18 可以看出，2010—2017 年，技术现代化指数对中国流通业竞争力发展总指数的贡献率整体呈现上升的发展态势，由 2010 年的 0.37％提高到 2017 年的 19.22％，增长幅度较大。 从技术现代化对中国流通业竞争力发展总指数的贡献点数上看，2012—2017 年的贡献点数分别为 0.45，0.64，3.20，6.014，7.34 和 7.49，2017 年的技术现代化增值指数对中国流通业竞争发展总指数值增长的贡献率最高。 总体而言，流通技术现代化对我国流通业竞争力发展起到正面影响，拉动了中国流通业的发展。

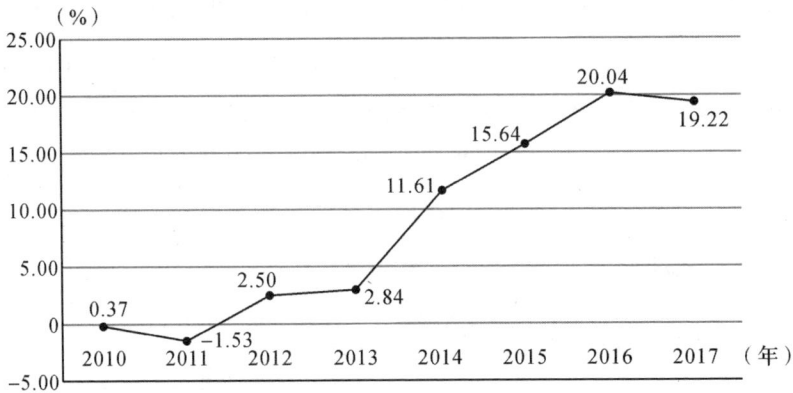

图 3-18　技术现代化指数的贡献率

3.2.1.2　技术现代化指数构成要素分析

第一，人均流通资本指数变化及贡献。

从图 3-19 可以看出，在 2010—2017 年间，人均流通资本指数呈先下降后上升的发展态势。 2010—2013 年处于下降阶段，人均流通资本指数从 2010 年的 108.90 下降至 2013 年的 100.57，下降了 7.65％，年均下降速度为 2.58％。 2013—2017 年处于逐年上升阶段，从 2013 年的 100.57 上升到 2017 年的 126.18，提高了 25.46％，且年均上升速度为 5.87％。 由此可知，我国人均流通资本指数近年来主要呈上升发展状态，反映了流通领域固定资产投资规模的不断扩大。

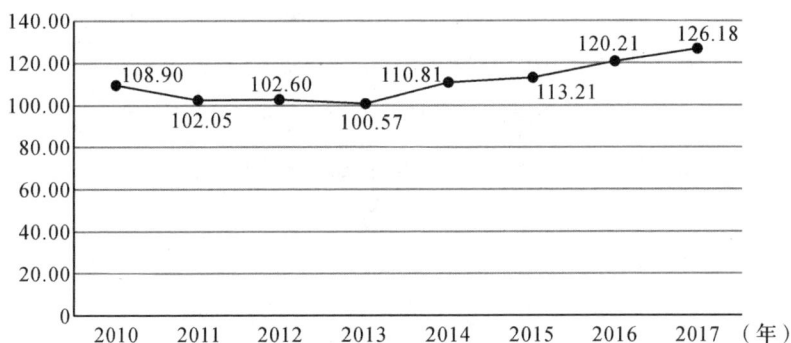

图 3-19　人均流通资本指数变化趋势

从图 3-20 可以看出，人均流通资本指数对中国流通业竞争力发展总指数的贡献率呈现先下降后上升的发展趋势。 具体的发展轨迹是：2010—2013 年呈下降的状态，从 2010 年的 3.54％下降至 2013 年的 0.11％；2013—2017 年基本呈现上升的发展状态，从 2013 年的 0.11％上升至 2017 年的 2.80％。 从人均流通资本指数对中国流通业竞争力发展总指数增长的贡献点数上看，2010—2017 年，分别拉动中国流通业竞争力发展指数值上升了 0.37，0.09，0.11，0.02，0.45，0.55，0.84 和 1.09 个百分点。 由此可知，人均流通资本指数对流通业竞争力发展总指数的贡献较小。

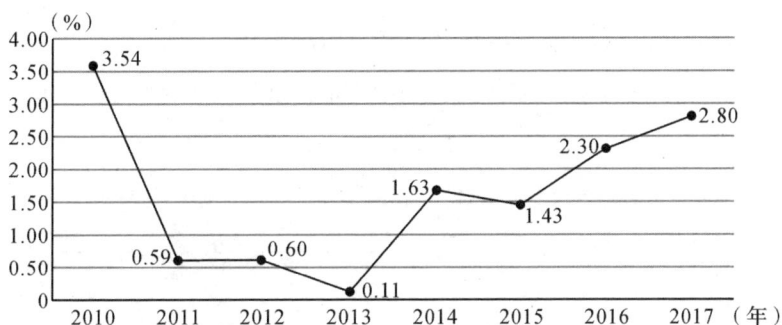

图 3-20　人均流通资本指数贡献率

第二，地区流通业资产总额指数变化趋势及贡献。

从图 3-21 可以看出，2010—2017 年间地区流通业资产总额指数总体呈上升的发展态势，其值从 2010 年的 90.16 上升到了 2017 年的 253.64，提高了 1.81 倍。 同时，2010—2013 年，地区流通业资产总额指数的增长速度较为缓慢，年均增长速度为 8.55％；2014—2016 年则增长速度较快，年均增长速度达到 31.55％。 另外，2017 年相比 2016 年出现了轻微的下滑，下降了 0.92％。 由此可知，2013—2015 年是我国电商的快速发展期，其规模扩大较为迅速，而后可能由于市场的饱和或相关政策出台，电商高速发展的势头逐渐趋缓。

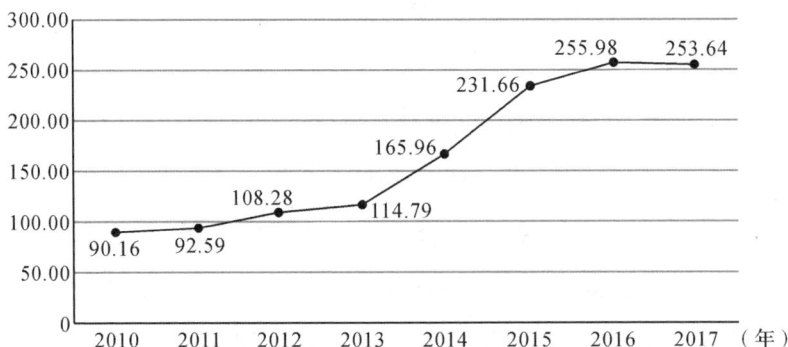

图 3-21　地区流通业资产总额指数变化趋势

由图 3-22 可知，从电商对流通业竞争力发展的贡献来看，地区流通业资产总额指数对中国流通业竞争力发展总指数的贡献率呈上升的发展态势，2012 年的贡献率变为正值，随后从 2012 年的 1.91％提高到 2016 年的 17.74％，上升幅度为 15.83 个百分点，表明电商发展对流通业竞争力发展的贡献作用在快速提高。 从地区流通业资产总额指数对中国流通业竞争力发展总指数增长的拉动作用来看，2012—2017 年分别拉动流通业竞争力发展增加了 0.35，0.62，2.75，5.49，6.50 和 6.40 个百分点。 由此可知，电商发展对中国流通业竞争力发展有明显的拉动作用，且拉动作用不断增强。

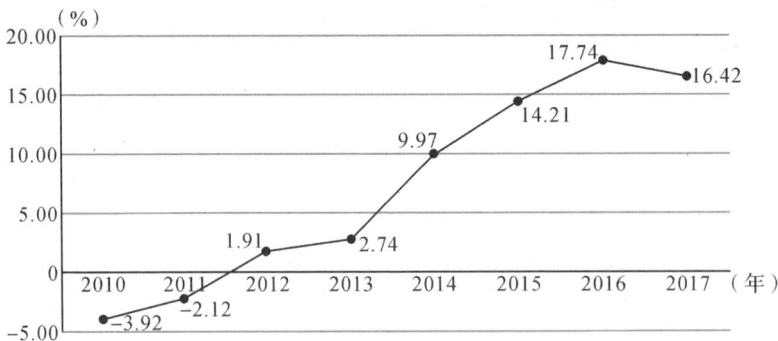

图 3-22　地区流通业资产总额指数贡献率

3.2.1.3 各省区市技术现代化指数的排名

从表3-3可知,2017年技术现代化指数值排名前10位的地区依次是北京、广东、浙江、江苏、上海、山东、天津、河北、山西、湖南,其技术现代化指数值分别为 267.78,236.23,208.26,205.67,204.12,153.13,142.86,140.77,139.46和131.06;排在最后10位的地区分别是贵州、重庆、甘肃、河南、江西、广西、云南、陕西、海南、黑龙江。 由此可知,处于全国排名前10位的地区基本是经济发达地区,其中北京、广东、浙江等5个地区的技术现代化指数值均在200以上,反映了这些地区的流通技术现代化发展水平较高,且发展速度较快,进一步促进了流通业的现代化发展。 同时,有1/3以上地区的技术现代化指数均在100—200区间,表明此部分地区的流通技术现代化的发展速度较快,为当地流通技术现代化发展提供了更多的支撑。

从技术现代化指数的构成指标来看,2017年,河北、山西的人均流通资本指数排名全国前2位,分别为226.49和223.32,从而使得其流通技术现代化指数排名较为靠前。 地区流通业资产总额指数排名靠前的地区主要是北京、广东、上海、浙江、江苏等经济发达地区。 其中,北京地区最高,为450.8,排名靠前的几个地区的指数值均在200以上,因此地区流通业资产总额指数成为影响地区流通业技术现代化指数排名的主要指标。

表 3-3   2017年各省区市技术现代化指数排名

排名	省区市	技术现代化指数	排名	省区市	技术现代化指数
1	北京	267.78	16	湖北	105.10
2	广东	236.23	17	青海	99.90
3	浙江	208.26	18	宁夏	99.44
4	江苏	205.67	19	安徽	98.64
5	上海	204.12	20	四川	90.56
6	山东	153.13	21	贵州	86.64
7	天津	142.86	22	重庆	84.59

排名	省区市	技术现代化指数	排名	省区市	技术现代化指数
8	河北	140.77	23	甘肃	83.81
9	山西	139.46	24	河南	81.69
10	湖南	131.06	25	江西	75.76
11	新疆	129.82	26	广西	74.85
12	福建	124.21	27	云南	73.80
13	吉林	109.78	28	陕西	73.02
14	内蒙古	108.57	29	海南	71.61
15	辽宁	108.31	30	黑龙江	65.60

3.2.1.4　技术现代化指数分析小结

通过多角度对流通技术现代化指数进行横向和纵向的比较分析，我们对流通技术现代化指数有了一定的了解。综上所述，流通技术现代化指数整体呈现上升发展趋势，尤其近几年上升幅度较大，且对流通业竞争力发展总指数的贡献作用较大，同时促进作用不断增强。从技术现代化指数的构成要素看：从全国来讲，主要受地区流通业资产总额指数的影响，而基于地区来讲，则主要受地区流通业资产总额指数的影响。在地区排名中，北京、广东、浙江、江苏、上海等经济发达地区的技术现代化指数处于领先地位。由此可知，我国还需进一步促进流通现代化技术的发展，尤其是促进电商包括跨境电商的发展。同时，我国经济发达地区的流通技术现代化水平远高于经济欠发达地区，因此需要进一步平衡地区资源的配置利用，以逐步缩小区域差距。

3.2.2　业态现代化指数

业态现代化指数是指从新型流通方式及组织角度来考察流通业现代化发展现状的指数。选取物流配送化程度、连锁经营化程度和人均连锁经营化规模3个指标，从规模和结构角度来衡量流通业态的现代化发展程度。其中，物流配送化程度反映了连锁零售流通业的统一配送水平和效率，连锁经营化程度反映了零售业的连锁经营普及情况。

3.2.2.1　业态现代化指数变化趋势及贡献

从图 3-23 可以看出，在 2010—2017 年间，业态现代化指数从 2011 年后整体呈现下降趋势。具体情况是，2010—2011 年呈现大幅上升态势，从 2010年的 103.49 提高至 2011 年的 116.29，而后逐步下滑，到 2017 年仅为104.13，与 2010 年相比，只有略微提高。这反映了近年来我国流通业态现代化发展呈现下滑的态势，这可能与国家大力发展电商和数字经济有关，同时，流通业态现代化发展形式更加多样化，不再集中表现为连锁化经营。由于连锁发展规模减小，农村流通发展缓慢，我国流通业态现代化发展水平有所下降。

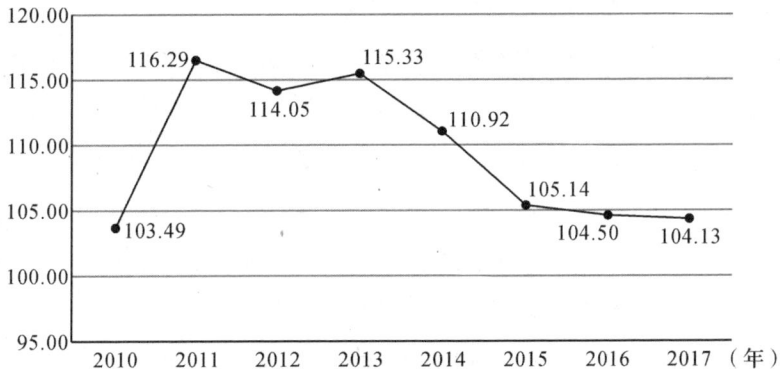

图 3-23　业态现代化指数变化趋势

从图 3-24 可以看出，业态现代化指数对中国流通业竞争力发展总指数的贡献率也整体呈下降的态势。业态现代化的贡献率从 2010 年的 2.77％上升至 2011 年的 9.31％后，就开始逐年下降，到 2017 年仅为 0.88％，下降幅度非常大，反映出流通业态现代化指数对流通业竞争力发展的贡献作用越来越小。同时，从业态现代化对流通业竞争力发展总指数的贡献点数上看，2010—2017 年，分别拉动中国流通业竞争力发展指数值上升了 0.29，1.36，1.17，1.28，0.91，0.43，0.38 和 0.34 个百分点，贡献点数从 2014 年开始也呈下降趋势。

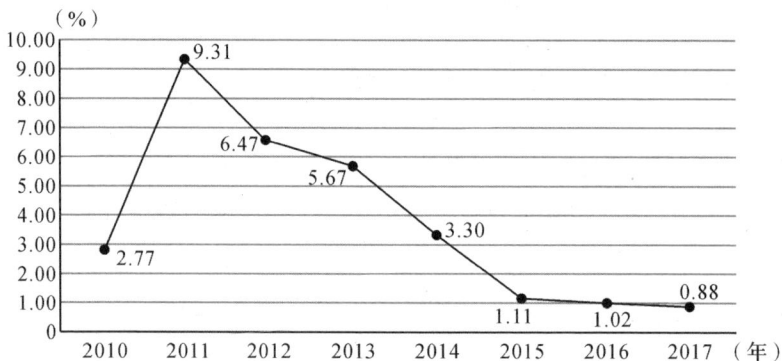

图 3-24　业态现代化指数贡献率

3.2.2.2　业态现代化指数构成要素分析

第一，物流配送化程度指数变化及贡献。

从图 3-25 可以看出，物流配送化程度指数在 2010—2017 年间整体呈先上升后下降的态势，发展速度较为缓慢，增长速度也较慢。具体情况是，2010—2013 年，物流配送程度指数呈上升发展趋势，从 2010 年的 95.14 提高至 2013 年的 103.21。2013—2017 年呈先降后升的态势，从 2013 年的 103.21 下降至 2017 年的 102.18。这反映了连锁企业的物流配送化程度提高得较为缓慢，物流配送技术及工作人员规模提高的速度相对总体商品购进额的增长速度较缓，因此需要进一步加强对物流体系的改革。

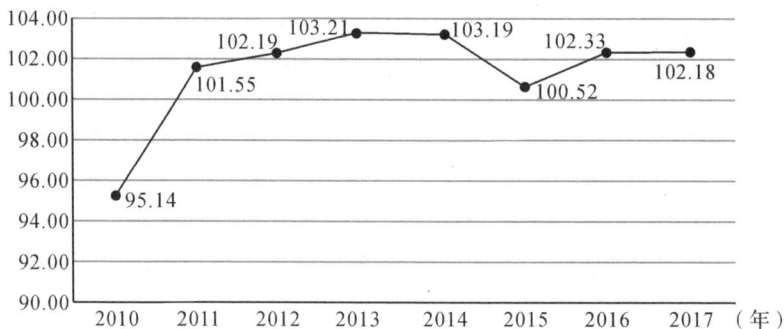

图 3-25　物流配送化程度指数变化趋势

如图 3-26 所示，从物流配送化程度对我国流通业竞争力发展的贡献率来看，物流配送化程度的贡献很小，基本在 0.50% 以下，且 2011—2017 年，其贡献率呈现下降态势，可能是由于物流配送化发展速度放缓，滞后于流通业竞争力的发展速度，从而导致其对流通业竞争力发展的贡献并不显著。这也间接说明，我国还需要改善物流配送体系，从而进一步提高物流配送服务水平。

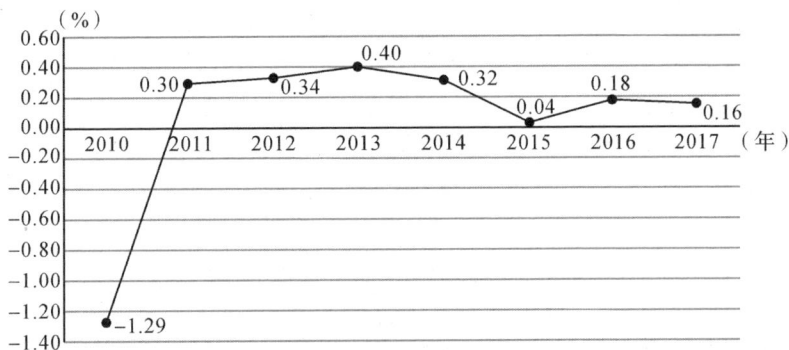

图 3-26　物流配送化程度指数贡献率

第二，连锁经营化程度指数变化及贡献。

从图 3-27 可以看出，2010—2017 年，连锁经营化程度指数呈逐年下降态势，其值从 2010 年的 92.77 下降至 2017 年的 56.40。连锁经营化程度是连锁经营销售额与零售业销售总额的比值，连锁经营化程度的下降说明连锁经营销售额增长幅度小于零售业销售额的增长幅度，也间接反映了零售业的连锁化经营业态逐渐落后于其他新业态的发展。

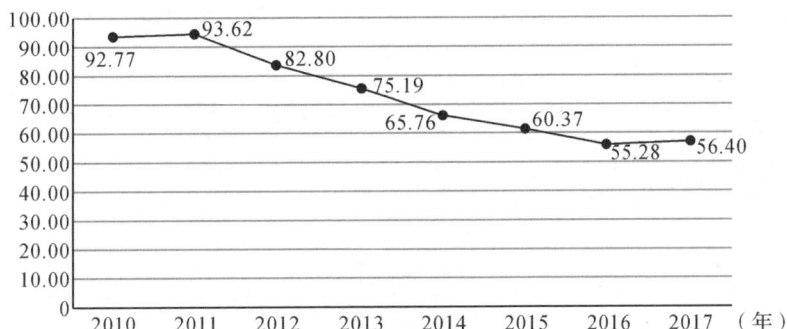

图 3-27　连锁经营化程度指数变化趋势

从图 3-28 可以看出，连锁经营化程度指数对流通业竞争力发展总指数的贡献率呈现先升后降的趋势，且都是负值，这是该指数逐渐减小造成的，且 2017 年的贡献率跌至−3.11%，说明连锁经营规模的降低速度在逐步加快，这也提醒相关企业需要加强对连锁经营的管理，重视对进货、仓储、加工、整理、配送等各个环节的全盘策划、有机衔接，提高自身发展竞争力，提高连锁经营普及率。

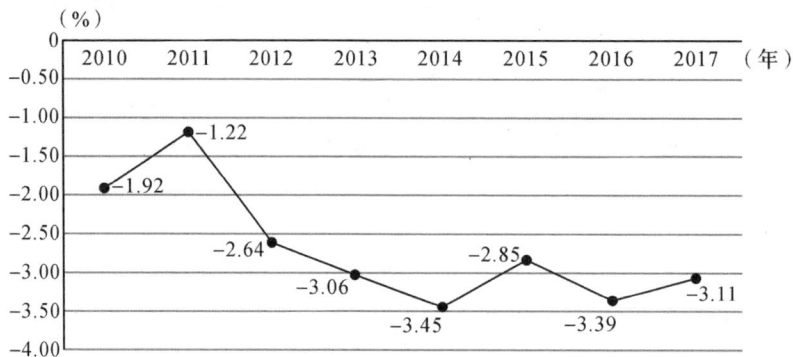

图 3-28　连锁经营化程度指数贡献率

第三，人均连锁经营化规模指数变化及贡献。

从图 3-29 可以看出，在 2010—2017 年间，人均连锁经营化规模指数呈先上升后下降的发展态势。 2010—2013 年间，人均连锁经营化规模指数由 122.55 上升到 167.60，增长了 36.76%；2013—2017 年，人均连锁经营化规模指数由 167.60 下降至 153.80。 这反映了我国零售业的人均连锁经营化规模先扩大后缩小的状态。 这与连锁经营化程度指数的发展态势相吻合。 由此可见，在数字经济发展背景下，我国需要寻找更合适的流通业态现代化发展路径。

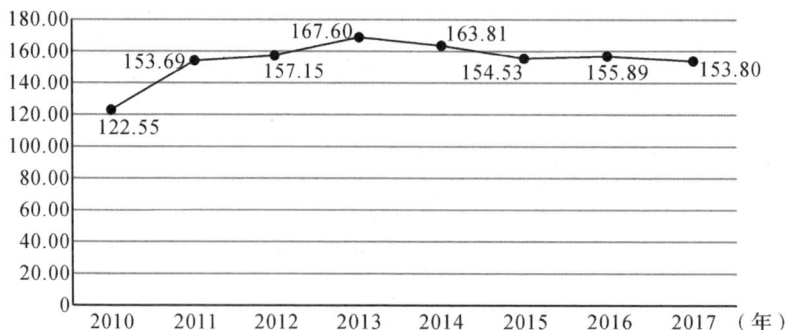

图 3-29　人均连锁经营化规模指数变化趋势

从图 3-30 可以看出，人均连锁经营化规模指数对中国流通业竞争力发展总指数的贡献率由 2010 年的 5.98％先上升至 2011 年的 10.23％，而后下降到 2017 年的 3.83％，整体呈现下降态势。 2010—2017 年，人均连锁经营化规模指数对中国流通业竞争力发展总指数的贡献点数分别为 0.63，1.49，1.59，1.88，1.77，1.51，1.55 和 1.49 个百分点，反映了 2010—2013 年间，连锁经营作为一种新型组织形式对流通业竞争力发展的贡献是逐步提高的，而在 2014—2017 年，这种贡献作用在逐渐减弱。

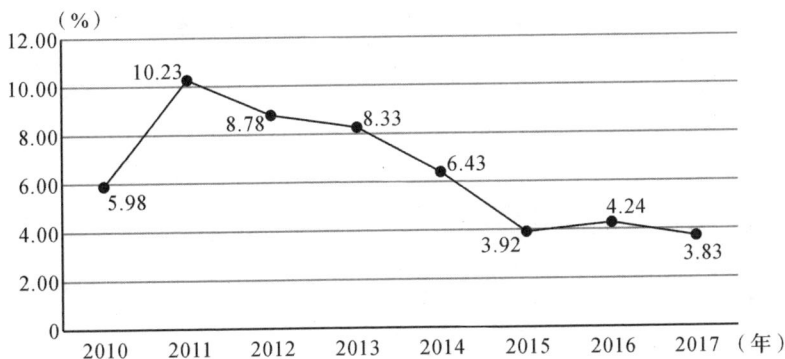

图 3-30　人均连锁经营规模指数贡献率

3.2.2.3　各省市业态现代化指数的排名

从表 3-4 可知，2017 年，流通业态现代化指数排名前 10 位的地区依次是北京、上海、湖南、江苏、宁夏、新疆、浙江、江西、福建、湖北，其流通业态现代化指数值分别为 348.77，329.01，263.55，176.10，164.00，139.73，129.51，123.82，122.80 和 116.58；排在最后 10 位的地区依次是云南、山西、黑龙江、甘肃、吉林、四川、河南、贵州、青海、内蒙古。 可以发现，流通业态现代化发展水平与经济发展间存在一定的规律，排名较靠前的省区市中多数是经济发达地区，也有少数是经济发展较为落后的地区，如宁夏、新疆、江西等地。

从流通业态现代化指数的构成要素来看，2017 年，广西、海南、吉林、贵州等地区的物流配送化程度指数居全国前列，其值分别为 130.13，128.59，125.20 和 124.39。 同时在全国排名前 10 位的地区中，超过一半是经济欠发达地区；湖南、宁夏、新疆、江西等的连锁经营化程度指数在全国排名靠前，分别为 572.76，169.33，124.91 和 116.73，而其他地区的连锁经营化程度指数均在 100 以下，从而使这些地区的流通业态现代化指数排名较为靠前。 北京、上海、江苏、宁夏、福建等地的人均连锁经营化规模指数处于全国领先地位，分别为 875.00，793.71，335.07，252.34 和 232.25。 由此可知，在流通业态现代化指数的构成要素中，影响较大的是人均连锁经营化规模指数，其直接影响了各地区的流通业态现代化指数的排名。

表 3-4   2017 年各省区市业态现代化指数排名

排名	省区市	业态现代化指数	排名	省区市	业态现代化指数
1	北京	348.77	16	海南	105.30
2	上海	329.01	17	陕西	102.40
3	湖南	263.55	18	河北	94.44
4	江苏	176.10	19	山东	87.41
5	宁夏	164.00	20	辽宁	78.20
6	新疆	139.73	21	云南	68.60
7	浙江	129.51	22	山西	63.37
8	江西	123.82	23	黑龙江	62.55
9	福建	122.80	24	甘肃	61.90
10	湖北	116.58	25	吉林	60.66
11	广东	113.20	26	四川	56.99
12	安徽	111.26	27	河南	53.73
13	重庆	109.14	28	贵州	47.27
14	广西	106.59	29	青海	39.47
15	天津	106.17	30	内蒙古	33.08

3.2.2.4   业态现代化指数分析小结

通过多角度对流通业态现代化指数进行横向和纵向的比较分析可以知道，我国流通业态现代化指数整体呈现下降趋势，对流通业竞争力发展总指数的贡献作用较小，且逐渐减弱。 从业态现代化指数的构成要素来看，物流配送化程度指数的变化较为平稳，且对流通业竞争力发展总指数的贡献作用较小；连锁经营化程度指数逐渐下降，导致对流通业竞争力发展总指数的贡献为反向作用；人均连锁经营化规模指数呈先上升后下降的发展态势，对流通业竞争力发展总指数的贡献作用较大，且推动作用由强逐步变弱。 在地区排名中，北京、上海、湖南、江苏等经济发达地区的业态现代化指数仍处于领先地位，但部分经济欠发达地区进入了前 10 名的榜单中。 由此可知，我国流通业态现代化发展水平还较低，还需通过创新与技术的联合，进一步加强对流通业态现代化的发展。 同时，我国经济较为落后的地区的流通业态现代化发展速度较快，并超越了部分经济发达地区，但仍有不少经济落后地区的流通业态现代化发展速度较慢，发展程度较低，因此需要进一步加大对这些地区的扶持和发展。

3.2.3 城乡一体化指数

城乡一体化指数是反映城乡流通结构平衡发展程度的指标。 由于我国农村地区流通业的发展较城市地区十分落后，很有必要用流通城乡一体化指数来反映流通领域在城乡结构方面的发展情况。 流通现代化发展不仅仅是规模上的发展，更重要的是内部结构的均衡发展，而城乡一体化指数能反映出流通区域发展的均衡程度，是流通现代化发展的一个衡量指标。 本书采用农村居民消费支出占比指标来衡量我国流通城乡一体化发展情况。

3.2.3.1 农村居民消费支出占比指数变化及贡献

从图 3-31 可以看出，农村居民消费支出占比指数总体呈上升发展趋势，具体的发展轨迹是，2010—2012 年呈小幅下降状态，2013—2017 年则呈现明显的上升状态。 2017 年，农村居民消费支出占比指数值为 105.09，较 2010 年的 97.84 提高了 7.25 个百分点，说明随着经济的稳定增长，农村地区流通经济发展得越来越好，农村居民的消费水平平稳提升，城乡流通体系有所改善。

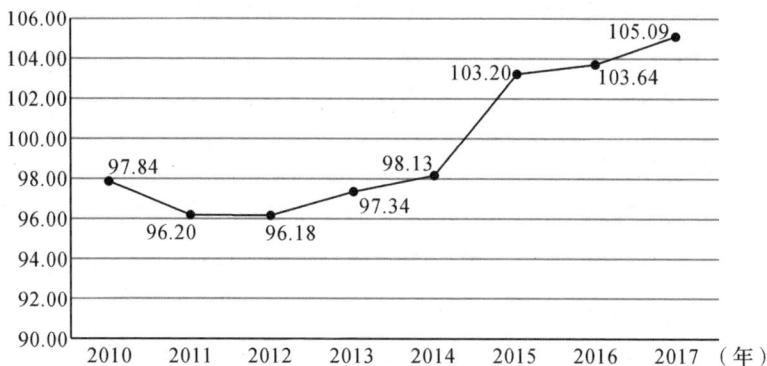

图 3-31　农村居民消费支出占比指数变化趋势

从图 3-32 可以看出，农村居民消费支出占比指数对流通业竞争力发展总指数的贡献率整体呈递增趋势，其发展演变情况为由 2010 年的－1.72％提高到 2017 年的 1.09％。 从对中国流通业竞争力发展指数的贡献点数上看，2015—2017 年，农村居民消费支出占比指数分别拉动中国流通业竞争力发展指数上升了 0.27，0.30 和 0.42 个百分点。 可以看出，虽然近年来我国农村地区流通发展对整体流通业竞争力发展的贡献作用在逐步提高，但是其贡献作用还十分微弱，因此还需进一步促进农村地区的流通业发展。

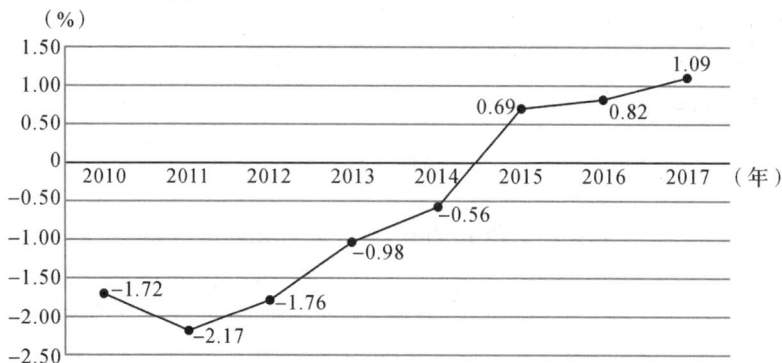

图 3-32　农村地区消费支出占比指数贡献率

3.2.3.2　城乡一体化指数分析总结

根据以上分析，虽然农村地区消费支出占比指数总体呈上升的发展趋势，但增长幅度还较小，整体水平还不高，对中国流通业竞争力发展的贡献作用还较低。 因此，我国还需进一步加大流通城乡一体化发展，挖掘农村区域流通发展空间，改善农村地区流通发展的相关设施，将农村发展的短板逐渐消除，从而提高我国流通业竞争力发展的总水平。

3.3 发展国际化指数

全球化是不可逆转的发展大趋势，融入世界经济是不容改变的大方向。中国坚定不移地推进全面对外开放，致力于发展更高水平的开放型经济。 本节从流通发展国际化指数入手，分析我国流通国际化发展现状，找出制约我国流通国际化发展的主要因素。 发展国际化指数由外向度指数和开放度指数组成。

3.3.1 外向度指数

从宏观角度考察，流通业外向度指数体现了一个国家或地区的流通业与国际经济联系的紧密程度，是衡量一个国家或地区流通业发展规模和发展水平的重要指标之一。 流通业国际化描述的是我国流通业走出国门的程度。 流通业外向度指数由人均商品出口额指数和流通业对外直接投资占比指数构成。

3.3.1.1 外向度指数变化趋势及贡献

从图 3-33 可以看出，2010—2017 年，外向度指数整体呈现波动起伏的发展状态。 2010—2013 年，外向度指数波动较小，2013 年后则波动较大。2013—2014 年，外向度从 123.72 上升至 133.97，提高了 10.25 个百分点，在2015 年跌至 124.00 后，到 2017 年已经连续上升至 143.69，2017 年较 2015年提高了 19.69 个百分点。 这反映了我国流通外向度在近几年得到了较好的发展，也显示出随着经济全球化的发展，我国流通企业在不断发展强大，同时也受流通成本变化的影响，越来越多的流通企业在全球各地区进行布局，加大对外投资力度，从而使流通外向度得到较大提高。

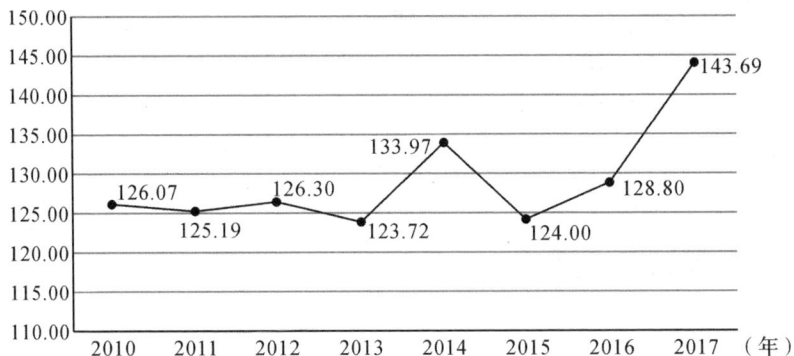

图 3-33　外向度指数的变化趋势

　　为了考察各年外向度指数对流通业竞争力发展总指数贡献作用的大小，我们测算了外向度指数对中国流通业竞争力发展总指数的贡献率。由图 3-34 可知，2010—2017 年，外向度指数对中国流通业竞争力发展总指数的贡献率呈先下降后上升的发展状态。具体为：2010—2015 年，外向度指数的贡献率基本呈逐年快速下降的态势，从 2010 年的 31.12％下降至 2015 年的 7.77％，平均每年下降了超过 4 个百分点；而从 2015 年开始，外向度贡献率持续上升，到 2017 年提高至 14.01％。从外向度指数对流通业竞争力发展总指数的贡献点数来看，2010—2017 年的贡献点数分别为 5.07，9.61，10.26，11.16，14.60，12.36，10.44 和 10.87，贡献作用较为明显。

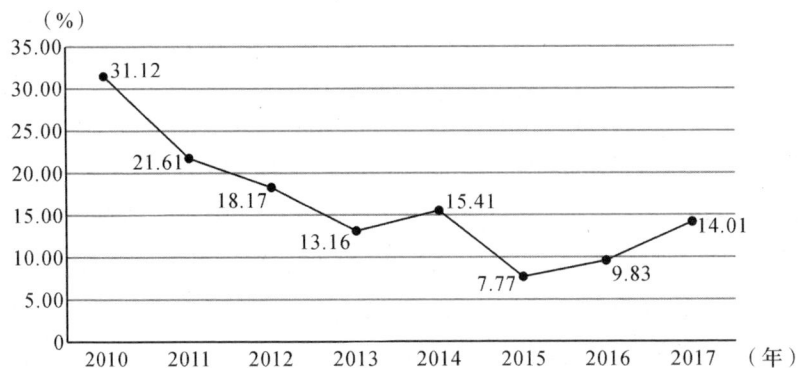

图 3-34　外向度指数的贡献率

3.3.1.2　外向度指数构成要素分析

第一，人均商品出口额指数的变化趋势及贡献率。

从商品出口情况来看，由图 3-35 可知，2010—2017 年期间，我国人均商品出口额指数整体呈明显上升发展态势，从 2010 年的 129.84 上升到 2017 年的 179.42，提高了 38.18%。 具体来看，2010—2014 年，人均商品出口额指数从 129.84 提高到 171.13，增长了 31.80%，年均增长率为 7.23%；在 2014—2017 年，自 2015 年、2016 年出现小幅下滑后就快速提高至 179.42。由此可知，近年来我国商品出口呈现较大幅度的增长态势，对流通业外向度发展有较大的促进作用。

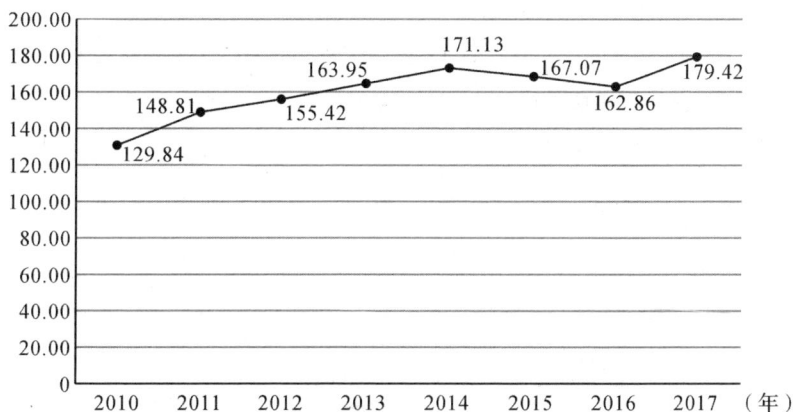

图 3-35　人均商品出口额指数的变化趋势

从人均商品出口额指数对中国流通业竞争力发展的贡献率情况来看，由图 3-36 可以看出，2010—2017 年，人均商品出口额指数对流通业竞争力发展总指数的贡献率呈下降发展态势，由 2010 年的 17.81% 下降到 2017 年的 12.74%，下降幅度为 5.07 个百分点。 具体来看，贡献率在 2011 年达到最高点 20.93% 后持续下滑，并在 2016 年降至最低点 10.72%，2017 年呈现缓慢回升，但仍低于 2010 年的贡献率。 从对中国流通业竞争力发展指数的贡献点数上看，2010—2017 年人均商品出口额指数的贡献点数分别为 1.87，3.05，3.46，4.00，4.45，4.19，3.93 及 4.96，整体呈现上升发展态势，最大的贡献点数是 2017 年的 4.96。 由此可知，人均商品出口额指数对流通业竞争力发展的贡献作用在不断提高。

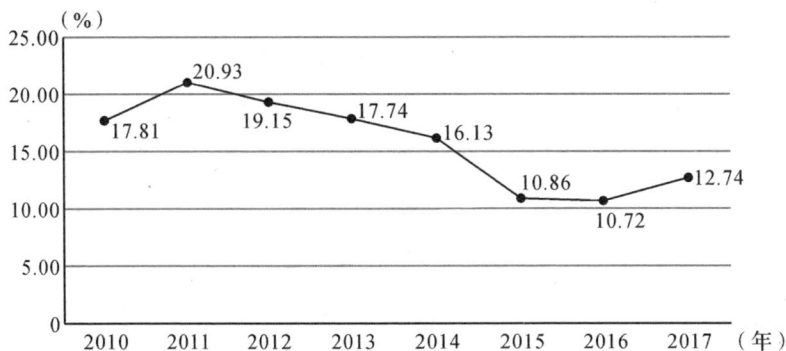

图 3-36　人均商品出口额指数对流通业竞争力发展总指数的贡献率

第二，流通业对外直接投资占比指数的变化趋势及贡献。

从图 3-37 可以看出，2010—2017 年，我国流通业对外直接投资额占比指数整体基本呈现"U"形发展态势。具体为：2010—2013 年呈下降态势，其值从 122.31 下降至 83.49，下降了 31.74%；在 2013—2017 年间，除了 2015 年有所下降外，基本呈上升发展态势，从 2013 年的 83.49 上升至 2017 年的 107.97，提高了 29.32%。

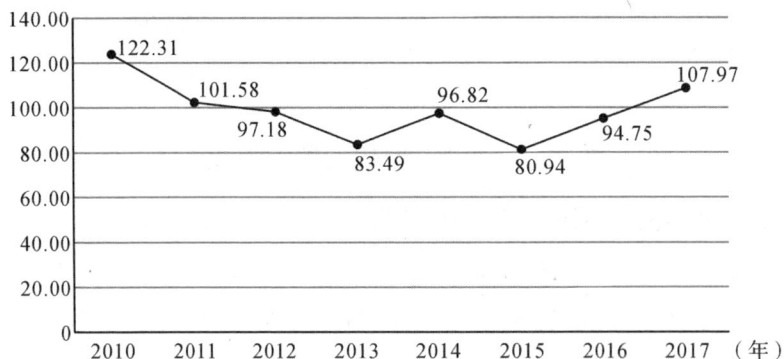

图 3-37　流通业对外直接投资额占比指数的变化趋势

从图 3-38 可以看出，流通业对外直接投资额占比指数对流通业竞争力发展总指数的贡献率在 2011 年大幅下降后基本保持在较低的水平（2010 年的贡献率为 13.31%，其后年份均在 1% 左右）。同时，流通业对外直接投资额占比指数下降，使得贡献率为负值，从而对流通业竞争力发展起相反的作用。

从该指标对流通业竞争力发展总指数的贡献点数来看，2010 年、2011 年和 2017 年的贡献点数分别为 1.39，0.10 和 0.50，对流通业竞争力的发展起到了促进作用。 总体而言，我国流通业对外直接投资水平还不高，需要进一步拓展和加大我国流通业在全球发展的空间和强度，从而提高我国流通业在世界范围内的影响力，促进流通业国际化发展。

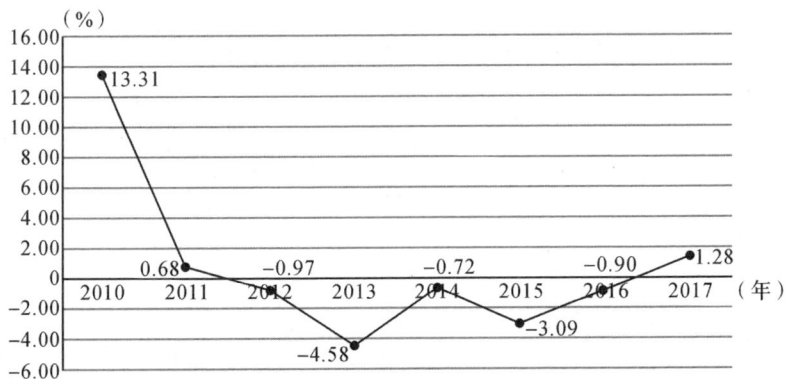

图 3-38　流通业对外直接投资占比指数的贡献率

3.3.1.3　各省区市外向度指数的排名

由表 3-5 可知，2017 年，外向度指数排名前 10 位的地区有上海、广东、浙江、江苏、天津、北京、福建、山东、重庆和辽宁，其外向度指数分别为 889.97，619.75，563.40，502.47，310.91，299.79，298.12，163.30，153.94 和 114.12；排名最后 10 位的地区依次为河北、湖南、山西、云南、内蒙古、吉林、贵州、黑龙江、青海、甘肃，多为经济相对落后地区。 可以看出，流通外向度指数与区域经济发展程度呈现出紧密的关联性，处于前 10 名的地区基本上都是经济发达地区，而排名靠后的多数是经济发展相对落后的地区。 同时，经济发达地区与经济相对落后地区的外向度发展程度的差距十分明显，其外向度指数的标准方差值高达 217.66。

从外向度指数的构成要素来看，由于地区间的人均商品出口额指数差距较大，影响了地区的外向度指数排名。 这也反映了经济发达地区由于地理条件、产业结构等较为合理，其国际影响力较强，促进了其流通业的国际化发展，并远远拉大了与其他地区的差距。

表 3-5　2017 年各省区市外向度指数排名

排名	省区市	外向度指数	排名	省区市	外向度指数
1	上海	889.97	16	湖北	57.40
2	广东	619.75	17	河南	54.68
3	浙江	563.40	18	安徽	54.36
4	江苏	502.47	19	海南	52.40
5	天津	310.91	20	四川	50.27
6	北京	299.79	21	河北	46.34
7	福建	298.12	22	湖南	37.54
8	山东	163.30	23	山西	30.61
9	重庆	153.94	24	云南	26.54
10	辽宁	114.12	25	内蒙古	21.43
11	新疆	80.15	26	吉林	18.08
12	江西	78.11	27	贵州	17.98
13	陕西	71.12	28	黑龙江	15.28
14	广西	63.91	29	青海	7.88
15	宁夏	59.49	30	甘肃	7.24

3.3.1.4　外向度指数分析总结

通过对流通外向度指数进行横向和纵向的比较分析，可以知道，全国流通外向度指数整体呈现上升发展趋势，对中国流通业竞争力发展总指数的贡献作用较大，贡献力度先降低后提高。从外向度指数的构成要素看：人均商品出口额指数呈上升趋势，且对流通业总体发展的贡献作用较大；流通业对外直接投资额占比指数基本为先逐步下降后逐渐上升，对流通业竞争力发展的促进作用较小。在地区排名中，上海、广东、浙江、江苏等经济发达地区的外向度指数均遥遥领先，表现出与当地经济发展程度的紧密关联性和匹配性，而且经济发达地区与经济落后地区的差距十分明显。由此可知，要提高我国流通业外向度，需重点加大对流通业的对外投资力度，提高流通业在全球的影响力。同时，我国经济相对落后地区的流通外向度发展程度较低，需要国家进一步加大对该部分地区的扶持力度。

3.3.2 开放度指数

国际化对于全面提升流通业国际竞争力有着重要的理论意义与现实意义。流通开放度指数是衡量一国或地区流通业开放程度的综合指标，通过从外资、外商方面来考察流通业的开放发展情况。我们选用流通业实际利用外资额占比、外资商业销售额占比、外资住宿餐饮营业额占比3个指数进行衡量与分析说明。

3.3.2.1 开放度指数的变化趋势及贡献

由图 3-39 可知，2010—2017 年，我国流通业开放度指数整体呈上升的发展态势，从 2010 年的 103.11 上升至 2016 年的 129.45，增长幅度为 25.55％。从发展轨迹来看，2010—2013 年呈逐年上升状态，年均增长速度为 4.79％；从 2014 年下滑至 109.58 后又连续两年上升，在 2016 年达到最高点，2017 年则又下滑至 112.20。由此可知，随着我国对外开放的不断深化，越来越多的外商投资进入流通领域，从而使我国流通业开放度逐渐提高。

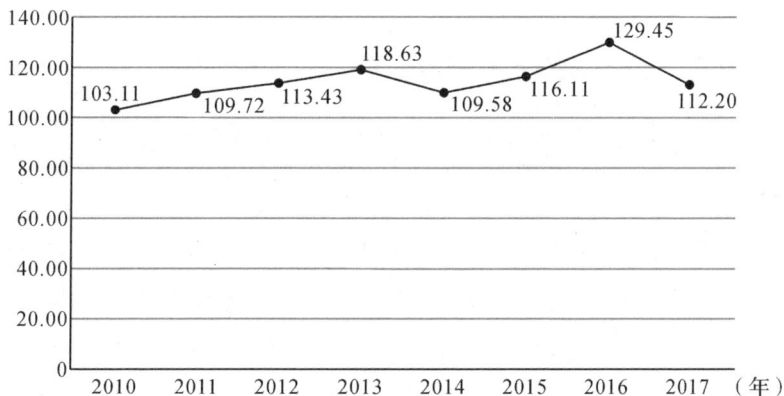

图 3-39 开放度指数的变化趋势

从图 3-40 可以看出，在 2010—2017 年间，开放度指数对中国流通业竞争力发展总指数的贡献率的发展轨迹与该指数的发展趋势基本一样，即 2010—2013 年先上升，在 2014 年下降后再次上升，在 2016 年上升后再次下降。 其中，2013 年的贡献率最高，达到 10.34％，2016 年为 10.05％，2017 年为 3.91％，与 2010 年基本持平。 由此可知，开放度指数对流通业竞争力发展总指数的贡献率的波动较大。 从对流通业竞争力发展总指数的贡献点数来看，2010—2017 年，开放度指数分别拉动总指数值上升了 0.39，1.22，1.68，2.33，1.20，2.01，3.68 及 1.53 个百分点。 可以看出，开放度指数对流通业竞争力发展总指数具有明显的促进作用，且 2016 年作用最大，反映了开放流通领域对流通业竞争力的总体发展具有重要的作用。

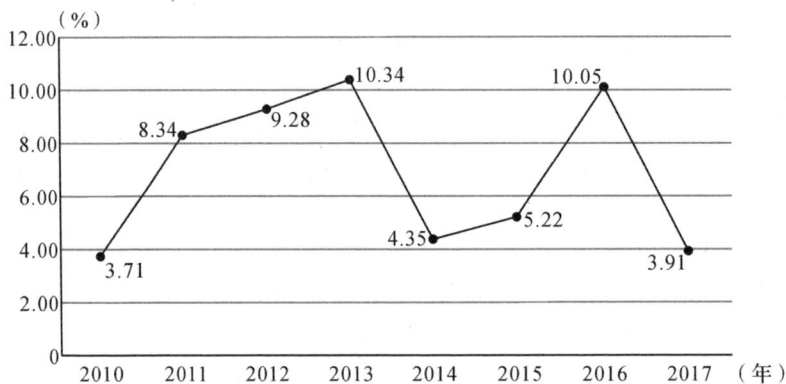

图 3-40　开放度指数的贡献率

3.3.2.2　开放度指数构成要素分析

第一，流通业实际利用外资额占比指数的变化趋势及贡献。

根据图 3-41，2010—2017 年，我国流通业实际利用外资额占比指数整体呈上升发展态势。 由 2010 年的 102.86 提高到 2017 年的 131.13，增长幅度为 27.48％。 从具体发展轨迹来看，2010—2013 年呈逐年上升发展状态，年均增长率为 36.22％；2013—2014 年呈现下滑状态，跌至 122.17；2014—2016 年再次上升，达到 186.09，年均增长率为 23.62％；2016—2017 年再次下滑。 由此可知，在 2010—2017 年间，我国流通业实际利用外资额整体情况较好，外商对流通业的投资力度在不断加大，反映了我国流通业较大的市场发展潜力，以及对外商的吸引力在不断提高。

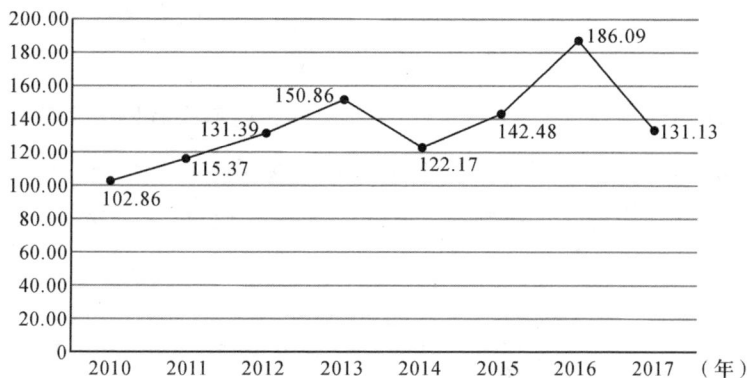

图 3-41　流通业实际利用外资额占比指数的变化趋势

从对流通业竞争力发展总指数的贡献率来看（如图 3-42 所示），流通业实际利用外资额占比指数的贡献率的发展轨迹与该指数的变化趋势基本一致，先上升后下滑再上升后再下滑，且下滑的时间点相同。具体来看，2013年达到高点的贡献率，为 9.40％，较 2010 年提高了 8.26 个百分点；2016 年达到高点的贡献率，为 9.79％，较 2014 年提高了 6.44 个百分点；2017 年下滑后的贡献率为 3.33％。从贡献点数来看，2010—2017 年，流通业实际利用外资额占比指数值增长对流通业竞争力发展总指数值增长的拉动作用分别为 0.12，0.64，1.31，2.12，0.92，1.77，3.59 和 1.30 个百分点。由此可知，2016 年流通业实际利用外资额占比指数对流通业竞争力发展总指数的拉动作用最大。

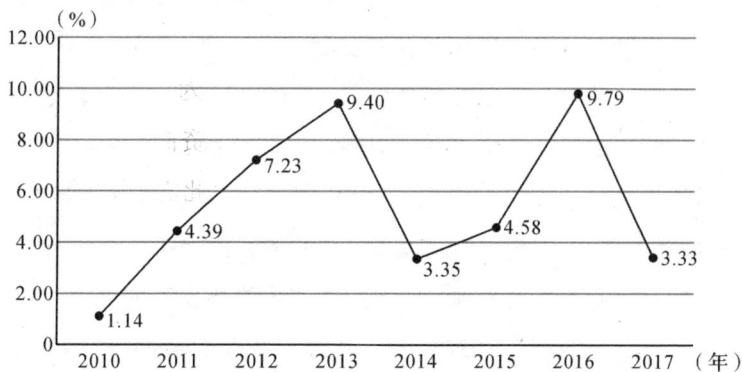

图 3-42　流通业实际利用外资额占比指数的贡献率

第二，外资商业销售额占比指数的变化趋势及贡献。

从图 3-43 可以看出，我国外资商业销售额占比指数呈先上升后下降再上升的发展态势。 从具体发展轨迹来看，2010—2011 年为增长阶段，增长幅度为 5.11％；2011—2013 年连续跌至 105.83；2013—2017 年呈现逐年增长状态，年均增长速度为 2.48％。 由此可知，近年来我国外资商业销售发展形势越来越好，在一定程度上也反映了外商在我国流通领域的营商环境越来越好，从而使外资企业得到了更好的发展，这也促进了我国流通业的国际化发展。

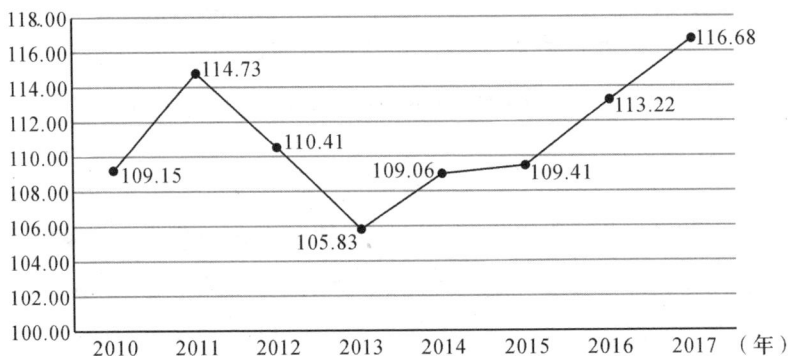

图 3-43 外资商业销售额占比指数的变化趋势

根据图 3-44 可知，外资商业销售额占比指数对流通业竞争力发展的贡献率呈明显的下降态势，从 2010 年的 3.64％下降至 2017 年的 1.78％，下降了 1.86 个百分点，其间在 2011 年上升至最高点（4.21％）。 2013—2017 年间虽然有上涨，但是幅度很小，其结果仍低于 2010 年的贡献率。 另外，从整个时期对流通业竞争力发展总指数增长的贡献点数来看，2017 年外资商业销售额占比拉动流通业竞争力发展总指数增长 0.69 个百分点，为最大贡献作用，其余年份的贡献点数均在 1 个百分点以下。 由此可知，外资商业销售额占比指数对我国流通业竞争力总体发展的贡献作用还较小，因此需要进一步提高零售商业领域的开放发展程度，以提高流通业的发展水平。

第三，外资住宿餐饮营业额占比指数的变化趋势及贡献。

根据图 3-45，在 2010—2017 年间，我国外资住宿餐饮营业额占比指数均在 100 以下，表明其发展水平均低于 2009 年。 同时从发展轨迹来看，外资住

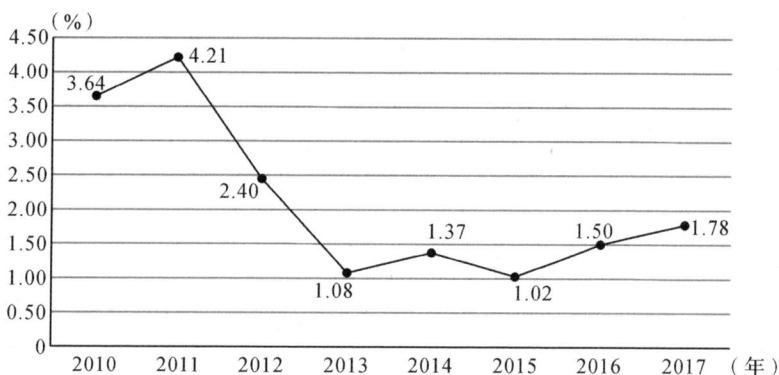

图 3-44　外资商业销售额占比指数的贡献率

宿餐饮营业额占比指数整体呈下降趋势，该指数值从 2010 年的 97.30 下降至 2017 年的 88.80，下降了 8.74％。 由此可知，住宿餐饮领域的外资企业的营业规模呈现下滑状态。

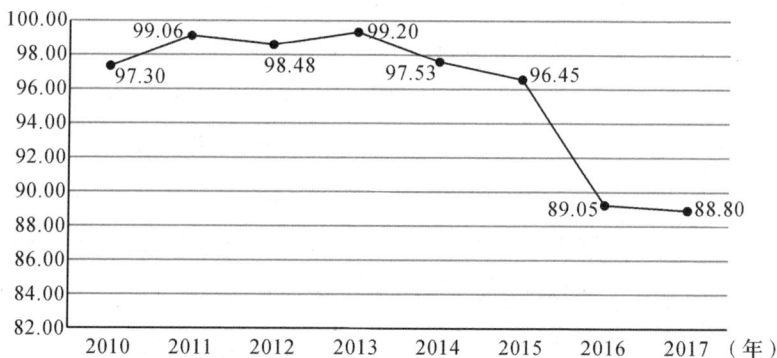

图 3-45　外资住宿餐饮营业额占比指数的变化趋势

根据图 3-46，2010—2017 年间的外资住宿餐饮营业额占比指数对我国流通业竞争力发展总指数的贡献率由于受该指数值降低的影响而均为负值；同时，从拉动点数来看，拉动流通业竞争力发展总指数增加的点数也均为负值。 可以看出，外资住宿餐饮营业额占比指数对流通业竞争力发展总指数的贡献作用为负，外资住宿餐饮业的发展落后于我国流通业竞争力的总体发展。

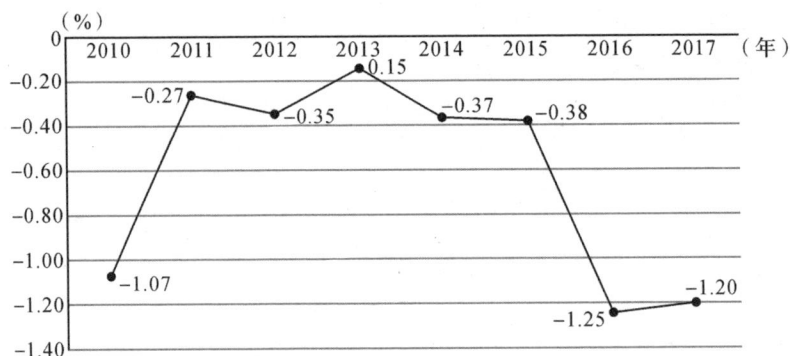

图 3-46　外资住宿餐饮营业额占比指数的贡献率

3.3.2.3　各省区市开放度指数的排名

由表 3-6 可知，在 2017 年开放度指数的地区排名前 10 位中，上海市遥遥领先，达到了 1010.55，其后的北京、四川、湖南、辽宁、浙江、广东、江苏等地区均在 100—200 之间，其余各地的开放度指数值均在 100 以下，低于全国平均水平，甚至部分地区的开放度指数为个位数，如贵州、青海、广西、宁夏和甘肃。开放度指数较低的省区市均为经济相对落后地区。同时，还发现，一些中西部地区的开放度指数增长较快，其增长速度已经超越经济发达地区。总体而言，我国经济发达地区和经济较为落后地区的流通外向度发展程度的差距十分明显，其开放度指数的标准方差值高达 217.66。

从地区开放度指数的构成要素来看：在流通业实际利用外资额占比指数方面，2017 年，上海、湖南、四川、辽宁、浙江居全国前 5 位，均在 200 以上，尤其是上海地区遥遥领先，超过了 1000，整体呈现出地区间差距十分大的特点；在外资商业销售额占比指数方面，2017 年，上海、北京、陕西、江苏、广东排名前 5，分别为 368.99，182.33，95.73，94.74 和 91.80。可以看出，影响地区流通开放度指数排名的主要是流通业实际利用外资额占比指数，它直接决定地区流通市场的国际开放程度、市场发展空间的大小和发展环境情况的好坏。

表3-6　2017年各省区市开放度指数及排名

排名	省区市	开放度指数	排名	省区市	开放度指数
1	上海	1010.55	16	江西	68.74
2	北京	146.37	17	天津	56.42
3	四川	140.62	18	云南	55.74
4	湖南	138.46	19	山东	46.15
5	辽宁	130.15	20	山西	44.85
6	浙江	126.21	21	安徽	43.98
7	广东	111.42	22	新疆	35.27
8	江苏	107.34	23	河北	24.96
9	吉林	97.64	24	河南	15.14
10	陕西	96.28	25	内蒙古	14.73
11	重庆	92.23	26	贵州	6.68
12	湖北	87.87	27	青海	5.96
13	黑龙江	84.13	28	广西	2.73
14	福建	77.44	29	宁夏	2.05
15	海南	73.36	30	甘肃	0.32

3.3.2.4　开放度指数分析总结

通过对流通开放度指数进行横向和纵向的比较分析，可以知道，全国流通开放度指数整体呈现上升发展趋势，对流通业竞争力发展总指数的贡献作用较大，但贡献力度较不稳定，时高时低。从外向度指数的构成要素看，全国流通业实际利用外资额占比指数总体呈上升发展趋势，且对流通业竞争力发展的贡献作用较大，并在2016年达到最大值；外资商业销售额占比指数呈先降后升的变化趋势，对流通业竞争力发展的促进作用较小；外资住宿餐饮营业额占比指数呈整体下滑趋势，对流通业竞争力发展的贡献作用为反向的。在地区排名中，上海、北京、四川、湖南等地区的流通开放度指数在全国位居前列，反映了部分中西部地区的流通业对外开放程度有了较大提高。总体上，我国还需进一步改善外商在我国流通领域的投资环境，加大外资企业与本土企业的协同发展,促进流通领域开放程度的总体提高。 同时,我国要继续加大对中西部地区的政策扶持力度,使更多的中西部地区的流通业开放度不断提高。

3.4 发展绩效指数

发展绩效是从流通效率和社会经济贡献两个方面来反映流通业的发展成效,是流通业竞争力发展综合成效的体现。 流通效率指数衡量的是流通业运行的效率情况,主要从产品周转率方面来衡量。 社会经济贡献指数衡量的是流通业对经济社会发展促进作用的大小,也直接反映了区域流通发展竞争实力的情况,主要从促进经济增长、带动就业、促进消费等角度进行考察和分析。

3.4.1 流通效率指数

流通效率指数反映的是流通作为中间环节的产品流通速度情况和流通成本情况,主要从流动资产周转率和库存周转率两个方面来考察。 流动资产周转率反映了流动资产的周转速度,是评价流动资产利用率的重要指标之一。库存周转率是一定时期内销售产品的成本与平均库存的比值,用于反映存货的周转速度,即存货的流动性及存货资金占用量是否合理,用于反映在促使企业保证生产经营连续性的同时,资金的使用效率情况,以及企业的短期偿债能力情况。 该比值越小,则库存周转速度越快,流动性越强,存货的资金占用水平越低。

3.4.1.1 流通效率指数变化趋势及贡献

由图 3-47 可以看出,2010—2017 年,我国商品流通效率指数呈下降趋势,从 2010 年的 108.36 下降至 2017 年的 101.58,下降幅度为 6.26%。 其具体发展轨迹是:2010—2013 年呈现小幅的上下波动,2013 年上升至这期间的最高点,即 111.79;2013—2015 年呈现明显的下降趋势,平均下降速度为

4.94％；2015—2017 年则呈现轻微的上升态势，由 101.02 上升至 101.58。
由此可知，我国流通效率指数总体呈下滑趋势，因此，我国仍需要进一步加大
力度提高商品流通效率。

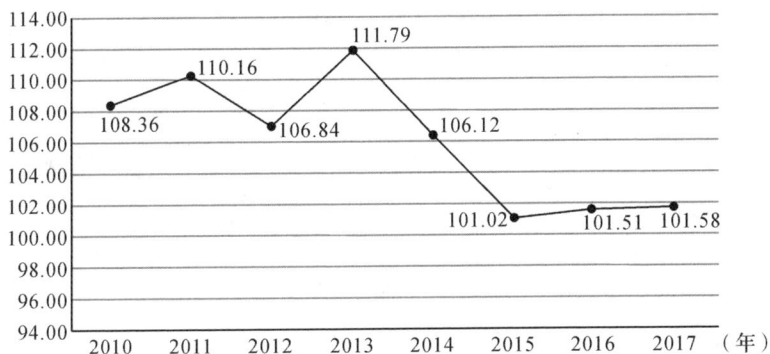

图 3-47　流通效率指数的变化趋势

由图 3-48 可以看出，2010—2017 年，流通效率指数对中国流通业竞争力
发展总指数的贡献率呈明显的下降态势，从 2010 年的 9.97％下降至 2017 年
的 0.51％，其中两个下降幅度较大的时间段分别是 2010—2012 年和 2013—
2015 年，其分别下降了 5.24 和 6.21 个百分点。从流通效率指数对中国流通
业竞争力发展总指数增长的拉动点数上来看，2010—2017 年分别为 1.04，
1.27，0.86，1.47，0.76，0.13，0.19 和 0.20，拉动点数均偏低。由此可
知，我国商品流通效率的提高对中国流通业竞争力发展的贡献呈明显的下降
态势，且贡献作用较小。

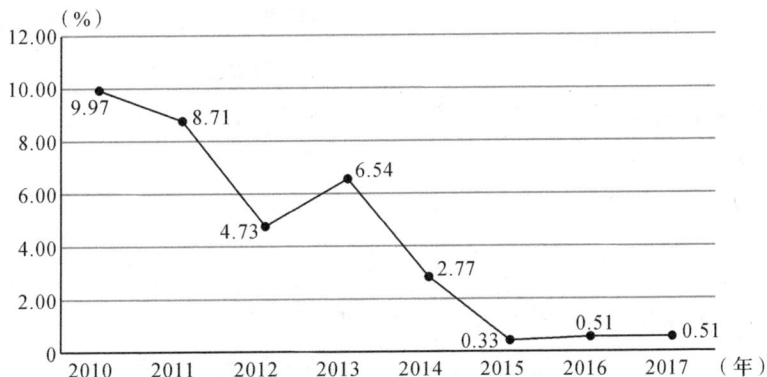

图 3-48　流通效率指数的贡献率

3.4.1.2 流通效率指数的构成要素分析

第一,流动资产周转率指数变化趋势及贡献。

由图 3-49 可以看出,2010—2017 年,流动资产周转率指数呈明显的下降态势,从 2010 年的 105.27 下降到 2017 年的 89.48,下降幅度为 15.00%。从具体变化轨迹来看,虽然期间该指数有上升,但幅度非常小,因此整体仍表现出下滑态势。 由此可知,我国流通业的流动资产周转率呈现下滑态势,反映了商品流通速度在不断下降。

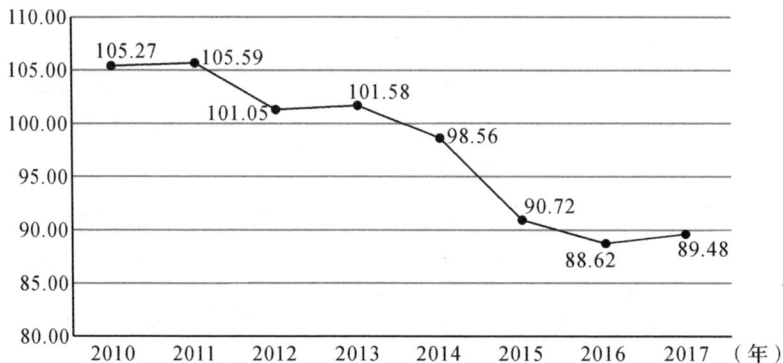

图 3-49 流动资产周转率指数变化趋势

由图 3-50 可以看出,2010—2017 年,流动资产周转率指数对中国流通业竞争力发展总指数的贡献率总体呈现下降态势,从 2010 年的 3.15% 下降到 2017 年的 -1.69%。 从流动资产周转率指数对中国流通业竞争力发展总指数的贡献点数上看:2010—2013 年,分别拉动中国流通业竞争发展总指数值上升了 0.33,0.35,0.07 和 0.10 个百分点;2014—2017 年,则分别拉动中国流通业竞争力发展总指数值上升了 -0.09,-0.58,-0.71 和 -0.66 个百分点。 由此可知,在 2010—2017 年期间,流动资产周转率指数对流通业竞争力发展总指数的贡献作用在前 4 年表现为正向的拉动作用,后 4 年则为反向的阻碍作用。

第二,库存周转率指数变化趋势及贡献。

由图 3-51 可以看出,2010—2017 年,库存周转率指数除了在 2013 年超过了 120 外,其余年份均在 110—115 之间上下波动,表现出较为平稳的发展态

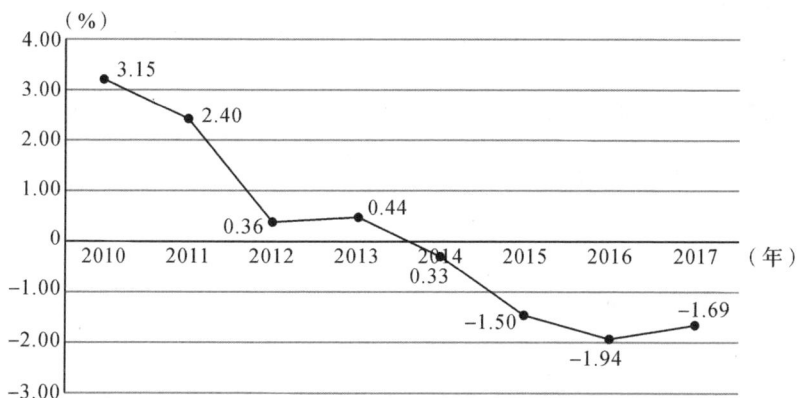

图 3-50　流动资产周转率指数贡献率

势。 2013 年，库存周转率指数达到 122.00，是这期间的最高点；2017 年为 113.68，较 2010 年提高了 2.01％。 由此可知，我国商品库存周转率整体来讲稍有上升，但发展稍有波动，但维持在一个相对稳定的区间。 因此，我国仍需进一步提高商品库存周转率，如通过加大消费、改善流通环境和渠道等方式来减少商品库存量。

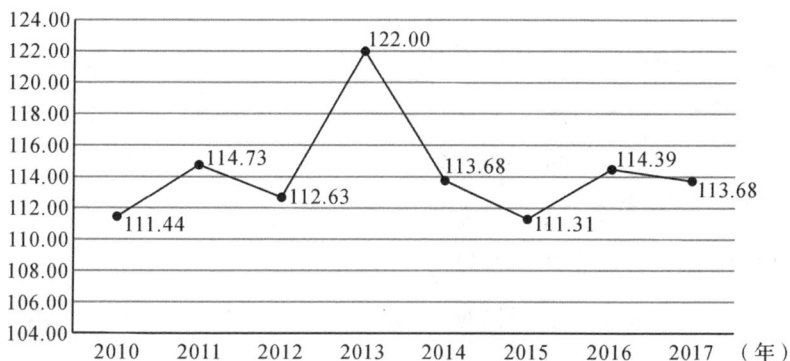

图 3-51　库存周转率指数变化趋势

由图 3-52 可以看出，2010—2017 年，库存周转率指数对中国流通业竞争力发展总指数的贡献率整体呈下降态势，从 2010 年的 6.83％ 下降至 2017 年的 2.19％，下降了 4.64 个百分点。 从发展轨迹来看，库存周转率指数的贡献率在 2010—2012 年和 2013—2015 年两个时期呈现明显的下滑态势，其分别下降了 2.47 个百分点和 4.27 个百分点。 从对中国流通业竞争力发展总指数增长的

贡献点数上来看，2010—2017 年，库存周转率分别拉动中国流通业竞争力发展
总指数上升了 0.71，0.92，0.79，1.37，0.86，0.71，0.90 和 0.86 个百分点，除
2013 年外其他年份基本在 1% 以下。 由此可知，流通库存周转率指数对中国流
通业竞争力发展总指数的拉动力较小，促进作用较为不明显。

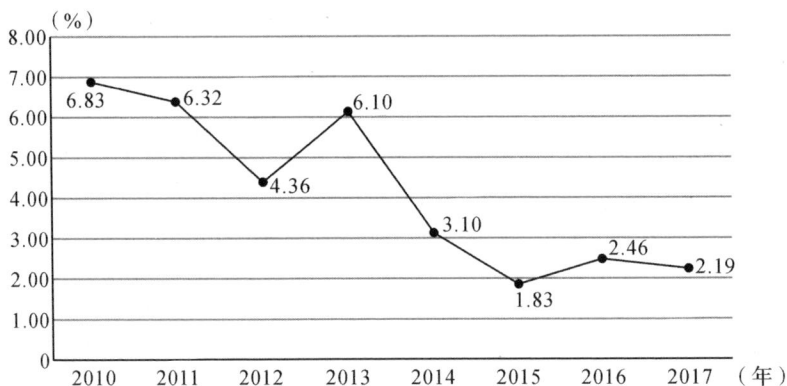

图 3-52　库存周转率指数的贡献率

3.4.1.3　各省市区流通效率指数的排名

由表 3-7 可以看出，流通效率指数排名前 10 位的地区分别是陕西、甘
肃、浙江、辽宁、重庆、福建、上海、山东、天津和海南，其流通效率指数值
分别为 152.96，141.02，139.57，126.09，125.74，123.58，121.99，
120.55，114.79 和 107.57。 排名末 10 位的地区分别是河北、江西、新疆、
宁夏、贵州、北京、黑龙江、内蒙古、湖南和吉林，其流通效率指数值均在
90.00 以下。 总体来讲，大多数地区的流通效率指数与地区经济发达程度存
在较强的关联性，但部分地区也存在两者不关联的现象。 另外，从流通效率
指数值来看，各地区的流通效率指数值普遍不高，最大值为 152.96，最小值
仅为 60.38，可见，各地区仍需大力提高流通效率。

从流通效率指数的构成要素来看，在 2017 年流动资产周转率指数的排名
中，甘肃、陕西、湖南、辽宁等多数中西部地区上榜全国前 10 名，分别为
148.89，127.64，113.49 和 108.44，这反映了中西部地区的流通速度有了较
大的提高。 在 2017 年库存周转率指数全国前 10 名榜单中，青海、海南、辽

宁、甘肃、广西等地区位列其中，最高为青海的 171.79，这反映出中西部地区商品库存周转的速度较快。由此可知，在流通效率方面，我国中西部地区处于加速赶超的发展状态，其流通效率已经有了明显的提升。

表 3-7　2017 年各省区市流通效率指数排名

排名	省区市	效率指数	排名	省区市	效率指数
1	陕西	152.96	16	山西	102.76
2	甘肃	141.02	17	青海	102.24
3	浙江	139.57	18	云南	92.29
4	辽宁	126.09	19	江苏	90.01
5	重庆	125.74	20	安徽	88.18
6	福建	123.58	21	河北	86.80
7	上海	121.99	22	江西	86.40
8	山东	120.55	23	新疆	83.19
9	天津	114.79	24	宁夏	82.25
10	海南	107.57	25	贵州	80.77
11	四川	106.29	26	北京	72.03
12	广西	105.85	27	黑龙江	70.47
13	湖北	105.40	28	内蒙古	66.29
14	河南	104.01	29	湖南	64.31
15	广东	103.20	30	吉林	60.38

3.4.1.4　流通效率指数分析小结

通过多角度对流通效率指数进行横向和纵向的比较分析，可以知道，我国流通效率指数整体呈现下滑趋势，对中国流通业竞争力发展总指数的贡献作用由强变弱，且变化幅度较大。从流通效率指数的构成要素看，流动资产周转率指数呈下降趋势，对流通业竞争力发展的贡献作用在逐渐减弱，且贡献作用较小；库存周转率指数则表现为较为平稳的发展态势，相对其他指标，其对流通业竞争力发展的促进作用较大，但在逐渐减弱。在地区排名中，部分中西部地区的流通效率指数在全国位居前列,反映出这些中西部地区的流通效率有了较大提高。 同时,全国各省区市的流通效率指数均处于较低水平。 因此,我国还需大力提高流通效率,并继续给予中西部地区更多的扶持和引导,使其流通效率继续提升。

3.4.2　社会经济贡献指数

社会经济贡献指数用于衡量流通业对经济社会发展的贡献和带动作用,体现了流通业竞争力发展的综合绩效,主要通过流通业增加值占比、拉动倾向、促进倾向、就业贡献率 4 个指数来衡量流通业对社会经济贡献的大小。流通业增加值占比指数是评价流通业发展对国家或地区经济发展所做贡献的重要指数,可以衡量流通业在国民经济中的地位和贡献。 拉动倾向从动态角度衡量了流通业作为先导产业,对国民经济的拉动作用和贡献力。 由于我国正处于工业化发展阶段,工业产出仍占最大的比重,用流通业增加值增长速度与工业总产出增长速度的比值来衡量流通业对经济发展的拉动力大小。 促进倾向是通过测算流通业增加值增长速度与社会消费品零售总额增长速度的比值来衡量流通业作为国民经济中的重要产业对社会经济发展的带动作用。 就业贡献率是指流通业就业增量与社会总就业增量之比,反映了流通业作为劳动密集型产业对促进社会就业所做的贡献。

3.4.2.1　社会经济贡献指数的变化趋势及贡献分析

由图 3-53 可以看出,在 2010—2017 年间,社会经济贡献指数呈现先扬后抑的发展态势。 具体为,在 2010—2015 年间呈上升发展状态,社会经济贡献指数从 2010 年的 126.35 上升到 2015 年的 193.40,增长幅度为 53.07%,其中:2010—2014 年的增长较为缓慢,年均增长速度为 2.33%;而 2014—2015 年则增长较快,增长速度达到了 39.64%;在 2015—2017 年间,社会经济贡献指数呈现下滑趋势,从 193.40 跌至 125.30,且 2015—2016 年间的跌幅最大,下降了33.21%。 由此可知,我国流通业的社会经济贡献指数在 2015 年前是逐年提升的,而在 2015 年后则是逐年降低的,这可能是因为在互联网经济发展背景下,流通领域的许多新兴业态模式尚未纳入传统国民经济的统计体系。

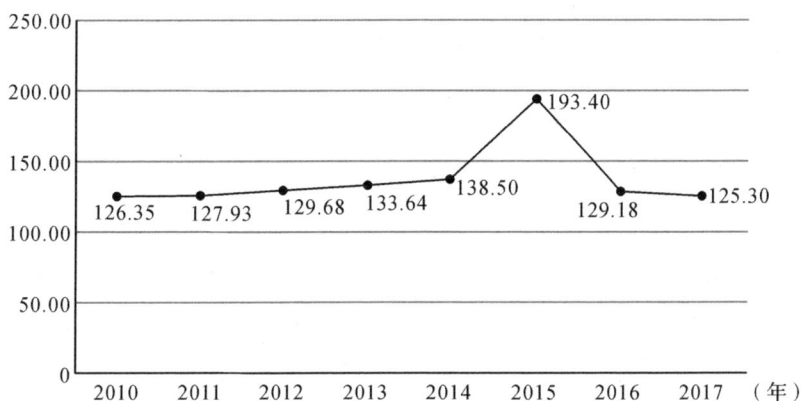

图 3-53　社会经济贡献指数变化趋势

由图 3-54 可以看出，2010—2017 年间，社会经济贡献指数对中国流通业竞争力发展总指数的贡献率整体呈下降态势，从 2010 年的 31.45% 下降至 2017 年的 8.11%，下降了 23.34 个百分点。从其发展轨迹来看，2010—2014 年呈逐年下滑态势，年均下降幅度为 13.41%；2014—2015 年则出现上升，上升幅度为 73.16%；2015—2017 年则再次下降，年平均降幅为 42.79%。从对中国流通业竞争力发展总指数增长的贡献点数上看，2010—2017 年，社会经济贡献指数分别拉动中国流通业竞争力发展总指数值上升了 3.29，3.49，3.71，4.21，4.81，11.60，3.65 和 3.16 个百分点。这表明流通业的社会经济贡献增长对我国流通业的总体发展起到一定的拉动作用。

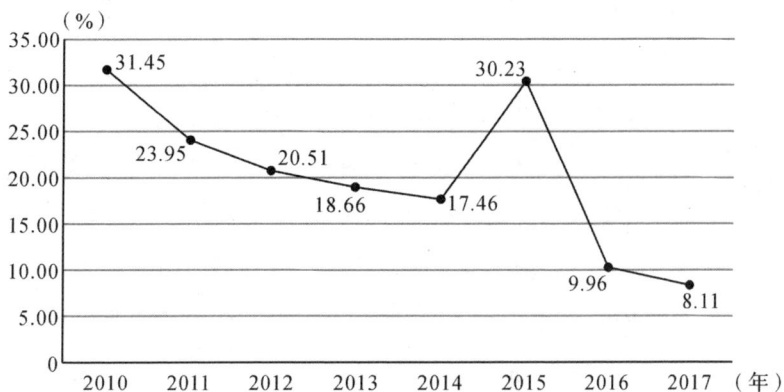

图 3-54　社会经济贡献指数贡献率

3.4.2.2 社会经济贡献度指数的构成要素分析

第一，流通业增加值占比指数的变化趋势及贡献。

由图 3-55 可以看出，在 2010—2017 年间，流通业增加值占比指数整体呈现上升发展态势，从 2010 年的 100.55 上升至 2017 年的 104.80，上升幅度为4.23%。 从具体发展轨迹来看：2010—2014 年呈逐年上升发展态势，年均增长幅度为 1.26%；2014—2017 年，则在 105 附近上下波动，变化较为不明显，发展较为平稳。 由此可知，我国流通业增加值占比指数总体呈上升态势，但上升的速度较为缓慢，且 2014—2017 年发展得较为稳定。

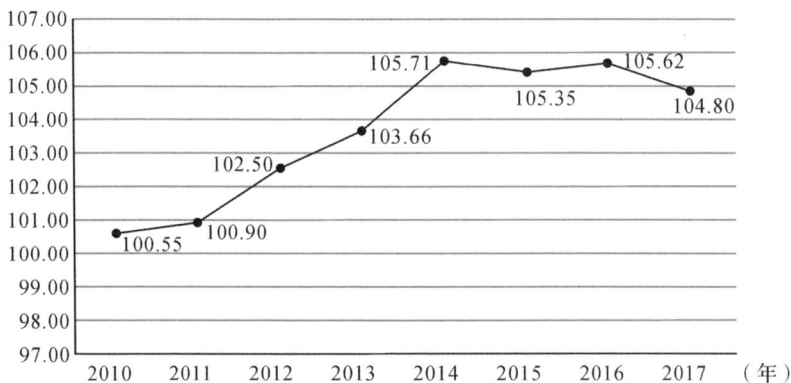

图 3-55 流通业增加值占比指数变化趋势

由图 3-56 可以看出，2010—2017 年，流通业增加值占比指数对中国流通业竞争力发展总指数的贡献率基本呈现先上升后下降的发展态势。 具体为：2010—2014 年，贡献率呈上升趋势，从 2010 的 0.16% 上升至 2014 年的0.65%，上升了 0.49 个百分点；2014—2017 年，贡献率则基本呈下降态势，从 2014 年的 0.65% 下降至 2017 年的 0.38%，下降了 0.27 个百分点。 由此可知，流通业增加值占比指数对流通业竞争力发展总指数的贡献作用为先增强后减弱，且贡献作用较小。 从对中国流通业竞争力发展总指数增长的贡献点数上看，2010—2017 年，流通业增加值占比指数分别拉动流通业竞争力发展总指数增长了 0.02、0.03、0.08、−0.11、0.18、0.17、0.18 和 0.15 个百分点，表明流通业增加值占比指数对流通业竞争力发展总指数无明显的拉动作用。 由此可知，流通业增加值占比指数的增长明显落后于流通业竞争力发展总指数，从而表现出较小的贡献作用。

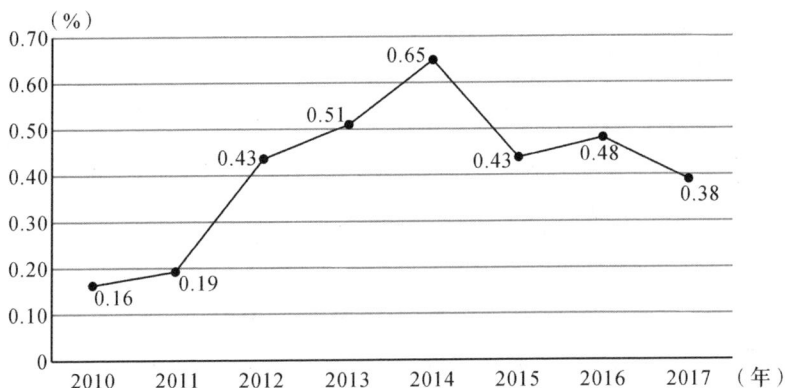

图 3-56　流通业增加值占比指数贡献率

第二，拉动倾向指数的变化趋势及贡献。

由图 3-57 可以看出，2010—2017 年间，拉动倾向指数表现出明显的先增长后下降的态势。 2010—2015 年为上升阶段，拉动倾向指数值从 2010 年的 69.23 增长至 2015 年的 418.10，但 2010—2014 年间增长得较为缓慢，年均增幅为 22.15%，而 2014—2015 年则是急剧上升，2015 年达到了 418.10，较 2014 年增长了近 2 倍。 2015—2017 年则为下滑阶段，其下滑速度也较快，分别为 70.90%（2016 年）和 51.86%（2017 年），2017 年的拉动倾向指数值仅为 58.58。 由此可知，我国流通业对工业的拉动作用是先增强后减弱的，且在 2015 年的拉动作用达到最大。

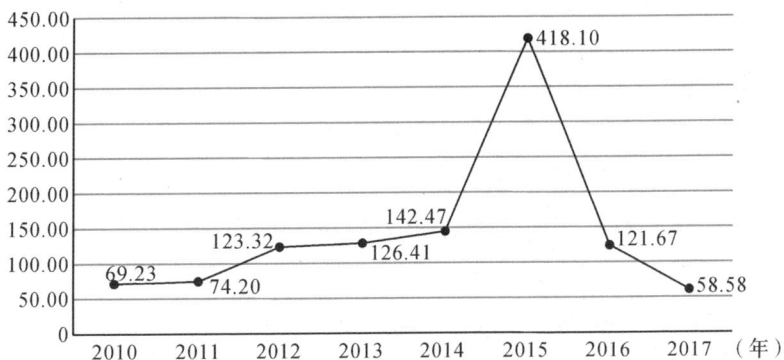

图 3-57　拉动倾向指数变化趋势

由图 3-58 可以看出，2010—2017 年，拉动倾向指数对中国流通业竞争力发展总指数的贡献率的发展轨迹与拉动倾向指数的变化趋势基本一致，同样是先上升后下降，且波动较大的时间段一致。 2010—2015 年为上升阶段，贡献率从 2010 年的－9.18％提高至 2015 年的 25.74％，其中 2014—2015 年的上升速度最快，上升幅度超过了 4 倍；2015—2017 年为下降阶段，从 2015 年的 25.74％下降至 2017 年的－3.32％，且 2015—2016 年的下降速度最快，下降幅度为 92.82％。 从对中国流通业竞争力发展总指数增长的贡献点数上看，2010—2017 年，拉动倾向指数分别拉动中国流通业竞争力发展总指数上升－0.96，－0.81，0.73，0.83，1.33，9.94，0.68 和－1.29 个百分点。 由此可知，我国流通业拉动倾向指数对流通业竞争力发展指数增长的贡献作用是先提高后降低的，且在 2015 年达到最大，但整体来讲，贡献作用波动较大。

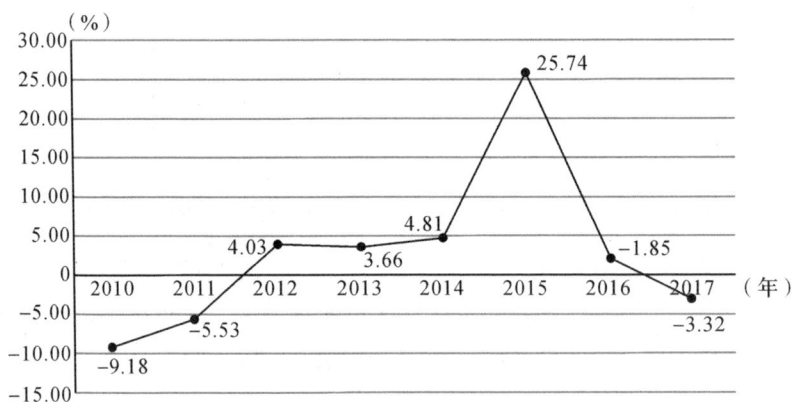

图 3-58　拉动倾向指数贡献率

第三，促进倾向指数的变化趋势及贡献。

由图 3-59 可以看出，2010—2017 年，促进倾向指数呈现先下降后提升的发展态势。 具体来看：2010—2015 年呈阶梯式的下滑状态，促进倾向指数值从 2010 年的 237.07 下降至 2015 年的 145.60，下降了 38.58％，其间经历了两个阶段的先轻微上幅后明显下降，两次下降的幅度分别为 18.07％ 和 28.09％；2015—2017 年为上升阶段，从 2015 年的 145.60 持续上升至 2017 年的 231.19，上升了 58.78％，年均上升速度为 26.01％。 由此可知，我国流通业对消费的促进作用较大，同时其促进作用是先下降后提升的，且提升速度较快，基本回到期初的水平。这也反映了流通作为连接生产与消费的桥梁，与对工业生产的拉动作用相比，对消费的促进作用更加明显。

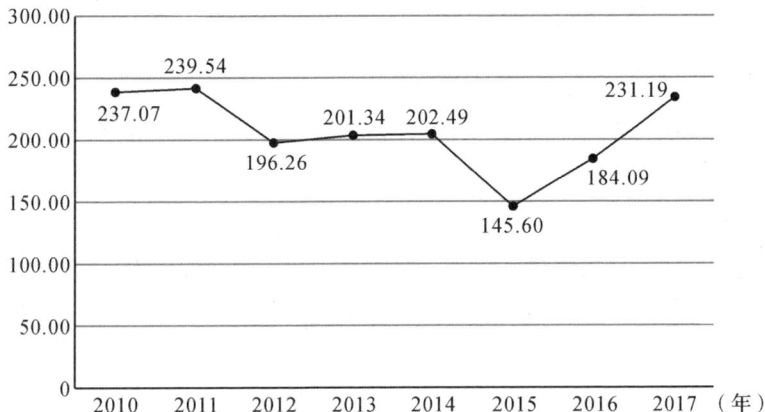

图 3-59 促进倾向指数变化趋势

由图 3-60 可以看出，2010—2017 年间，促进倾向指数对流通业竞争力发展总指数增长的贡献率呈现先下降后上升的发展态势。从贡献率的具体发展轨迹来看，2010—2015 年为逐年下滑阶段，且下滑速度较快，贡献率从 2010 年的 40.90% 下降到了 2015 年的 3.69%，下降了 37.21 个百分点，年均下降速度为 34.46%，最大下降速度出现在 2014—2015 年，为 68.23%；2015—2017 年为逐年上升阶段，贡献率从 3.69% 上升至 2017 年的 10.52%，上升速度较快，2016 年和 2017 年的上升速度分别为 94.33% 和 46.66%。从对中国流通业竞争力发展总指数增长的贡献点数上看，2010—2017 年，促进倾向指数拉动中国流通业竞争力发展总指数分别上升 4.28，4.36，3.01，3.17，3.20，1.43，2.63 和 4.10 个百分点。由此可知，我国流通业促进倾向指数对中国流通业竞争力发展总指数的贡献率是先下降后提高的，且下降速度较快，同时对中国流通业竞争力发展总指数的拉动力较小。

第四，就业贡献率指数的变化趋势及贡献。

由图 3-61 可以看出，2010—2017 年，就业贡献率指数呈现先下降后提升的发展态势。从具体发展轨迹来看，2010—2012 年是下降阶段，从 2010 年的 98.54 下降至 2012 年的 96.65，下降幅度为 1.92%；2012—2017 年为逐年增长阶段，且上升幅度较小，从 2012 年的 96.65 增至 2017 年的 106.62，增长幅

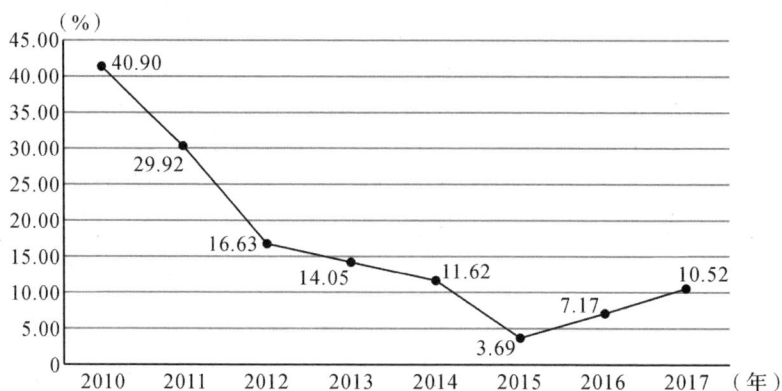

图 3-60　促进倾向指数贡献率

度为 10.32％，年均增长速度为 2.01％。 由此可知，我国流通业就业贡献率
指数虽然经历了短期的下降阶段，但 2012—2017 年都在持续上升，表明我国
流通业的就业贡献率在不断提高，表现出流通业对全社会就业的贡献在逐步
增大，进一步体现了流通业吸纳就业人口强的特性。

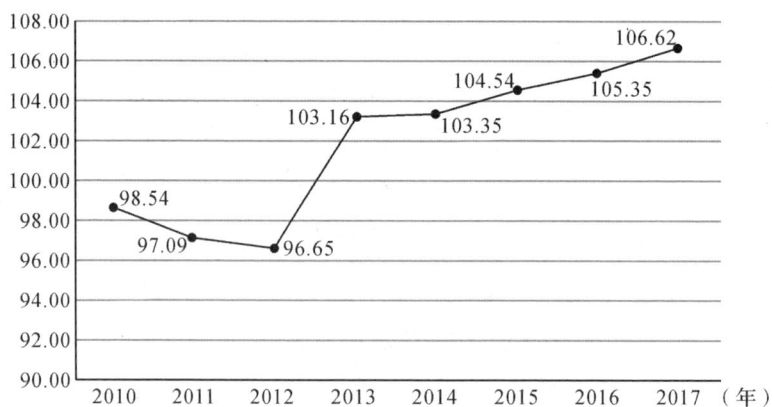

图 3-61　就业贡献率指数变化趋势

由图 3-62 可以看出，2010—2017 年，就业贡献率指数对中国流通业竞争
力发展总指数的贡献率呈现出两次先下降后上升的发展态势。 第一阶段为
2010—2013 年，贡献率从－0.44％下降至－0.62％后再上升至 0.44％，波动
幅度较大；第二阶段为 2013—2017 年，贡献率从 0.44％下降至 0.37％后再上
升至 0.53％，波动幅度较小。 可以看出，流通业就业贡献率指数对流通业竞

争力发展总指数增长的贡献作用从反向阻碍转变为正向推动，但是推动作用仍较小。 从对中国流通业竞争力发展总指数增长的贡献点数来看，2013—2017 年，就业贡献率指数分别拉动中国流通业竞争力发展总指数上升了 0.10，0.10，0.14，0.17 和 0.21 个百分点，反映出就业贡献率指数对流通业竞争力发展总指数的拉动力相对较小。

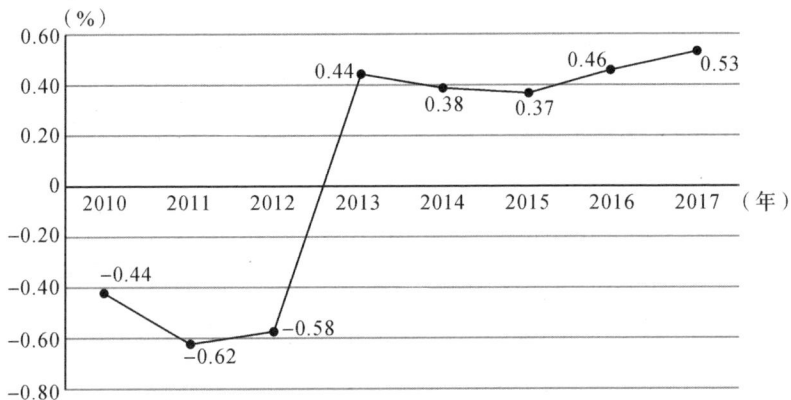

图 3-62　就业贡献率指数贡献率

3.4.2.3　各省区市社会经济贡献指数的排名

由表 3-8 可知，2017 年，社会经济贡献指数排名全国前 10 的是甘肃、天津、四川、新疆、辽宁、北京、海南、河北、重庆、河南，其社会经济贡献指数分别为 433.62，276.98，221.19，195.82，192.55，186.50，163.05，154.85，130.65 和 130.64。 可以看出，处于前 10 名的省区市中有一半以上是经济发展相对落后的地区，这反映了这些地区的流通业正在快速发展，并且对当地经济和社会发展做出了较大的贡献。 同时，可以看到，广东、福建、上海、浙江、江苏等经济相对较为发达地区的社会经济贡献指数在全国排名中处于中后段，这反映了这些地区流通业的社会经济贡献已经相对较为平稳。

从社会经济贡献指数的构成要素来看，2017 年，甘肃地区的拉动倾向指数在全国排第 1 位，从而使该地区的流通社会经济贡献指数较大；新疆地区的促进倾向指数在全国排第 1 位，从而使得新疆地区的流通社会经济贡献指数较大；海南、辽宁的流通业增加值占比指数在全国排名前 5，从而使得该地区的社会经济贡献指数排名较为靠前；上海地区的流通就业贡献率虽然在全国排名第1，但其他指标的排名相对靠后，因此，其社会经济贡献指数的排名呈现出靠后的状态。

表 3-8　2017 年各省社会贡经济献指数排名

排名	省区市	社会经济贡献指数	排名	省区市	社会经济贡献指数
1	甘肃	433.62	16	贵州	108.01
2	天津	276.98	17	福建	107.86
3	四川	221.19	18	陕西	107.51
4	新疆	195.82	19	山东	101.47
5	辽宁	192.55	20	上海	101.53
6	北京	186.50	21	江西	101.15
7	海南	163.05	22	安徽	96.35
8	河北	154.85	23	浙江	94.47
9	重庆	130.65	24	广西	87.10
10	河南	130.64	25	黑龙江	84.91
11	湖北	129.87	26	江苏	81.29
12	云南	129.77	27	宁夏	76.28
13	广东	119.49	28	青海	73.55
14	湖南	117.72	29	内蒙古	48.30
15	山西	114.13	30	吉林	−154.81

3.4.2.4　社会经济贡献指数分析小结

通过多角度对社会经济贡献指数进行横向和纵向的比较分析，可以知道，2010—2017 年间，我国流通业的社会经济贡献指数总体呈现先上升后下降的发展趋势，在 2015 年达到最高值，且相对其他一级指标而言，其对流通业竞争力发展总指数的贡献作用较大，但作用力度由强变弱。从社会经济贡献指数的构成要素看，流通业增加值占比指数呈先扬后抑发展，且对流通业竞争力发展的贡献力度较小；工业拉动倾向指数也呈先扬后抑的发展趋势，其对流通业竞争力发展的促进作用也是先逐渐增强再逐渐减弱的；促进倾向指数则呈先抑后扬的发展趋势，虽然其对流通业竞争力发展的促进作用力较大，但在逐渐削弱；就业贡献指数呈先降后升的发展趋势，但对流通业竞争力发展的贡献力度相对较小。 在地区排名中，部分中西部地区的社会经济贡献指数位居全国前列，反映出这些地区的流通业正在加速发展，并对当地经济社会发展起到了较大的贡献作用。 因此，我国还需进一步提高流通业自身的发展水平，更好地发挥流通作为生产与消费的中间桥梁的作用，从而使其对经济社会发展做出更多的贡献。 同时，我国还要继续给予经济相对落后地区更多的扶持和引导，加速这些地区流通业的发展，并不断提升流通业的社会经济贡献水平。

从图 3-63 所示的整体情况来看，我国流通业竞争力发展主要在购买潜力发展、社会经济贡献发展和全球的国际化发展等方面取得了较大的提高，同时也存在城乡发展不均衡、现代化发展程度较低、流通效率较低等不足。 为了进一步探讨在 2010—2017 年究竟是哪些具体因素影响了我国流通业的发展及其影响程度，本书接下来将对流通业竞争力发展指数的各级构成要素逐个进行分析，更加深入具体地了解流通业竞争力发展的状况和动因，以便能够帮助政府制定更加合理的政策，进一步发挥流通业竞争力发展的优势和弥补流通业竞争力发展的弱项。

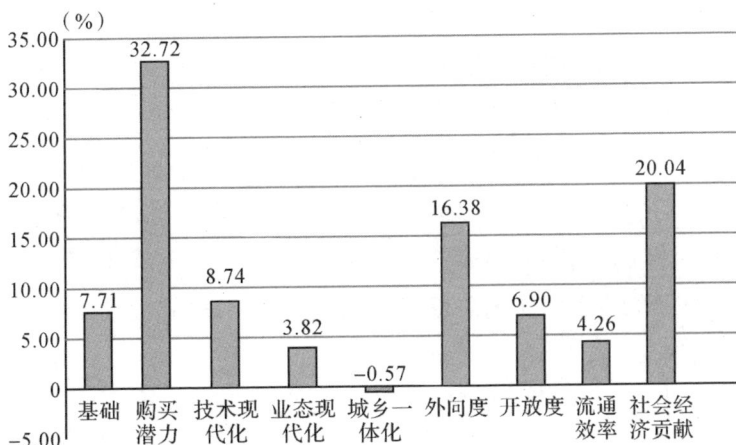

图 3-63 流通业竞争力发展评价指标体系中二级指标的平均贡献率

4

华北地区流通业竞争力分析

　　华北地区是中国六大地理分区之一，简称华北。 从政治、经济层面上
讲，华北地区的地理范围包括北京、天津、河北、山西和内蒙古等地区，总面
积达 83.81 万平方千米，2012 年总人口为 1.69 亿，占全国总人口的
12.46%，是中国人口最稠密的地区之一。 华北地区不仅拥有丰富的自然资
源，特别是山西的煤炭资源和内蒙古的矿产资源，而且也是我国交通条件较为
发达的地区之一。 其中，北京是我国首都，也是全国铁路、公路和航空运输
中心，天津的天津港、河北的秦皇岛港和黄骅港则是我国的重要港口，华北地
区的京津冀是我国北方经济规模最大、最具活力的地区。 但是华北地区的经
济发展水平参差不齐，各地区的经济实力、经济地位悬殊。 其中，北京、天
津属于经济发达地区，2017 年人均 GDP 分别为 129 041.64 元、119 134.17
元；而内蒙古、山西和河北相对而言经济发展较落后，2017 年人均 GDP 仅分
别为 63 646.54 元、41 946.03 元和 45 234.47 元。 2010—2017 年，影响华北
地区流通业竞争力发展的主要总量指标总体上呈上升趋势，各年的具体指数
值如表 4-1 所示。

表 4-1　华北地区流通业竞争力发展的主要总量指标的变化趋势

年份	社会消费品零售总额（亿元）	流通业固定资产投资（亿元）	连锁零售企业商品销售额（亿元）	流通业城镇单位就业人员（万人）	流通业增加值（亿元）
2010	22 724.50	6675.60	4119.90	401.60	12 132.78
2011	26 547.90	6752.27	4989.30	405.38	14 255.83
2012	30 378.20	8181.98	4661.30	434.06	15 804.20
2013	34 112.70	9414.62	5024.70	467.47	16 513.63
2014	37 572.70	10 351.20	5059.90	475.81	17 402.25
2015	40 727.40	10 345.62	4881.60	485.59	17 690.82
2016	44 186.90	11 284.60	4814.90	482.02	18 484.10
2017	47 291.00	10 007.44	5412.10	464.58	19 459.27

　　从流通业竞争力发展总指数方面来看（见图 4-1），2010—2017 年，华北地区 5 个省区市大体上都呈现稳步上升趋势，仅只有内蒙古的流通业竞争力发展总指数波动较大。其中，各省区市的流通业竞争力发展总指数值差距较大，北京和天津遥遥领先于其他 3 个省区市。从流通业竞争力发展总指数的全国排名来看（见表 4-2），在 2010—2017 年，北京都保持在前 3 名，天津则在第 6 名左右，而河北、山西和内蒙古的排名基本处于中下游。通过进一步观察华北地区的数据发现，北京和天津在发展支撑力、发展现代化、发展国际化和发展绩效这 4 个二级指标上都远远超过其他 3 个省区市，这主要得益于北京和天津优越的经济政治环境和便利的交通网络等。除了北京和天津之外，华北地区的其他 3 个省区市的流通业竞争力发展总指数的平均排名分别为 20.38，20.88 和 24.63，河北和山西的流通业竞争力发展水平比较接近，而内蒙古相对薄弱。

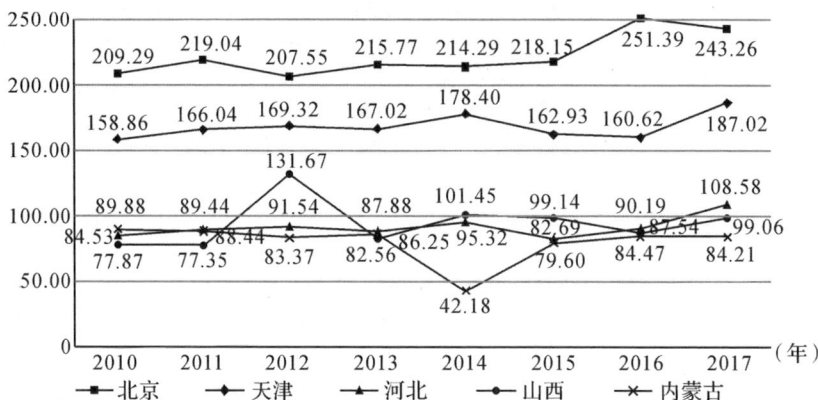

图 4-1 华北地区各省区市的流通业竞争力发展总指数的变化情况

表 4-2 华北地区各省区市的流通业竞争力发展总指数全国排名情况

地区	2010	2011	2012	2013	2014	2015	2016	2017
北京	2	3	3	3	3	2	2	2
天津	6	6	6	6	6	7	7	6
河北	17	18	20	23	20	26	21	18
山西	24	29	9	26	17	17	24	21
内蒙古	14	21	25	25	30	29	25	28

4.1 北 京

北京是中华人民共和国的首都、四大直辖市之一，也是我国中心城市和超大城市。 北京位于华北地区平原北部，东与天津毗连，其余均与河北相邻，北京总面积为 16 410.54 平方千米。 北京是全国政治中心、文化中心、国际交往中心、科技创新中心、世界著名古都和现代化国际城市。 2017 年，北京的全市常住人口为 2171 万人，地区生产总值达到 28 014.94 亿元，同比增长 9.14%。

4.1.1 北京流通业竞争力发展总体情况

北京作为中华人民共和国的首都，经济上一直保持飞速发展的态势，综合实力大幅提升，同时流通业竞争力也实现了跨越式的发展，社会消费品零售总额从 2010 年的 6340.3 亿元增加到 2017 年的 11 575.4 亿元，增幅高达82.57%，2017 年流通业的固定资产投资额为 1454.71 亿元，占全社会固定资产投资额的 17.38%。 除此之外，流通业也在其他方面不断地凸显其对经济发展的重要性：2017 年，北京的流通业实现增加值 4109.01 亿元，占地区生产总值的 14.67%；流通业城镇单位就业人数达到 262.47 万，占全市城镇单位就业人数的 32.29%，对城市经济发展的先导和带动作用不断增强。 与此同时，北京流通业的国际化水平也进一步扩大，北京的出口额从 2010 年的 55 436 211 千美元增加到 58 565 988 千美元，增加了 5.65%，流通业外商直接投资额也从 69 557 万美元上升至 185 166 万美元。 大量国际知名企业和商品品牌进入北京市场，北京已经成为国际企业的聚集地，为国际企业的发展提供完备的发展环境和设施，反之，国际企业的发展也促进北京国际化程度的不断提高、流通业发展水平的不断提高。

在分指数实现大幅度提升的同时，北京流通业竞争力发展总指数也呈现快速上升的趋势，其值从 2010 年的 209.29 上升至 2017 年的 243.26。 2010—2017 年的流通业竞争力发展总指数及其在全国的排名情况如表 4-3 所示。

表 4-3　北京流通业竞争力发展总指数及其全国排名

年份	2010	2011	2012	2013	2014	2015	2016	2017
发展总指数	209.29	219.04	207.35	215.77	214.29	218.15	251.39	243.26
排名	2	3	3	3	3	2	2	2

由表 4-3 可知，北京流通业竞争力发展总指数在 2010—2017 年的排名都在全国前 3，说明北京的流通业发展水平一直在全国保持领先地位，相对于全国其他省区市有较大的优势。 其中，影响其流通发展总体情况的 4 个一级指标，即发展支撑力、发展现代化、发展国际化和发展绩效，其平均数值分别为240.16，287.69，254.4 和 107.02。 北京的发展支撑力指数在 2010—2017 年

间一直位居全国前 2；发展现代化指数除了 2010 年和 2013 年位居全国第 2 之外，其他年份一直保持全国第 1 的领先地位；发展国际化指数稍有不足，在 2010—2017 年保持在全国前 6；发展绩效指数相对比较落后。 下面我们用雷达图来分析 2017 年北京发展支撑力指数、发展现代化指数、发展国际化指数和发展绩效指数对其流通业竞争力发展总指数的贡献情况，如图 4-2 所示。

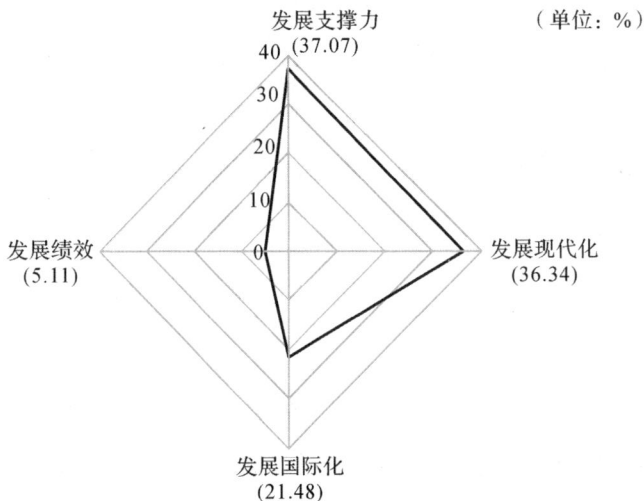

图 4-2　2017 年北京流通业竞争力发展的各个指数贡献率

由图 4-2 可知，各指数对总指数的贡献均为正。 其中：发展支撑力对北京流通业竞争力发展贡献最大，高达 37.07%，拉动流通业竞争力发展总指数提升了 53.11 个百分点；其次为发展现代化和发展国际化，分别拉动北京流通业竞争力发展总指数值增长 52.07 和 30.77 个百分点；而发展绩效的贡献率最低，仅为 5.11%。 以上数据表明，北京流通业的发展主要依赖其发展支撑力，其次为现代化程度和国际化程度，而发展绩效相对薄弱。 因此，相关政府部门和企业应该在保持北京流通业的现代化程度和国际化程度的同时，更加注重提高流通效率和流通业对经济社会的影响力。

4.1.2　影响流通业竞争力发展的各因素分析

4.1.2.1　流通发展支撑力

2010—2017 年，北京的发展支撑力指数呈明显上升的趋势，从 2010 年的 175.80 增长至 2017 年的 312.44，增长了 82.84%，且其排名均处于全国领先地位，说明北京的发展支撑力水平在全国处于稳定领先地位。 具体情况如表 4-4 所示。

表 4-4　北京发展支撑力指数及其全国排名

年份	2010	2011	2012	2013	2014	2015	2016	2017
发展支撑力指数	175.80	190.13	211.56	229.46	249.07	266.52	286.33	312.44
排名	1	2	2	1	1	2	2	2

发展支撑力主要体现在流通业发展的基础和购买潜力上。 2010—2017 年，基础指数也呈现逐年上升的态势，从 2010 年的 143.58 增长至 2017 年的 217.25，增幅高达 51.31%，2017 年其对流通业竞争力发展的贡献率为 10.23%，拉动流通业竞争力发展总指数值提升了 14.66 个百分点。 从其构成要素来看，北京人均社会消费品零售总额呈现逐年上升态势，从 2010 年的 32 315.49 元升至 2017 年的 53 318.29 元，增幅高达 64.99%，北京人均社会消费品零售总额指数的排名则一直稳定保持在全国第 1 的位置。 这表明，北京居民的消费水平大幅提升，消费市场发展态势良好，一直处于全国领先地位。 北京流通业固定资产投资额占比指数相对而言变化比较平缓，但从流通业固定资产投资额的绝对值来看，北京则处于持续上升的态势，从 2010 年的 795.80 亿元上升至 2017 年的 1454.71 亿元，说明北京流通业对北京经济发展的先导作用一直在不断增强。 此外，2010—2017 年，北京流通里程强度指数则呈现缓慢下降的趋势，从 2010 年的 13.60 下降至 2017 年的 7.22，流通里程强度指数的全国排名也比较落后，说明北京的生产布局和流通网络布局还有待协调加强。 具体变化趋势如图 4-3 所示。

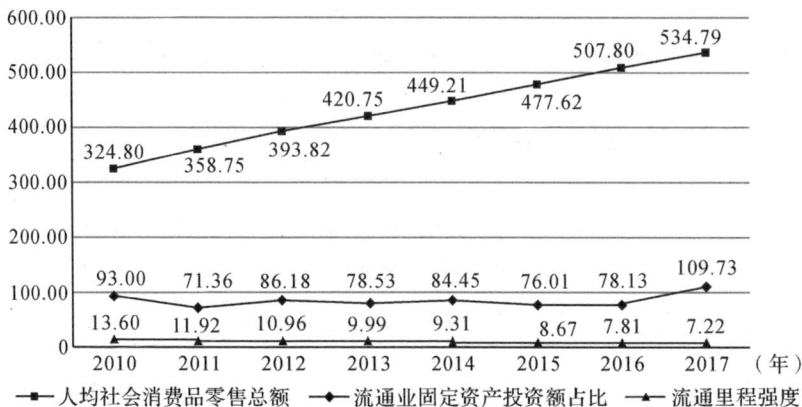

图 4-3 北京基础指数各构成要素的变动情况

另外,北京流通业的购买潜力指数也呈现持续上升趋势,由 2010 年的 208.02 上升到 2017 年的 407.63,涨幅高达 95.96%,且对流通业竞争力发展总指数的贡献逐年增加。 2012 年的贡献率达 12.35%,拉动流通业竞争力发展总指数增长了 13.5 个百分点;2017 年贡献率达 26.84%,拉动流通业竞争力发展总指数增长了 38.45 个百分点。 从其构成要素来看,2010—2017 年,北京的城镇居民家庭人均可支配收入由 29 072.9 元上升至 62 406.34 元,增长了 114.65%,而农村居民家庭人均纯收入则由 13 262.3 元上升至 24 240.49 元,增长了 82.78%。 具体指数情况如图 4-4 所示。 这表明,北京流通业的发展潜力越来越大,农村市场发掘相对不够完善,应将城市市场的有效举措应用到农村市场,促进其快速发展,从而使未来流通业更好更快地发展。

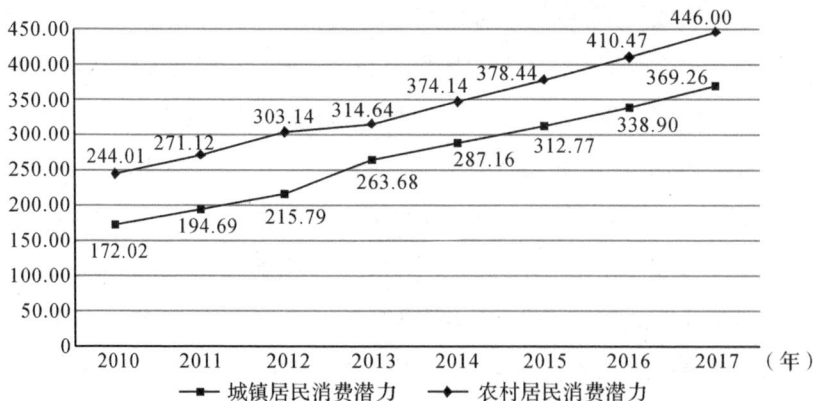

图 4-4 北京购买潜力指数构成要素的变动情况

4.1.2.2 发展现代化

2010—2017 年，北京发展现代化指数虽有变化不一的波动，但总体上呈平稳上升的趋势，其值由 2010 年的 286.08 上升至 2017 年的 308.27，在全国各省区市的排名平稳，除了在 2010 年、2013 年处于第 2 之外，2011—2012 年、2014—2017 年均稳居全国第 1。 这说明，北京流通业发展的现代化程度很高，处于全国领先地位。 具体情况如表 4-5 所示。

表 4-5　北京发展现代化指数及其全国排名

年份	2010	2011	2012	2013	2014	2015	2016	2017
发展现代化指数	286.08	294.33	282.94	278.49	276.03	282.31	293.09	308.27
排名	2	1	1	2	1	1	1	1

发展现代化指数主要从技术现代化、业态现代化、城乡一体化 3 个方面来测度。 虽然 2010—2017 年北京技术现代化指数总体呈现缓慢下降的趋势，由 2010 年的 308.92 下降至 2017 年的 267.78，但是北京技术现代指数排名一直保持在全国第 1。 从其构成要素来看，北京人均流通资本呈现缓慢下降的趋势，由 2010 年的 168 513.19 元下降至 2017 年的 144 407.38 元，人均流通资本指数的排名从 2010 年的全国第 20 跌至 2017 年的第 29，2017 年对流通业竞争力发展总指数的贡献率为 -0.66%，让流通业竞争力发展总指数下降了 0.95 个百分点；北京地区流通业资产总额指数相对比较平稳，但地区批发零售餐饮住宿业资产总额的绝对值则呈现快速上升的趋势，由 2010 年的 18 375.90 亿元上升至 45 181.50 亿元，增幅高达 145.87%，2017 年对流通产业发展贡献率为 15.30%，拉动流通业竞争力发展总指数提升了 21.92 个百分点。 其具体指数情况如图 4-5 所示。 这说明北京流通技术现代化指数的缓慢下降主要是北京人均流通资本的增长缓慢造成的。

同时，2010—2017 年，北京业态现代化指数则呈现快速上升的趋势，2010 年其值为 243.79，位居全国第 3，2014 年达到 278.71，升至全国第 2，2016—2017 年则跃居全国第 1。 2017 年，业态现代化指数上升到 348.77，相较于 2010

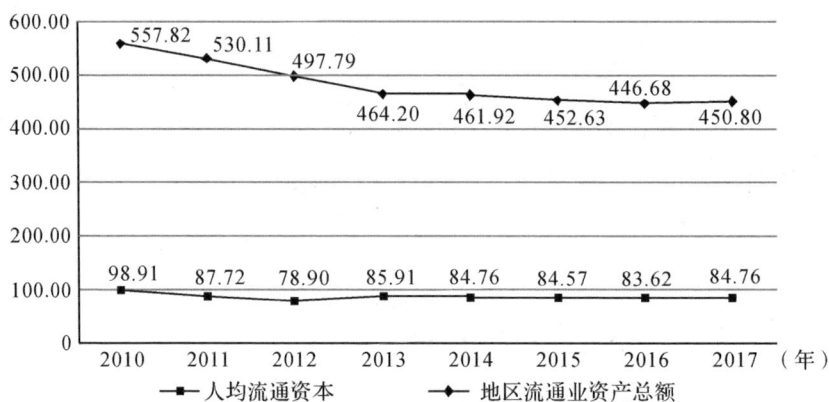

图 4-5　北京技术现代化指数构成要素的变动情况

年，涨幅高达 43.06％；其对流通业竞争力发展的贡献率为 21.71％，拉动流通业竞争力发展总指数上升 31.10 个百分点。从其构成要素来看，北京物流配送化程度指数和连锁经营化程度的变化相对比较平稳，但不管是北京连锁经营化规模指数还是人均连锁经营程度指数都呈现大幅上涨的趋势，说明北京流通网络和连锁业态与飞速发展的市场经济同步匹配，其中连锁零售企业统一配送商品购进额由 2010 年的 771.70 亿元上升到 2017 年的 1934.00 亿元，增加了 1162.30 亿元，而连锁零售企业的商品销售额在这 7 年内增加了 1201.00 亿元。其具体指数情况如图 4-6 所示。正是这些指数的大幅度提升，才使得北京业态现代化指数在全国保持领先地位，从而促进北京整体流通业的发展。

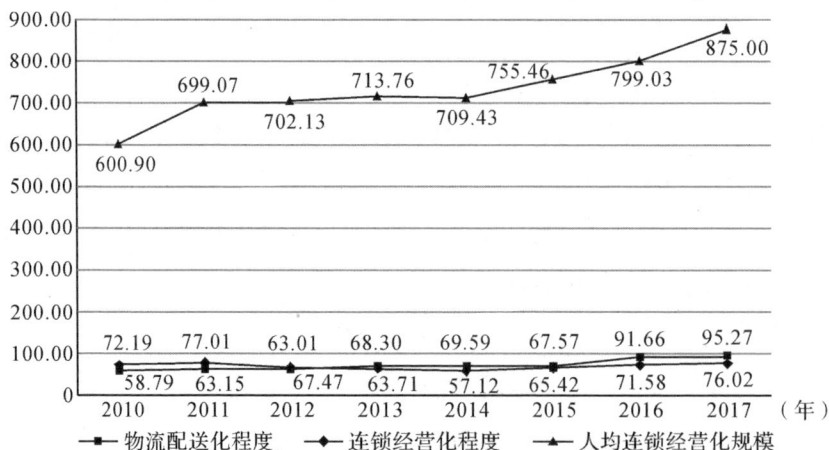

图 4-6　北京业态现代化指数构成要素的变动情况

4.1.2.3 发展国际化

2010—2017 年，北京流通发展国际化指数虽然有变化不一的波动，但总体而言，变化趋势比较平稳，其排名也一直保持在全国第 3 至全国第 6 之间。具体情况如表 4-6 所示。

表 4-6　北京发展国际化指数及其全国排名

年份	2010	2011	2012	2013	2014	2015	2016	2017
发展国际化指数	241.38	268.94	237.32	249.38	230.22	249.05	335.84	223.08
排名	3	3	5	5	6	6	3	5

发展国际化从外向度和开放度两个方面来体现。2010—2017 年，北京开放度指数的波动幅度小于外向度指数，且开放度指数值高于外向度指数值（除了 2016 年）。该期间，北京外向度指数排名在全国第 6 左右，而开放度指数则相对靠前；但就贡献率来看，外向度指数的贡献率一直高于开放度指数；2017 年，外向度指数和开放度指数的贡献率分别是 17.43% 和 4.05%，分别拉动流通业竞争力发展总指数增长了 24.97 和 5.80 个百分点。具体情况如图 4-7 所示。

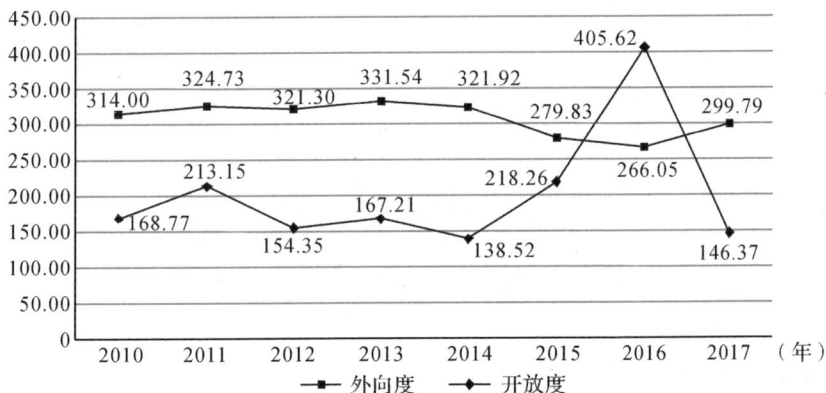

图 4-7　北京发展国际化指数构成要素的变动情况

从指标构成要素方面来看，流通业的外向度指数主要是用人均商品出口额表示的，2010—2017 年，北京人均商品出口额由 2825.49 美元下降至

2697.65 美元。 而流通业开放度指数通过流通业实际利用外资额占比指数和外资商业销售额占比两个方面来进行测度。 从指数方面来看，流通业实际利用外资额占比指数波动比较大，2016 年高达 651.04；外资商业销售额占比指数变化平缓，由 2010 年的 179.68 上升至 2017 年的 182.83（见图 4-8）。 从绝对量方面来看，流通业实际利用外资额由 2010 年的 69 557 万美元上升至 2017 年的 185 166 万美元，增幅高达 166.21%；流通业外资商业销售额由 2010 年的 6 990 346 万元上升至 2017 年的 11 774 451 万元，增幅高达 68.44%；实际利用外资商业销售额增加了 31 980 157 万元。 这些绝对量的增长对流通业发展国际化水平的提高都有着举足轻重的作用。 2017 年，流通业实际利用外资额占比指数对流通业竞争力发展的贡献率为 0.43%，拉动流通业竞争力发展总指数上升了 0.62 个百分点；外资商业销售额占比指数对流通业竞争力发展的贡献率为 3.61%，拉动流通业竞争力发展总指数上升了 5.18 个百分点。 因此，北京应该积极推动流通业引进国际先进管理模式、技术手段，与国际企业合作，取其精华，去其糟粕，从而促进北京整个流通业的发展。

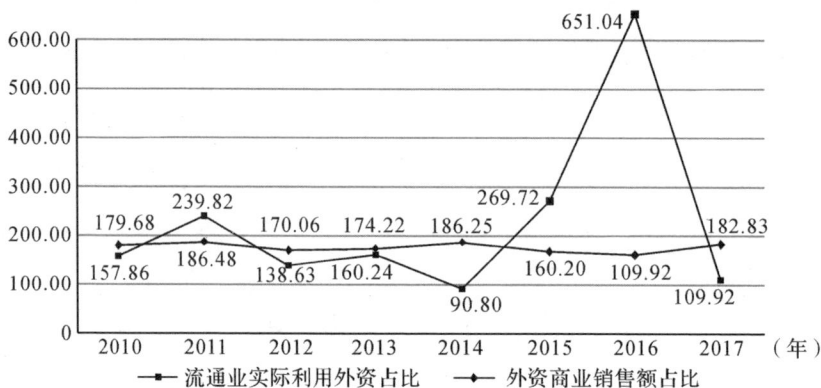

图 4-8 北京开放度指数构成要素的变动情况

4.1.2.4 发展绩效

2010—2017 年，北京的发展绩效指数变化波动较大，变化方向不一，到 2017 年排名为全国第 10。 2017 年，北京的发展绩效指数对流通业竞争力发展的贡献率为 5.11%，拉动流通业竞争力发展总指数上升 7.32 个百分点。

其在 2012 年、2015 年和 2016 年对流通业竞争力发展的贡献率分别为
－0.57％，－5.34％和－1.6％，分别负向拉动流通业竞争力发展总指数变化
0.61，6.31 和 2.42 个百分点。 具体情况如表 4-7 所示。

表 4-7　北京发展绩效指数及其全国排名

年份	2010	2011	2012	2013	2014	2015	2016	2017
发展绩效指数	133.88	122.75	97.56	105.74	101.86	74.75	90.31	129.27
排名	6	15	25	16	19	26	19	10

发展绩效由流通效率和社会经济贡献来体现，相较于其他 3 个一级指标，
其贡献率严重偏低，主要原因在于流通效率。 在 2010—2017 年，流通效率指
数值从 74.78 下降至 72.03，在 2015 年甚至下降至 64.99。 流通效率指数又
是由流动资产周转率指数和库存周转率指数构成的，2010—2017 年间，北京
流动资产周转率指数和库存周转率指数总体呈现下降趋势，因此进一步提高
资产利用效率是北京流通业发展的关键。

2010—2017 年，北京社会经济贡献指数的变化波动也比较大，由 2010 年
的 192.98 下降至 2015 年的 84.50 再上升到 2017 年的 186.50，其主要由流通
业增加值占比、拉动倾向、促进倾向和就业贡献率 4 个要素构成。 社会经济
贡献指数偏低的主要原因是拉动倾向指数比较低，在 2010—2017 年间，拉动
指数对流通业竞争力发展的贡献率都为负值，最低的贡献率为 2015 年的
－3.22％。 2017 年，社会经济贡献指数的构成要素中贡献率最大的是促进倾
向，贡献率达 4.95％，就业贡献率次之，为 3.01％，而流通业增加值占比指
数和拉动倾向的贡献率都为负值，分别负向拉动流通业竞争力发展总指数变
化 0.08 和 0.50 个百分点，这是由于随着北京流通业的高速发展，这两个指标
的增长速率相对落后，相关部门应该出台相应措施改善现有情况。 具体情况
如图 4-9 所示。

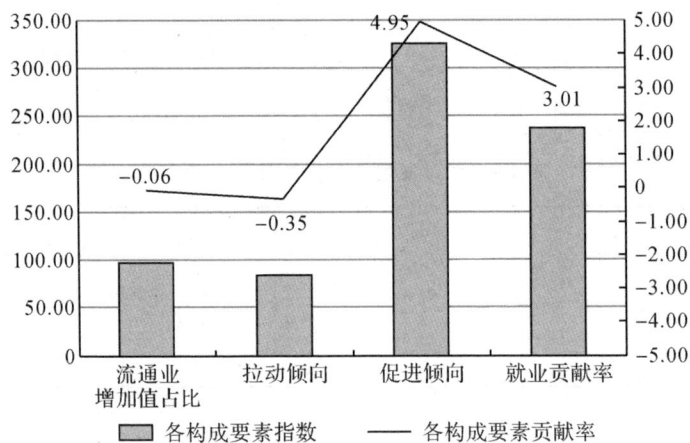

图 4-9　社会经济贡献构成要素及其贡献率

4.1.3　相对优势与相对弱势要素分析

为了分析上述四大要素在北京的发展情况,我们将北京的四大要素按照平均排名进行排序,并将处于第 1 名的要素称为北京流通业竞争力发展的相对优势要素,将排在最后 1 名的要素称为北京流通业竞争力发展的相对弱势要素。 具体如表 4-8 所示。

表 4-8　北京流通业竞争力发展的四大要素的平均排名和变异系数

指数	发展支撑力指数	发展现代化指数	发展国际化指数	发展绩效指数
平均排名	1.63	1.25	4.50	17.00
变异系数	0.32	0.37	0.29	0.40

根据这一原则,北京流通业发展竞争力的相对优势要素是发展现代化,而相对弱势要素是发展绩效。 进一步分析这些要素排名的变异系数可以发现,北京的相对优势要素排名较为稳定,相对弱势要素排名的起伏也比较小。

4.2 天 津

天津地处我国华北地区东北部、海河流域下游，东临渤海，北依燕山，是我国北方最大的沿海开放城市。天津是中蒙俄经济走廊的主要节点、海上丝绸之路的战略支点、"一带一路"交会点、亚欧大陆桥最近的东部起点，也是中国北方最大的港口城市。2017 年，天津常住人口为 1557 万人，地区生产总值达到 18 549.19 亿元，同比增长 3.71%。

4.2.1 天津流通业竞争力发展总体情况

天津是国家中心城市、超大城市及环渤海地区的经济中心，是通往东北和上海方向的重要铁路枢纽城市，优越的地理位置和便利的交通为天津流通业的发展提供了良好的条件。天津的社会消费品零售总额从 2010 年的 2860.2 亿元增加到 2017 年的 5729.7 亿元，增幅高达 100.33%；2017 年流通业的固定资产投资额为 2304.13 亿元，占全社会固定资产投资额的 20.41%，较 2010 年的 1068.4 亿元增加了 115.66%；2017 年的流通业实现增加值 3396.48 亿元，占地区生产总值的 18.31%，相较于 2010 年的 1833.71 亿元增加了 1562.77 亿元。流通业城镇单位就业人数达到 53.97 万，占全市城镇单位就业人数的 20.03%。

除上述各流通发展指标大幅度上升之外，2010—2017 年，天津流通业竞争力发展总指数总体上也呈现稳定上升的趋势，其值由 2010 年的 158.86 上升至 2017 年的 187.02，相应的排名也保持在全国第 6 左右，可以看出，天津流通发展水平在全国各省区市中处于较为领先的地位。具体指数与排名情况如表 4-9 所示。

表 4-9 天津流通业竞争力发展总指数及其排名

年份	2010	2011	2012	2013	2014	2015	2016	2017
竞争力发展总指数	158.86	166.04	169.32	167.02	178.40	162.93	160.62	187.02
排名	6	6	6	6	6	7	7	6

　　流通业竞争力发展总指数主要包括发展支撑力、发展现代化、发展国际化和发展绩效，其平均数值分别为 194.39，133.96，206.38 和 140.38。 天津的发展支撑力指数排名在 2010—2017 年间一直位居全国第 4；发展现代化指数的排名一直保持在前 9，至 2017 年，其值为 124.51；发展国际化指数在 2010—2017 年保持在全国前 7 名，指数数值存在波动且方向不一；发展绩效指数值在 2010 年以 168.20 位居全国第 1，在 2011—2017 年间有一定程度的下滑，但是在 2017 年以 195.88 位居全国第 2。 下面我们用雷达图来分析 2017 年天津发展支撑力指数、发展现代化指数、发展国际化指数和发展绩效指数对其流通业竞争力发展总指数的贡献情况，如图 4-10 所示。

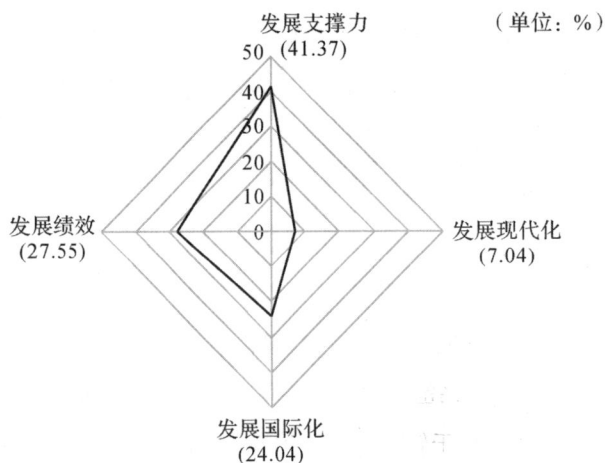

图 4-10　2017 年天津流通业竞争力各指标贡献率

　　由图 4-10 可知，各指数对总指数的贡献均为正。 其中，发展支撑力对天津市流通业竞争力发展的贡献最大，高达 41.37%，拉动流通业竞争力发展总指数提升了 36 个百分点。 其次为发展绩效和发展国际化，贡献率分别为

27.55％和24.04％，分别拉动流通业竞争力发展总指数增长23.97和20.92个百分点。 贡献率最低的是发展现代化，仅为7.04％，拉动流通业竞争力发展总指数值提升6.13个百分点。 以上数据表明，天津流通业的发展主要依赖其发展支撑力，其次为对经济社会的贡献和对外开放程度，而现代化程度却比较落后。 因此，相关政府部门和企业应该加强对天津流通业现代化设施的升级、流通网络的扩张和加快传统业态的转型。

4.2.2　影响流通业竞争力发展的各因素分析

4.2.2.1　流通发展支撑力

2010—2017年，天津的发展支撑力指数呈明显上升的趋势，其值从2010年的139.73增长至2017年的244.00，增长了74.62％，且其排名均处于全国第4，仅次于北京。 这说明天津的发展支撑力水平位于全国前列。 具体情况如表4-10所示。

表4-10　天津流通发展支撑力指数及其全国排名

年份	2010	2011	2012	2013	2014	2015	2016	2017
发展支撑力指数	139.73	159.27	178.90	185.22	200.97	213.83	233.19	244.00
排名	4	4	4	4	4	4	4	4

发展支撑力主要从流通业发展的基础及购买潜力两个方面进行测度。2010—2017年，天津的基础指数呈现逐年上升的态势，从2010年的114.91上升至2017年的168.71，增长了46.82％，其排名也从全国第9上升至全国第5。 2017年其对流通业竞争力发展总指数的贡献率为9.87％，拉动流通业竞争力发展总指数提升了8.59个百分点。

从基础指数构成要素方面来看，在2010—2017年间，天津人均社会消费品零售总额指数呈快速上升趋势，由220.85上升至369.01，增幅高达67.13％，其2017年的贡献率高达2.43％，拉动流通业竞争力发展总指数提升了2.12个百分点。 从绝对值方面来看，天津人均社会消费品零售总额呈现逐年上升态势，从 2010 年的 22 018.48 元升至 2017 年的 36 799.61 元，增加了 14 781.13 元，表明天津居民的消费水平大幅提高，消费市场稳步发展，未来经济发展态势良好。 天津流通业的固定资产投资额占比指数的波动不大，但总体呈上升趋势，从 2010 年的 109.26 上升至 2017 年的 128.87。 从流通业固定资产投资额的绝对值方面来看，天津呈快速上升的趋势，从 2010 年的 799.00 亿元上升至 2017 年的 2304.13 亿元，增加了 1505.13 亿元，增幅高达 188.38%，这表明天津对流通业的投资力度一直很大，政府部门高度重视流通业。 此外，在 2010—2017 年，天津流通里程强度指数总体呈下降的趋势，从 2010 年的 14.61 下降至 2017 年的 8.16，即天津创造每单位的地区生产总值所需要的流通里程逐年增加，说明天津整体的流通网络、交通设施的发展力度在逐步减弱。 具体变化趋势如图 4-11 所示。

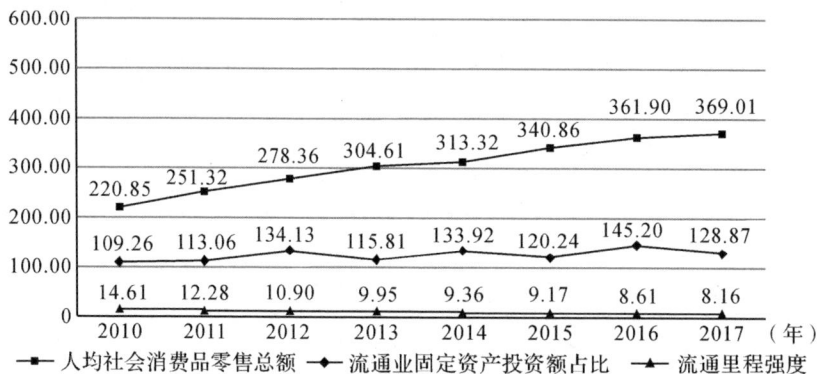

图 4-11 天津发展支撑力基础指数构成要素的变动情况

另外，天津流通业的购买潜力指数也呈现快速上升趋势，由 2010 年的 164.55 上升到 2017 年的 319.28，涨幅高达 94.03%，且 2017 年其对流通业竞争力发展总指数的贡献率达 31.5%，拉动流通业竞争力发展总指数增长了 27.41 个百分点。 其中，购买潜力指数主要由城镇居民消费潜力指数与农村居民消费潜力指数构成。 在 2010—2017 年间，天津的城镇居民消费潜力指数由 143.74 上升至 238.32，增幅为 65.8%，而农村居民消费潜力指数则由 185.37 上升至 400.24，增幅为 115.91%。 这表明天津流通业购买潜力越来越大，尤其是农村市场的发展潜力增大，这有利于带动未来流通业的快速发展。 具体情况如图 4-12 所示。

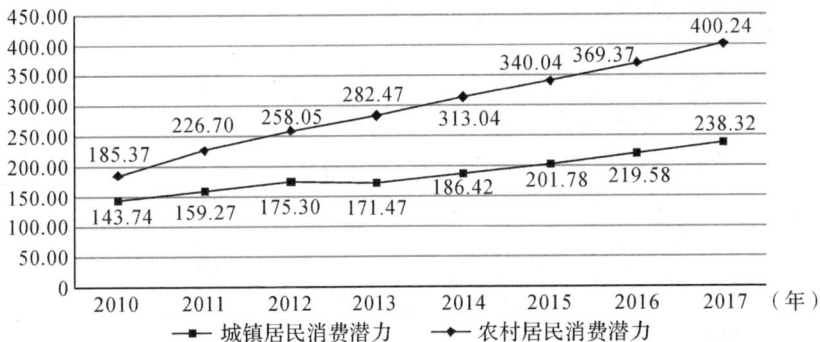

图 4-12　天津发展支撑力购买潜力指数构成要素的变动情况

4.2.2.2　流通发展现代化

2010—2017 年，天津发展现代化指数的波动不大，基本维持在 130 左右，在全国各省区市中的排名略微下降，但依旧在全国各省区市中保持领先地位。2017 年，天津的发展现代化指数为 124.51，对流通业竞争力发展总指数的贡献率为 7.04％，拉动流通业竞争力发展总指数上升了 6.13 个百分点。 具体情况如表 4-11 所示。

表 4-11　天津流通发展现代化指数及其全国排名

年份	2010	2011	2012	2013	2014	2015	2016	2017
发展现代化指数	132.85	135.69	138.35	146.09	141.66	129.38	123.18	124.51
排名	7	7	7	7	7	8	8	9

天津发展现代化指数主要从技术现代化指数和业态现代化指数两个方面进行测度（见图 4-13 和图 4-14）。 2010—2017 年，天津技术现代化指数总体呈现上升的趋势，由 2010 年的 106.27 上升至 2017 年的 142.86，增长了 34.43％，且 2017 年其贡献率达到 6.16％，拉动流通业竞争力发展总指数上升了 5.36 个百分点。 从其构成要素来看，天津人均流通资本呈现持续上升的趋势，由 2010 年的 184 244.19 元上升至 2017 年的 237 975.31 元，2017 年对

流通业竞争力发展的贡献率为 2.85%,拉动流通业竞争力发展总指数上升了 2.48 个百分点;流通业资产总额同样呈现持续上升的趋势,由 2010 年的 4133.7 亿元上升至 2017 年的 14 636.4 亿元,增加了 10 502.7 亿元,且 2017 年对流通业竞争力发展总指数的贡献率为 3.31%,拉动流通业竞争力发展总指数提升了 2.88 个百分点。

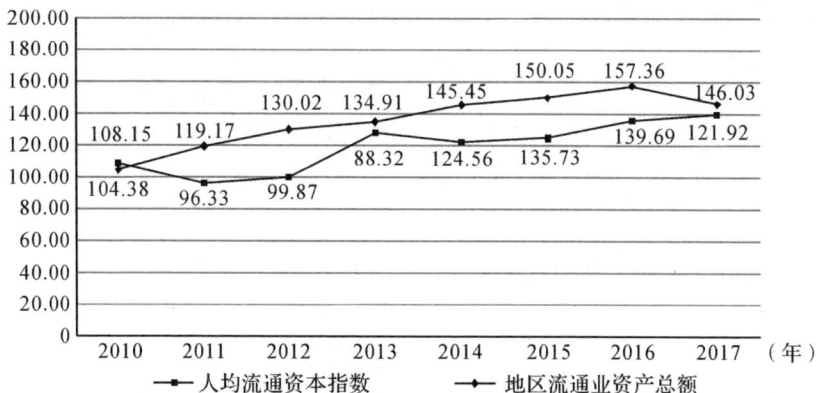

图 4-13 天津技术现代化指数构成要素的变动情况

同时,2010—2017 年,天津业态现代化指数则呈现缓慢下降的趋势,2010 年为 159.43,对流通业竞争力发展总指数的贡献率为 12.62%,拉动流通业竞争力发展总指数提升了 7.43 个百分点;到 2017 年该指数值下降到 106.17,其贡献率下降到 0.89%。 从其构成要素方面来看,天津市物流配送化程度指数、连锁经营化程度指数和人均连锁经营化规模指数都呈现下降的趋势,人均连锁经营化规模指数下滑得最明显。 从绝对值方面来看,天津连锁零售企业统一配送商品购进额由 2010 年的 490.70 亿元下降到 2017 年的 271.30 亿元,连锁零售企业商品销售额由 2010 年的 619 亿元下降到 2017 年的 512.40 亿元。 因此,天津相关政府部门应该加大对连锁零售企业的扶持力度,促进业态现代化转型,进而促进流通业发展水平的提高。 具体如图 4-14 所示。

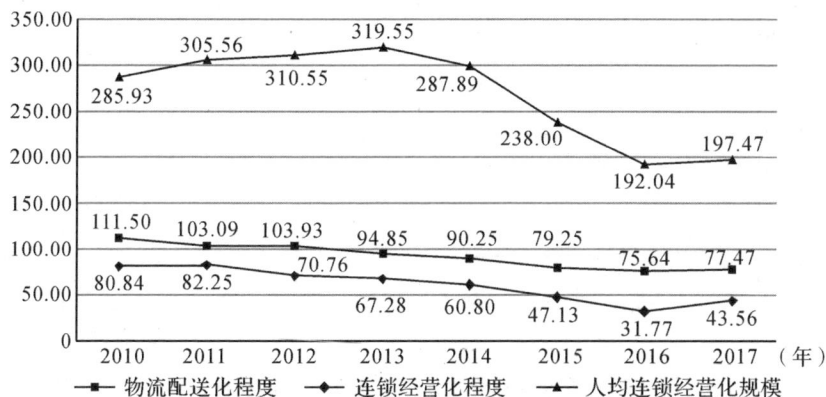

图 4-14　天津业态现代化指数构成要素的变动情况

4.2.2.3　发展国际化

2010—2014 年，天津发展国际化指数虽然有变化方向不一的波动，但是总体上呈现稳步上升的趋势，从 194.66 上升到 223.80；2015—2017 年，其值有所下降，从 217.82 下降到 183.67，但其排名一直保持在全国前 7。具体情况如表 4-12 所示。

表 4-12　天津流通发展国际化指数及其全国排名

年份	2010	2011	2012	2013	2014	2015	2016	2017
发展国际化指数	194.66	214.98	220.43	215.05	223.80	217.82	180.63	183.67
排名	6	6	7	7	7	7	7	7

天津发展国际化从外向度和开放度两个方面来体现。2010—2017 年，天津外向度指数远高于开放度指数。天津的外向度指数 8 年来一直保持在 300 以上且其在全国各省区市中的排名一直稳定保持在全国第 5，而开放度指数相对比较低。就 2017 年的贡献率来看：外向度指数对流通业竞争力发展总指数的贡献率为 30.3%，拉动流通业竞争力发展总指数提升了 26.36 个百分点；而开放度指数对流通业竞争力发展总指数的贡献率为 -6.26%，负向拉动流通业竞争力发展总指数变动 5.45 个百分点。具体情况如图 4-15 所示。

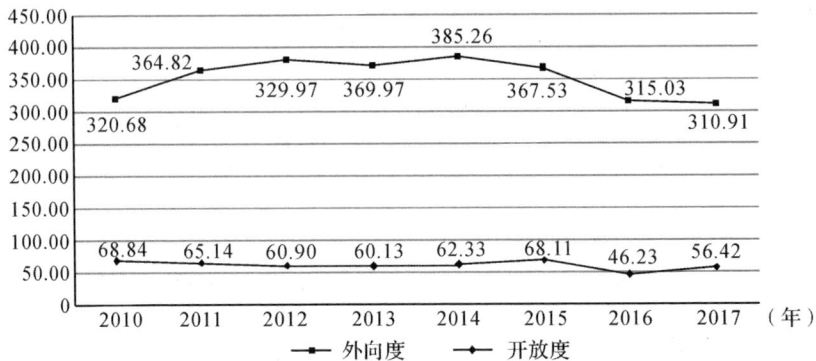

图 4-15　天津发展国际化指数构成要素的变动情况

从指数构成要素方面来看，流通业的外向度主要用人均商品出口额表示。2010—2017 年，天津人均商品出口额由 2885.67 美元/人下降至 2797.76 美元/人。 天津流通业开放度通过流通业实际利用外资额占比和外资商业销售额占比两个方面来进行测度。 从指数方面来看，流通业实际利用外资额占比指数的波动平缓，外资商业销售额占比指数的变化相对比较大，其值由 2010 年的 73.33 上升至 2015 年的 86.07，而后又下降至 54.42。 从绝对量方面来看，流通业外资商业销售额由 2010 年的 6 956 421 万元上升至 2017 年的 14 092 000 万元，增幅高达 102.58%。 2017 年，天津流通业实际利用外资额占比指数和外资商业销售额占比指数对流通业竞争力发展总指数的贡献率均为负，分别为 −3.27% 和 −2.99%，分别负向拉动流通业竞争力发展总指数变动了 2.85 和 2.6 个百分点；整体而言，天津的对外开放程度还有待提高，应积极吸引外国资本的投资，加强与国际企业、品牌的合作。 具体如图 4-16 所示。

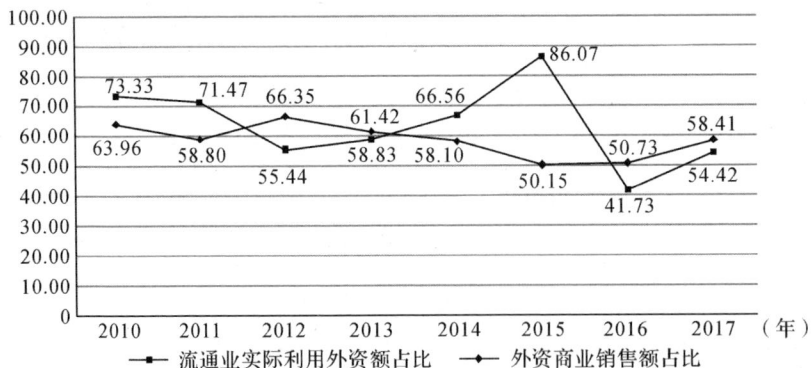

图 4-16　天津开放度指数构成要素的变动情况

4.2.2.4 流通发展绩效

2010—2017 年，天津的发展绩效指数的变化波动较大，变化方向不一，但整体上还是呈现上升趋势。 2010 年的发展绩效指数为 168.20，位列全国各省区市第 1，对流通业竞争力发展总指数的贡献率为 28.97%，拉动流通业竞争力发展总指数上升 17.05 个百分点。 2017 年，天津的发展绩效指数为 195.88，相较于 2010 年增长了 16.46%，虽然其在全国各省区市中的排名下降为全国第 2，但其对流通业竞争力发展总指数的贡献率为 27.55%，拉动流通业竞争力发展总指数上升 23.97 个百分点。 具体情况如表 4-13 所示。

表 4-13　天津发展绩效指数及其全国排名

年份	2010	2011	2012	2013	2014	2015	2016	2017
发展绩效指数	168.20	154.24	139.58	121.73	147.19	90.68	105.50	195.88
排名	1	1	5	11	4	20	12	2

天津发展绩效指数由流通效率指数和社会经济贡献指数来体现。 在 2010—2017 年间，天津流通效率指数值稍有波动且变化方向不一，从 2010 年的 150.78 缓慢下降至 2014 年的 138.16，而后在 2015 年又上升至 154.02，最终至 2017 年又下降至 114.79，位居全国第 9。 其中，流通效率指数又由流动资产周转率指数和库存周转率指数构成。 2010—2017 年，天津流动资产周转率指数和库存周转率指数总体上呈现下降趋势，流动资产周转率指数对流通业竞争力发展总指数的贡献率于 2016 年、2017 年下降为负值，分别为 -0.92% 和 -1.56%，分别负向拉动流通业竞争力发展总指数变动 0.56 和 1.36 个百分点。 2010—2017 年，天津库存周转率指数的变化比较平稳，略有下降，2010 年位居全国第 1，至 2017 年略有下降至全国第 4，但仍旧保持在全国领先地位。 2017 年，天津库存周转率指数对流通业竞争力发展总指数的贡献率为 3.68%，拉动流通业竞争力发展总指数上升 3.21 个百分点。 具体如图 4-17 所示。

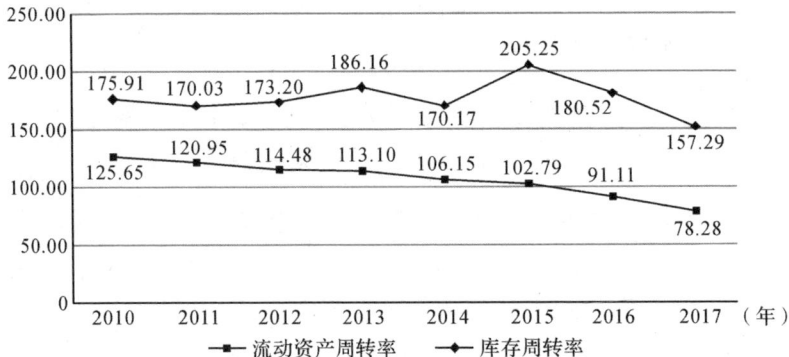

图 4-17　天津流通效率指数构成要素的变动趋势

2010—2017 年，天津社会经济贡献指数的波动也比较大，呈现先下降后上升的趋势，至 2017 年为 276.98，位居全国第 2，其对流通业竞争力发展总指数的贡献率为 25.42%，拉动流通业竞争力发展总指数上升 22.12 个百分点。社会经济贡献指数主要由流通业增加值占比、拉动倾向、促进倾向和就业贡献率 4 个要素构成。2017 年，社会经济贡献指数构成要素中贡献率最大的是促进倾向指数，其贡献率达 15.39%，拉动倾向指数的贡献率次之，为 7.55%；而就业贡献率指数和流通业增加值占比指数的贡献率相对比较低，分别为 1.71% 和 0.78%，分别拉动流通业竞争力发展总指数上升 1.49 和 0.67 个百分点。因此，促进天津流通业增加值的增加和流通业就业人数的上升对于增强流通业发展贡献能力具有重要意义。具体情况如图 4-18 所示。

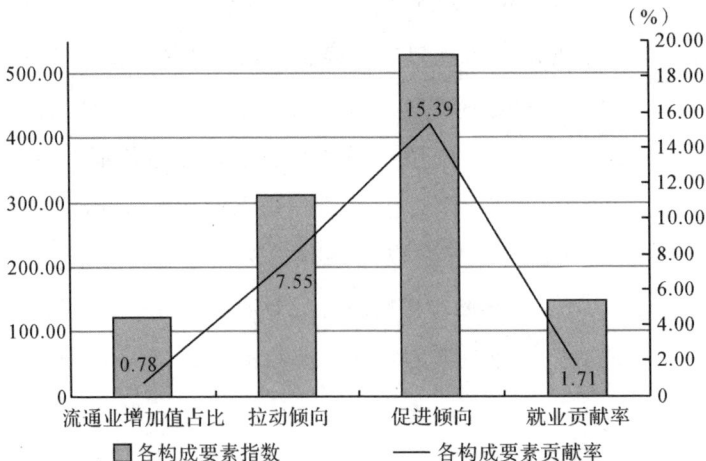

图 4-18　天津社会经济贡献指数构成要素及其贡献率

4.3 河 北

河北地处华北平原，环抱首都北京，东与天津毗连并紧傍渤海，东南部、南部衔山东、河南两省，西倚太行山且与山西为邻，西北部、北部与内蒙古交界，东北部与辽宁接壤，总面积为18.88万平方千米。2017年，河北的常住人口为7520万人，地区生产总值达到34 016.32亿元，同比增长6.07%。河北是国家重点文物保护单位数量最多的省份之一，自然人文景观资源丰富，其还拥有多个亿吨大港和便利的交通网络。

4.3.1 河北流通业竞争力发展总体情况

2010—2017年，河北的总量指标都呈现飞速增长的态势，其中：社会消费品零售总额从2010年的6821.8亿元增加到2017年的15 907.6亿元，增幅高达133.19%；2017年，流通业固定资产投资额为3799.82亿元，占全社会固定资产投资额的11.37%。除此之外，河北的流通业增加值从2010年的3540.19亿元增加到2017年的5823.55亿元，占2017年地区生产总值的17.12%；2017年，河北流通业城镇单位就业人数达到57.42万，占全市城镇单位就业人数的10.73%。如图4-19所示，河北的流通业竞争力发展总指数值呈现稳步上升的趋势，从2010年的84.53上升至2017年的108.58，增加了28.45%。河北流通业竞争力总指数在全国各省区市的排名相对波动不大，最高排名为2010年的全国第17，最低排名为2015年的全国第26，由此可以看出，河北的流通发展水平在全国各省区市中相对较低，因此相关部门仍需进一步加大对河北流通业的发展力度。

从其构成要素方面来看，2010—2017年，影响河北流通业发展总体情况的4个一级指标，即发展支撑力指数、发展现代化指数、发展国际化指数和发展绩效指数值的平均值分别为127.22，89.39，35.82和112.66。从表4-14可知，河北的发展支撑力指数排名在2010—2017年间波动不大，略微表现出一点上升的趋势，但上升幅度不大，即由2010年的全国第25名上升到2017

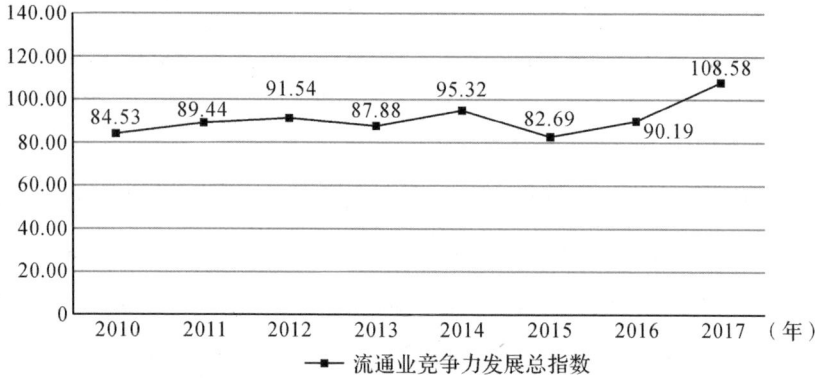

图 4-19　河北流通业竞争力发展总指数变化情况

年的全国第 21 名，仍处于全国各省区市中比较落后的位置。但从指数值方面来看，其值上升幅度较大，由 2010 年的 94.63 上升到 2017 年的 160.22，涨幅高达 69.31%。河北的发展现代化指数的排名呈现一种起伏不定的趋势，但总体上呈上升趋势，由 2010 年的全国第 17 名上升到 2017 年的全国第 12 名，发展现代化指数由 2010 年的 85.19 上升至 2017 年的 117.6，涨幅为 38.04%，处在全国各省区市中的中游位置。发展国际化指数的排名变化略有波动，但基本维持在第 23 名上下波动，指数值也变化不大，由 2010 年的 34.90 上升至 2017 年的 35.65。河北发展绩效指数的排名起伏比较大，在全国各省区市中的最高排名为 2014 年的第 11，最低排名为 2015 年的第 25；指数值起伏不大，保持在 120 左右。因此，以上说明，河北流通业的发展并不稳定，总体水平比较落后。

表 4-14　河北流通业竞争力发展总指数及其子指标全国排名情况

年份	发展总指数	发展支撑力	发展现代化	发展国际化	发展绩效
2010	17	25	17	20	12
2011	18	24	18	23	12
2012	20	23	17	24	13
2013	23	19	19	24	15
2014	20	20	21	25	11
2015	26	21	20	25	25

年份	发展总指数	发展支撑力	发展现代化	发展国际化	发展绩效
2016	21	21	20	22	16
2017	18	21	12	23	14

除此之外，2017 年，河北的发展支撑力指数、发展现代化指数和发展绩效指数对流通业竞争力发展总指数的贡献均为正，发展国际化指数的贡献为负。其中，发展支撑力指数对河北流通业竞争力发展总指数的贡献最大，高达 175.54%，拉动流通业竞争力发展总指数提升了 15.05 个百分点。其次为发展绩效指数和发展现代化指数，贡献率分别为 60.72% 和 51.32%，分别拉动流通业竞争力发展总指数增长 5.21 和 4.40 个百分点。而发展国际化指数的贡献率为 −187.58%，负向拉动流通业竞争力发展总指数变动 16.09 个百分点。以上数据表明，河北流通业的发展主要依赖其基础支撑力，其次为现代化程度，相对而言对外开放程度比较薄弱，应该进一步转变该地区的流通发展方式，提高对外开放程度，积极引入外资，提高流通效率和整体流通业对经济社会的影响力。

4.3.2　影响流通业竞争力发展的各因素分析

4.3.2.1　流通发展支撑力

2010—2017 年，河北的发展支撑力指数波动不大，由 2010 年的 94.63 上升到 2017 年的 160.22，其排名由 2010 年的全国第 25 上升到 2017 年的全国第 21，说明河北的发展支撑力水平在全国处于相对落后的位置，仍需要进一步加强。

河北的发展支撑力主要由流通产业发展的基础和购买潜力来体现。2010—2017 年，基础指数也呈现逐年上升的态势，从 2010 年的 86.33 增长至 2017 年的 111.56，增长了 29.23%；2017 年，其对流通业竞争力发展总指数的贡献率为 16.85%，拉动流通业竞争力发展总指数提升 1.45 个百分点；其全国排名的变化不大，但在全国各省区市中处于落后位置。而购买潜力指数的上升趋势比较明显，由 2010 年的 102.93 增长至 2017 年的 208.87，增幅高达 102.92%；2017 年，其对流通业竞争力发展总指数的贡献率为 158.69%，拉动流通业竞争力发展总指数提升 13.61 个百分点。 具体情况如表 4-15 和表 4-16 所示。

表 4-15　河北基础指数及其全国排名

年份	2010	2011	2012	2013	2014	2015	2016	2017
基础指数	86.33	83.92	89.70	99.37	99.75	104.06	106.66	111.56
排名	27	27	27	25	25	25	26	25

表 4-16　河北购买潜力指数及其全国排名

年份	2010	2011	2012	2013	2014	2015	2016	2017
购买潜力指数	102.93	119.61	135.12	150.28	165.13	179.03	193.23	208.87
排名	12	12	13	14	14	15	16	17

从其构成要素方面来看，河北的基础指数主要体现在人均社会消费品零售总额、流通业固定资产投资额占比和流通里程强度 3 个方面。 从绝对值方面来看，河北人均社会消费品零售总额呈现逐年上升态势，从 2010 年的 9482.62 元升至 2017 年的 21 153.72 元，增幅高达 123.08%；从指数看，人均社会消费品零售总额指数值由 2010 年的 95.11 增长至 2017 年的 212.18，增幅高达 123.09%，说明河北居民的消费水平大幅提高，消费市场处于快速扩张的阶段。 2017 年，其对流通业竞争力发展总指数的贡献率为 2.43%，拉动流通业竞争力发展总指数提升了 0.12 个百分点。 河北流通业固定资产投资额占比指数相对而言变化比较平缓且略有下降，由 2010 年的 96.05 下降至 2017 年的 71.82；但从流通业固定资产投资额绝对值来看，河北则处于持续上升的态势，从 2010 年的 2294.4 亿元上升至 2017 年的 3799.82 亿元，增长了 65.61%。 此外，2010—2017 年，河北流通里程强度指数值也呈现缓慢下降的趋势，从 2010 年的 67.83 下降至 2017 年的 50.70，但流通里程强度指数的排名却保持在全国第 21 名，说明河北的生产布局和流通网络布局正在持续改进，日趋协调合理。 具体变化趋势如图 4-20 所示。

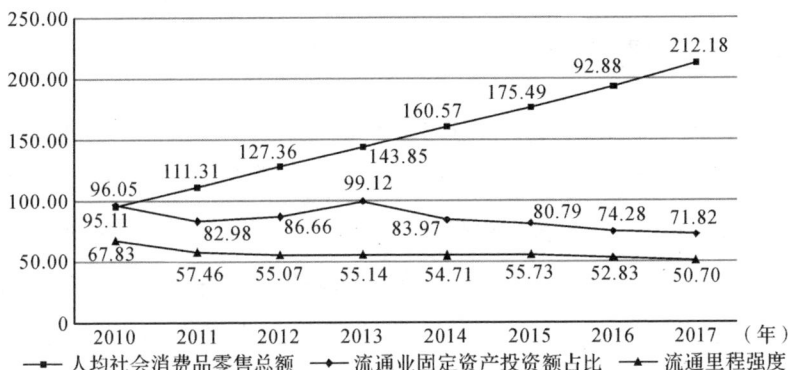

图 4-20 河北基础指数构成要素的变动情况

从其构成要素方面来看，购买潜力指数主要体现在城镇居民消费潜力指数和农村居民消费潜力指数两个方面。2010—2017 年，河北的购买潜力指数也呈现快速上升的趋势，其值由 102.93 上升到 208.87，涨幅高达 102.92%，且对流通业竞争力发展总指数的贡献率也在快速增加，但其中 2012 年的贡献率为负（−2.36%），2017 年的贡献率达到 158.69%，同时拉动流通业竞争力发展总指数增长了 13.61 个百分点。2010—2017 年，河北的城镇居民家庭人均可支配收入由 16 263.4 元上升至 30 547.76 元，增幅为 87.83%；而农村居民家庭人均纯收入则由 5958 元上升至 12 880.94 元，增幅为 116.2%。具体指数情况如图 4-21 所示。这表明，河北流通业发展潜力越来越大，特别是农村市场，因此相关部门应该积极促进农村市场流通业的发展，从而促进整个省的流通水平的提高。

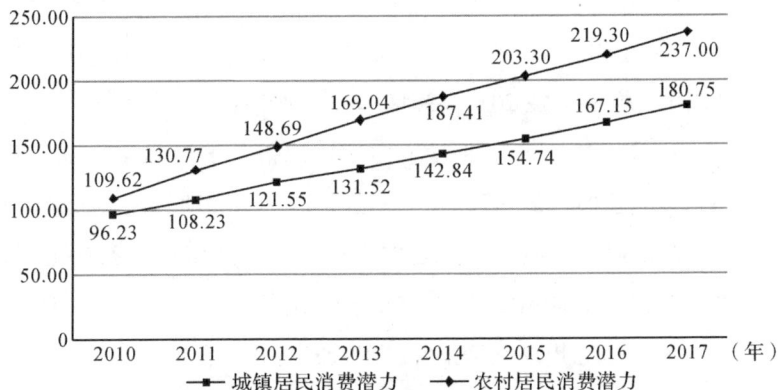

图 4-21 河北购买潜力指数构成要素的变动情况

4.3.2.2 发展现代化

2010—2017 年，河北发展现代化指数有些许波动但总体呈现上升的趋势，由 2010 年的 85.19 上升至 2017 年的 117.60，增长了 38.04％。 河北的发展现代化指数在全国各省区市中的排名有了一定的提高，至 2017 年排全国第 12 名，但河北流通业发展的现代化程度仍处于全国各省区市中的中游水平，因此需大力提高其现代化水平，具体情况如表 4-17 所示。

表 4-17　河北发展现代化指数及其全国排名

年份	2010	2011	2012	2013	2014	2015	2016	2017
发展现代化指数	85.19	90.14	90.07	85.86	85.77	79.77	80.74	117.60
排名	17	18	17	19	21	20	20	12

河北的发展现代化指数主要从技术现代化、业态现代化两个方面来测度（见图 4-22 和图 4-23）。 2010—2017 年，河北技术现代化指数总体呈现持续上升的趋势，由 2010 年的 78.07 上升至 2017 年的 140.77，涨幅高达80.31％。 2017 年，河北的发展现代化指数对流通业竞争力发展总指数的贡献率为 59.42％，拉动流通业竞争力发展总指数上升了 5.1 个百分点。 河北技术现代化指数的排名也从 2010 年的全国第 17 名上升到 2017 年的全国第 8名。 从其构成要素来看，技术现代化主要体现在人均流通资本及地区流通业资产总额这两个方面。 2010—2016 年，河北的人均流通资本指数呈现缓慢上升的趋势，由 2010 年的 91.46 上升至 2016 年的 119.76，至 2017 年达到了226.49，其全国排名虽然在 2010—2016 年处于中下游水平，但在 2017 年位居全国第 1。 2017 年，其对流通业竞争力发展总指数的贡献率为 92.18％，使流通业竞争力发展总指数下降了 7.91 个百分点；河北地区流通业资产总额指数呈现缓慢下降的趋势，但地区批发零售餐饮住宿业资产总额的绝对值处于快速上升的趋势，由 2010 年的 2561.5 亿元上升至 2017 年的 5517 亿元，增幅高达 115.38％，其排名也在全国第 15 上下波动。

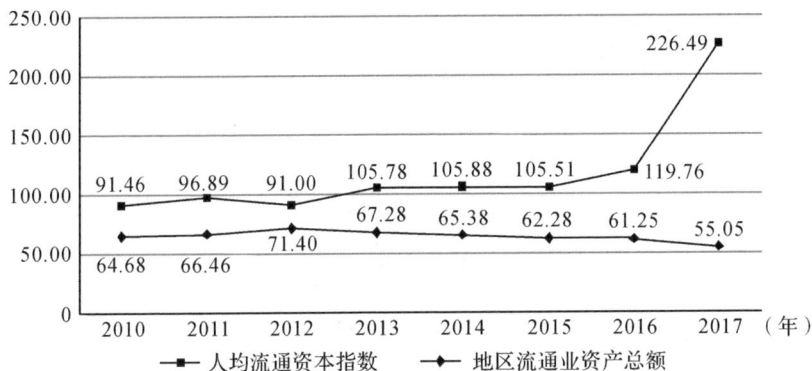

图 4-22　河北技术现代化指数构成要素的变动趋势

2010—2017 年，河北业态现代化指数变化得比较平稳，2010 年为 92.31，到 2017 年略上升到 94.44，但排名略有下降。 从其构成要素方面来看，河北物流配送化程度和人均连锁经营化规模指数值的变化虽然起伏不定，但仍呈现缓慢上升的趋势，2010—2017 年，分别增加了 25.06％和 41.04％。 2017 年其物流配送化程度对流通业竞争力发展总指数的贡献率为 3.36％，拉动流通业竞争力发展总指数上升了 0.29 个百分点。 而连锁经营化程度指数值则总体呈现下降的趋势，由 2010 年的 121.47 下降至 2017 年的 77.71，但是其在全国各省区市中的排名则相对稳定。

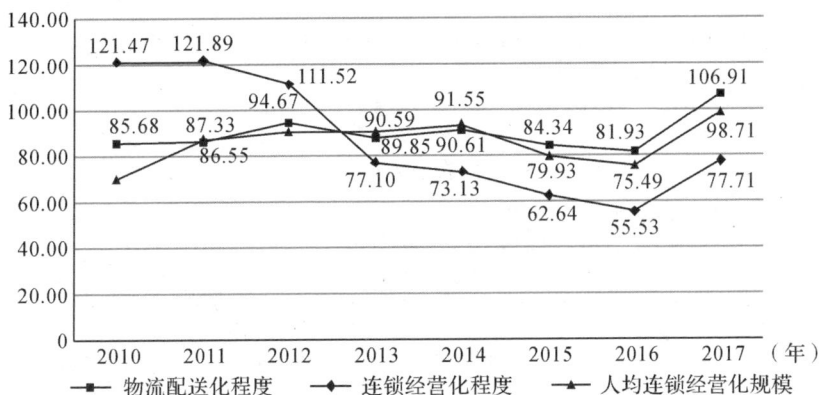

图 4-23　河北业态现代化指数构成要素的变动情况

4.3.2.3　发展国际化

2010—2017 年，河北发展国际化指数由 34.90 上升到 35.65，总体呈现缓慢上升趋势，但其在全国各省区市中的排名都在全国第 20 名之后，属于下游水平，严重落后于大部分的省区市。 这说明河北对外开放程度远低于全国平均水平，有待加强。 具体情况如表 4-18 所示。

表 4-18　河北流通发展国际化指数及其全国排名

年份	2010	2011	2012	2013	2014	2015	2016	2017
发展国际化指数	34.90	40.34	39.78	34.66	36.38	30.66	34.18	35.65
排名	20	23	24	24	25	25	22	23

河北的发展国际化从外向度和开放度两个方面来体现。 2010—2017 年，河北的外向度指数呈现缓慢上升的趋势，但其在全国各省区市中的排名有一定程度的下降，从 2010 年的全国第 12 名下降至 2017 年的全国第 21 名，且其在 2017 年对流通业竞争力发展总指数的贡献率为－78.21％，负向拉动流通业竞争力发展总指数变动了 6.71 个百分点。 而河北的开放度指数总体呈现下降的趋势，由 2010 年的 34.15 下降至 2017 年的 24.96，但其在全国各省区市中的排名变化不大。 具体情况如图 4-24 所示。

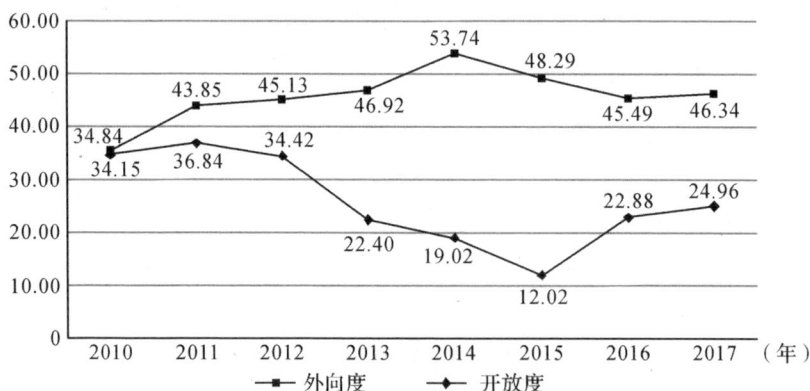

图 4-24　河北发展国际化指数构成要素的变动情况

从指数构成要素方面来看，河北的流通业的外向度主要用人均商品出口额表示。2010—2017 年，河北的人均商品出口额由 313.55 美元上升至 416.99 美元，但是和全国大部分省区市相比差距比较大。而河北的流通业开放度通过流通业实际利用外资额占比和外资商业销售额占比两个方面来进行测度。河北流通业实际利用外资额占比指数呈现下降的趋势，由 2010 年的 59.65 下降至 2017 年的 14.91。而外资商业销售额占比指数则有很大幅度的上升，由 2010 年的 10.25 上升至 2017 年的 35.01，增幅高达 241.56%（见图 4-25）。从绝对量来看，流通业外资商业销售额由 2010 年的 446 402 万元上升至 2 879 008 万元，增幅高达 544.94%。2017 年，两者对流通业竞争力发展总指数的贡献率均为负，其中：流通业实际利用外资额占比指数对流通业竞争力发展总指数的贡献率为 -62.01%，负向拉动流通业竞争力发展总指数变动了 5.32 个百分点；外资商业销售额占比指数对流通业竞争力发展总指数的贡献率为 -47.36%，负向拉动流通业竞争力发展总指数变动了 4.06 个百分点。因此，河北应加大引入外商投资，扩大对外开放的程度，从而促进河北流通业国际化程度的提高，进而促进河北流通业的飞速发展。

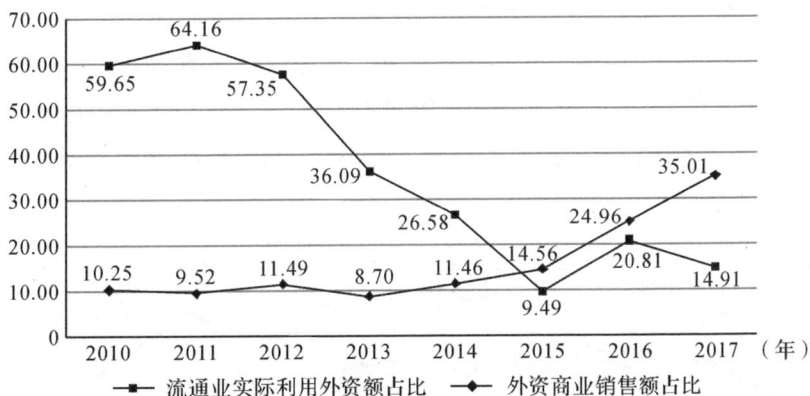

图 4-25　河北开放度指数构成要素的变动情况

4.3.2.4　发展绩效

2010—2017 年，河北发展绩效指数的变化趋势不一，由 2010 年的 123.39 略下降至 2017 年的 120.83，其在全国各省区市中的排名也有略微的下降，但整体上还是保持在全国中上游地位。 其在 2015—2017 年对流通业竞争力发展总指数的贡献率均为正,分别为 30.61％,10.44％和 60.72％,其在 2017 年拉动流通业竞争力发展总指数上升 5.21 个百分点。 具体情况如表 4-19 所示。

表 4-19 河北发展绩效指数及其全国排名

年份	2010	2011	2012	2013	2014	2015	2016	2017
发展绩效指数	123.39	125.53	123.90	106.20	126.69	78.81	95.91	120.83
排名	12	12	13	15	11	25	16	14

发展绩效主要体现在流通效率和社会经济贡献两个方面。 2010—2017 年,流通效率指数从 2010 年的 105.54 下降至 2017 年的 86.80,其在 2017 年对流通业竞争力发展总指数的贡献率为−19.23％,负向拉动流通业竞争力发展总指数变动 1.65 个百分点,因此,制约河北流通产业绩效的主要原因在于流通效率指数,但在 2011—2016 年,其都高于 2010 年。 其中,流通效率指数主要由流动资产周转率指数和库存周转率指数构成。 2010—2017 年,河北流动资产周转率指数和库存周转率指数总体呈现下降趋势,其中:流动资产周转率指数的下降趋势比较明显,由 2010 年的 89.07 下降至 2017 年的 79.55,但其在全国各省区市中的排名有一定程度的上升,由全国第 23 名上升为全国第 20 名;而库存周转率指数则由 2010 年的 112.01 下降至 2017 年的 94.06。 具体如图 4-26 所示。

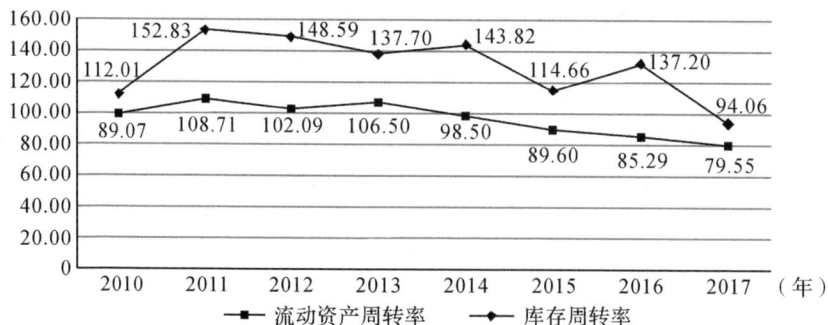

图 4-26 河北流通效率指数构成要素的变动情况

2010—2017 年，河北社会经济贡献指数的变化波动也比较大，由 2010 年的 141.23 下降至 2015 年的 55.48，再上升到 2017 年的 154.85，指数总体呈现上升的趋势，但其在全国各省区市中的排名稍有下降，由 2010 年的全国第 5 名下降至 2017 年的全国第 8 名。 2017 年，其对流通业竞争力发展总指数的贡献率为 79.95%，拉动流通业竞争力发展总指数上升 6.86 个百分点。 社会经济贡献指数主要由流通业增加值占比、拉动倾向、促进倾向和就业贡献率 4 个要素构成。 2010—2017 年，河北流通业增加值占比指数和就业贡献率指数基本保持稳定，而拉动倾向指数和促进倾向指数的变化波动较大。 另外，社会经济贡献指数的各构成要素中，除了就业贡献率指数在 2017 年均为正，其中贡献率最大的是拉动倾向指数，其他指数的贡献率为 47.82%，其次为促进倾向，为 34.79%，而流通业增加值占比指数的贡献率仅为 4.99%。 而河北的就业贡献率对流通业竞争力发展总指数的贡献率为 −7.64%，负向拉动流通业竞争力发展总指数变动 0.66 个百分点。 具体情况如图 4-27 所示。

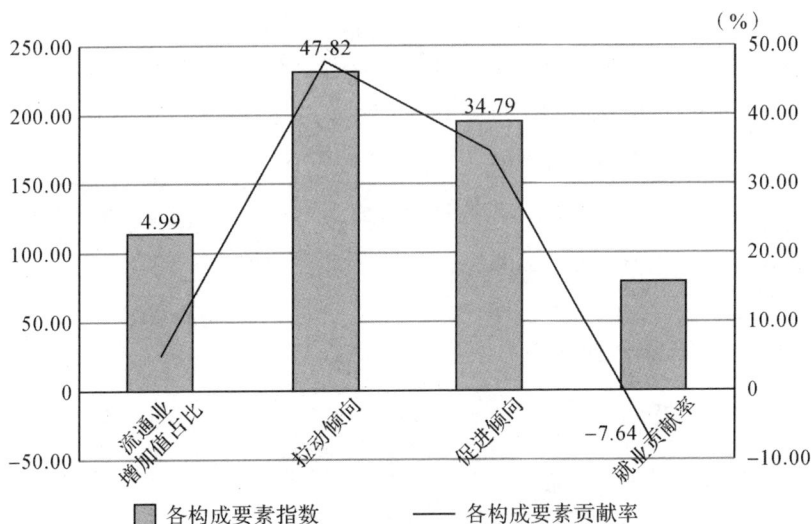

图 4-27　河北社会经济贡献指数构成要素及其贡献率

4.3.3　相对优势与相对弱势要素分析

为了分析河北自身的四大要素发展情况，我们将河北的四大要素按照平均排名进行排序，并将处于第 1 名的要素称为河北流通业发展竞争力的相对优势要素，将排在最后 1 名的要素称为河北流通业发展竞争力的相对弱势要素，如表 4-20 所示。

表 4-20　河北流通业竞争力发展四大要素的平均排名和变异系数

指标	发展支撑力指数	发展现代化指数	发展国际化指数	发展绩效指数
平均排名	21.75	18.00	23.25	14.75
变异系数	0.09	0.16	0.07	0.30

根据上述原则，河北流通业发展竞争力的相对优势要素是发展绩效，而相对弱势要素是发展国际化。 进一步分析这些要素排名的变异系数可以发现，河北相对优势要素的排名起伏较大，而相对弱势要素的排名比较稳定。

4.4　山　西

山西简称晋，地处黄河以东，太行山以西，基本地势是东北高西南低。山西高原内部起伏不平，河谷纵横，山区面积占总面积的 80.10％。 山西东与河北为邻，西与陕西相望，南与河南接壤，北与内蒙古毗连，总面积达 15.67 万平方千米。 2017 年山西的常住人口为 3702 万人，地区生产总值达到 15 528.42 亿元，同比增长 18.99％。

4.4.1　山西流通业竞争力发展总体情况

2010—2017 年，山西流通业竞争力发展总指数呈现变化方向不一的波动，但总体呈现缓慢上升趋势，由 2010 年的 77.87 上升至 2017 年的 99.06，增长了 27.21％，其全国排名的变化波动不大，最高是 2012 年的全国第 9，最低是 2011 年的全国第 29（已属于最下游），但其到 2017 年位居全国第 21，相较于 2010 年的排名有一定的上升（见表 4-21）。 山西的人均社会消费品零售总额从 2010 年的 9284.28 元增加到 2017 年的 18 687.47 元，增幅高达 101.28％；2010 年，流通业固定资产投资额为 1061.5 亿元，占全社会固定资产投资额的 17.51％，而 2017 年的流通业固定资产投资额为 624.41 亿元，占全社会固定资产投资额的 10.34％，说明山西的流通业资产总量不足，仍需加大投资力度。 2017 年，山西的流通业实现增加值 2532.45 亿元，占地区生产总值的 16.31％，相较于 2010 年的 1581.21 亿元，增加了 60.16％；2017 年，山西流通业城镇单位就业人数达到 51.13 万，占全市城镇单位就业人数的 11.93％。

表 4-21 山西流通业竞争力发展总指数及其全国排名

年份	2010	2011	2012	2013	2014	2015	2016	2017
发展总指数	77.87	77.35	131.67	82.56	101.45	99.14	87.54	99.06
排名	24	29	9	26	17	17	24	21

2010—2017 年，影响山西流通业竞争力发展总指数的 4 个一级指数，即发展支撑力、发展现代化、发展国际化和发展绩效指数的平均值分别为 125.15，82.98，39.24 和 130.95。 山西的发展支撑力指数呈现持续上升的趋势，但其排名略微下降，最高为 2012 年的全国第 20 名，最低为 2017 年的全国第 28 名。 发展现代化指数也呈现持续上升的趋势，其排名总体上也呈现持续上升的趋势，从全国下游位置上升至全国中游位置。 发展国际化指数和发展绩效指数在 2010—2017 年存在较大的波动且方向不一。

4.4.2 影响流通业竞争力发展的各因素分析

4.4.2.1 发展支撑力

2010—2017 年，山西的发展支撑力指数呈明显上升的趋势，从 2010 年的 100.24 增长至 2017 年的 148.64，增长了 48.28％，但从其在全国各省区市中的排名来看，起伏不定且有一定程度的下降，其在 2012 年、2015 年均处于全国第 1 名，在 2010 年处于全国第 5 名，其余年份都处于全国中下游位置，这说明山西的发展支撑力水平是极高的，但近年来相较于其他省区市发展支撑力水平的提高速度不够迅速。 具体情况如表 4-22 所示。

表 4-22   山西发展支撑力指数及其全国排名

年份	2010	2011	2012	2013	2014	2015	2016	2017
发展支撑力指数	100.24	105.92	112.85	122.64	129.89	136.79	144.23	148.64
排名	20	21	22	22	23	27	27	28

发展支撑力主要体现在流通业发展的基础及购买潜力两个方面。2010—2017 年，基础指数变化得比较平缓，但总体呈现上升趋势，从 2010 年的 110.62 上升至 2017 年的 111.86，增长了 1.12%；但是山西基础指数的排名下降幅度比较大，从 2010 年的全国第 12 名下降到 2017 年的全国第 24 名；2010—2017 年，山西的购买潜力指数则呈现快速上升的趋势，从 2010 年的 85.87 上升至 2017 年的 185.43，增幅高达 115.94%，但其在全国的排名波动不大，仍旧处于全国下游水平。具体见图 4-28。因此，山西需加大对流通业的扶持力度，进一步建设当地的流通基础设施、交通网络等以促进流通业的发展。

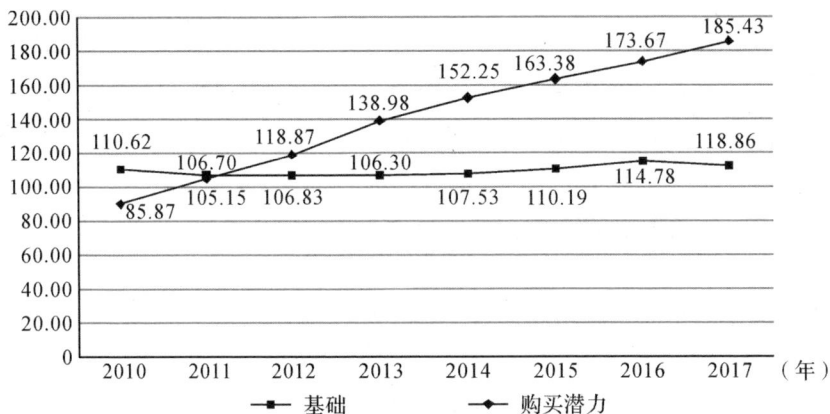

图 4-28   山西发展支撑力指数构成要素的变动情况

从基础指数构成要素方面来看，2010—2017 年，山西人均社会消费品零售总额指数呈快速上升趋势，从 93.02 上升至 187.44，增幅高达 101.51%；2010 年，其对流通业竞争力发展总指数的贡献率为 1.29%，2017 年的贡献率为 2.43%，略有提高。从绝对值上看，山西的社会消费品零售总额呈现逐年上升态势，从 2010 年的 3318.20 亿元升至 2017 年的 6918.10 亿元，增幅高达

108.49%。 山西流通业固定资产投资额占比指数呈现缓慢下降的趋势，从
2010 年的 110.54 下降至 2017 年的 65.27，其在全国的排名也从 2010 年的全
国第 5 跌至 2017 年的全国第 30，处于全国最下游，但其对流通业竞争力发展
总指数的贡献率则从 2010 年的—1.99% 变为 2017 年的 153.59%。 这表明，
山西的居民消费水平不断提高，消费市场不断扩大，但是流通业的基础水平不
高，还有待发展。 而流通里程强度指数整体上也呈现缓慢下降的趋势，从
2010 年的 128.20 下降至 2017 年的 82.87，但其在全国的排名稍有上升，由
2010 年的全国第 12 名上升至 2017 年的全国第 9 名；其在 2017 年底对流通业
竞争力发展总指数的贡献率高达 75.74%。 这说明，山西整体的交通网络正
快速发展，为创造更多的经济总量打下了坚实的基础。 具体变化趋势如图
4-29 所示。

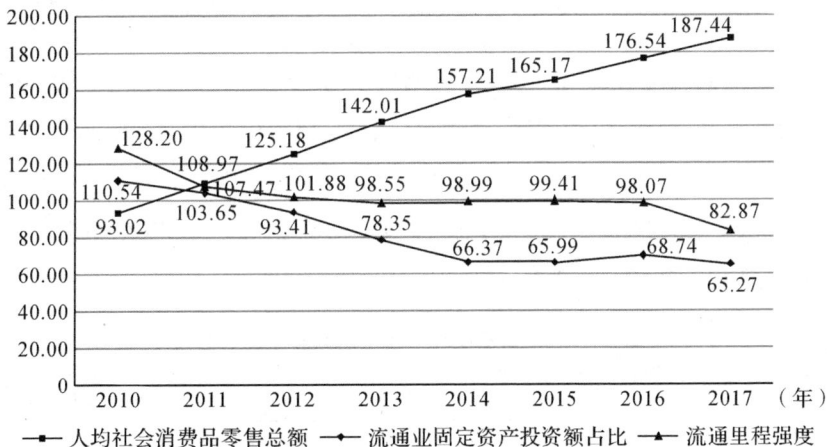

图 4-29　山西基础指数构成要素的变动情况

另外，从购买潜力指数构成要素方面来看，山西的城镇居民消费潜力指数
与农村居民消费潜力指数都呈现快速上升的趋势。 2010—2017 年，山西的城
镇居民消费潜力指数由 92.59 上升至 172.37，增幅为 86.16%；而农村居民消
费潜力指数由 87.14 上升至 198.48，增幅为 127.77%。 具体如图 4-30 所示。
这表明，随着经济的发展，人民收入水平的提升，山西流通业的发展潜力越来
越大，尤其是农村市场的发展潜力逐步增大，这有利于带动未来流通业的快速
发展。

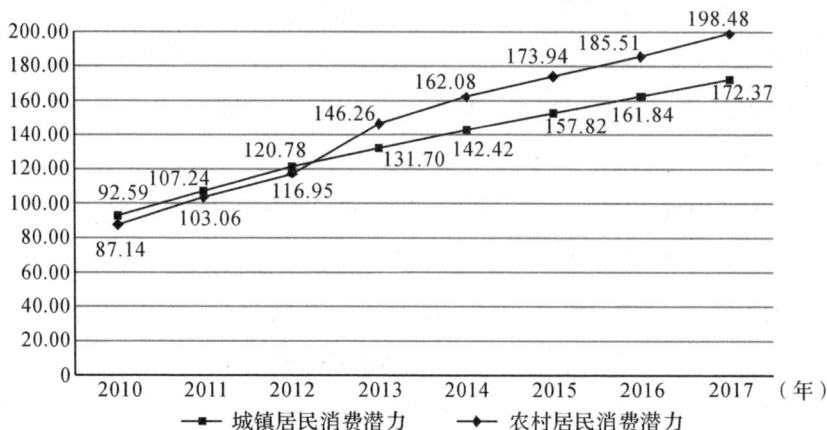

图 4-30　山西购买潜力指数构成要素的变动趋势

4.4.2.2　发展现代化

2010—2017 年，山西发展现代化指数呈现持续上升趋势，由 2010 年的 68.30 上升至 2017 年的 101.41，涨幅高达 48.48％；其在全国的排名也呈现上升趋势，由 2010 年的全国第 23 名上升至 2017 年的全国第 15 名；2017 年，山西发展现代化指数拉动流通业竞争力发展总指数上升 0.35 个百分点。 具体情况如表 4-23 所示。

表 4-23　山西发展现代化指数及其全国排名

年份	2010	2011	2012	2013	2014	2015	2016	2017
发展现代化指数	68.30	67.12	68.47	83.49	87.43	92.67	94.94	101.41
排名	23	23	24	20	18	16	14	15

山西的发展现代化指数主要从技术现代化和业态现代化两个方面进行测度。 2010—2017 年，山西技术现代化指数呈现持续上升的趋势，由 2010 年的 86.13 上升至 2017 年的 139.46，增长了 61.92％，且其在全国的排名由 2010 年的全国第 16 上升至 2017 年的全国第 9。 从其构成要素来看，山西人均流通资本指数呈现持续上升的趋势，由 2010 年的 178 302.75 元上升至 2017 年的 380 453.56 元，且其在全国的排名由 2010 年的全国第 17 上升至 2017 年的

全国第 2；2017 年，人均流通资本指数拉动流通业竞争力发展总指数上升 7.71 个百分点；山西地区流通业资产总额同样呈现持续上升的趋势，由 2010 年的 2676.8 亿元上升至 2017 年的 5572.4 亿元，涨幅高达 108.17%，2017 年其对流通业竞争力发展总指数的贡献率为 294.53%。 具体如图 4-31 所示。

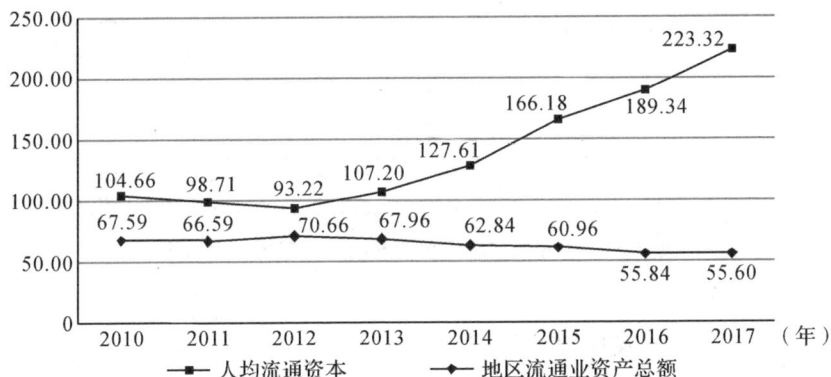

图 4-31　山西技术现代化指数构成要素的变动情况

同时，2010—2017 年，山西业态现代化指数则呈现平稳上升的趋势，2010 年为 50.48，对流通业竞争力发展总指数的贡献率为 27.97%，在全国的排名为第 27；到 2017 年，业态现代化指数上升到 63.37，其贡献率高达 485.95%，其在全国的排名为第 22。 从其构成要素来看，山西物流配送化程度指数、连锁经营化程度指数和人均连锁经营化规模指数的波动都很大，除了物流配送化程度指数稍有下降，连锁经营化程度指数和人均连锁经营化规模指数整体上都呈现上升的趋势。 物流配送化程度指数由 2010 年的 77.17 下降为 2017 年的 75.58，其在全国的排名略有下降且保持在全国下游水平；连锁经营化程度指数由 2010 年的 35.73 上升至 2017 年的 39.91，增长了 11.7%，其在全国的排名从 2010 年的第 25 上升至 2017 年的第 21；人均连锁经营化规模指数由 2010 年的 38.53 上升至 2017 年的 74.62，涨幅高达 93.67%，但是排名上升程度不大。 具体如图 4-32 所示。 从绝对值来看，山西连锁零售企业统一配送商品购进额由 2010 年的 109.60 亿元上升到 2017 年的 191.90 亿元，连锁零售企业商品销售额由 2010 年的 229.50 亿元上升到 2017 年的 460.40 亿元，这些绝对量的增长极大地促进了山西流通业的发展。

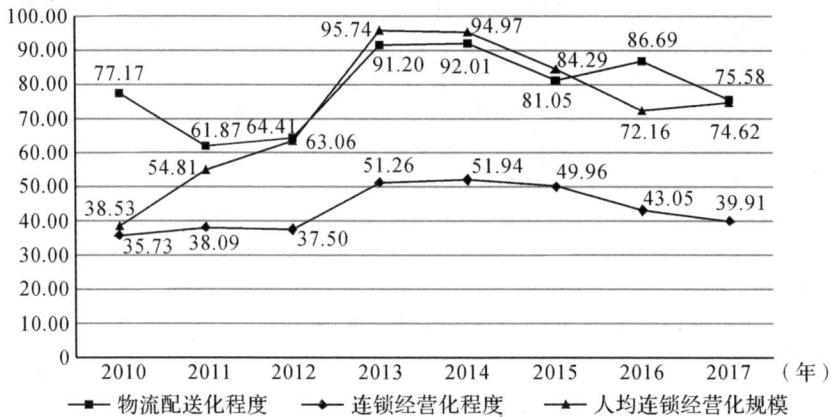

图 4-32　山西业态现代化指数构成要素的变动情况

4.4.2.3　流通发展国际化

2010—2017 年，山西的发展国际化指数虽然有变化方向不一的波动，但是总体上呈现稳步上升的趋势，除了 2012 年和 2014 年指数较高，分别为 94.34 和 86.26，且其在全国的排名分别为第 19 和第 12，其他年份山西的发展国际化指数相对而言比较低，在全国的排名也处于下游位置，具体情况如表 4-24 所示。

表 4-24　山西发展国际化指数及其全国排名

年份	2010	2011	2012	2013	2014	2015	2016	2017
发展国际化指数	13.24	16.21	94.34	23.74	86.26	19.30	23.10	37.73
排名	27	29	10	25	12	28	25	22

山西的发展国际化从外向度和开放度两个方面来测度。 山西外向度指数和开放度指数相对比较接近，除了 2012 年和 2014 年，山西的开放度指数远远高于外向度指数，因此这两年山西的国际化指数奇高主要是开放度指数造成的。 但山西的外向度指数和开放度指数总体上呈现上升趋势，其中：外向度指数从 2010 年的 14.62 上升为 2017 年的 30.61，涨幅为 109.37%，但其在全国的排名波动不大；开放度指数由 2010 年的 11.86 上升至 2017 年的 44.85，

涨幅高达 278.16%，其在全国的排名从第 28 上升至第 20。 具体情况如图 4-33所示。

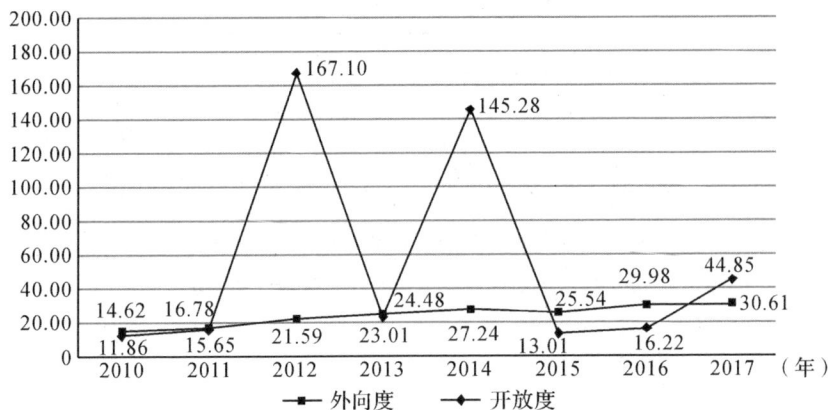

图 4-33 山西发展国际化指数构成要素的变动情况

从指数构成要素方面来看，流通业的外向度指数主要由人均商品出口额表示。 2010—2017 年，山西人均商品出口额由 131.58 美元上升至 275.41 美元，虽然涨幅高达 109.31%，但是相较于全国其他省区市仍比较落后。 而流通业开放度通过流通业实际利用外资额占比和外资商业销售额占比两个方面来进行测度。 从指数上来看，流通业实际利用外资额占比指数的波动较大，多次上下起伏，由 2010 年的 22.28 上升至 2012 年的 333.31，而后又下降至 2013 年的 45.20，再上升至 2014 年的 289.00，最后下降至 2017 年的 88.46。外资商业销售额占比指数变化不大且偏低，由 2010 年的 1.44 下降至 2017 年的 1.25。 具体如图 4-34 所示。 2017 年，流通业实际利用外资额占比指数和外资商业销售额占比指数对流通业竞争力发展总指数的贡献率均为正，分别为 76.54% 和 655.07%。 整体而言，山西的对外开放程度相较于全国其他省区市而言比较低，应大力吸引国际企业投资并与其大力开展合作。

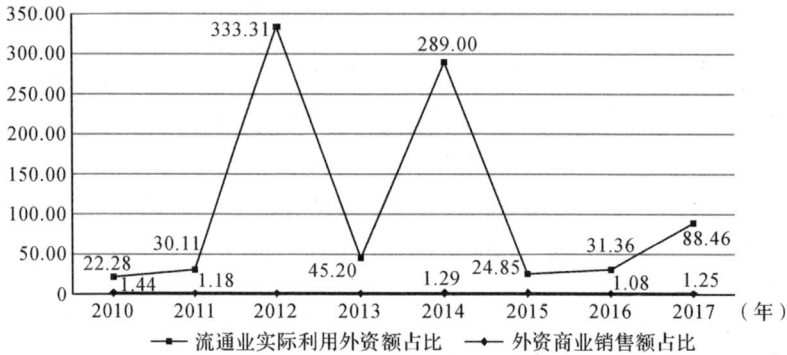

图 4-34　山西开放度指数构成要素的变动情况

4.4.2.4　发展绩效

2010—2017 年，山西的发展绩效指数变化波动较大，且变化方向不一。2010 年，山西的发展绩效指数为 129.70，位居全国第 8；2017 年，山西的发展绩效指数为 108.44，位居全国第 19，下降了 11 个位次，但在全国仍处于中游水平。具体情况如表 4-25 所示。

表 4-25　山西发展绩效指数及其全国排名

年份	2010	2011	2012	2013	2014	2015	2016	2017
发展绩效指数	129.70	120.15	251.02	100.36	102.23	147.81	87.89	108.44
排名	8	17	1	20	18	2	21	19

山西的发展绩效由流通效率和社会经济贡献来体现。2010—2017 年，山西的流通效率指数值稍有波动且变化方向不一，从 2010 年的 120.20 上升至 2012 年的 147.01，而后在 2017 年下降至 102.76，其在全国的排名最高为 2012 年和 2014 年的第 2，最低为 2017 年的第 16。其中，流通效率指数又由流动资产周转率指数和库存周转率指数构成。2010—2017 年，山西流动资产周转率指数和库存周转率指数总体上呈现小幅度下降趋势，流动资产周转率指数由 2010 年的 101.46 上升为 2013 年的 107.92，而后又下降为 2017 年的 77.86，但其在全国的排名变化不大。库存周转率指数由 2010 年的 138.95 下降为 2017 年的 127.65，且其在全国的排名由第 6 下降至第 12，但仍处于全国领先地位。具体情况如图 4-35 所示。

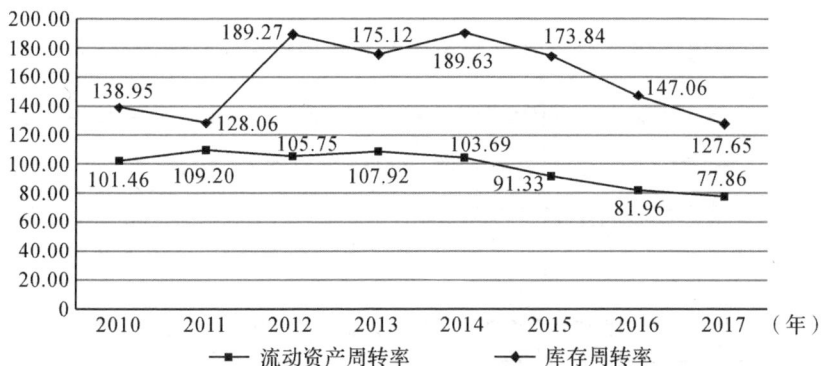

图 4-35 山西效率指数构成要素的变动情况

2010—2017 年，山西社会经济贡献指数呈缓慢下降的趋势，由 2010 年的 139.19 下降至 2017 年的 114.13，其在全国的排名也从第 7 下降为第 15。 社会经济贡献指数主要由流通业增加值占比、拉动倾向、促进倾向和就业贡献率 4 个要素构成。 2017 年，社会经济贡献指数的构成要素中贡献率最大的是拉动倾向指数，其贡献率达 288.51%；就业贡献率指数次之，为 40.23%；而流通业增加值占比和促进倾向指数的贡献率均为负值，分别为 -27.54% 和 -488.66%。 因此，促进山西流通业就业人数的上升，以及用工业的发展带动流通业的发展，对于增强流通业发展贡献能力具有重要意义。 具体情况如图 4-36 所示。

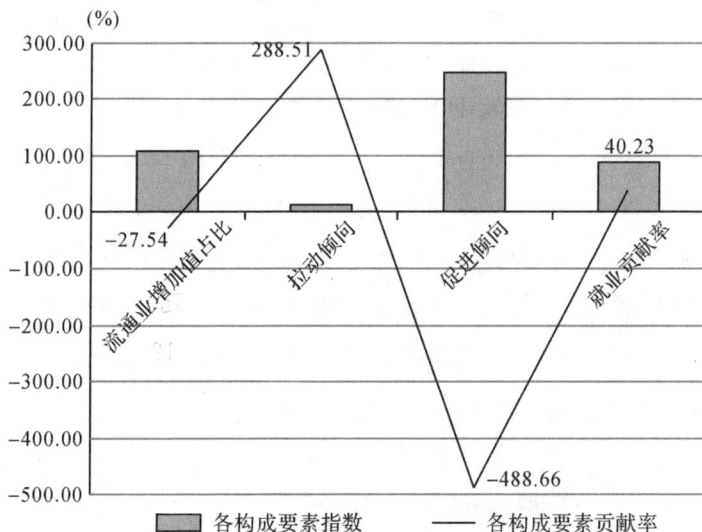

图 4-36 山西社会经济贡献指数构成要素及其贡献率

4.4.3　相对优势与相对弱势要素分析

为了分析山西自身的四大要素发展情况，我们将山西的四大要素按照平均排名进行排序，并将处于第 1 名的要素称为山西流通业竞争力发展的相对优势要素，将排在最后 1 名的要素称为山西流通业竞争力发展的相对弱势要素，如表 4-26 所示。

表 4-26　山西流通业竞争力发展四大要素的平均排名和变异系数

指标	发展支撑力指数	发展现代化指数	发展国际化指数	发展绩效指数
平均排名	23.75	19.13	22.25	13.25
变异系数	0.13	0.21	0.33	0.62

根据这一原则，山西流通业竞争力发展的相对优势要素是发展绩效，而相对弱势要素是发展支撑力。进一步分析这些要素排名的变异系数可以发现，山西相对优势要素的排名起伏较大，而相对弱势要素的排名比较稳定。

4.5　内蒙古

内蒙古位于中国北部边疆，东北部与黑龙江、吉林、辽宁、河北交界，南部与山西、陕西、宁夏相邻，西南部与甘肃毗连，北部与俄罗斯、蒙古接壤。内蒙古总面积达 118.3 万平方千米，占全国总面积的 12.29%。2017 年末，内蒙古常住人口为 2529 万人，地区生产总值达到 16 096.21 亿元，相比 2010 年增长了 37.9%。2010—2017 年，内蒙古的经济呈现飞速增长的态势，至 2017 年，其城镇居民家庭人均可支配收入为 35 670.02 元，较 2010 年的 17 698.20元增长了 101.55%，农村居民家庭人均纯收入为 12 584.29 元，较 2010 年的 5529.6 元增长了 127.58%。

4.5.1　内蒙古流通业竞争力发展总体情况

2010—2017 年，内蒙古的流通业竞争力发展总量指标都有了跨越式的增长，其中：社会消费品零售总额从 2010 年的 3384 亿元增加到 2017 年的 7160.20 亿元，突破了 7000 亿元，增幅高达 111.59%；流通业增加值从 2010 年的 2259.81 亿元增加至 2017 年的 3597.78 亿元，增长了 59.21%，至 2017 年，内蒙古的流通业增加值占国内生产总值的 22.35%。 在各项法规的支持和保障下，内蒙古的流通业实现了稳步发展。 2017 年，内蒙古流通业固定资产投资额为 1824.37 亿元，占全社会固定资产投资额的 13.02%，相较 2010 年的 1437.50 亿元，增长了 26.91%。 2017 年，内蒙古的流通业城镇单位就业人数达到 39.59 万，占全市城镇单位就业人数的 14.11%，相较 2010 年的 30.20 万人增长了 31.09%。 如图 4-37 所示，内蒙古的流通业竞争力发展总指数总体变化比较平稳（除了 2014 年有较大幅度的下降），从 2010 年的 89.99 略微下降至 2017 年的 84.21，下降了 6.42%。 从其在全国的排名来看，最高排名为 2010 年的第 14，最低排名为 2014 年的第 30，由此可以看出，内蒙古的流通发展在全国属于落后水平，相关部门仍需加大力度发展内蒙古的流通业。

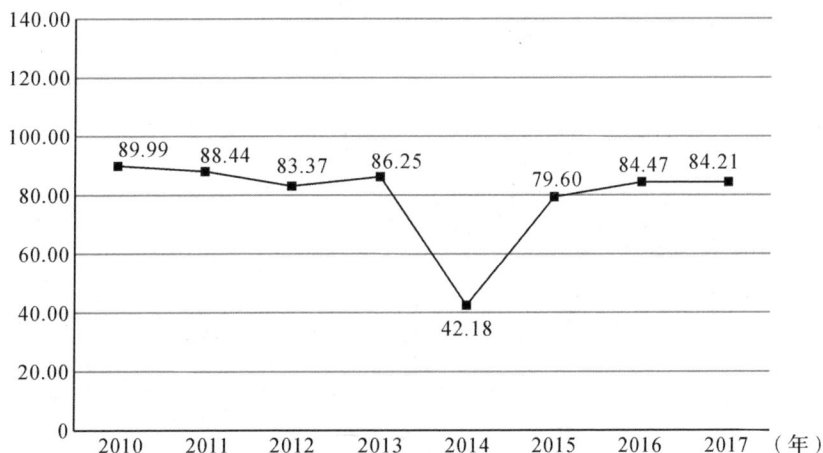

图 4-37　内蒙古流通业竞争力发展总指数变化情况

从其构成要素方面来看，2010—2017 年，影响内蒙古流通业竞争力发展总指数的 4 个一级指标，即发展支撑力、发展现代化、发展国际化和发展绩效的平均值分别为 149.24，78.92，16.71 和 74.32。 由表 4-27 可知，内蒙古的发展支撑力指数的排名在 2010—2017 年间波动不大且总体上呈现上升趋势，由 2010 年的全国第 11 名上升到 2017 年的全国第 9 名，仍处于全国领先地位。 由此可见，内蒙古的流通业发展基础相对比较扎实，发展空间也未来可期。 内蒙古的发展现代化指数的排名呈下降的趋势，由 2010 年的全国第 12 名下降到 2017 年的全国第 26 名，从全国中上游的位置跌落至全国下游的位置，说明内蒙古流通业的现代化水平有待提高，在全国流通业现代化的大环境下应该积极加快自身技术、业态现代化的发展。 内蒙古的发展国际化指数的排名略有波动，由 2010 年的全国第 25 名下降至 2017 年的全国第 27 名，仍处于全国下游位置。 其发展绩效指数在全国的排名波动比较大，最高排名为 2013 年的全国第 9 名，最低排名为 2014 年的全国第 30 名。 综合来看，内蒙古的发展支撑力指数比较领先，促进了当地流通业的发展，而发展现代化、发展国际化和发展绩效都存在着不足，制约了整个流通业的发展，因此，提高内蒙古的现代化程度、对外开放程度，以及加快绩效方面的发展具有重要意义。

表 4-27　内蒙古流通业竞争力发展总指数及子指标排名

年份	竞争力发展总指数	发展支撑力	发展现代化	发展国际化	发展绩效
2010	14	11	12	25	15
2011	21	10	10	30	25
2012	25	11	22	28	16
2013	25	10	26	30	9
2014	30	10	26	28	30
2015	29	10	25	29	27
2016	25	10	25	29	26
2017	28	9	26	27	29

4.5.2　影响流通业竞争力发展的各因素分析

4.5.2.1　发展支撑力

2010—2017 年，内蒙古的发展支撑力指数呈现持续上升的趋势，由 2010

年的 112.09 上升到 2017 年的 190.62,增加了 70.06%,整个期间,发展支撑
力指数的平均值为 149.24,其在全国的排名也呈现上升趋势且位于全国领先
地位,由 2010 年的全国第 11 名上升到 2017 年的全国第 9 名,说明内蒙古的
流通业支撑力指数增长较快,发展态势不错,且其发展支撑力水平在全国处于
上游位置,有力地推动整体流通业的发展。

发展支撑力主要体现在流通业发展的基础和购买潜力这两项。 2010—
2017 年,内蒙古的基础指数也呈现逐年上升的态势,从 2010 年的 120.94 增
长至 2017 年的 159.95,增长了 32.26%。 其间内蒙古的基础指数的平均值为
134.26,其于 2010 年拉动流通业竞争力发展总指数提升 2.62 个百分点,2017
年拉动流通业竞争力发展总指数提升 7.49 个百分点,其全国排名的变化不
大。 而购买潜力指数则呈现出快速上升的趋势,由 2010 年的 103.23 增长至
2017 年的 221.30,增幅高达 114.38%;从其在全国的排名来看,除了 2011
年、2012 年及 2017 年位居第 11 名之外,其他年份都保持在全国第 10 名左
右,起伏不大。 具体情况如表 4-28 和表 4-29 所示。

表 4-28　内蒙古基础指数及其全国排名

年份	2010	2011	2012	2013	2014	2015	2016	2017
基础指数	120.94	119.27	122.16	126.52	133.19	141.36	150.72	159.95
排名	8	7	8	6	7	9	9	8

表 4-29　内蒙古购买潜力指数及其全国排名

年份	2010	2011	2012	2013	2014	2015	2016	2017
购买潜力指数	103.23	121.47	138.51	159.59	175.65	189.64	204.35	221.30
排名	10	11	11	10	10	10	10	11

从其构成要素方面来看,基础指数主要体现在人均社会消费品零售总额
指数、流通业固定资产投资额占比指数和流通里程强度指数 3 个方面。 从绝
对值看,内蒙古的人均社会消费品零售总额呈现逐年上升态势,从 2010 年的
13 689.32 元升至 2017 年的 28 312.38 元,增幅高达 106.82%;从指数看,
人均社会消费品零售总额指数由 2010 年的 137.31 增长至 2017 年的 283.98,

增幅高达 106.82％；其在全国的排名略微下降，从 2010 年的第 10 名下降至 2017 年的第 12 名，但仍处于全国领先地位。 这说明，内蒙古的居民消费水平大幅提高，未来的消费态势有较大的发展空间。 2010 年，其对流通业发展总指数的贡献率为－15.36％，而 2017 年其对流通业竞争力发展总指数的贡献率为 2.43％。 内蒙古的流通业固定资产投资额占比指数则呈现下降的趋势，由 2010 年的 101.68 下降至 2017 年的 82.20；但从绝对值来看，内蒙古的流通业固定资产投资额则呈现上升趋势，从 2010 年的 1437.50 亿元上升至 2017 年的 1824.37 亿元，增长了 26.91％。 另外，2010—2017 年，内蒙古流通里程强度指数呈现先降后升的趋势，从 2010 年的 123.84 下降至 2017 年的 113.67，其间流通里程强度指数的平均值为 100.49，但流通里程强度指数的全国排名却呈现上升的趋势，从 2010 年的第 13 名上升至 2017 年的第 6 名，说明内蒙古的交通布局规划正逐步优化且趋于合理，并带动整个流通业的发展。 具体变化趋势如图 4-38 所示。

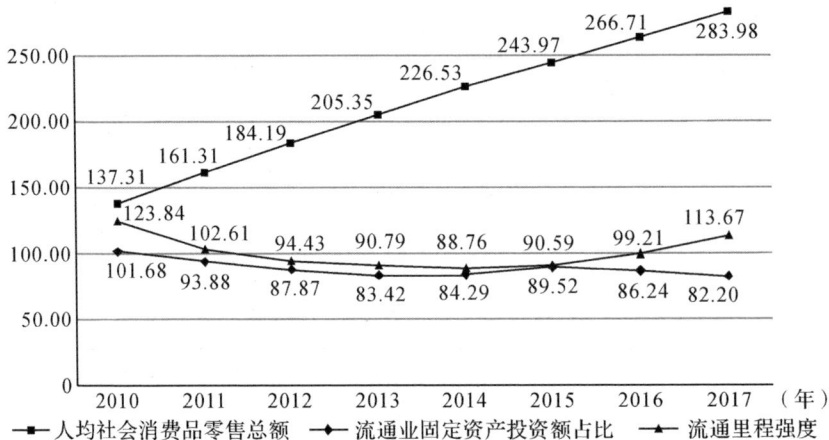

图 4-38 内蒙古基础指数构成要素的变动情况

从购买潜力指数构成要素方面来看，购买潜力指数主要体现在城镇居民消费潜力指数和农村居民消费潜力指数两个方面。 2010—2017 年，内蒙古的流通业购买潜力指数呈现快速上升的趋势，由 103.23 上升到 221.30，涨幅高达 114.38％，且其在全国的排名一直保持在上游位置。 从其构成要素来看，2010—2017 年，内蒙古的城镇居民家庭人均可支配收入由 17 698.2 元上升至

35 670.02 元，增幅为 101.55%；而农村居民家庭人均可支配收入则由 5529.6 元上升至 12 584.29 元，增幅为 127.58%。这表明，内蒙古流通业的发展潜力越来越大，特别是农村市场，因此，相关部门应该积极促进农村市场流通业的发展。具体指数情况如图 4-39 所示。

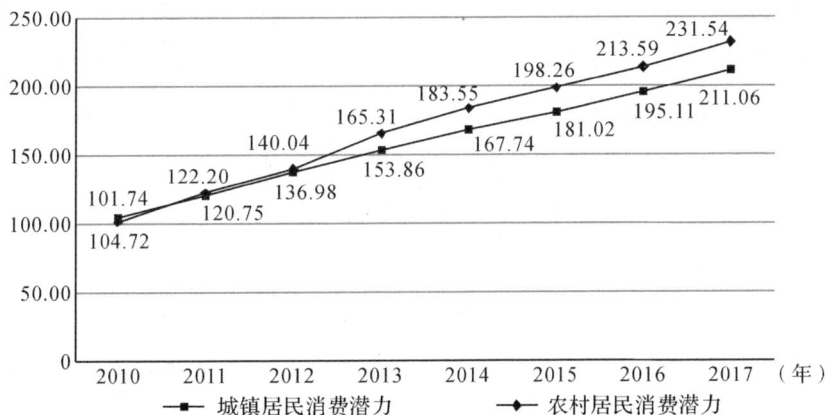

图 4-39 内蒙古购买潜力指数构成要素的变动情况

4.5.2.2 发展现代化

2010—2017 年，内蒙古的发展现代化指数呈现下降的趋势，由 2010 年的 103.04 下降至 2017 年的 70.83，且其在全国的排名也从中游位置跌至下游位置，因此需大力提高内蒙古流通业的现代化水平。2010 年，内蒙古的发展现代化指数对流通业竞争力发展总指数的贡献率为 -7.52%；至 2012 年，其贡献率变为正；至 2017 年，其贡献率达 46.18%。这说明，内蒙古的发展现代化方面占整个流通业的发展贡献份额越来越大。具体情况如表 4-30 所示。

表 4-30 内蒙古流通发展现代化指数及其全国排名

年份	2010	2011	2012	2013	2014	2015	2016	2017
发展现代化指数	103.04	113.74	71.70	61.74	67.32	68.56	74.44	70.83
排名	12	10	22	26	26	25	25	26

内蒙古的发展现代化指数主要从技术现代化、业态现代化两个方面来测度。 2010—2017 年，内蒙古的技术现代化指数呈现方向不一的波动，但总体呈现上升趋势，由 2010 年的 94.76 上升至 2017 年的 108.57，增长了14.57％，其间技术现代化指数的平均值为 102.08；其全国排名略微下降，由2010 年的第 10 名下降到 2017 年的第 14 名，但仍处于全国中上游的位置。从其构成要素来看，技术现代化指数主要体现在人均流通资本及地区流通业资产总额两方面。 2010—2016 年，内蒙古的人均流通资本指数虽然起伏不一，但总体呈现缓慢上升的趋势，由 2010 年的 160.87 上升至 2017 年的190.27，增加了 18.28％，其全国排名最高为 2016 年的第 1 名，最低为 2013年的第 8 名，平均排名为第 3.75 名，整体处于全国领先地位。 内蒙古的地区流通业资产总额指数的变化比较平缓，但地区流通业资产总额的绝对值则呈现快速上升的趋势，由 2010 年的 1134.2 亿元上升至 2017 年的 2693.4 亿元，增幅高达 137.47％。 具体变化情况如图4-40所示。

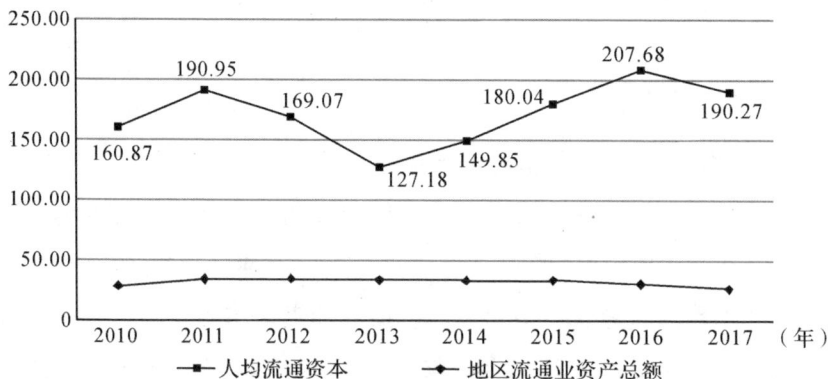

图 4-40　内蒙古技术现代化指数构成要素的变动情况

同时，2010—2017 年，内蒙古业态现代化指数的下降趋势则比较明显，从 2010 年的 111.33 下降至 2017 年的 33.08，其在全国的排名也从第 11 下降至第 30。 从对内蒙古流通业竞争力发展总指数的贡献率来看，2013—2017年，业态现代化指数的贡献率均为正。 从其构成要素来看，内蒙古的物流配送化程度指数、连锁经营化程度指数和人均连锁经营化规模指数都呈现下降的趋势，其中物流配送化程度指数相对变化平缓，由 2010 年的 129.25 下降至

2017 年的 85.36（见图 4-41）。 2017 年，物流配送化程度指数对流通业竞争
力发展总指数的贡献率为 3.86%，而连锁经营化程度指数和人均连锁经营化
规模指数的贡献率分别为 25% 和 24.1%。

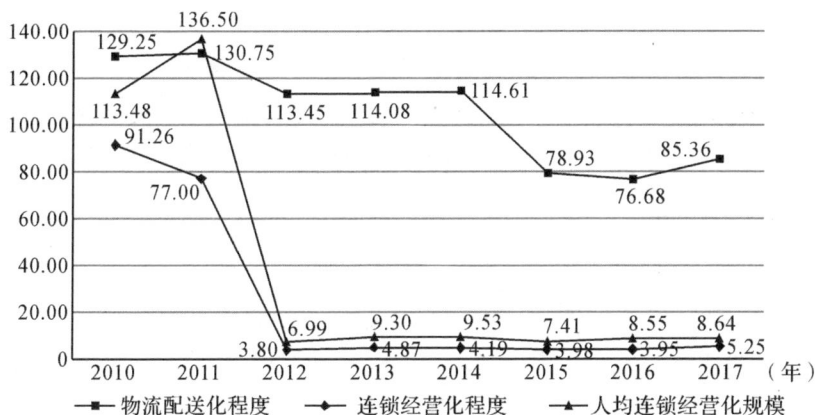

图 4-41　内蒙古业态现代化指数构成要素的变动情况

4.5.2.3　发展国际化

2010—2017 年，内蒙古的发展国际化指数稍有下降，由 2010 年的 24.26
下降到 2017 年的 18.08，其间发展国际化指数的平均值为 16.71。 且其在全
国的排名都在第 25 之后，属于下游水平，严重落后于大部分的省区市。 这说
明，内蒙古的对外开放程度远低于全国平均水平，因此提升内蒙古流通国际化
程度是今后流通发展工作的重点。 具体情况如表 4-31 所示。

表 4-31　内蒙古发展国际化指数及其全国排名

年份	2010	2011	2012	2013	2014	2015	2016	2017
发展国际化指数	24.26	13.25	12.87	11.79	21.90	18.81	12.69	18.08
排名	25	30	28	30	28	29	29	27

内蒙古的发展国际化由外向度和开放度构成。 2010—2017 年，内蒙古的
外向度指数呈现波动式上升的趋势，由 2010 年的 14.99 上升至 2017 年的
21.43，增长了 42.96%，但其在全国的排名变化不大，保持在第 25 名左右。

从对内蒙古流通业竞争力发展总指数的贡献率来看，2010—2017 年，其贡献率均为正，贡献率最高为 2010 年的 104.98％，最低为 2014 年的 15.49％。而开放度指数则呈现波动下降的趋势，由 2010 年的 33.53 下降至 2017 年的 14.73，但其在全国的排名变化不大，也保持在第 25 名左右。2010—2017 年，开放度指数的贡献率均为正，贡献率最高为 2011 年的 102.2％，最低为 2014 年的 18.28％。综合来看，内蒙古在外向度指数和开放度指数方面的表现均不佳，存在明显的不足，这严重制约着整个流通业的进一步提升。具体情况如图 4-42 所示。

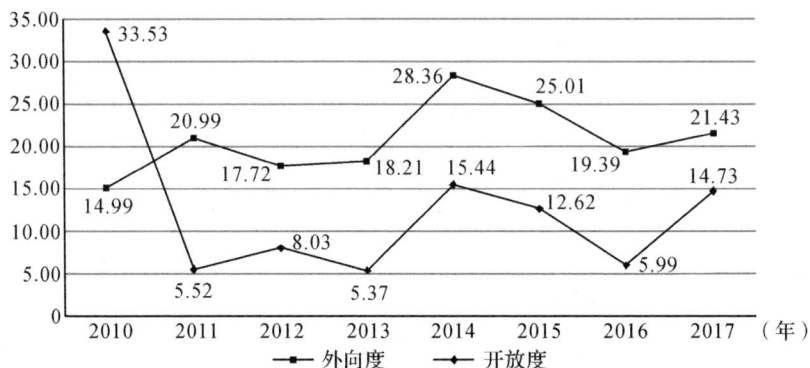

图 4-42 内蒙古发展国际化指数构成要素的变动情况

从指数构成要素来看，流通业的外向度主要用人均商品出口额表示。2010—2017 年，从绝对值来看，内蒙古的人均商品出口额由 134.89 美元上升至 192.88 美元，增加了 42.99％，但是和全国其他省区市相比差距比较大。而内蒙古流通业开放度由流通业实际利用外资额占比和外资商业销售额占比两个方面来体现。内蒙古的流通业实际利用外资额占比指数呈现下降的趋势，由 2010 年的 61.14 下降至 2017 年的 29.11。2010—2017 年，流通业实际利用外资额占比指数的贡献率均为正，最高为 2011 年的 49.56％，最低为 2014 年的 7.69％。而外资商业销售额占比指数一直较低，最高为 2010 年的 2.92，最低为 2016 年的 0.05。2010—2017 年，外资商业销售额占比指数的贡献率也均为正，最高为 2010 年的 59.94％，最低为 2014 年的 10.59％。因此，内蒙古应不断提高对外开放程度，大量引入流通业外商投资，同时加大商品出口力度，从而促进内蒙古的流通业飞速发展。具体如图 4-43 所示。

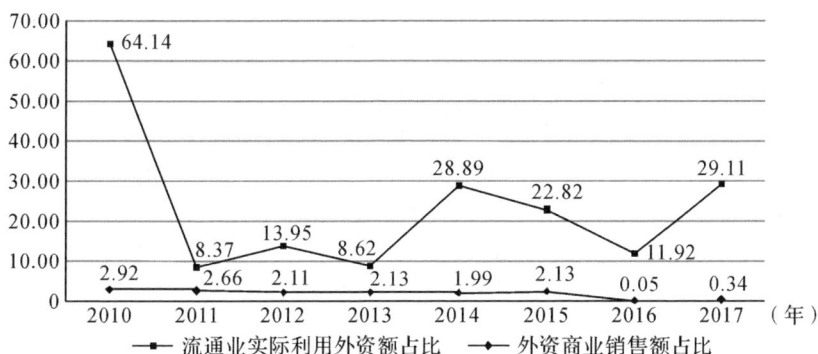

图 4-43　内蒙古开放度指数构成要素的变情况

4.5.2.4　发展绩效

2010—2017 年，内蒙古发展绩效指数变化趋势不一，由 2010 年的 120.12 下降至 2014 年的－74.94，再上升至 2017 年的 57.30，其在全国的排名最高为 2013 年的第 9，最低为 2014 年的第 30，整体波动比较大。 2014—2017 年其对流通业竞争力发展总指数的贡献率均为正，分别为 75.64％，42.26％，43.13％和 67.60％。 具体情况如表 4-32 所示。

表 4-32　内蒙古发展绩效指数及其全国排名

年份	2010	2011	2012	2013	2014	2015	2016	2017
发展绩效指数	120.12	106.41	118.56	128.40	－74.94	65.52	73.20	57.30
排名	15	25	16	9	30	27	26	29

内蒙古的发展绩效主要用流通效率和社会经济贡献两个要素来测度。 2010—2017 年，流通效率指数值从 2010 年的 131.53 下降至 2017 年的 66.29，其对流通业竞争力发展总指数的贡献率除了 2010 年外均为正，2017 年其对流通业竞争力发展总指数的贡献率为 26.68％。 从排名的角度来看，内蒙古流通效率指数的平均排名为第 23，处于全国中下游位置。 流通效率指数主要是由流动资产周转率指数和库存周转率指数构成的。 2010—2017 年，内蒙古的流动资产周转率指数和库存周转率指数总体呈现下降趋势，流动资

产周转率指数由 2010 年的 163.69 下降至 2017 年的 73.39，库存周转率指数
由 2010 年的 99.37 下降到 2017 年的 59.19，两者在全国的排名有很大程度的
下降。 2012—2017 年，流动资产周转率指数对流通业竞争力发展总指数的贡
献率均为正，库存周转率指数对流通业竞争力发展总指数的贡献率也为正。
具体情况如图 4-44 所示。

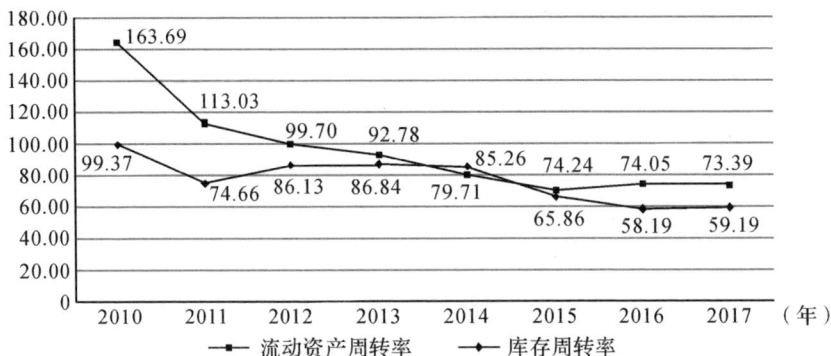

图 4-44　内蒙古流通效率指数构成要素的变动情况

2010—2017 年，内蒙古的社会经济贡献指数的变化波动也比较大，且总
体呈下降趋势，由 2010 年的 108.71 下降至 2014 年的 −232.37，再上升至
2017 年的 48.30；其在全国的排名有一定程度的下降，由 2010 年的第 20 下降
至 2017 年的第 29，其在全国的排名最高为 2012 年的第 7，最低为 2014 年的
第 30。 综合来看，内蒙古的社会经济贡献指数相较于大部分省区市的均比较
低。 其在 2014—2017 年对流通业竞争力发展总指数的贡献率均为正，分别为
71.85%，22.68%，15.87% 和 40.92%。 社会经济贡献指数主要由流通业增
加值占比、拉动倾向、促进倾向和就业贡献率 4 个要素构成。 2010—2017
年，内蒙古流通业增加值占比指数和就业贡献率指数的波动幅度不大，而拉动
倾向指数和促进倾向指数的波动较大。 另外，社会经济贡献指数的各构成要
素中促进倾向指数和拉动倾向指数在 2017 年均为正，其中：贡献率较大的是
促进倾向指数，其贡献率为 32.39%；其次为拉动倾向指数，其贡献率为
18.89%；而流通业增加值占比指数和就业贡献率指数的贡献率则为负，分别
为 −9.58% 和 −0.78%。 具体情况如图 4-45 所示。

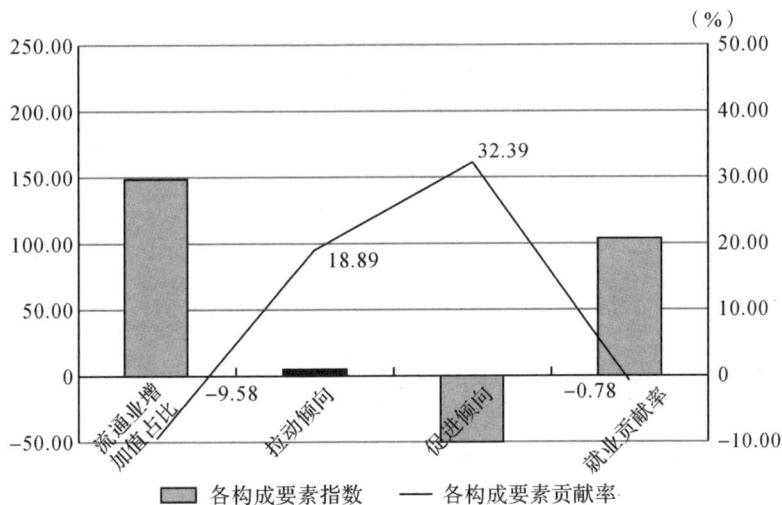

图 4-45　内蒙古社会经济贡献指数构成要素及其贡献率

4.5.3　相对优势与相对弱势要素分析

为了分析内蒙古自身的四大要素发展情况，我们将内蒙古的四大要素按照平均排名进行排序，并将处于第 1 名的要素称为内蒙古流通业发展竞争力的相对优势要素，将排在最后 1 名的要素称为内蒙古流通业发展竞争力的相对弱势要素。

表 4-33　内蒙古流通业竞争力发展四大要素的平均排名和变异系数

指标	发展支撑力指数	发展现代化指数	发展国际化指数	发展绩效指数
平均排名	10.13	21.50	28.25	22.13
变异系数	0.06	0.31	0.06	0.35

根据这一原则，内蒙古流通业竞争力发展总指数的相对优势要素是发展支撑力，而相对弱势要素是发展国际化。进一步分析这些要素排名的变异系数可以发现，内蒙古的相对优势要素的排名比较稳定，而相对弱势要素的排名起伏较大。

5 东北地区流通业竞争力分析

　　东北地区现在是由黑龙江、吉林和辽宁 3 省构成的区域，简称"中国东北"或"东北"。 2018 年末，东北地区的土地面积达 145 万平方千米，总人口为 1.2 亿。 东北地区是大经济区域，东北老工业基地处于重要的战略地位，东北地区经济在我国国民经济中同样占有十分重要的地位。 其自然地理单元完整，自然资源丰富，多民族实现深度融合，经济实力雄厚。

　　第一，人口和经济总量在全国均占有较大比重。 2018 年末，东北地区人口占全国人口的 8.3%，国内生产总值占全国的 11.33%。 第二，拥有巨大的存量资产。 国有及国有控股企业为 4187 户，占全国的 10.2%，国有及国有控股企业的资产为 13 241 亿元，占全国的 14.9%。 第三，拥有一批优势产业和举足轻重的骨干企业及丰富的自然资源。 第四，拥有明显的科教优势和众多的技术人才。

　　东北地区整体的经济水平较高，但与大部分省的经济发展水平相比还存在一定差距，且各省的流通业发展总体水平也存在一定差距。 2010—2017年，辽宁的流通业竞争力发展总指数在东北地区处于最高水平，且发展较为稳定，但在 2014—2016 年发生下滑，主要是由于发展绩效指数的骤降。 黑龙江的流通业竞争力发展总指数整体平稳增长，并于 2015 年超过吉林。 而吉林的流通业竞争力发展总指数缓慢下降，主要是由于发展国际化指数持续处于较低水平。 详情如图 5-1 所示。

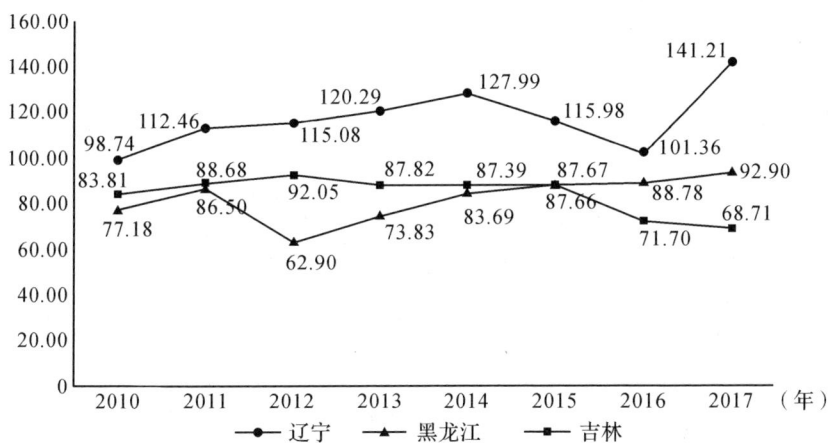

图 5-1 东北地区流通业竞争力发展总指数变化情况

影响东北地区流通业竞争力发展总指数的 4 个要素发展不均衡。其中，发展国际化指数极不稳定，波动幅度大，在 2016 年发生骤降，这主要是因为其外向度和开放度发展水平不高，指数均较低，究其原因是人均出口额较少，而且流通业利用外资额较低，使得其指数较低。发展国际化指数在 2008 年有了一次较大的跳跃，主要是吉林在 2008 年发展国际化指数的跳跃性发展。发展支撑力指数除 2010 年和 2011 年外一直稳居第 1 的位置，这展现了东北地区较强的流通发展支撑力。发展现代化指数在 2010—2017 年期间表现的比发展支撑力指数略逊一筹，但比发展国际化指数稍胜一筹。详情如图 5-2 所示。

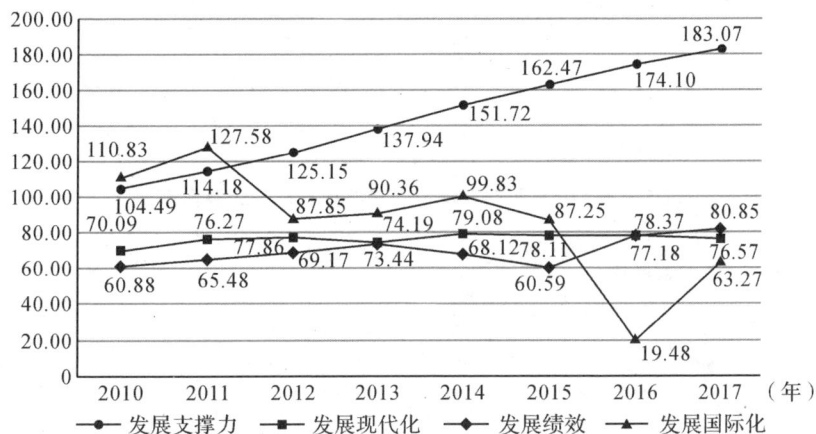

图 5-2 东北地区流通业竞争力发展总指数四要素指数变化情况

5.1 辽 宁

辽宁位于中国东北地区，南濒渤海与黄海，背幅广袤的工业腹地，沿海城市众多，港口密集，交通发达，公路密度在东北三省中居首位，是我国东北唯一的沿海省份，是我国近代开埠最早的省份之一，也是中华人民共和国工业崛起的摇篮，被誉为"共和国长子""东方鲁尔"。 2018 年，全省总人口达到 4359 万，经济保持平稳较快增长，地区生产总值突破 2.5 万亿元，达到 25 315 亿元，比 2017 年增长 8.14%，增幅高于全国平均水平 1.5 个百分点，经济总量位列全国第 12。

5.1.1 流通业竞争力发展总指数分析

辽宁流通业竞争力发展总指数在 2010—2017 年间的波动幅度不是很大，最低值为 2010 年的 98.74，最高值为 2017 年的 141.21。 该省的流通业竞争力发展总指数虽然在 2015 年和 2016 年发生下滑，但总体呈上升趋势，其间总指数的平均值为 116.64（见表 5-1）。 由此可知，虽然辽宁的流通业竞争力发展总指数在 2010—2017 年出现了一定的波动，但在 2017 年有了大幅增长，且其排名基本处于第 10 左右的位置。 因此，辽宁的流通业发展的总体水平在全国范围内表现良好，且仍有进一步提升的空间。

辽宁在 2010—2017 年的流通业竞争力发展总指数排名中，于 2014 年和 2017 年进入了前 10，其余 6 年均位列第 10 到第 15 之间，最低排名是 2016 年的第 15，最高排名则是 2017 年的第 8，具体如表 5-2 所示。

表 5-1 辽宁流通业竞争力发展总指数及四大要素情况

年份	总指数	发展支撑力指数	发展现代化指数	发展国际化指数	发展绩效指数
2010	98.74	105.99	95.72	69.57	123.67
2011	112.46	120.20	101.03	86.45	142.18
2012	115.08	133.07	103.39	96.56	127.30

续　表

年份	总指数	发展支撑力指数	发展现代化指数	发展国际化指数	发展绩效指数
2013	120.29	148.31	100.86	105.32	126.68
2014	127.99	162.93	108.63	99.53	140.87
2015	115.98	173.61	97.22	77.53	115.55
2016	101.36	184.49	90.13	124.31	6.52
2017	141.21	190.13	93.26	122.14	159.32

表 5-2　辽宁流通业竞争力发展总指数及四要素排名表

年份	总指数	发展支撑力指数	发展现代化指数	发展国际化指数	发展绩效指数
2010	10	15	14	10	11
2011	10	11	14	10	3
2012	12	10	13	9	9
2013	11	9	12	10	10
2014	9	8	13	10	7
2015	10	9	14	11	9
2016	15	9	16	8	29
2017	8	10	18	9	4

从排名的平稳性上分析，辽宁的流通业竞争力发展总指数在这 8 年间的平均排名为第 10.6，排名的标准差为 2.13，排名的变异系数为 0.20。 具体排名如图 5-3 所示。

通过计算得到，2010—2017 年，影响辽宁流通业竞争力发展总体情况的 4 个一级指数，即发展支撑力指数、发展现代化指数、发展国际化指数和发展绩效指数的平均值分别为 152.34，113.14，97.68 和 117.76。

同时，在此期间，辽宁发展支撑力指数在流通业竞争力发展总指数中所占份额的平均值最大，其次是发展绩效指数，发展国际化指数所占份额最小。 2017 年，辽宁流通业竞争力发展总指数上升了 39.32％，发展支撑力指数、发

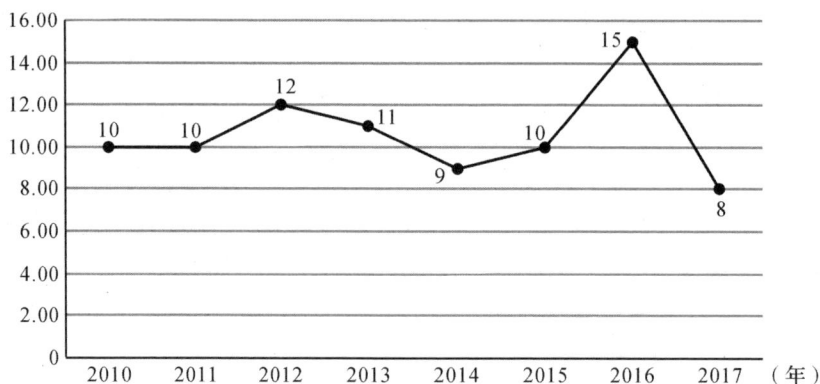

图 5-3　辽宁流通业竞争力发展总指数排名变化情况

展现代化指数、发展国际化指数和发展绩效指数对流通业竞争力发展总指数的贡献率分别 54.68％，－4.9％，13.43％和 35.99％。 这表明，在这一期间，促进辽宁流通业竞争力发展的主要力量为流通业的发展支撑力和发展绩效，而流通业的发展现代化和发展国际化方面较为薄弱，贡献作用较小。

5.1.2　影响流通业竞争力发展的各要素分析

5.1.2.1　发展支撑力分析

辽宁发展支撑力指数的排名处于第 8—15 之间，并且呈现先上升后稳定的发展趋势，具体情况如表 5-3 所示。 从排名稳定性方面分析，在这 8 年间，辽宁发展支撑力指数的平均排名为第 10.13，排名的标准差为 2.16，排名的变异系数为 0.22。

表 5-3　辽宁发展支撑力指数及其排名

年份	2010	2011	2012	2013	2014	2015	2016	2017
发展支撑指数	105.99	120.20	133.07	148.31	162.93	173.61	184.49	190.13
排名	15	11	10	9	8	9	9	10

辽宁发展支撑力是 4 个一级指标中最强劲的一个，它的优势主要来自基础指数和购买潜力指数的全面发展，尤其是购买潜力指数表现得较为抢眼。

在 2010—2017 年间，辽宁的购买潜力指数和基础指数都高于 2010 年的全国水平，而且都有比较明显的逐年递增的发展趋势。 2017 年，辽宁的基础指数达到了 150.28，对流通业竞争力发展总指数的贡献率为 15.25%，购买潜力指数则达到了 229.99，对流通业竞争力发展总指数的贡献率为 2.43%。

5.1.2.2　发展现代化分析

2010—2017 年，辽宁发展现代化指数的排名在第 12—18 之间，且其排名基本呈下降趋势，具体如表 5-4 所示。 从排名稳定性上分析，辽宁发展现代化指数在 2010—2017 年间的平均排名是第 14.30，排名的标准差是 1.9，变异系数为 0.13。

表 5-4　辽宁发展现代化指数及其全国排名

年份	2010	2011	2012	2013	2014	2015	2016	2017
发展现代化指数	95.72	101.03	103.39	100.86	108.63	97.22	90.13	93.26
排名	14	14	13	12	13	14	16	18

辽宁发展现代化的相对弱势是业态现代化，其指数发展水平较低，这在很大程度上拉低了辽宁发展现代化的水平，其在 2010—2017 年间对总指数贡献率的均值为 −3.62%。 究其原因是辽宁的物流配送化程度偏低，远低于 2010 年的全国水平。 另外，辽宁的技术现代化指数较大，在很大程度上提高了当地发展现代化水平。

5.1.2.3　发展国际化分析

辽宁发展国际化指数的最高排名为 2016 年的全国第 8，最低排名为 2015 年的全国第 11，详情如表 5-5 所示。 从排名稳定性上分析，辽宁发展国际化指数在 2010—2017 年间平均排在全国第 9.6 位，排名的标准差是 0.92，变异系数则为 0.10。 2010—2017 年，辽宁发展国际化指数的排名如表 5-5 所示。

表 5-5　辽宁发展国际化指数及其排名

年份	2010	2011	2012	2013	2014	2015	2016	2017
发展国际化指数	69.57	86.45	96.56	105.32	99.53	77.53	124.31	122.14
排名	10	10	9	10	10	11	8	9

辽宁发展国际化的弱势在于开放度，开放度指数除了在 2016 年和 2017 年超过 2017 年的全国平均水平之外，其余各年均低于 2010 年的全国平均水平；而外向度指数则仅在 2016—2017 年下降，且低于 2010 年全国平均水平。

5.1.2.4　发展绩效分析

辽宁发展绩效指数的波动幅度大，最高排名为 2011 年的全国第 3，最低排名则为 2016 年的全国第 29，详情如表 5-6 所示。 从排名稳定性上分析，辽宁发展绩效指数在 2013—2017 年间平均排在全国第 10.3 位，排名的标准差为 8.08，变异系数为 0.79。

表 5-6　辽宁发展绩效指数及其全国排名

年份	2010	2011	2012	2013	2014	2015	2016	2017
发展绩效指数	123.67	142.18	127.30	126.68	140.87	115.55	6.52	159.32
排名	11	3	9	10	7	9	29	4

辽宁发展绩效指数相对其他一级指标的优势在于流通效率指数和社会经济贡献率指数。 流通效率指数最高达到了 149.29，这在很大程度上带动了发展绩效指数的提升。 另外，社会经济贡献率指数也较高，其在 2010—2017 年间均高于 2010 年的全国平均水平（除了 2016 年外），最高达到了 192.55，这较大地提高了辽宁的流通发展绩效水平。

5.1.3　相对优势与相对弱势要素分析

为了分析辽宁自身的四大要素发展情况，我们将辽宁的四大要素按照平均排名进行排序，并将处于第 1 名的要素称为辽宁流通业竞争力发展的相对优势要素，将排在最后 1 名的要素称为辽宁流通业竞争力发展的相对弱势要素。 具体如表 5-7 所示。

表 5-7　辽宁流通业竞争力发展四大要素的平均排名和变异系数

指标	发展支撑力指数	发展现代化指数	发展国际化指数	发展绩效指数
平均排名	10.13	14.25	9.63	10.25
变异系数	0.21	0.13	0.10	0.79

　　根据这一原则，辽宁流通业竞争力发展的相对优势要素是发展国际化，而相对弱势要素是发展现代化。 进一步分析这些要素排名的变异系数可以发现，发展绩效指数的表现最不稳定，其变异系数达到了 0.79，远远高于其他 3 个指标，而发展国际化指数的排名较为稳定。

5.2　黑龙江

　　黑龙江是中国最东北的省份，面积为 45 万多平方千米，约占全国总面积的 4.7％。 黑龙江地区北部、东部以黑龙江、乌苏里江为界，与俄罗斯相望；西部与内蒙古毗邻；南部与吉林接壤。 黑龙江为中国木材、石油、大豆、甜菜、亚麻的主要生产基地，其产量均居全国首位；同时，其煤炭、黄金、机车车辆、机械、矿冶设备等的生产亦占有重要地位。 2018 年，黑龙江的总人口为 3773 万人，全省地区生产总值为 16 361.6 亿元，按可比价格计算，比 2017 年增长 0.03％。

5.2.1　流通业竞争力发展总指数分析

　　在 2010—2017 年间，黑龙江流通业竞争力发展总指数的发展变化幅度不是很大，最低值为 2012 年的 62.90，最高值为 2017 年的 92.90。 在此期间，黑龙江的流通业竞争力发展总指数在全国的排名中较为靠后，最高排名为 2015 年的全国第 21，其最低排名是 2012 年的全国第 30。 具体如表 5-8 和表 5-9、图 5-4 至图 5-8 所示。

表 5-8　黑龙江流通业发展竞争力总指数及四要素发展指数

年份	总指数	发展支撑力指数	发展现代化指数	发展国际化指数	发展绩效指数
2010	77.18	105.89	53.96	43.89	104.97
2011	86.50	111.07	60.75	47.21	126.98
2012	62.90	119.15	60.27	50.39	21.78

续　表

年份	总指数	发展支撑力 指数	发展现代化 指数	发展国际化 指数	发展绩效 指数
2013	73.83	132.20	56.65	48.81	57.66
2014	83.69	146.18	60.17	48.28	80.12
2015	87.66	157.85	62.75	47.15	82.91
2016	88.78	169.08	63.87	43.16	79.04
2017	92.90	180.11	64.08	49.70	77.69

表 5-9　黑龙江流通业竞争力发展总指数及四要素发展指数排名

年份	总指数	发展支撑力 指数	发展现代化 指数	发展国际化 指数	发展绩效 指数
2010	25	16	29	16	23
2011	22	17	25	19	11
2012	30	15	28	22	30
2013	28	14	28	21	30
2014	27	13	29	21	28
2015	21	12	28	20	22
2016	23	12	29	21	24
2017	26	13	30	19	28

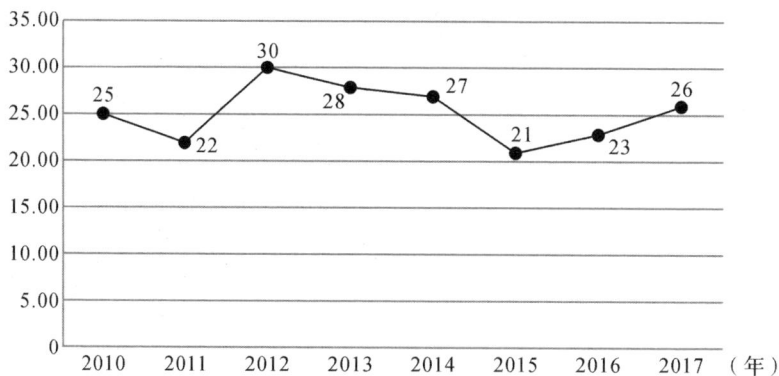

图 5-4　黑龙江流通业竞争力发展总指数排名

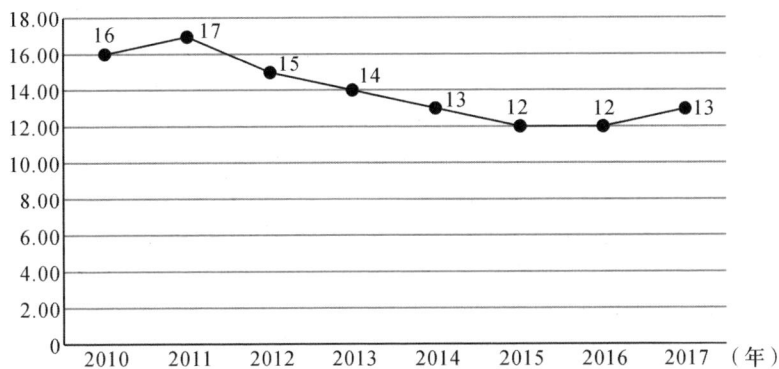

图 5-5　黑龙江发展支撑力指数排名

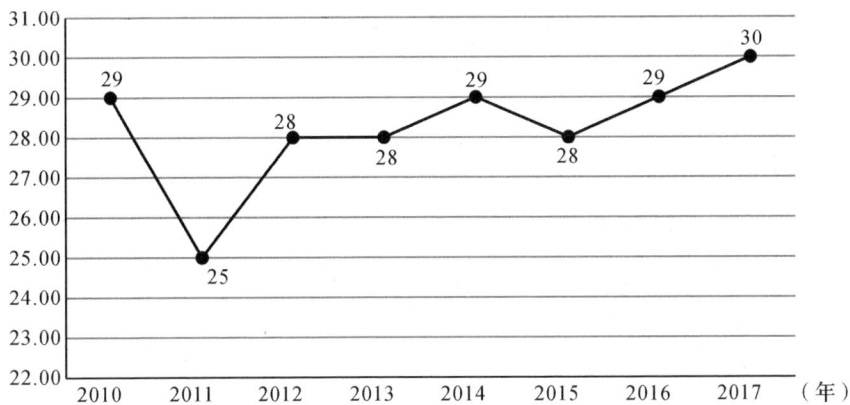

图 5-6　黑龙江发展现代化指数排名

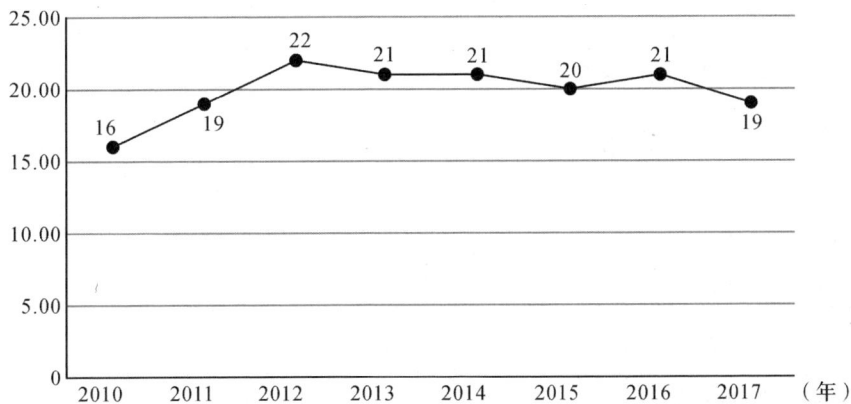

图 5-7　黑龙江发展国际化指数排名

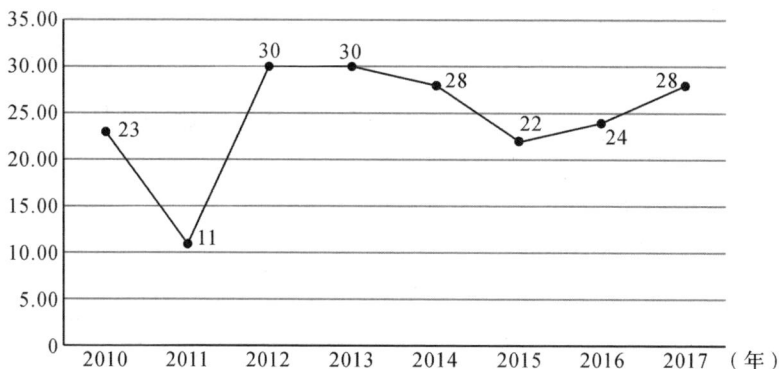

图 5-8　黑龙江发展绩效指数排名

在 2010—2017 年间，影响黑龙江流通业竞争力发展情况的 4 个一级指标，即发展支撑力、发展现代化、发展国际化和发展绩效指数的平均值分别为 140.19、60.31、47.32 和 78.89。同时在 2010—2017 年间，发展支撑力指数的平均贡献最大，其次是发展绩效指数，而发展国际化指数最低。这表明，黑龙江的流通业竞争力发展的主要力量是在流通业的发展支撑力和发展绩效方面。2017 年，黑龙江流通业竞争力发展总指数上升了 4.64％，其发展支撑力指数、发展现代化指数、发展国际化指数和发展绩效指数对流通业竞争力发展总指数的贡献率分别为－281.89％，126.40％，176.99％和 78.50％。

5.2.2　影响流通业竞争力发展的各要素分析

5.2.2.1　发展支撑力分析

根据表 5-10 所示，黑龙江发展支撑力指数在 2010—2017 年间呈现不断上升的发展态势，到 2017 年达到了 180.11，较 2010 年提高了 70.09％。同时，在 2010—2017 年间，黑龙江发展支撑力指数在全国的排名为第 10 至第 20 之间，最高排名为 2015 年和 2016 年的全国第 12，而最低排名则为 2010 年的全国第 16，详情如表 5-10 所示。从排名稳定性上分析，在此期间黑龙江发展支撑力指数的平均排名为全国第 14，排名的标准差为 1.85，变异系数为 0.13。

表 5-10　黑龙江发展支撑力指数及其全国排名

年份	2010	2011	2012	2013	2014	2015	2016	2017
发展支撑力指数	105.89	111.07	119.15	132.20	146.18	157.85	169.08	180.11
排名	16	17	15	14	13	12	12	13

影响黑龙江发展支撑力指数的主要指标是基础指数和购买潜力指数, 其中购买潜力指数的贡献更大, 购买潜力指数高于基础指标指数。 而在购买潜力指数的构成指标中, 农村居民消费潜力指数相对城镇居民消费潜力指数的贡献较大。

5.2.2.2　发展现代化分析

根据表 5-11, 在 2010—2017 年间, 黑龙江发展现代化指数较小, 基本在 60 左右, 最高为 2017 年的 64.08。 在 2010—2017 年, 黑龙江发展现代化指数在全国的排名都位于较为靠后的位置, 其中最高排名是 2011 年的全国第 25, 最低排名为 2017 年的全国第 30。 从排名稳定性上分析, 黑龙江发展现代化指数在上述 8 年间的平均排名是第 28.3, 排名的标准差是 1.49, 变异系数为 0.05。

表 5-11　黑龙江发展现代化指数及其全国排名

年份	2010	2011	2012	2013	2014	2015	2016	2017
发展现代化指数	53.96	60.75	60.27	56.65	60.17	62.75	63.87	64.08
排名	29	25	28	28	29	28	29	30

根据分析, 黑龙江发展现代化指数的弱势是业态现代化指数和技术现代化指数。 业态现代化指数在 2010—2017 年间一直低于 2010 年的全国平均水平, 并处于下降状态, 这在很大程度上拉低了黑龙江流通发展现代化的整体水平。 技术现代化指数虽然同样低于 2010 年的全国平均水平, 但呈现出增长的趋势。

5.2.2.3　发展国际化分析

根据表 5-12, 在 2010—2017 年间, 黑龙江发展国际化指数较小, 基本在

50 左右，最高为 2012 年的 50.39。 在 2010—2017 年间，黑龙江发展国际化指数在全国的排名都位于第 20 左右的位置，最高排名是 2010 年的全国第 16，最低排名则是 2012 年的全国第 22。 从排名稳定性上分析，黑龙江发展国际化指数在该期间平均排在全国第 19.9，排名的标准差是 1.89，变异系数则为 0.09。

表 5-12　黑龙江发展国际化指数及其全国排名

年份	2010	2011	2012	2013	2014	2015	2016	2017
发展国际化指数	43.89	47.21	50.39	48.81	48.28	47.15	43.16	49.70
排名	16	19	22	21	21	20	21	19

根据分析，黑龙江发展国际化指数的相对优势指标是开放度指数，其在 2010—2017 年间呈现上升发展趋势；相对弱势指标是外向度指数，其在该区间呈现下降的趋势。

5.2.2.4　发展绩效分析

根据表 5-13，在 2010—2017 年间，黑龙江发展绩效指数呈现较大的波动发展状态，且仅有 2010 年和 2011 年的指数超过了 100，最高为 2011 年的 126.98。 在 2010—2017 年间，黑龙江发展绩效指数的排名大多数位于全国第 20 之后，仅在 2011 年以全国第 11 进入前 20，是最高排名，最低排名则为 2012 年和 2013 年的全国第 30。 从排名稳定性上分析，黑龙江发展绩效指数在此期间的平均排名是全国第 24.50，排名的标准差为 6.28，变异系数为 0.26。

表 5-13　黑龙江发展绩效指数及其全国排名

年份	2010	2011	2012	2013	2014	2015	2016	2017
发展绩效指数	104.97	126.98	21.78	57.66	80.12	82.91	79.04	77.69
排名	23	11	30	30	28	22	24	28

5.2.3　相对优势与相对弱势要素分析

为了分析黑龙江自身的四大要素发展情况，我们将黑龙江的四大要素按照平均排名进行排序，并将处于第 1 名的要素称为黑龙江流通业竞争力发展的相对优势要素，将排在最后 1 名的要素称为黑龙江流通业竞争力发展的相对弱势要素。 具体如表 5-14 所示。

表 5-14　黑龙江流通业竞争力发展四大要素的平均排名和变异系数

指标	发展支撑力指数	发展现代化指数	发展国际化指数	发展绩效指数
平均排名	14.00	28.25	19.88	24.50
变异系数	0.13	0.05	0.09	0.26

根据这一原则，黑龙江流通业竞争力发展的相对优势要素是发展支撑力，而相对弱势要素是发展现代化。 进一步分析这些要素排名的变异系数可以发现，相对弱势要素的波动性要比相对优势要素的波动性小。 其中，发展绩效指数的波动性最大，其变异系数达到了 0.26。

5.3　吉　林

吉林简称"吉"，地处东经 122—131 度，北纬 41—46 度之间，位于中国东北中部，处于日本、俄罗斯、朝鲜、韩国、蒙古与中国东北部组成的东北亚腹心地带。 吉林北接黑龙江，南接辽宁，西邻内蒙古，东与俄罗斯接壤，东南部以图们江、鸭绿江为界，与朝鲜民主主义人民共和国隔江相望。 2018 年底，吉林面积为 18.74 万平方千米，占全国的 1.95%；人口为 2749.41 万人，占全国的 2.04%；地区生产总值达到15 074.62亿元，占全国的 2.23%。

5.3.1　流通业竞争力发展总指数概况

吉林流通业竞争力发展总指数在 2010—2015 年间基本在 80—90 之间，而在 2016—2017 年间则降为 80 以下。 吉林流通业竞争力发展总指数的最高值为 2012 年的 92.05，最低值为 2017 年的 68.71。 从全国排名来看，吉林流通业竞争力发展总指数在 2010—2017 年间仅有 4 个年份进入全国前 20 名，其余各年均位列全国第 20 名以后，最高排名是 2010 年和 2012 年的全国第 19，最

低排名是 2016 年和 2017 年的全国第 30。 具体如表 5-15 和表 5-16 及图 5-9
至图 5-13 所示。

表 5-15　吉林流通业竞争力发展总指数及四要素发展指数

年份	总指数	发展支撑力指数	发展现代化指数	发展国际化指数	发展绩效指数
2010	83.81	101.59	60.60	69.20	103.86
2011	88.68	111.28	67.05	62.80	113.6
2012	92.05	123.25	69.91	60.56	114.47
2013	87.82	133.32	65.06	66.18	86.74
2014	87.39	146.05	68.44	56.57	78.50
2015	87.67	155.95	74.35	57.07	63.30
2016	71.70	168.74	77.54	67.64	−27.12
2017	68.71	178.98	85.22	57.86	−47.21

表 5-16　吉林流通业竞争力发展总指数及四要素发展指数排名

年份	总指数	发展支撑力指数	发展现代化指数	发展国际化指数	发展绩效指数
2010	19	19	25	11	24
2011	20	16	24	15	23
2012	19	13	23	19	18
2013	24	13	24	15	27
2014	25	14	25	19	29
2015	20	14	23	17	28
2016	30	13	22	14	30
2017	30	14	22	17	30

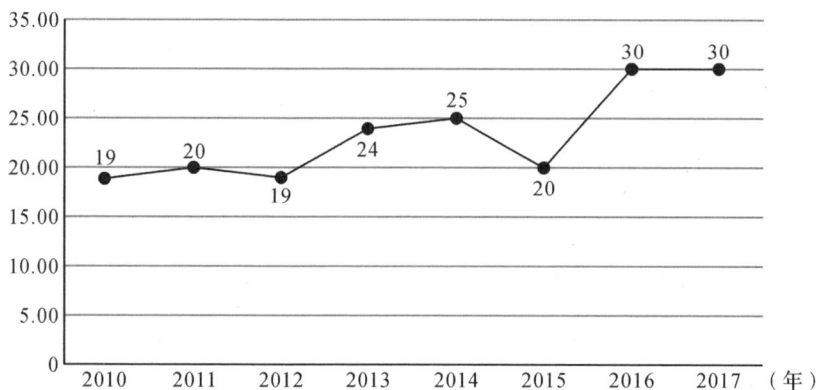

图 5-9 吉林流通业竞争力发展总指数排名

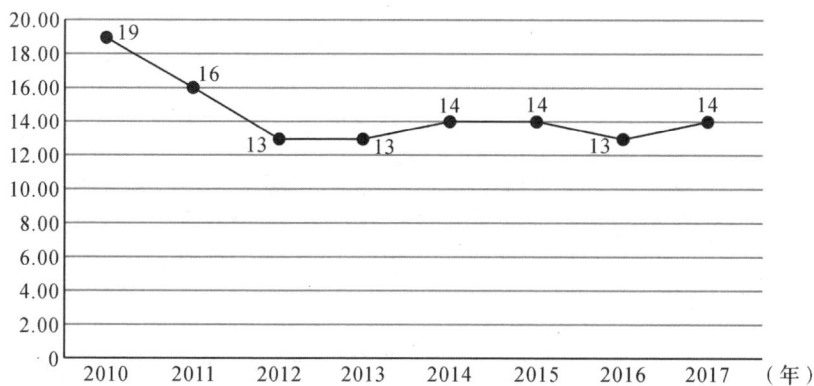

图 5-10 吉林发展支撑力指数排名

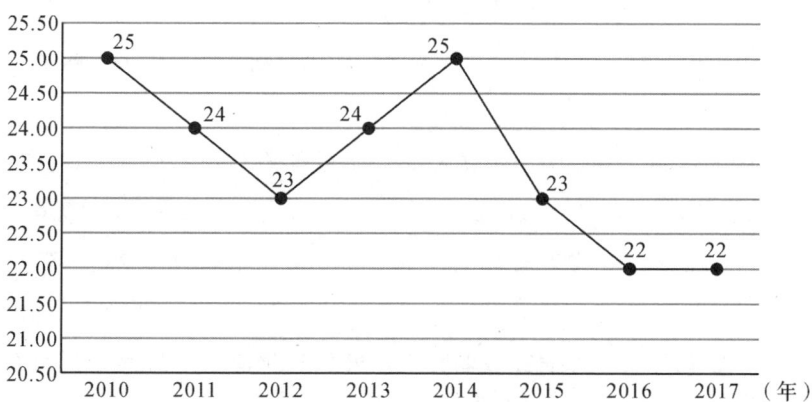

图 5-11 吉林发展现代化指数排名

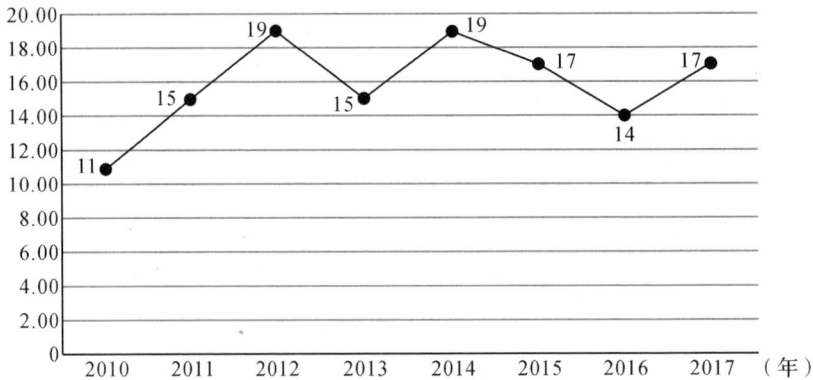

图 5-12　吉林发展国际化指数排名

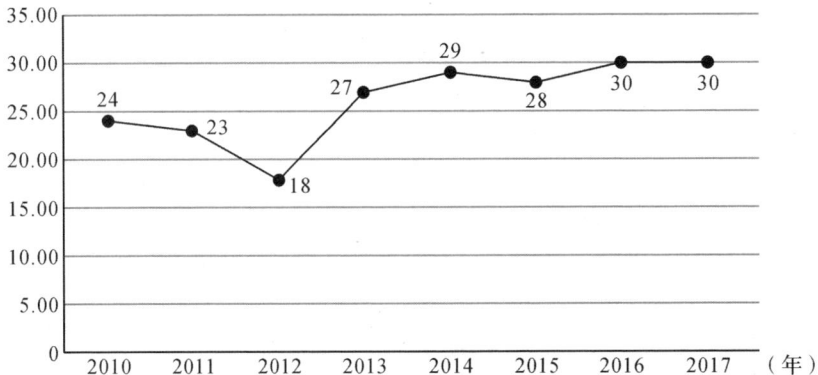

图 5-13　吉林发展绩效指数排名

2010—2017 年，影响吉林流通业竞争力发展总指数的 4 个一级指标，即发展支撑力指数、发展现代化指数、发展国际化指数和发展绩效指数的平均值分别为 139.89，71.02，62.23 和 60.77。

在 2010—2017 年间，吉林发展支撑力指数的贡献份额最大，其次是发展绩效指数，而发展国际化指数的贡献最小。 2017 年，吉林流通业竞争力发展总指数下降了 4.17％，发展支撑力指数、发展现代化指数、发展国际化指数和发展绩效指数对总指数增长的贡献率分别为－62.17％，11.81％，33.67％和 117.62％，可以看出发展绩效指数和发展国际化指数对流通业竞争力发展总指数的拉动作用贡献较大。

5.3.2　流通发展要素分析

5.3.2.1　发展支撑力分析

根据表 5-17，在 2010—2017 年间，吉林发展支撑力指数呈现逐年上升的发展状态，从 2010 年的 101.59 提高至 2017 年的 178.98，上升了 76.18%。从全国排名来看，吉林发展支撑力指数在 2010—2017 年间的全国排名都处于第 10 到 20 之间。其中，最高排名为 2012 年、2013 年和 2016 年的全国第13，最低排名则为 2010 年的全国第 19。从排名稳定性上分析，吉林在该期间发展支撑力指数的平均排名为全国第 14.50，排名的标准差为 2.07，变异系数为 0.14。

表 5-17　吉林发展支撑力指数及其全国排名

年份	2010	2011	2012	2013	2014	2015	2016	2017
发展支撑力指数	101.59	111.28	123.25	133.32	146.05	155.95	168.74	178.98
排名	19	16	13	13	14	14	13	14

吉林发展支撑力是 4 个一级指标中贡献最大的一个，它发展的主要力量来自基础和购买潜力。在 2010—2017 年间，购买潜力指数和基础指数均在100 以上，并且以较高的增长率呈现逐年递增的发展态势。到 2017 年，基础指数达到了 155.03，对流通业竞争力发展总指数的贡献率为 21.99%；而购买潜力指数则达到了 290.01，对流通业竞争力发展总指数的贡献率为 24.3%。由此可知，基础指数和购买潜力指数的提高对于吉林发展支撑力指数的提升起到了很大的促进作用。

5.3.2.2　发展现代化分析

根据表 5-18，在 2010—2017 年间，吉林发展现代化指数虽然较低，但基本呈现上升的发展状态，从 2010 年的 60.60 提高至 2017 年的 85.22，上升了40.63%。从全国排名来看，吉林发展现代化指数的基本排名在第 23 名左右，最高排名为 2016 年和 2017 年的全国第 22，而最低排名则为 2010 年和

2014 年的全国第 25。 从排名稳定性方面分析，吉林发展现代化指数在 2010—2017 年间的平均排名是全国第 23.50，排名的标准差是 1.20，变异系数为 0.05。

表 5-18　吉林发展现代化指数及其全国排名

年份	2010	2011	2012	2013	2014	2015	2016	2017
发展现代化指数	60.60	67.05	69.91	65.06	68.44	74.35	77.54	85.22
排名	25	24	23	24	25	23	22	22

吉林发展现代化指数的相对弱势是业态现代化指数，该指数在 2010—2017 年间虽然呈现出逐年递增的发展趋势，但增幅并不大，且值均在 100 以下。 到 2017 年，流通业态现代化指数仅升到 60.66。 这较大程度地拉低了吉林发展现代化的水平，它在 2017 年对总指数的贡献率为 15.72%。 而发展现代化指数的相对优势是技术现代化指数，该指数高于业态现代化指数，且在 2010—2017 年间始终保持上升发展态势，2017 年达到最高值，即 109.78，这大大地提高了流通发展现代化水平。

5.3.2.3　发展国际化分析

根据表 5-19，在 2010—2017 年间，吉林发展国际化指数整体较低，最高为 2010 年的 69.20，最低为 2014 年的 56.57。 从全国排名来看，吉林发展国际化指数在 2010—2017 年间都处于全国第 10 至第 20 名之间。 其中，最高排名是 2010 年的全国第 11，而最低排名则是 2012 年和 2014 年的全国第 19。 从排名稳定性上分析，吉林发展国际化指数在该期间平均排在全国第 15.88，排名的标准差是 2.70，变异系数则为 0.17。

表 5-19　吉林发展国际化指数及其全国排名

年份	2010	2011	2012	2013	2014	2015	2016	2017
发展国际化指数	69.20	62.80	60.56	66.18	56.57	57.07	67.64	57.86
排名	11	15	19	15	19	17	14	17

根据分析,吉林发展国际化指数的弱势在于外向度指数和开放度指数。一方面,外向度指数和开放度指数均在 100 以下;另一方面,外向度指数呈现不明显的增长态势,而开放度指数则呈现微弱的下降态势。

5.3.2.4　发展绩效分析

根据表 5-20,在 2010—2017 年间,吉林发展绩效指数处于先升后降的发展态势,且下滑幅度较大;同时在 2010—2012 年间,发展流通绩效指数在 100 以上,而在 2013—2017 年间均降至 100 以下。 从全国排名来看,吉林发展绩效指数在 2010—2017 年间的排名仅在 2012 年进入前 20,其余均位列第 20 之后。 其中,最高排名为 2012 年的全国第 18,最低排名则为 2016 年和 2017 年的全国第 30。 从排名稳定性上分析,吉林发展绩效指数在此期间的平均排名为全国第 26.13,排名的标准差为 4.19,变异系数为 0.16。

表 5-20　吉林发展绩效指数及其全国排名

年份	2010	2011	2012	2013	2014	2015	2016	2017
发展绩效指数	103.86	113.60	114.47	86.74	78.50	63.30	−27.12	−47.21
排名	24	23	18	27	29	28	30	30

根据分析,吉林发展绩效指数的相对弱势是拉动倾向指数和社会经济贡献指数。 2017 年,拉动倾向指数和社会经济贡献指数均为负,这大大拉低了吉林流通绩效发展的水平。

5.3.3　相对优势与相对弱势要素分析

为了分析吉林自身的四大要素发展情况,我们将吉林的四大要素按照平均排名进行排序,并将处于第 1 名的要素称为吉林省流通业竞争力发展的相对优势要素,将排在最后 1 名的要素称为吉林流通业竞争力发展的相对弱势要素。 具体如表 5-21 所示。

表 5-21　吉林流通业竞争力发展四大要素的平均排名和变异系数

指标	发展支撑力指数	发展现代化指数	发展国际化指数	发展绩效指数
平均排名	14.50	23.50	15.88	26.13
变异系数	0.14	0.05	0.17	0.16

　　根据这一原则,吉林流通业发展竞争力的相对优势要素是发展支撑力,而相对弱势要素是发展现代化。 进一步分析这些要素排名的变异系数可以发现,发展现代化指数排名的变异系数最小,为0.05,表现出了较强的发展稳定性。

华东地区流通业竞争力分析

华东地区是由上海、山东、江苏、安徽、江西、浙江、福建 7 个省市构成的区域，地处中国东部，面积达 83.43 万平方千米，约占中国面积的 8.7％，简称"华东"。截至 2017 年，华东地区常住人口约 3.8 亿。华东地区自然地理单元完整，自然资源丰富，经济联系密切，经济实力雄厚，商品生产发达，工业门类齐全，是中国综合技术水平最高的经济区，其轻工、机械、电子工业在全国占主导地位，同时铁路、水运、公路、航运四通八达，是中国经济文化最发达的地区。

2010—2017 年，华东地区流通业竞争力发展总指数总体呈现逐年上升的趋势，各省市流通业竞争力发展总指数排名如表 6-1 所示。

表 6-1　华东地区各省市流通业竞争力发展总指数排名情况

年份		2010	2011	2012	2013	2014	2015	2016	2017
省份	上海	1	1	1	1	1	1	1	1
	江苏	4	4	5	5	5	5	5	5
	浙江	5	5	4	4	4	3	3	3
	安徽	21	23	17	19	23	23	17	20
	福建	8	7	7	7	7	6	6	7
	江西	13	16	14	18	19	14	16	19
	山东	9	9	8	10	8	8	8	9

　　华东地区整体经济水平较高,但各省市经济还存在一定差距,同样,各省市流通业发展的总体水平也存在一定差距。 2010—2017 年,上海在全国流通业竞争力发展总指数排名中稳居第 1,江苏、浙江流通业发展水平均在全国前列,且实力不相上下;安徽和江西在华东地区流通业竞争力发展总指数排名中相对靠后,主要原因是发展支撑力指数不高,根本原因是人均社会消费品零售总额指数和流通业固定资产投资额占比指数不高;福建和山东的排名则比较稳定。

　　根据华东地区流通业竞争力发展四要素的平均排名可以发现(见表 6-2):2010—2017 年,华东地区发展现代化指数和发展国际化指数的平均排名均处于全国前列,发展现代化指数和发展国际化指数的高水平是华东地区流通业高水平发展的重要基础。 从数值来看,各省市的发展国际化指数的平均水平差距较大,这主要是由经济发展水平和地理位置导致的,如安徽、江西的经济水平落后且地处内陆,这使得它们的外向度指数和开放度指数都落后于华东地区的其他省市。 就华东地区总体而言,发展支撑力指数和发展国际化指数呈现明显的上升态势,发展现代化指数和发展绩效指数则保持平稳态势。 详情如图 6-1 所示。

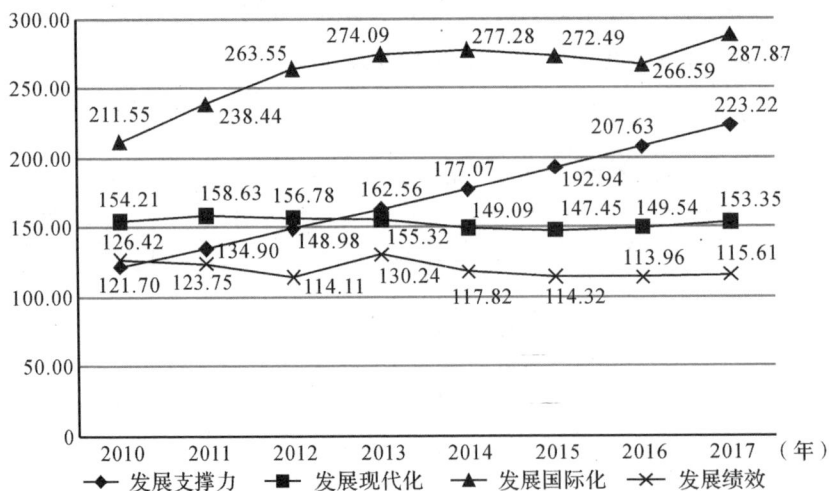

图 6-1　华东地区流通业竞争力发展四大要素平均值变化情况

表 6-2　华东地区流通业竞争力发展四要素平均排名变化情况

年份		2010	2011	2012	2013	2014	2015	2016	2017
指标	发展支撑力	12.14	11.00	10.86	10.43	10.29	9.57	8.86	9.71
	发展现代化	8.29	8.57	8.00	8.29	8.86	7.86	7.86	9.00
	发展国际化	9.14	9.43	8.57	8.71	8.43	8.71	8.86	8.29
	发展绩效	11.14	13.86	17.14	15.43	13.57	9.43	10.86	14.71

6.1　上　海

　　上海，简称"沪"，有"东方巴黎"的美称，中国四大直辖市之一，中国的经济、金融中心城市，拥有中国大陆首个自贸区"中国（上海）自由贸易试验区"及中国最大的外贸港口。上海作为中国民族工业的发祥地，地处长江入海口，东向东海，隔海与日本九州岛相望，南濒杭州湾，西与江苏、浙江两省相接，并与浙江、江苏、安徽共同构建中国最大经济区"长三角经济圈"。上海肩负着面向世界、推动长三角地区一体化和长江经济带发展的重任，在全国经济建设和社会发展中具有十分重要的地位和作用。2017 年，上海全市面积为 6340.5 平方千米，占全国总面积的 0.06％，常住人口为 2418 万，占全国人口的 1.74％，人口密度为每平方千米 3814 人，是世界人口最多的城市之一。2017 年，上海地区生产总值达 30 632.99 亿元，占全国 GDP 的 3.7％，人均生产总值达到 12.67 万元/人，比 2016 年增长 8.8％，相当于世界中等发达国家或地区的水平。

6.1.1　流通业竞争力发展总指数概况

　　上海历来是全国的批发中心，随着商贸流通业引领消费、指导开发的功能日益增强，加快发展流通业、不断巩固提升流通业发展的质量和水平，成为上海实现发展战略目标的重要支撑。"十二五"期间，上海积极贯彻国家政策，充分发挥国际航运中心和国际贸易中心功能，聚焦流通重点领域和关键环节，进一步优化流通业发展环境。 2016 年，上海又陆续发布《上海市现代物流业发展"十三五"规划》《上海市服务业发展"十三五"规划》《"十三五"时期上海国际贸易中心建设规划》等文件，进一步促进上海流通业发展。在一系列政策的推动下，上海流通业竞争力发展总指数的绝对量呈现明显的上升趋势。 其各年流通业竞争力发展总指数及一级指数情况如表 6-3 所示。

表 6-3　上海流通业竞争力发展总指数及一级指标值

	年份	2010	2011	2012	2013	2014	2015	2016	2017
指数	总指数	325.15	345.33	350.57	405.89	375.96	367.97	381.58	419.36
	发展支撑力指数	174.51	193.68	211.75	228.90	247.24	272.23	296.62	319.63
	发展现代化指数	277.31	290.59	281.66	278.60	248.39	249.59	255.14	266.57
	发展国际化指数	708.70	757.42	827.14	886.83	863.15	838.95	826.05	950.26
	发展绩效指数	140.09	139.63	81.72	229.23	145.08	111.11	148.49	140.98

从表 6-3 中可以看出，2010—2017 年，上海流通业竞争力发展总指数总体呈现稳中有升的态势。 其流通业竞争力发展总指数的平均值为 371.48，平均增长率为 3.70%；发展支撑力指数与发展国际化指数均保持上升状态，其中发展支撑力指数呈现稳定上升的状态，发展国际化指数则呈现波动性上升状态，平均值分别为 243.07 和 832.31；发展现代化指数在 2011—2014 年呈现下降状态，2015 年开始回升，平均值为 268.48，下降主要是由人均流通资本指数和人均连锁经营化规模指数下降导致的；发展绩效指数则因为拉动倾向指数的骤降在 2012 年呈现断崖式下降。

上海流通业竞争力发展总指数在全国排名中一直稳居第 1，流通业竞争力发展水平相当高。 具体如表 6-4 所示。

表6-4　上海流通业竞争力发展总指数排名

年份	2010	2011	2012	2013	2014	2015	2016	2017
排名	1	1	1	1	1	1	1	1

　　图6-2为2017年上海发展支撑力指数、发展现代化指数、发展国际化指数和发展绩效指数对流通业竞争力发展总指数的贡献率雷达图。从图6-2可以看出，发展国际化指数对上海流通业竞争力发展总指数的贡献最大，发展支撑力指数次之，发展现代化指数的影响也较大，发展绩效指数的影响最小。由此可见，上海可通过提升发展现代化指数和发展绩效指数来巩固上海流通业竞争力发展在全国的地位。

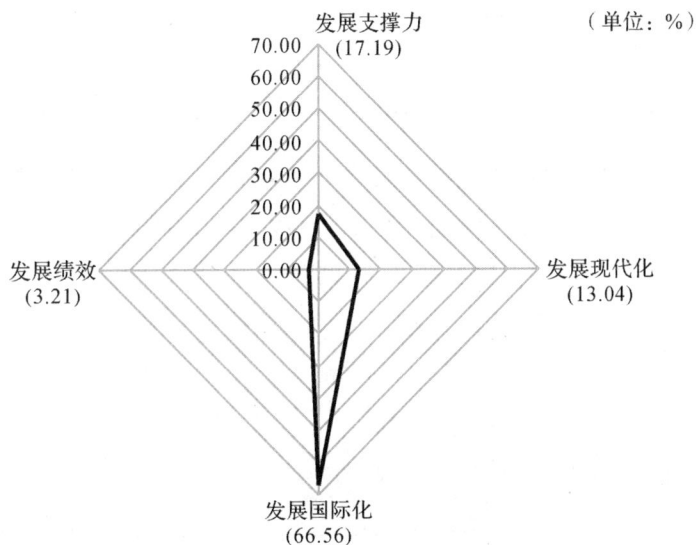

图6-2　2017年各一级指标对上海流通业竞争力发展总指数贡献率

6.1.2　影响流通业竞争力发展的各因素分析

6.1.2.1　发展支撑力

　　上海的发展支撑力指数由人均社会消费品零售总额、流通业固定资产投资额占比、流通里程强度、城镇居民消费潜力和农村居民消费潜力等指数来体现。 从绝对值来看：2010—2017 年，上海人均社会消费品零售总额从 26 863.22 元升至 48 925.97 元，增长了 82.13％；2017 年的流通业固定资产投资额比 2010 年增加了 311 亿元，增幅为 37.47％；城镇居民家庭人均可支配收入由 2010 年的 31 838.10 元增加至 2017 年的 62 595.74 元，增加了 30 757.64 元，农村居民家庭人均纯收入增加了 13 847.04 元，增幅为 99.06％。

上海发展支撑力指数在 2010—2017 年的排名一直保持在全国前 2，详情如表 6-5 所示。 从排名的稳定性上看，2010—2017 年，上海的发展支撑力指数的平均排名为全国第 1.38，标准差为 0.52，变异系数为 0.38，排名较为稳定。

表 6-5　上海发展支撑力指数全国排名

年份	2010	2011	2012	2013	2014	2015	2016	2017
排名	2	1	1	2	2	1	1	1

从对流通业竞争力发展总指数的贡献上分析，2017 年，二级指标——基础指数和购买潜力指数，对流通业竞争力发展总指数的贡献率分别为 3.84％ 和 13.35％，分别拉动总指数上升了 12.26 个百分点和 42.65 个百分点；三级指标——人均社会消费品零售总额指数、流通业固定资产投资额占比指数、流通里程强度指数、城镇居民消费潜力指数、农村居民消费潜力指数，对流通业竞争力发展总指数的贡献率分别为 2.43％、−0.01％、−1.25％、5.29％ 和 8.06％，分别拉动总指数上升了 7.77，−0.02，−3.99，16.90 和 25.75 个百分点。 其中，三级指标中，农村居民消费潜力指数的贡献率最大，流通业固定资产投资额占比指数、流通里程强度指数则对总指数产生了负的拉动作用。

6.1.2.2　发展现代化

上海的发展现代化指数在 2010—2017 年的排名一直保持在全国前 3，最高排名为 2013 年的第 1，最低排名为 2010 年的第 3。 2010—2017 年，上海的发展现代化指数的平均排名为全国第 2，排名的标准差为 0.53，排名的变异系数为 0.27，排名较为稳定。 历年上海的发展现代化指数的排名如表 6-6 所示。

表 6-6　上海发展现代化指数全国排名

年份	2010	2011	2012	2013	2014	2015	2016	2017
排名	3	2	2	1	2	2	2	2

从数值上看，上海发展现代化指数呈现较大波动，从 2010 年的 277.31 下降至 2017 年的 266.57，年平均增长速度为－0.56％。 具体如图 6-3 所示。

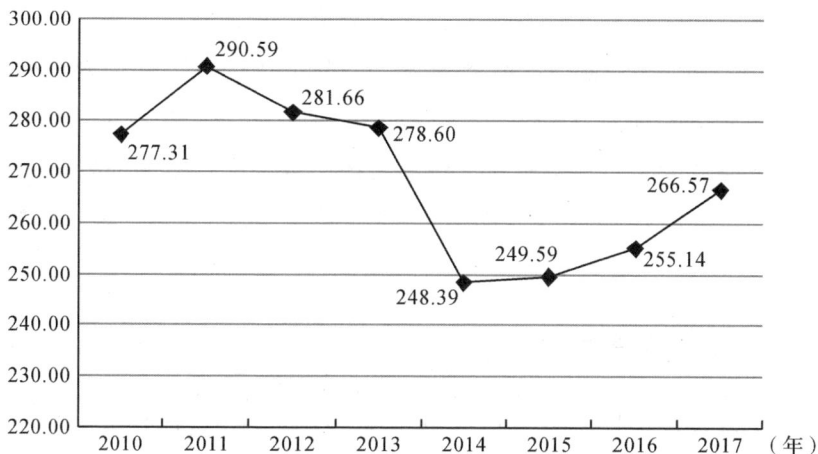

图 6-3　上海发展现代化指数变化趋势

2017 年，影响上海发展现代化指数的 2 个二级指标中，技术现代化指数与业态现代化指数对流通业竞争力发展总指数的贡献率为 4.08％和 8.96％，即业态现代化指数对发展现代化指数影响较大，技术现代化指数对发展现代化指数影响相对较小。 构成技术现代化指数的 2 个三级指标中，人均流通资本指数与地区流通业资产总额指数对流通业竞争力发展总指数的贡献率分别为－0.48％和 4.56％，即地区流通业资产总额指数对技术现代化指数的拉动作用较大，人均流通资本指数对技术现代化指数产生负的拉动作用；业态现代化指数的 3 个三级指标中，物流配送化程度指数、连锁经营化程度指数、人均连锁经营化规模指数对流通业竞争力发展总指数的贡献率分别为 0.12％，－0.21％和 9.05％，说明人均连锁经营化规模指数对业态现代化具有非常重要的意义。

6.1.2.3 发展国际化

上海发展国际化指数在 2010—2017 年均位列全国第 1，这是上海这座国际化大都市最突出的优点，经历几十载的发展，在国际化方面，上海在国内是当之无愧的领头羊。 从排名稳定性上看，上海发展国际化指数的平均排名为全国第 1，排名的标准差为 0，排名的变异系数为 0。

上海发展国际化的优势在于非常高的外向度和开放度。 其中，2010—2017 年，人均商品出口额指数和流通业实际利用外资额占比指数对总指数的平均贡献率分别达到 38.27％和 23.22％，有较强的优势，在很大程度上提高了上海的国际化水平；外资商业销售额占比指数对总指数的平均贡献率为6.07％，相对于其他各省市而言同样具有较大的优势，这也是带动上海流通业发展国际化很重要的因素。

6.1.2.4 发展绩效分析

上海的发展绩效指数包括流通效率指数和社会经济贡献指数 2 个二级指标，其中流通效率指数由流动资产周转率指数、库存周转率指数来体现，社会经济贡献指数则由流通业增加值占比指数、拉动倾向指数、促进倾向指数、就业贡献率指数来体现。 较上海其他一级指标而言，上海发展绩效指数的排名波动最大。 从排名稳定性来看，2010—2017 年，上海发展绩效指数平均排在全国第 7.88 位，排名的标准差为 8.95，变异系数为 1.14。 上海发展绩效指数的主要优势在于促进倾向指数和就业贡献率指数，其指数明显高于其他指数，同时它们对总指数的平均贡献率分别为 1.08％和 1.36％，相较其他三级指标而言，对发展绩效的拉动作用较为显著。

6.1.3 相对优势与相对弱势要素分析

为了分析上海自身的四大要素发展情况，本部分将上海的四大要素按照平均排名进行排序，并将处于第 1 名的要素称为上海流通业竞争力发展的相对优势要素，将排在最后 1 名的要素称为上海流通业竞争力发展的相对弱势要素（见表 6-7）。

表 6-7　上海流通业竞争力发展四大要素的平均排名和变异系数

指标	发展支撑力指数	发展现代化指数	发展国际化指数	发展绩效指数
平均排名	1.38	2.00	1.00	7.88
变异系数	0.38	0.27	0.00	1.14

根据这一原则，上海市流通业竞争力发展的相对优势要素是发展国际化，而相对弱势要素是发展绩效。进一步分析这些要素排名的变异系数可以发现，上海相对优势要素的排名没有变化，非常稳定，而相对弱势要素的排名波动较大。

6.2　江　苏

江苏，地处中国东部沿海的长江三角洲，2017 年末，全省土地面积为 10.72 万平方千米，常住人口为 8029 万，分别占全国的 1.12％和 5.78％，下辖 13 个省辖市。江苏地跨长江、淮河南北，拥有吴、金陵、淮扬、中原四大多元文化。江苏深入落实长江经济带"共抓大保护，不搞大开发"的要求，制定出台推动江苏长江经济带高质量发展走在前列的实施意见，统筹推进沿江产业结构调整、生态文明建设、交通枢纽建设和城市规划发展，促进沿江地区转型发展步伐加快。2017 年，江苏地区生产总值约 85 869.76 亿元，占全国的比重为 10.38％，同比增长 10.96％，人均地区生产总值达 10.69 万元。

6.2.1　流通业竞争力发展总指数概况

2010—2017 年，江苏流通业竞争力不断提升。一方面，综合交通运输体系不断完善。到 2017 年底，全省公路总里程达到 15.85 万千米，铁路运营总里程达到 2800 千米，内河航道里程达到 24 400 千米。另一方面，流通业发展政策环境不断优化。2011 年，江苏省政府在全国率先发布《关于加快发展现代流通业的意见》；2017 年，江苏又进一步出台《江苏省商贸流通业"十三五"发展规划》。 在综合交通运输体系和政策环境不断完善的背景下，江苏流通业竞争力发展总指数总体呈现上升趋势。 其历年流通业竞争力发展总指数情况如图 6-4 所示。

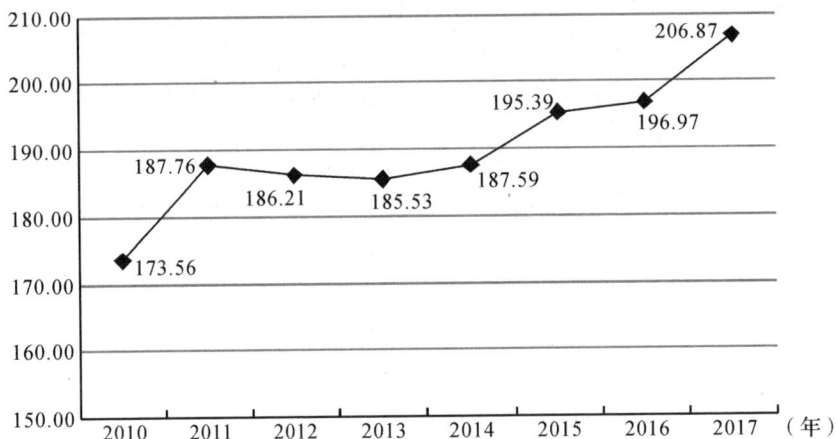

图 6-4　江苏流通业竞争力发展总指数变化情况

从图 6-4 可看出，江苏流通业竞争力发展总指数最低值为 2010 年的 173.56，最高值为 2017 年的 206.87，平均值为 189.99。 并且在 2010—2017 年，江苏流通业竞争力发展指数在全国的排名一直靠前（详见表 6-8），平均排名为第 4.75，变异系数为 0.10。 江苏有这样骄人的成绩，与其得天独厚的区位优势、良好的投资环境、充沛的人力资源有关，更与其"亲商、安商、富商"的发展理念息息相关。

表 6-8　江苏流通业竞争力发展总指数全国排名

年份	2010	2011	2012	2013	2014	2015	2016	2017
排名	4	4	5	5	5	5	5	5

图 6-5 为 2017 年江苏发展支撑力指数、发展现代化指数、发展国际化指数、发展绩效指数对流通业竞争力发展总指数的贡献率雷达图。

发展支撑力 （单位：%）
50 (31.63)
40
30
20
10
0
-10

发展绩效
(-0.82)

发展现代化
(21.26)

发展国际化
(47.93)

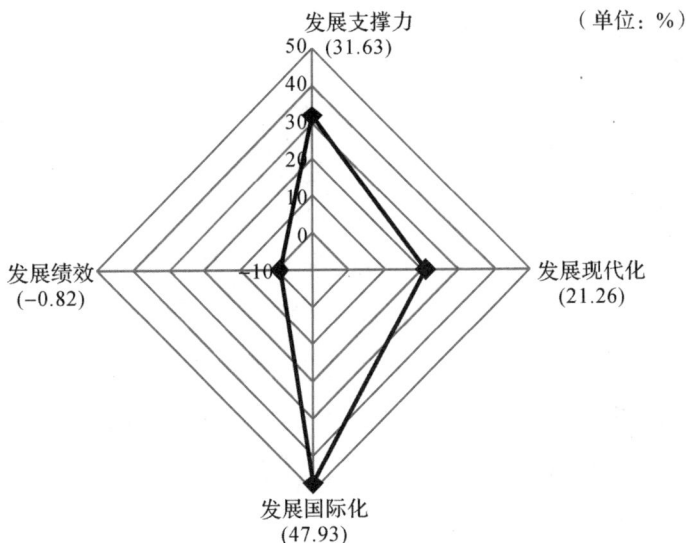

图 6-5 2017 年各一级指标对江苏流通业竞争力发展总指数的贡献率

从图 6-5 中可以看出，发展国际化指数对江苏流通业竞争力发展总指数的贡献最大，贡献率为 47.93％；发展支撑力指数次之，贡献率为 31.63％；发展现代化指数的影响也较大，贡献率为 21.26％；发展绩效指数则对流通业竞争力发展总指数产生负的拉动作用，贡献率为－0.82％，主要是流通业增加值占比指数和拉动倾向指数较低导致的。从细分指标看，江苏可通过提升流通业增加值指数和拉动倾向指数来提升其流通业在全国的地位。

6.2.2 影响流通业竞争力发展的各因素分析

6.2.2.1 发展支撑力

江苏发展支撑力指数在 2010—2017 年的排名基本保持在全国前列，尤其从 2011 年开始，发展支撑力指数排名一直保持在第 5。具体如表 6-9 所示。

表 6-9 江苏发展支撑力指数全国排名

年份	2010	2011	2012	2013	2014	2015	2016	2017
排名	7	5	5	5	5	5	5	5

从排名稳定性上分析，2010—2017 年，江苏发展支撑力指数的平均排名为全国第 5.25，标准差是 0.71，变异系数为 0.13，排名稳定。

从对流通业竞争力发展总指数的贡献上分析，2017 年，发展支撑力指数的 2 个二级指标，即基础指数和购买潜力指数的贡献率分别为 7.61％和 24.01％，基础指数和购买潜力指数分别拉动总指数上升 8.14 个百分点和 25.66 个百分点；三级指标，即人均社会消费品零售总额指数、流通业固定资产投资额占比指数、流通里程强度指数、城镇居民消费潜力指数和农村居民消费潜力指数对流通业竞争力发展总指数的贡献率分别是 2.43％，−0.72％，−3.22％，9.25％和 14.77％，它们分别拉动总指数上升 2.60，−0.77，−3.44，9.88 和 15.78 个百分点。 各个三级指标中，流通业固定资产投资额占比指数和流通里程强度指数对流通业竞争力发展总指数的贡献率为负，其他均为正，主要是江苏铁路营业里程、内河航道里程和公路里程的增长速度较慢导致的。

6.2.2.2　发展现代化

2010—2017 年，江苏发展现代化指数的排名均在全国前 5，平均排名为全国第 4.25，标准差为 0.46，变异系数为 0.11，排名相当稳定，可见江苏流通业发展现代化水平之高，详情如表 6-10 所示。

表 6-10　江苏发展现代化指数全国排名

年份	2010	2011	2012	2013	2014	2015	2016	2017
排名	4	4	4	5	5	4	4	4

从对流通业竞争力发展总指数的贡献上分析，2017 年，二级指标技术现代化指数和业态现代化指数的贡献率分别为 12.36％和 8.90％，分别拉动总指数上升 13.21 个百分点和 9.51 个百分点。

从指数方面来看，2010—2017 年，江苏省的发展现代化指数呈现小幅度下降趋势，由 2010 年的 203.42 下降至 2017 年的 190.88，下降率为 6.17％，说明尽管江苏的流通业竞争力发展总指数和发展现代化指数的排名稳定，但实际的发展现代化水平在这一期间却发生了一定幅度的下滑，详情如图 6-6 所示。

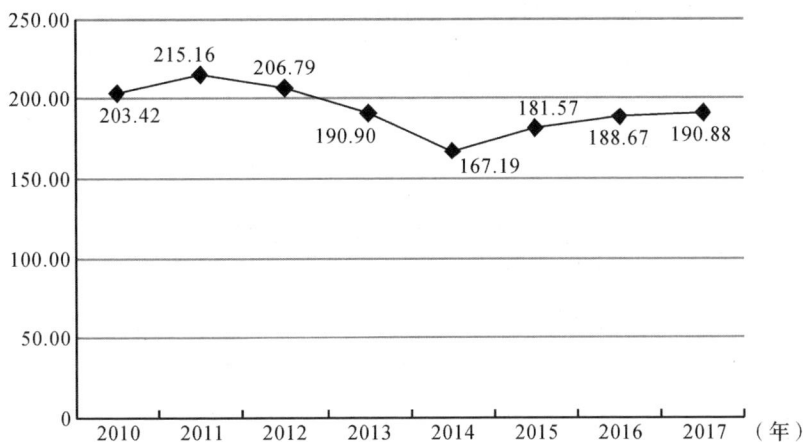

图 6-6　江苏发展现代化指数变化情况

6.2.2.3　发展国际化

2010—2017 年，江苏的人均商品出口额上升了 31.51%，批发、零售外商投资企业销售额由 2010 年的 2077.68 万元，增加到 2017 年的 4209.05 万元，为江苏流通业竞争力发展国际化程度的提高提供了重要的条件。

从指数方面看，2010—2017 年，江苏的发展国际化指数呈现上升趋势，由 2010 年的 234.46 提高至 2017 年的 304.90，年平均增长速度为 3.82%，详情如图 6-7 所示。

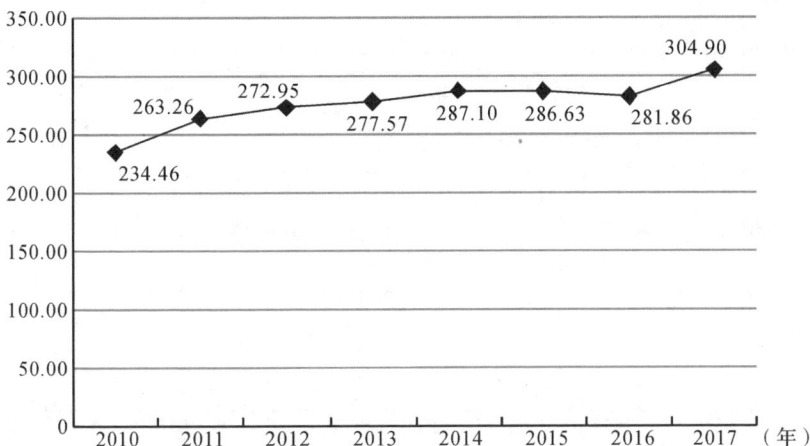

图 6-7　江苏发展国际化指数变化情况

从其在全国的排名方面来看，江苏流通业发展国际化指数除在 2016 年位居全国第 5 外，其他年份均列全国第 4，排名非常稳定，详情如表 6-11 所示。总体上，2010—2017 年，江苏发展国际化水平一直处于全国上游位置，且仍有较大的发展空间。

表 6-11　江苏发展国际化指数全国排名

年份	2010	2011	2012	2013	2014	2015	2016	2017
排名	4	4	4	4	4	4	5	4

6.2.2.4　发展绩效

从绝对值方面来看，江苏 2017 年的批发和零售业主营业务收入达 48 209.30亿元，比 2010 年增长了 24 174.90 亿元；2010—2017 年，江苏流通业增加值由 6926.78 亿元上升至 12 574.72 亿元，流通业就业增长率达 81.68%。 因此，从总量上看，江苏流通业在 2010—2017 年的发展绩效及其对社会经济的贡献都有所提高。

从指数角度方面来看，2010—2017 年，江苏的发展绩效指数在总体上呈下降趋势，由 2010 年的 134.64 下降至 2017 年的 96.51，年平均增长速度为 -4.65%，详情如图 6-8 所示。

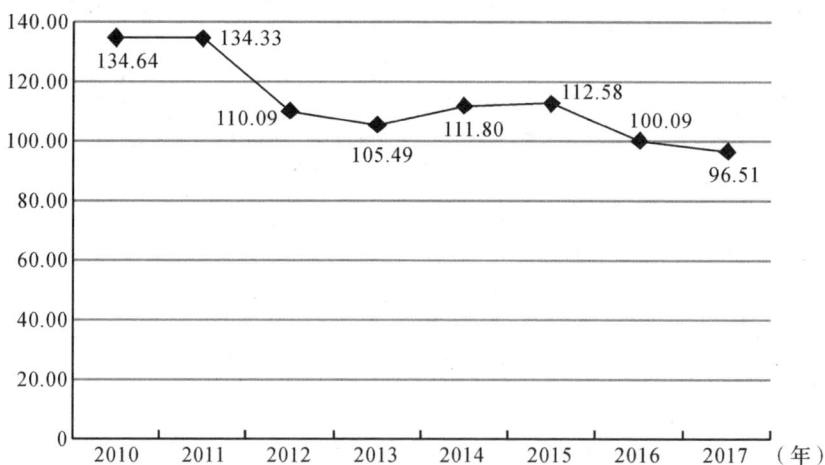

图 6-8　江苏发展绩效指数变化情况

从全国范围方面来看，江苏的发展绩效指数在全国的排名也比较靠后，最低排名为 2017 年的第 21，最高排名为 2010 年的第 5。 详情如表 6-12 所示。

表 6-12　江苏发展绩效指数全国排名

年份	2010	2011	2012	2013	2014	2015	2016	2017
排名	5	6	20	17	14	10	13	21

6.2.3　相对优势与相对弱势要素分析

为了分析江苏自身的四大要素发展情况，本部分将江苏四大要素按照平均排名进行排序，并将处于第 1 名的要素称为江苏省流通业竞争力发展的相对优势要素，将排在最后 1 名的要素称为江苏流通业竞争力发展的相对弱势要素（如表 6-13 所示）。

表 6-13　江苏流通业竞争力发展四大要素的平均排名和变异系数

指标	发展支撑力指数	发展现代化指数	发展国际化指数	发展绩效指数
平均排名	5.25	4.25	4.13	13.25
变异系数	0.13	0.11	0.09	0.45

根据这一原则，江苏流通业竞争力发展的相对优势要素是发展国际化，而相对弱势要素是发展绩效。 进一步分析这些要素排名的变异系数可以发现，江苏流通业竞争力发展相对优势要素的排名基本没有变化，非常稳定，相对弱势要素的排名波动较大。

6.3　浙　江

浙江地处中国东南沿海长江三角洲南翼，东临东海，南接福建，西与江西、安徽相连，北与上海、江苏接壤。 浙江东西和南北的直线距离均为 450 千米左右，陆域面积为 10.55 万平方千米，占全国陆域面积的 1.1%，是中国面积较小的省份之一。 改革开放以来，浙江经济发展迅速，主要经济指标在全国保持领先地位，并成为最具活力的省份之一。 浙江以省会杭州为枢纽，由沪杭、浙赣、萧甬、金温等路线构成了浙江铁路运输网络。 浙江以宁波、温州等五大港口群，形成了除澳大利亚外的另一全球海运覆盖体系。 这一系列优越的条件，为浙江流通业的发展提供了温床。

6.3.1　流通业竞争力发展总指数概况

浙江是经济比较发达的沿海省份，其交通四通八达，沪杭、浙赣铁路相接，纵贯省境，并与杭甬、杭宣铁路构成交通主干线，同时其航空网线初步形成，邮政电信事业也得到了大的发展。 便利的交通和临海的地理位置给浙江的流通业发展提供了巨大的便利。 2010—2017 年，浙江的流通业竞争力发展总指数及其在全国的排名情况如表 6-14 所示。

表 6-14　浙江流通业竞争力发展总指数及其在全国的排名情况

年份	2010	2011	2012	2013	2014	2015	2016	2017
总指数	160.40	177.00	186.95	214.43	212.30	212.56	217.13	231.12
排名	5	5	4	4	4	3	3	3

从表 6-14 可以看出，2010—2017 年，浙江省流通业竞争力发展总指数的排名稳中有升，从 2015 年开始稳居全国第 3 位。

2017 年，发展支撑力指数、发展现代化指数、发展国际化指数、发展绩效指数对浙江流通业竞争力发展总指数的贡献率如图 6-9 所示。

由图 6-9 可以看出，各指数对总指数的贡献均为正。 其中：首先是发展国际化指数对浙江流通业竞争力发展总指数的贡献最大，贡献率为 46.68%；其次是发展支撑力指数，贡献率为 34.42%；再次是发展现代化指数，贡献率为 13.13%；发展绩效指数对总指数的贡献最低，贡献率仅为 5.77%。 这说明，浙江要推进流通业竞争力的发展，促进发展绩效的提高是重点。

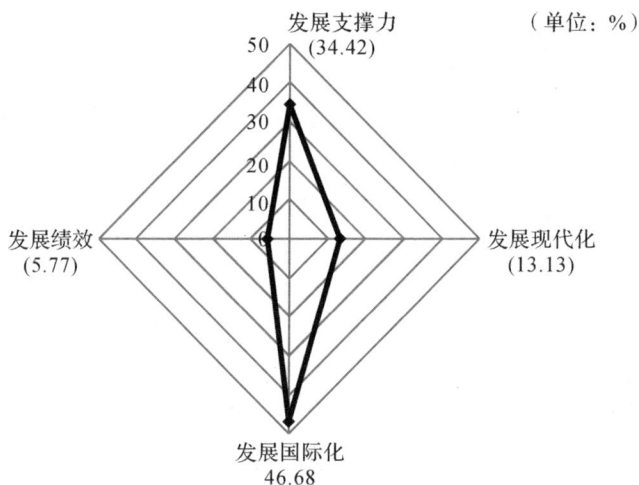

图 6-9　2017 年各一级指标对浙江流通业竞争力发展总指数的贡献率

6.3.2　影响流通业竞争力发展的各因素分析

6.3.2.1　发展支撑力

2010—2017 年，浙江的发展支撑力指数的排名均保持在全国第 3，说明浙江在流通发展支撑力方面取得了很好的成果，其中人均社会消费品零售总额指数、城镇居民消费潜力指数、农村居民消费潜力指数是浙江的优势所在；从指数方面来看，浙江的发展支撑力指数一直处于上升的趋势，从 2010 年的143.77 上升到 2017 年的 280.51，年平均增长速度为 10.02％。 2010—2017年，浙江发展支撑力指数及全国排名情况如表 6-15 所示。

表 6-15　浙江发展支撑力指数及全国排名

年份	2010	2011	2012	2013	2014	2015	2016	2017
发展支撑力指数	143.77	161.86	179.17	201.06	220.11	239.62	258.63	280.51
排名	3	3	3	3	3	3	3	3

2017 年，构成浙江发展支撑力指数的 2 个二级指标中，基础指数与购买潜力指数对流通业竞争力发展总指数的平均贡献率分别为 7.61％和 26.81％，

说明购买潜力指数与基础指数相比，对流通业竞争力发展总指数的影响更大。影响基础指数的 3 个三级指标中，人均社会消费品零售总额指数、流通业固定资产投资额占比指数、流通里程强度指数对流通业竞争力发展总指数的贡献率分别为 2.43％、−0.41％和−2.50％，即流通业固定资产投资额指数和流通里程强度指数对流通业竞争力发展总指数具有负向的拉动作用；构成购买潜力指数的 2 个三级指标中，城镇居民消费潜力指数与农村居民消费潜力指数对流通业竞争力发展总指数的贡献率分别为 9.69％和17.12％，即农村居民消费潜力指数对流通业竞争力发展总指数的影响较大。 其中：因为人均社会消费品零售总额指数、城镇居民消费潜力指数与农村居民消费潜力指数均大于全国水平，所以其对流通业竞争力发展总指数的贡献率均为正；流通业固定资产投资额占比指数、流通里程强度指数则因为低于全国水平，所以对流通业竞争力发展总指数的贡献率均为负。

6.3.2.2　发展现代化

从绝对值来看，2010—2017 年，浙江批发和零售业固定资产投资额由 620.00 亿元增至 1062.40 亿元，住宿餐饮业固定资产投资额由 377.50 亿元上升至 513.10 亿元，连锁零售企业统一配送商品进口额增加了 339.90 亿元，零售业销售额增加了 4131.30 亿元。 这些成绩的取得使得浙江流通业发展在技术现代化和业态现代化两个方面的绝对量上有了较大的提升。

从指数上来看，2010—2017 年，浙江的发展现代化指数呈现稳中有升的状态，由 2010 年的 162.48 上升至 2017 年的 168.88，增长率为 3.9％，年均增长速度为 0.55％，说明浙江的发展现代化水平在这一期间的增长幅度相对较小。2010—2017 年，浙江发展现代化指数及其在全国的排名如表 6-16 所示。

表 6-16　浙江发展现代化指数及全国排名

年份	2010	2011	2012	2013	2014	2015	2016	2017
发展现代化指数	162.48	168.33	169.95	175.47	179.66	167.51	167.41	168.88
排名	6	6	6	6	4	5	5	6

从排名来看，发展现代化指数的排名在 2010—2017 年基本保持稳定，除

2014—2016 年有所上升外，其他年份均位居全国第 6，平均排名为全国第 5.50，变异系数为 0.14。 从发展现代化的 2 个二级指标看，技术现代化指数对流通业竞争力发展总指数的贡献率从 2010 年的 19.99% 下降到 2017 年的 10.32%，呈下降趋势；业态现代化指数对流通业竞争力发展总指数的贡献率从 2010 年的 5.87% 下降到 2017 年的 2.81%。 这是流通业发展现代化指数对流通业竞争力发展总指数贡献率相对较低的原因，此外，这也表明，业态现代化水平低于技术现代化水平，因此浙江需进一步提高业态现代化水平。

6.3.2.3 发展国际化

依靠其优越的地理位置和资源开放优势，2010—2017 年，浙江货物出口总额上升了 58.92%；流通业外商实际投资额由 110.02 亿美元增至 179.02 亿美元，上升了 62.72%；批发、零售外商投资企业销售额增加了 2202.29 亿元。 以上各项数据为浙江流通业国际化的发展提供了重要基础。

从指数上来看，2010—2017 年，浙江的发展国际化指数呈现明显的上升态势，由 2010 年的 206.77 上升至 2017 年的 344.80，增长率为 66.80%，年均增长速度为 7.58%，说明浙江的发展国际化水平在这一期间有较大的提高。 浙江历年发展国际化指数及其在全国的排名情况如表 6-17 所示。 从其在全国的排名上看，浙江流通业的发展国际化指数始终稳定在全国前 5，其中有 5 年居于第 3 位，这说明其发展国际化程度在全国处于领先水平。

表 6-17　浙江发展国际化指数及全国排名

年份	2010	2011	2012	2013	2014	2015	2016	2017
发展国际化指数	206.77	257.00	274.16	291.52	329.72	314.25	320.83	344.80
排名	5	5	3	3	3	3	4	3

2010—2017 年，构成发展国际化指数的二级指标都有较大幅度的增长，外向度指数由 2010 年的 368.19 增加至 2017 年的 563.40，开放度指数由 2010 年的 45.35 增加至 2017 年的 126.21，分别增长了 53.02% 和 178.30%，表明浙江流通国际化高速发展。 从贡献率来看，2017 年，外向度指数和开放度指数对流通业竞争力发展总指数的贡献率分别为 2.50% 和 44.18%，表明浙江流

通业发展国际化水平主要受开放度因素的影响。因此，提高开放度水平对浙江流通业发展国际化将起到重要作用。影响浙江流通业开放度指数的 2 个三级指标的变化情况如图 6-10 所示。

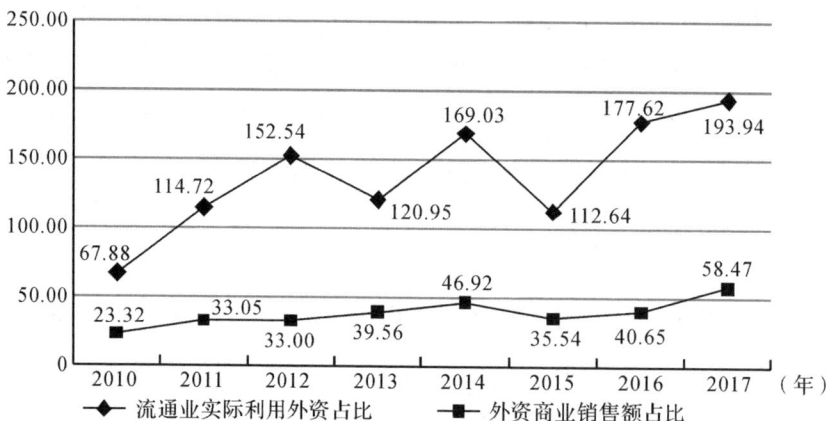

图 6-10　浙江开放度指数的 2 个三级指标的历年情况

从图 6-10 可知，2010—2017 年，流通业实际利用外资额占比指数明显高于外资商业销售额占比指数，说明流通开放度的提高主要由流通业实际利用外资额的提高带动，外资商业销售额占比提高的速度较为缓慢，所发挥的作用较小。2017 年，流通业实际利用外资额占比指数对流通业竞争力发展总指数的贡献率为 4.48%，外资商业销售额占比指数对流通业竞争力发展总指数的贡献率为 -1.98%，故浙江开放度指数的降低主要是由外资商业销售额占比指数较低造成的。因此，政府相关部门需要给予外商投资企业适当政策扶持，以推进外资商业销售额的提升，从而提升浙江流通发展国际化水平。

6.3.2.4　发展绩效

2017 年，浙江的流通业流动资产总额达 17 535.7 亿元，比 2010 年增长了 127.26 个百分点；批发和零售业主营业务收入达 49 271.9 亿元，比 2010 年增加了 28 344.8 亿元。2010—2017 年，浙江流通业增加值由 4246.48 亿元上升至 9373.97 亿元，就业人数增加 17.39 万，就业增长率达 17.50%。但相比其他指数而言，浙江的发展绩效指数的排名比较靠后。

从指数角度看，2010—2017 年，浙江的发展绩效指数在 130 上下波动，均值为 133.01，平均排名为全国第 9，排名变异系数为 0.50。 从全国范围看，浙江的发展绩效指数在全国的排名在第 3 到第 16 间波动。 2010—2017 年，浙江的发展绩效指数及其在全国的排名如表 6-18 所示。

表 6-18 浙江发展绩效指数值及全国排名

年份	2010	2011	2012	2013	2014	2015	2016	2017
发展绩效指数	128.58	120.83	124.52	189.68	119.70	128.84	121.65	130.28
排名	9	16	12	3	12	3	9	8

2010—2017 年，在影响发展绩效指数的 2 个二级指标中，流通效率指数呈现波动式上升趋势，由 2010 年的 120.83 增加至 2017 年的 129.37，指数平均值为 120.09，社会经济贡献指数在此期间总体保持平稳，指数平均值为 145.93。 2017 年，流通效率指数和社会经济贡献指数对流通业竞争力发展总指数的贡献率分别为 2.80％和 2.97％，两者的贡献率基本持平。

6.3.3 相对优势与相对弱势要素分析

为了分析浙江自身的四大要素发展情况，本部分将浙江的四大要素按照平均排名进行排序，并将处于第 1 名的要素称为浙江流通业竞争力发展的相对优势要素，将排在最后 1 名的要素称为浙江流通业竞争力发展的相对弱势要素。 具体如表 6-19 所示。

表 6-19 浙江流通业竞争力发展四大要素的平均排名和变异系数

指标	发展支撑力指数	发展现代化指数	发展国际化指数	发展绩效指数
平均排名	3.00	5.50	3.63	9.00
变异系数	0.00	0.14	0.25	0.50

根据这一原则，浙江流通业竞争力发展的相对优势要素是发展支撑力，而相对弱势要素是发展绩效。 进一步分析这些要素排名的变异系数可以发现，浙江相对优势要素的排名基本没有变化，非常稳定，相对弱势要素的排名则波动较大。

6.4 安 徽

安徽地处长江、淮河中下游及三角腹地，东连江苏、浙江，西接湖北、河南，南邻江西，北靠山东，东西宽约 450 千米，南北长约 570 千米，总面积为 14.01 万平方千米，约占中国国土面积的 1.45％。现辖 16 个地级市、62 个县（市）、43 个县级区和 1522 个乡镇、街道办事处。2017 年末，全省常住人口为 6255 万。安徽在中国交通干线网中具有承东启西的地位，铁路密度居华东前列。此外，截至 2017 年底，安徽高速公路通车里程已达 20.33 万千米，现已形成一个四通八达的高速公路网络。2017 年，安徽生产总值达27 018 亿元，较 2016 年增长 10.69％，发展较为迅速。

6.4.1 流通业竞争力发展总指数概况

随着社会经济的持续发展，现代流通产业对经济发展的促进作用越来越明显。2012 年 12 月，安徽出台《安徽省商贸流通业产业"十二五"发展规划》，2013 年 8 月提出《关于深化流通体制改革加快流通产业发展的实施意见》；2016 年 2 月，安徽省人民政府进一步出台了《关于推进商贸流通创新发展转型升级的实施意见》，提出到 2020 年，全省社会消费品零售额年均增长 10％左右，每年新增限上企业 1000 家左右，限额以上流通企业应用电商比率达到 95％以上。在一系列政策的支持下，安徽对流通业发展的重视程度与日俱增，但相比其他省份，发展状况并不理想。2010—2017 年，安徽的流通业竞争力发展总指数排名基本保持稳定，但绝对值稳步上升，详情如表 6-20 所示。

表 6-20 安徽流通业竞争力发展总指数及其在全国的排名情况

年份	2010	2011	2012	2013	2014	2015	2016	2017
总指数	80.66	85.51	93.28	93.58	90.80	84.57	97.90	100.85
排名	21	23	17	19	23	23	17	20

2017 年，发展支撑力指数、发展现代化指数、发展国际化指数、发展绩效指数对安徽流通业竞争力发展总指数的贡献率如图 6-11 所示。

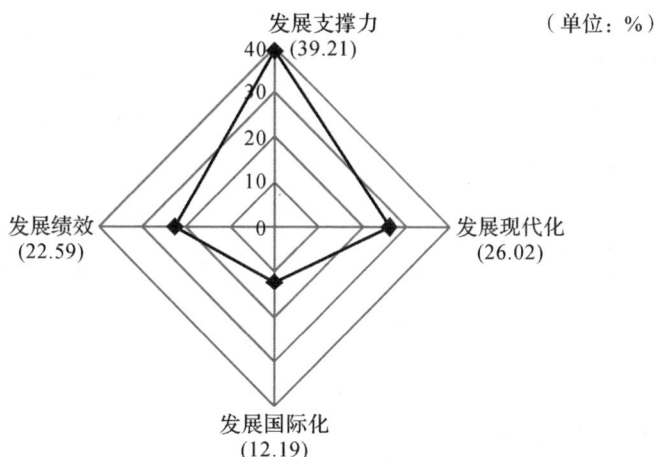

图 6-11　2017 年各一级指标对安徽流通业竞争力发展总指数的贡献率

由图 6-11 可以看出，4 个一级指标对总指数的贡献均为正。发展支撑力指数对安徽流通业竞争力发展总指数的贡献率最大，为 39.21%；其次是发展现代化指数，对总指数的贡献率为 26.02%；随后是发展绩效指数，对总指数的贡献率为 22.59%；发展国际化指数对安徽流通业竞争力发展总指数的贡献率最小。可见，安徽应进一步提升其发展国际化水平。

6.4.2　影响流通业竞争力发展的各因素分析

6.4.2.1　发展支撑力

安徽的发展支撑力指数的排名偏低，总体有所上升。2010—2017 年，安徽该指数的平均排名为全国第 25，其中 2016 年排名最高，位列全国第 20，2010 年、2011 年排名最低，位列全国第 29，排名标准差为 3.38，变异系数为0.14。详情如表 6-21 所示。

表 6-21　安徽发展支撑力指数及排名

年份	2010	2011	2012	2013	2014	2015	2016	2017
发展支撑力指数	86.96	94.65	104.88	117.93	129.29	139.94	150.21	158.16
排名	29	29	28	25	24	23	20	22

　　2017 年，影响安徽发展支撑力指数的 2 个二级指标中，基础指数与购买潜力指数对流通业竞争力发展总指数的贡献率分别为 78.28% 和 1627.29%，即购买潜力指数是影响发展支撑力指数的主要因素，基础指数的影响相对较小。 影响基础指数的 3 个三级指标中，人均社会消费品零售总额指数、流通业固定资产投资额占比、流通里程强度指数对流通业竞争力发展总指数的贡献率分别为 2.43%，－152.65% 和－157.55%，即流通业固定资产投资额占比指数和流通里程强度指数对流通业竞争力发展总指数具有负向的拉动作用。 相对于固定资产总额而言，流通业的固定资产增速较慢；相对于国内生产总值而言，流通里程增长较慢；而人均社会消费品零售总额指数对流通业竞争力发展总指数具有正向的拉动作用，发展情况较好。 构成购买潜力指数的 2 个三级指标中，城镇居民消费潜力指数与农村居民消费潜力指数对流通业竞争力发展总指数的贡献率分别为 639.44% 和 987.85%，说明农村居民消费潜力指数对购买潜力指数的影响相对较大。

6.4.2.2　发展现代化

　　发展现代化水平体现了流通业发展的专业化程度，近年来安徽的发展现代化指数在绝对值上有所上升，但波动比较大，在全国排名中处于中上游位置。 2010—2017 年，安徽该指数的平均排名为全国第 13，其中 2012 年排名最高，居全国第 11，2014 年排名全国第 16，是近年来最低水平。 8 年中，发展现代化指数的排名标准差是 1.60，变异系数为 0.12，相对稳定。 详情如表6-22 所示。

表 6-22　安徽发展现代化指数及全国排名

年份	2010	2011	2012	2013	2014	2015	2016	2017
发展现代化指数	96.15	107.16	108.52	97.97	98.19	102.11	102.25	104.95
排名	13	12	11	14	16	12	12	14

2017 年，影响安徽发展现代化指数的 2 个二级指标，即技术现代化指数和业态现代化指数对流通业竞争力发展总指数的贡献率分别为 -19.97% 和 165.18%，可见业态现代化指数对发展现代化指数发挥着主要作用，而技术现代化指数对发展现代化指数产生负向影响。 影响技术现代化指数的 2 个三级指标，即人均流通资本指数和地区流通业资产总额指数对流通业竞争力发展总指数的贡献率分别为 278.54% 和 -298.51%。 构成业态现代化指数的 3 个三级指标中，物流配送化程度指数、连锁经营化程度指数、人均连锁经营化规模指数对流通业竞争力发展总指数的贡献率分别为 -31.07%，-100.22% 和 296.47%，可见人均连锁经营化规模指数对业态现代化指数发挥着主要的带动作用，而另外 2 个指标产生负向影响。 通过以上分析可以看出，安徽的发展现代化指数近些年的波动，主要是由人均流通资本指数和人均连锁经营化规模指数的波动导致的。

6.4.2.3　发展国际化

流通发展国际化水平体现了流通业发展与国外的联系程度。 安徽发展国际化指数在全国的排名处于中下游位置，且较为稳定。 2010—2017 年，安徽该指数的平均排名为全国第 20，其中 2010 年排名最高，居全国第 18，2011 年和 2015 年排名最低，居全国第 21，2017 年排名全国第 20。 8 年中，该指数排名的标准差为 0.93，变异系数为 0.05，反映出其总体排名的稳定性。 详情如表 6-23 所示。

表 6-23　安徽发展国际化指数及全国排名

年份	2010	2011	2012	2013	2014	2015	2016	2017
发展国际化指数	40.90	42.71	58.06	51.04	48.56	46.03	46.43	49.17

年份	2010	2011	2012	2013	2014	2015	2016	2017
排名	18	21	20	20	20	21	20	20

2010—2017 年，影响安徽发展国际化指数的 2 个二级指标中，外向度指数和开放度指数对流通业竞争力发展总指数的贡献率分别为－669.25％与－821.45％，这体现了外向度指数和开放度指数共同导致发展国际化指数贡献率的低下。安徽外向度指数的三级指标，即人均商品出口额的绝对值近年来一直在上升，年平均增长速度为 12.96％，增长速度较快。相较而言，开放度指数的三级指标，即流通业实际利用外资额占比指数和外资商业销售额占比指数呈现负的增长态势，年平均增长速度分别为－4.44％和－3.42％，这是安徽发展国际化指数排名靠后的一个重要原因。此外，就贡献率而言，2017年，流通业实际利用外资额占比指数、外资商业销售额占比指数对流通业竞争力发展总指数的贡献率分别为－354.19％和－467.26％，可见安徽今后要着重发展外资住宿餐饮行业，同时提升流通业实际利用外资额占比。

6.4.2.4　发展绩效

安徽的发展绩效指数在 2010—2017 年的绝对值呈现下降趋势，整体排名也处于中下游位置，最高排名出现在 2013 年，位居全国第 14，其余年份在全国第 17—29 之间，波动较大，平均排名在全国第 22.88，排名的标准差为5.14。详情如表 6-24 所示。

表 6-24　安徽流通发展绩效指数值及其在全国排名

年份	2010	2011	2012	2013	2014	2015	2016	2017
发展绩效指数	98.64	97.54	101.69	107.40	87.16	50.19	92.73	91.13
排名	25	28	22	14	24	29	17	24

2010—2017 年，影响安徽发展绩效指标的 2 个二级指标中，流通效率指数和社会经济贡献指数对流通业竞争力发展总指数的贡献率分别为－173.33％与－86.74％，说明流通效率指数和社会经济贡献指数对流通业竞

争力发展总指数都产生负向影响。 安徽的发展绩效指数的排名由 2010 年的全国第 25 上升到 2013 年的全国第 14，之后下降到 2017 年的全国第 24，主要是因为社会经济贡献指数的变动。 2017 年，在构成社会经济贡献指数的三级指标中，流通业增加值占比指数、拉动倾向指数、促进倾向指数和就业贡献率指数对流通业竞争力发展总指数的贡献率分别为 －70.46％，－133.98％，166.71％和－49.01％，可见只有促进倾向指数对社会经济贡献指数起到了较大的正向促进作用，其余指数都只有负向拉动作用，具体原因为流通业增加值相对地区生产总值、工业生产总值等指标而言增长得较为缓慢，可见安徽要提高发展绩效指数，首先就要大力促进流通业发展，提高流通业增加值。

6.4.3 相对优势与相对弱势要素分析

为了分析安徽四大要素发展情况，本部分将安徽的四大要素按照平均排名进行排序，并将处于第 1 名的要素称为安徽流通业竞争力发展的相对优势要素，将排在最后 1 名的要素称为安徽流通业竞争力发展的相对弱势要素（如表 6-25 所示）。

表 6-25　安徽流通业竞争力发展四大要素的平均排名和变异系数

指标	发展支撑力指数	发展现代化指数	发展国际化指数	发展绩效指数
平均排名	25.00	13.00	20.00	22.88
变异系数	0.14	0.12	0.05	0.22

根据这一原则，安徽流通业竞争力发展的相对优势要素是发展现代化，而相对弱势要素是发展支撑力。 进一步分析这些要素排名的变异系数可以发现，安徽的相对优势要素和相对弱势要素的排名都有变动，不是很稳定。

6.5　福　建

福建位于我国东南沿海，东北与浙江毗邻，西北与江西接界，西南与广东相连，东南隔台湾海峡与台湾相望。 福建的陆地平面形状似一斜长方形，东西最大间距约 480 千米，南北最大间距约 530 千米，陆域面积为 12.4 万平方千米。 陆地海岸线长达 3751.5 千米，共有岛屿 1500 多座。 福建下辖 1 个副省级市和 8 个地级市。 福建位于东海与南海的交通要冲，由海路可以到达南亚、西亚、东非，是历史上海上丝绸之路、郑和下西洋的起点，也是海上商贸集散地。 目前福建全省高速公路里程已突破 10.8 万千米，已形成了各设区市到省会福州"四小时交通经济圈"。 2017 年，福建地区生产总值为32 182.09亿元，年末常住人口为 3911 万。

6.5.1　流通业竞争力发展总指数概况

2010—2017 年，福建流通业竞争力发展总指数呈上升趋势，从 2010 年的124.23 上升到 2017 年的 160.79，年平均增长速度为 3.75％；在 2017 年超过了全国平均水平，发展状况很好，反映出福建流通业的发展较为理想。 2015年 12 月，福建省人民政府出台了《关于印发推进内贸流通现代化建设法治化营商环境实施方案的通知》，提出到 2020 年，全省基本形成规则健全、统一开放、竞争有序、监管有力、畅通高效的内贸流通体系和比较完善的法治化营商环境，将内贸流通打造成经济转型发展的新引擎、优化资源配置的新动力和推动创新创业的新平台，助推全省发展再上新台阶；2016 年 12 月，福建省人民政府办公厅出台了《关于印发推动实体零售创新转型实施方案的通知》，提出要进一步降低流通成本、提高流通效率，以便更好地适应经济社会发展新要求。 可见，福建对流通业发展的重视程度较高，发展前景值得期待。 2010—2017 年，福建流通业竞争力发展总指数呈现逐步上升态势，如图 6-12 所示。

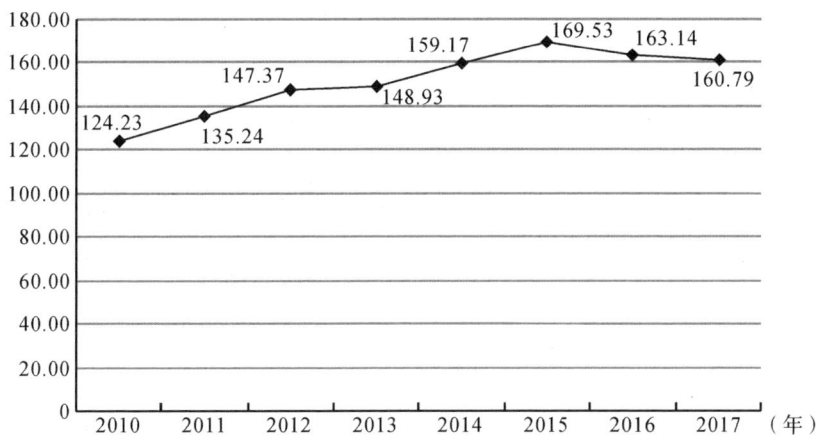

图 6-12　福建流通业竞争力发展总指数变化趋势

福建流通业竞争力发展总指数在 2010—2017 年的排名稳定，8 年中有 5 年位居全国第 7，平均排名为第 6.88，反映出福建流通业发展水平较高，质量较好。 2010—2017 年，福建流通业竞争力发展总指数的全国排名情况如表 6-26所示。

表 6-26　福建流通业竞争力发展总指数全国排名

年份	2010	2011	2012	2013	2014	2015	2016	2017
排名	8	7	7	7	7	6	6	7

2017 年，在影响福建流通业竞争力发展总指数的 4 个一级指标中，发展支撑力指数、发展现代化指数、发展国际化指数和发展绩效指数对流通业竞争力发展总指数的贡献率分别为 45.29%，9.67%，36.10%和 8.95%，即发展支撑力指数、发展现代化指数、发展国际化指数和发展绩效指数对流通业竞争力发展总指数均具有正向拉动作用。 具体如图 6-13 所示。

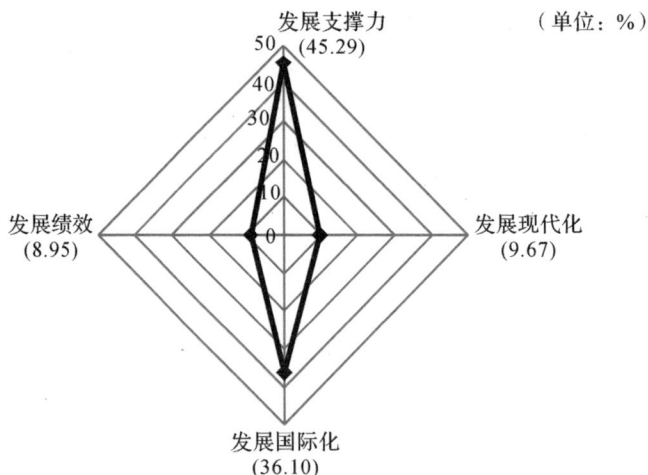

图 6-13   2017 年各一级指标对福建流通业竞争力发展总指数的贡献率

6.5.2   影响流通业竞争力发展的各因素分析

6.5.2.1   发展支撑力

福建的发展支撑力指数在 2010—2017 年间的排名都在全国第 6 至第 8 之间，说明福建在发展支撑力方面具有较大优势。 总体来看，福建的发展支撑力指数的排名在逐渐上升，2010 年位居全国第 8，2011—2015 年位居全国第 7，2016—2017 年升至全国第 6，排名标准差为 0.64，变异系数为 0.09，变动较小。 具体见表 6-27。

表 6-27   福建发展支撑力指数全国排名

年份	2010	2011	2012	2013	2014	2015	2016	2017
排名	8	7	7	7	7	7	6	6

从发展支撑力指数的绝对值来看，2010—2017 年，福建稳定上升，平均指数为 162.50，年平均增长速度为 8.36%。 2010—2017 年，福建发展支撑力指数情况如图 6-14 所示。

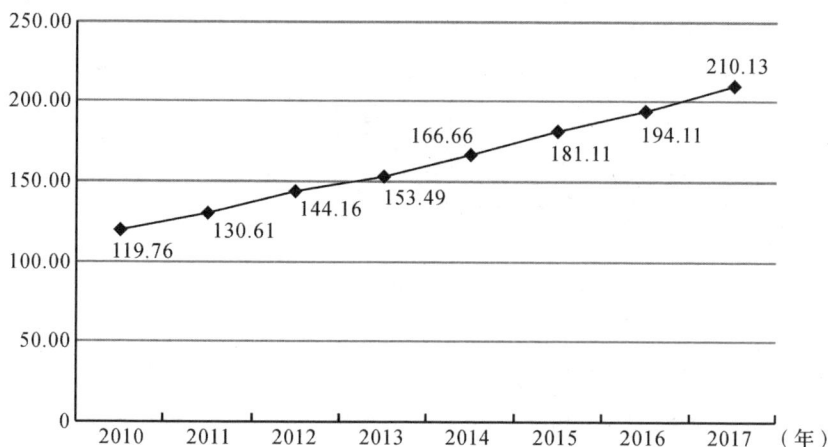

图 6-14　福建发展支撑力指数变化趋势

2017 年，在构成福建发展支撑力指数的 2 个二级指标中，基础指数与购买潜力指数对流通业竞争力发展总指数的贡献率分别为 11.23％和 34.06％，即购买潜力指数对发展支撑力指数的影响较大。 在构成福建发展支撑力指数的三级指标中，人均社会消费品零售总额指数、城镇居民消费潜力指数与农村居民消费潜力指数一直处于上升态势，且发展水平较高，这些都是发展支撑力指数排名位于全国前列的重要原因。 具体如图 6-15 和图 6-16 所示。

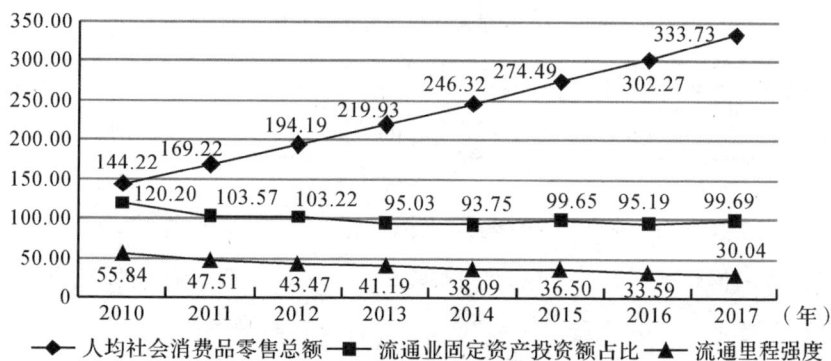

图 6-15　福建构成基础指数的各三级指标值变化情况

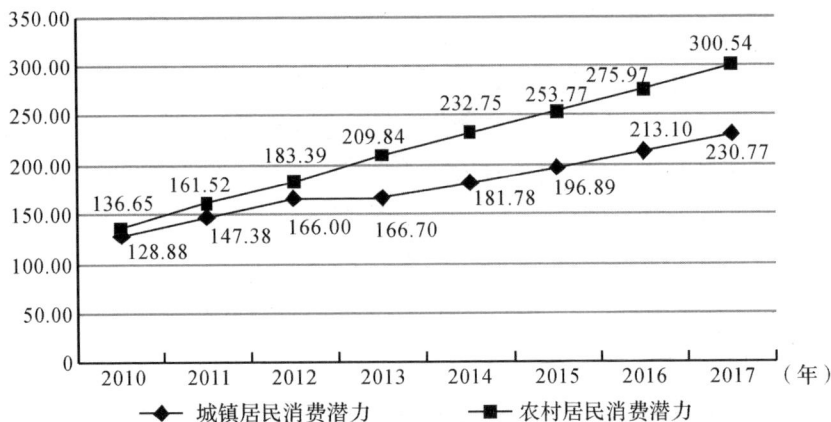

图 6-16　福建构成购买潜力指数的各三级指标值变化情况

6.5.2.2　发展现代化

2010—2017 年，福建的发展现代化指数在全国的排名相对稳定，最高排名为全国第 10，最低排名是 2010 年的全国第 15。值得一提的是，除了 2014 年的排名略有下降外，其他年份该指数的排名一直处于上升或平稳状态，体现出福建流通业现代化程度在持续提升。具体排名情况如表 6-28 所示。

表 6-28　福建发展现代化指数全国排名

年份	2010	2011	2012	2013	2014	2015	2016	2017
排名	15	13	10	10	11	10	10	10

从绝对量来看，福建发展现代化指数总体呈现上升趋势，其中 2010—2013 年提高得较快，2014 年有所下降。2010—2017 年，福建发展现代化指数的具体情况如图 6-17 所示。

2010—2017 年，在构成福建发展现代化指数的 2 个二级指标中，技术现代化指数和业态现代化指数总体均呈现上升状态，年平均增长速度分别为 2.43% 和 5.24%。在构成技术现代化的三级指标中，人均流通资本指数和地区流通业资产总额指数对流通业竞争力发展总指数的贡献率分别为 2.68% 和 2.30%，说明人均流通资本指数和地区流通业资产总额指数对技术现代化指

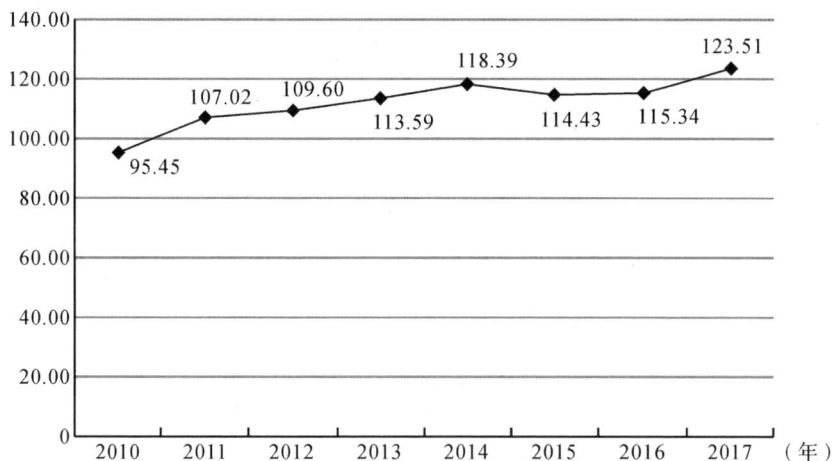

图 6-17　福建发展现代化指数变化趋势

数都起着正向拉动作用。在业态现代化指数的三级指标中，人均连锁经营化规模指数对流通业竞争力发展总指数的贡献率最大，为 9.06％，而物流配送化程度指数和连锁经营化程度指数则有反向抑制作用，这也为福建流通业的进一步发展提供启示，即福建应通过大力提高连锁经营水平及改善物流网点布局等措施，提升流通业竞争力发展水平。

6.5.2.3　发展国际化

2010—2017 年，福建发展国际化程度较高，与国际接轨得较好，这是福建流通业竞争力发展的巨大优势。福建发展国际化指数的排名也较稳定，2014 年和 2015 年排名最高，位居全国第 5；2010 和 2011 年排名最低，位居全国第 7；平均排名为第 6，排名标准差为 0.76，稳定性较高。具体如表 6-29 所示。

表 6-29　福建发展国际化指数全国排名

年份	2010	2011	2012	2013	2014	2015	2016	2017
排名	7	7	6	6	5	5	6	6

从指数方面来看，2010—2015 年，福建发展国际化指数呈现增长的趋势，而在 2016 年和 2017 年呈现下降的趋势，主要是由流通业实际利用外资额

占比指数下降导致的。 2010—2017 年，福建发展国际化指数的年平均增长率为 1.35％，具体指数情况如图 6-18 所示。

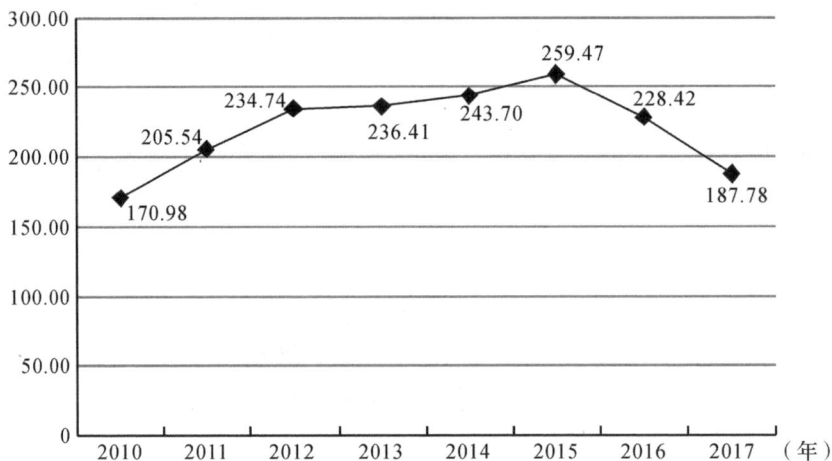

图 6-18　福建发展国际化指数变化趋势

2017 年，在构成福建发展国际化指数的 2 个二级指标中，外向度指数和开放度指数对流通业竞争力发展总指数的贡献率分别为 40.74％和－4.64％，说明外向度指数对发展国际化指数起主要促进作用，而开放度指数对国际化指数产生负向拉动作用。 在构成外向度指数的三级指标中，人均商品出口额指数对流通业竞争力发展总指数的贡献率为 40.74％；而在构成开放度指数的 2 个三级指标中，流通业实际利用外资额占比指数、外资商业销售额占比指数对流通业竞争力发展总指数的贡献率分别为－0.05％和－4.59％，都起到了负向拉动作用。 福建发展国际化指数的排名之所以长期稳定在较高位置，主要是因为出口额稳定增加。

6.5.2.4　发展绩效

2010—2017 年，福建发展绩效指数相对于该省其他一级指标而言排名较靠后，最高排名出现在 2015 年，位列全国第 7；最低排名出现在 2011 年，仅仅排在全国第 27；2010—2017 年平均排名为全国第 17.50，排名标准差为 7.45，整体变动较大。 2010—2017 年福建发展绩效指数的排名如表 6-30 所示。

表 6-30　福建发展绩效指数全国排名

年份	2010	2011	2012	2013	2014	2015	2016	2017
排名	19	27	23	26	15	7	10	13

就具体指数而言，2010—2017 年，福建的发展绩效指数呈现波动式增长趋势，最高水平为 2015 年的 123.11。 2010—2017 年，福建的发展绩效指数呈现波动上升趋势，具体情况如图 6-19 所示。

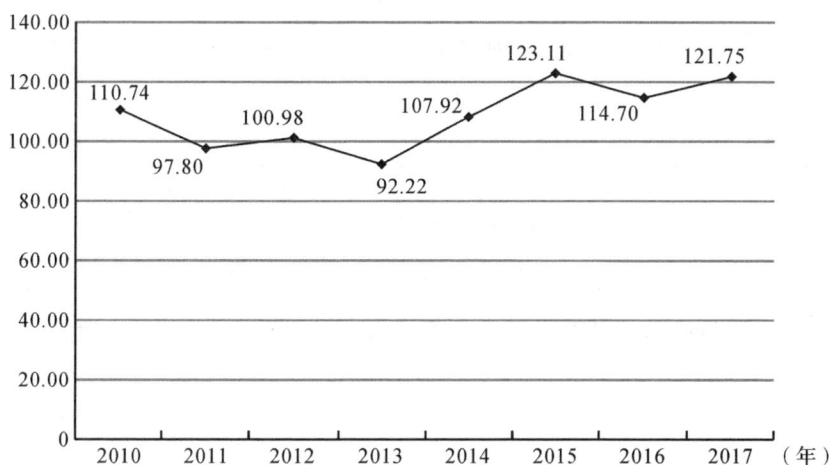

图 6-19　福建发展绩效指数变化趋势

2017 年，在构成福建发展绩效指数的 2 个二级指标中，流通效率指数和社会经济贡献指数对流通业竞争力发展总指数的贡献率分别为 4.85％与 4.10％，即 2 个二级指标对发展绩效指数的影响相似。 在社会经济贡献指数的 4 个三级指标中，流通业增加值占比指数、拉动倾向指数、促进倾向指数和就业贡献率指数对流通业竞争力发展总指数的贡献率分别为－0.10％，－0.73％，5.41％和－0.48％，只有促进倾向指数对社会经济贡献指数有正向拉动作用。 这主要是因为流通业增加值增长相对缓慢，落后于地区生产总值年平均增长率。 因此，为了提高福建发展绩效指数，并进一步带动福建流通业竞争力发展，需要大力提高流通业增加值水平，促进流通业结构往高附加值方向调整，提高流通业在地区经济产业结构中的地位。

6.5.3 相对优势与相对弱势要素分析

为了分析福建自身的四大要素发展情况，本小节将福建的四大要素按照平均排名进行排序，并将处于第 1 名的要素称为福建流通业竞争力发展的相对优势要素，将排在最后 1 名的要素称为福建流通业竞争力发展的相对弱势要素，如表 6-31 所示。

表 6-31　福建流通业竞争力发展四大要素的平均排名和变异系数

指标	发展支撑力指数	发展现代化指数	发展国际化指数	发展绩效指数
平均排名	6.88	11.13	6.00	17.50
变异系数	0.09	0.17	0.13	0.43

根据这一原则，福建流通业竞争力发展的相对优势要素是发展国际化，而相对弱势要素是发展绩效。 进一步分析这些要素排名的变异系数可以发现，福建的相对优势要素排名较为稳定，而相对弱势要素的排名波动较大。

6.6　江　西

江西古有"吴头楚尾，粤户闽庭"之称，因公元 733 年唐玄宗设江南西道而得省名，又因省内最大河流为赣江而简称"赣"。 江西东邻浙江、福建，南连广东，西靠湖南，北毗湖北、安徽而共接长江。 江西为长三角、珠三角和闽南三角地区的腹地，与上海、广州、厦门、南京、武汉、长沙、合肥等地的各重镇、港口的直线距离在 600—700 千米。 江西境内高速公路里程已突破6120 千米，出省主要通道全部高速化，京九线、浙赣线纵横贯穿全境，航空和水运便捷。 2017 年末，江西常住人口为 4622 万，国内生产总值为20 006.31亿元，比 2016 年增长了 8.15％，与全国 11.15％的增长速度相比，相对较缓。

6.6.1 流通业竞争力发展总指数概况

为适应现代流通业发展趋势和区域特色经济的发展需要，2015 年 3 月，江西省人民政府办公厅印发了《江西省商贸流通业发展三年行动计划》，提出到 2017 年，商贸流通业总量规模要明显扩大，商贸流通业结构要明显优化，商贸流通业发展水平要明显提高，流通业发展环境要明显改善。2015 年 5 月，江西省人民政府进一步印发了《促进经济平稳健康发展的若干措施》，明确鼓励企业壮大规模，对新增纳入统计范围的规模以上工业企业和限额以上商贸流通企业，给予财政资金奖励。江西重视流通业发展，其流通业竞争力发展总指数在 2010—2017 年的排名居于中等位置，最高排名为 2010 年的全国第 13，最低排名为 2014 年和 2017 年的全国第 19，平均排名为 16.13 名，流通业发展水平总体较好。2010—2017 年，江西流通业竞争力发展总指数的排名如表 6-32 所示。

表 6-32 江西流通业竞争力发展总指数全国排名

年份	2010	2011	2012	2013	2014	2015	2016	2017
排名	13	16	14	18	19	14	16	19

从指数方面来看，2010—2017 年，江西流通业竞争力发展总指数总体处于上升的态势，从 2010 年的 90.52 上升至 2017 年的 107.89，指数平均值为 98.40，年平均增长速度为 2.54%，但江西流通业竞争力发展总指数在各年都低于全国平均水平，说明江西的流通业发展还有待进一步加强。2010—2017 年，江西流通业竞争力发展总指数情况如图 6-20 所示。

2010—2017 年，在构成江西流通业竞争力发展总指数的 4 个一级指标中，发展支撑力指数、发展现代化指数、发展国际化指数、发展绩效指数的平均值为 126.28，100.67，55.29 和 111.35，发展国际化指数相对于其他指数来说，是江西流通业发展的一大短板，因此必须加快与国外资本的合作，促进流通业的进一步发展。2017 年，4 个一级指标对总指数的贡献率分别为 184.24%，−5.01%，−84.25% 和 5.02%，即发展支撑力指数、发展绩效指数对流通业竞争力发展总指数具有正向拉动作用，而发展现代化指数、发展国

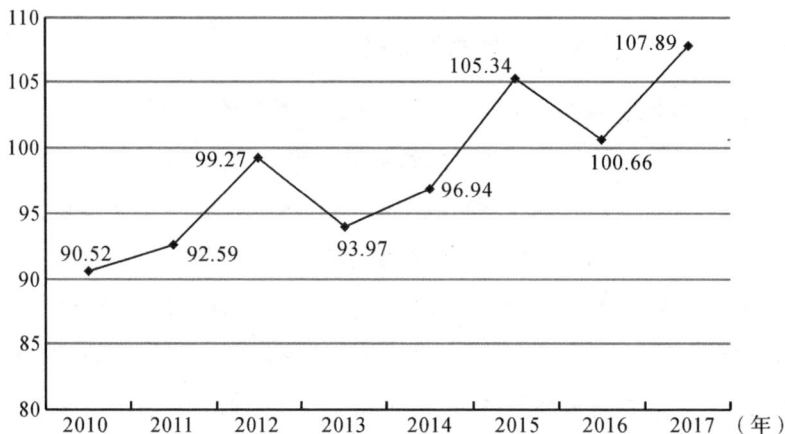

图 6-20 江西流通业竞争力发展总指数变化趋势

际化指数对流通业竞争力发展总指数具有负向拉动作用,说明江西有必要加快对流通发展现代化和发展国际化的建设。 具体如图 6-21 所示。

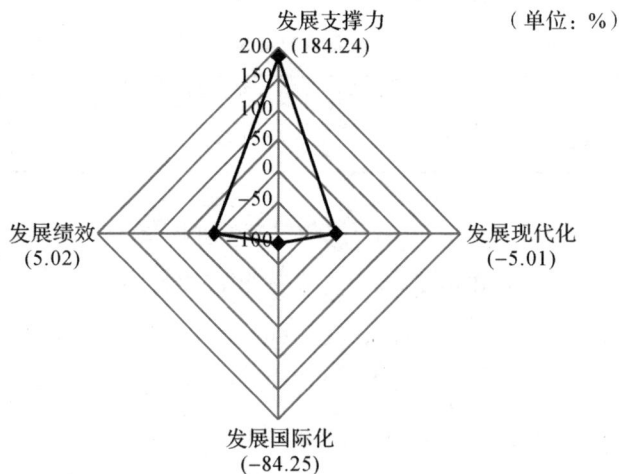

图 6-21 2017 年各一级指标对江西流通业竞争力发展总指数的贡献率

6.6.2 影响流通业竞争力发展的各因素分析

6.6.2.1 发展支撑力

2010—2017 年,江西的发展支撑力指数在全国的排名波动较小,但都未能进入前 15 名,最高排名为 2016 年的第 19,最低排名为 2010 年和 2012 年的第 24,说明江西发展支撑力水平相对较低。 2010—2017 年,江西发展支撑力指数的排名如表 6-33 所示。

表 6-33　江西发展支撑力指数全国排名

年份	2010	2011	2012	2013	2014	2015	2016	2017
排名	24	23	24	23	22	20	19	23

从指数方面来看,2010—2017 年,江西的发展支撑力指数一直呈现上升的趋势,从 2010 年的 95.62 上升至 2017 年的 158.11,年平均增长速度为7.45%,增速较快,但是各年的指数都低于全国平均水平。 2010—2017 年,江西发展支撑力指数的情况如图 6-22 所示。

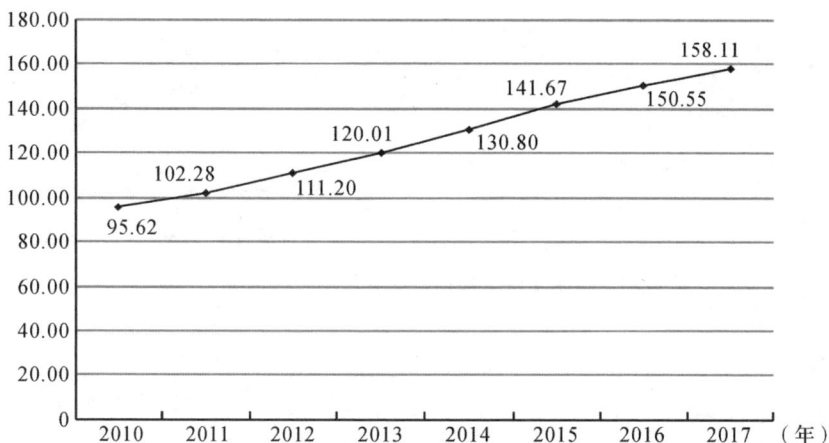

图 6-22　江西发展支撑力指数变化趋势

2010—2017 年,在影响江西发展支撑力指数的 2 个二级指标中,基础指数与购买潜力指数对流通业竞争力发展总指数的贡献率分别为 3.35% 和180.90%,即购买潜力指数是影响发展支撑力指数的主要原因,基础指数的影响较小。 在影响基础指数的 3 个三级指标中,人均社会消费品零售总额指数、流通业固定资产投资额占比指数、流通里程强度指数对流通业竞争力发展总指数的贡献率分别为 2.43%, -15.21% 和 -14.01%,即流通业固定资产投资额占比指数和流通里程强度指数对基础指数具有负向拉动作用,其中流通业固定资产投资额指数时升时降，波动较大，而流通里程强度指数呈现持续下降趋势，人均社会消费品零售总额指数是影响基础指数的主要因素；构成购买潜力指数的 2 个三级指标，即城镇居民消费潜力指数与农村居民消费潜力指数对流通业竞争力发展总指数的贡献率分别为 67.05％和 113.84％，说明农村居民消费潜力指数对购买潜力指数的影响相对较大。2010—2017 年，江西发展支撑力指数的排名相对较稳定，但都没能进入全国前 15，虽然在三级指标中，人均社会消费品零售总额指数、城镇居民消费潜力指数与农村居民消费潜力指数一直呈现上升状态，但是与全国平均水平相比，仍存在一定差距。具体如图 6-23、图 6-24 所示。

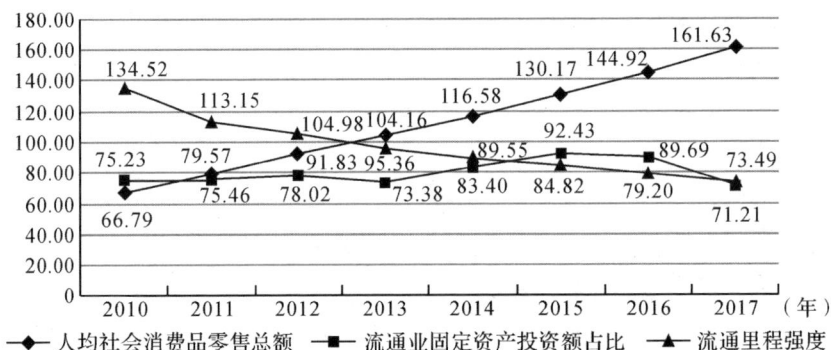

图 6-23　构成江西基础指数的各三级指标值变化情况

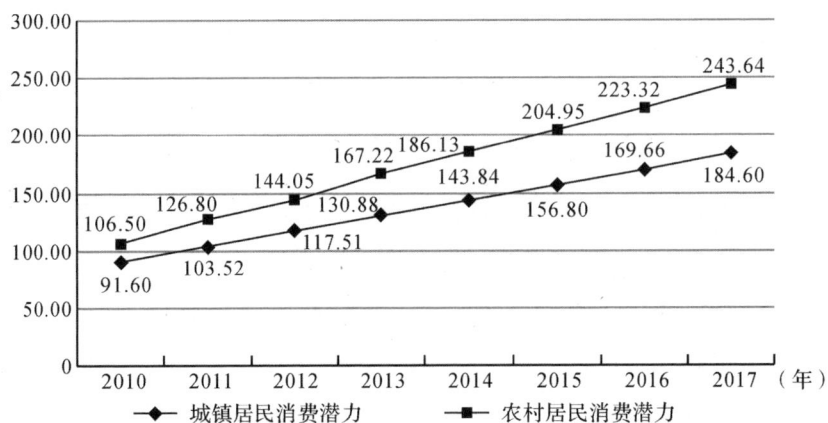

图 6-24　构成江西购买潜力指数的各三级指标值变化情况

6.6.2.2 发展现代化

2010—2017 年，江西的发展现代化指数在全国的排名中，最高为 2010 年的第 9，最低为 2017 年的第 16，最大波动为从 2010 年的全国第 9 名下降到 2011 年的全国第 15 名，2011—2017 年波动幅度不大，说明发展现代化是江西的一大优势所在。2010—2017 年，江西发展现代化指数的排名如表 6-34 所示。

表 6-34　江西发展现代化指数全国排名

年份	2010	2011	2012	2013	2014	2015	2016	2017
排名	9	15	14	13	14	13	13	16

从指数方面来看，2010—2017 年，江西的发展现代化指数大体呈下降态势，年平均增长速度为 −1.89％，且各年指数都低于全国平均水平。2010—2017 年，江西发展现代化指数的情况如图 6-25 所示。

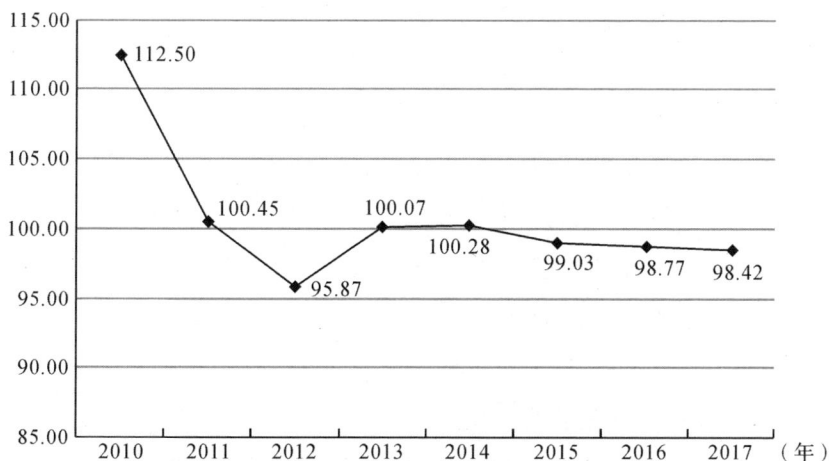

图 6-25　江西发展现代化指数变化趋势

2017 年，在影响江西发展现代化指数的 2 个二级指标中，技术现代化指数和业态现代化指数对流通业竞争力发展总指数的贡献率分别为 −42.77％与 37.76％，即业态现代化指数对发展现代化指数的贡献相对较大。在构成技术现代化指数的 2 个三级指标中，人均流通资本指数和地区流通业资产总额指

数对流通业竞争力发展总指数的贡献率分别为 14.23％ 与 −57.00％；在构成
业态现代化指数的 3 个三级指标中，物流配送化程度指数、连锁经营化程度指
数、人均连锁经营化规模指数对流通业竞争力发展总指数的贡献率分别为
8.40％，8.84％ 和 20.51％。 江西的发展现代化指数的排名从 2010 年的第 9
下降到 2011 年的第 15，主要是由人均流通资本指数下降导致的；随后由 2016
年的第 13 下降到 2017 年的第 16，则主要是地区流通业资产总额指数和连锁
经营化程度指数下降导致的。

6.6.2.3　发展国际化

2010—2017 年，江西的发展国际化指数在全国的排名除了在 2017 年进入
前 15 外，其他年份基本在第 19 左右波动，最高排名为 2017 年的第 14，最低
排名为 2010 年的第 21，说明发展国际化是江西省流通业竞争力发展的一大弱
势。 2010—2017 年，江西发展国际化指数的排名如表 6-35 所示。

表 6-35　江西发展国际化指数全国排名

年份	2010	2011	2012	2013	2014	2015	2016	2017
排名	21	20	18	19	17	18	17	14

从指数方面来看，2010—2017 年，江西的发展国际化指数都比较小，最
低为 2010 年的 33.44，最高为 2017 年的 73.43，各年数值均低于全国平均水
平且差距较大，最大差距出现在 2011 年，低于全国平均水平 77.43，说明江
西应进一步加强与国外资本的合作。 2010—2017 年，江西发展国际化指数的
情况如图 6-26 所示。

2017 年，影响江西发展国际化指数的 2 个二级指标，即外向度指数和开
放度指数对流通业竞争力发展总指数的贡献率分别为 − 34.69％ 与
−49.56％，对发展国际化指数都产生了负向的拉动作用。 这说明，江西流通
发展国际化整体水平较低，需要全面对其进行提升。

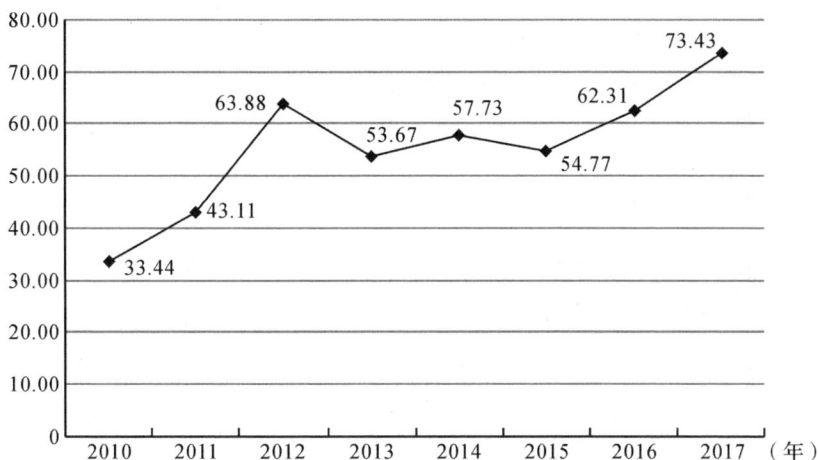

图 6-26　江西发展国际化指数变化趋势

6.6.2.4　发展绩效

2010—2017 年,江西的发展绩效指数在全国的排名中,波动较大,最高为 2015 年的第 5,最低为 2014 年的第 22,平均排名为第 15.25,标准差为 5.47,变异系数为 0.36。 2010—2017 年,江西发展绩效指数的排名如表 6-36 所示。

表 6-36　江西发展绩效指数全国排名

年份	2010	2011	2012	2013	2014	2015	2016	2017
排名	14	14	11	18	22	5	18	20

从指数方面来看,2010—2017 年,江西的发展绩效指数波动较大,最高为 2012 年的 126.15,最低为 2016 年的 91.02,各年指数与全国平均水平差距不大。 2010—2017 年,江西发展绩效指数的情况如图 6-27 所示。

2017 年,影响江西发展绩效指数的 2 个二级指标,即流通效率指数和社会经济贡献指数对流通业竞争力发展总指数的贡献率分别为 -21.56% 与 26.58%,说明社会经济贡献指数是影响发展绩效指数的主要推动因素。 江西发展绩效指数的排名从 2012 年的全国第 11 下降到 2013 年的第 18,主要是由拉动倾向指数和促进倾向指数的下降造成的;随后由 2015 年的第 5 下降到

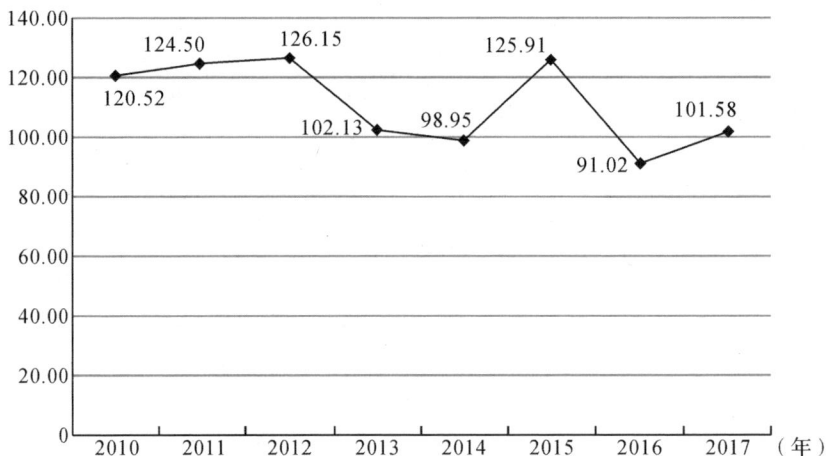

图 6-27　江西发展绩效指数变化趋势

2016 年的第 18，主要是拉动倾向指数的急剧下降导致的。 因此，江西要提升流通发展绩效水平，首先要提升流通业对工业的拉动作用。

6.6.3　相对优势与相对弱势要素分析

为了分析江西自身的四大要素发展情况，本小节将江西的四大要素按照平均排名进行排序，并将处于第 1 名的要素称为江西流通业竞争力发展的相对优势要素，将排在最后 1 名的要素称为江西流通业竞争力发展的相对弱势要素，如表 6-37 所示。

表 6-37　江西流通业竞争力发展四大要素的平均排名和变异系数

指标	发展支撑力指数	发展现代化指数	发展国际化指数	发展绩效指数
平均排名	22.25	13.38	18.00	15.25
变异系数	0.08	0.15	0.12	0.36

根据这一原则，江西流通业竞争力发展的相对优势要素是发展现代化，而相对弱势要素是发展支撑力。 进一步分析这些要素排名的变异系数可以发现，江西的相对优势要素排名的波动相对较大，而相对弱势要素的排名相对较为稳定。

6.7 山 东

山东因居太行山以东而得名，简称为"鲁"，省会济南，先秦时期隶属于齐国、鲁国，故而别名齐鲁、东鲁。 山东境内中部山地突起，西南、西北低洼平坦，东部缓丘起伏，形成以山地丘陵为骨架、平原盆地交错环列其间的地形大势。 泰山雄踞中部，主峰海拔为 1532.7 米，为山东最高点；黄河三角洲一般海拔为 2—10 米，是山东陆地最低处。 山东省辖济南、青岛、淄博、枣庄、东营、烟台、潍坊、济宁、泰安、威海、日照、莱芜、临沂、德州、聊城、滨州、菏泽 17 个地级市，县级单位 137 个（市辖区 55 个、县级市 26 个、县 56 个），乡镇级行政单位 1824 个（街道办事处 660 个、镇 1094 个、乡 70 个）。 截至 2017 年 12 月 31 日，山东土地调查面积总计 15.7965 万平方千米，总人口为 10 006 万，是中国的人口大省；国内生产总值为 72 634.15 亿元，比 2016 年增长了 6.78%，是中国经济较发达的地区之一。

6.7.1 流通业竞争力发展总指数概况

2011 年 6 月，山东省人民政府印发了《关于加快商贸流通业发展的意见》，提出从"完善城乡市场体系，提升流通服务功能""创新现代流通方式，满足多元消费需求""培育大型流通企业，增强整体竞争能力""优化商贸流通环境，提高调控保障水平""切实加强组织领导，加大政策扶持力度"5 个方面加快推进商贸流通业发展；2016 年 11 月，山东省人民政府出台了《关于贯彻国发〔2015〕49 号文件推进全省商贸流通现代化的实施意见》，提出到 2020 年，全省实现社会消费品零售总额 4.5 万亿元，年均增长 10% 左右，商贸流通信息化、标准化、集约化水平明显提高；全省基本形成开放共享、畅通高效、城乡一体、便民惠民的现代流通体系，创新驱动、融合互动、协调共进、绿色集约的发展方式，规则健全、规范有序、安全诚信、调控有力的法治化营商环境。 山东在流通业竞争力发展方面取得了很好的效果，2010—2017 年，流通业竞争力发展总指数的排名都进入了全国前 10，而且比较稳定,平均排名为全国第 8.63,标准差为 0.74,变异系数为 0.09。 2010—
2017 年,山东流通业竞争力发展总指数的全国排名如表 6-38 所示。

表 6-38　山东历年流通业竞争力发展总指数全国排名

年份	2010	2011	2012	2013	2014	2015	2016	2017
排名	9	9	8	10	8	8	8	9

从指数方面来看,山东流通业竞争力发展总指数呈现波动上升的态势,从
2010 年的 119.76 上升至 2017 年的 138.20,年平均增长速度为 2.07%,各年
数值与全国平均水平差距不大。 具体如图 6-28 所示。

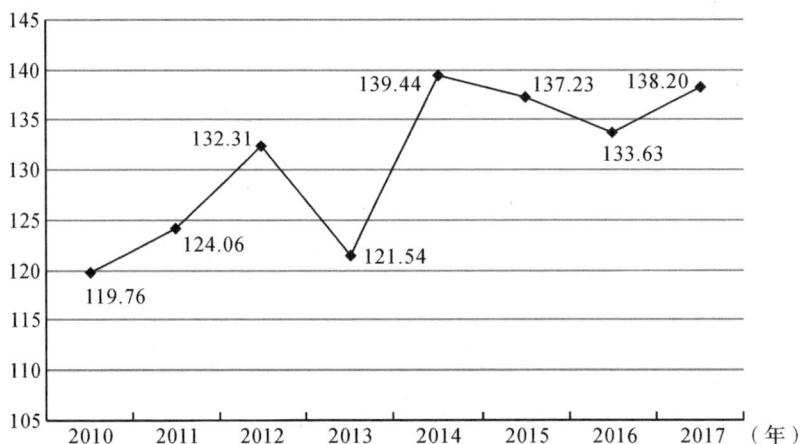

图 6-28　山东流通业竞争力发展总指数变化趋势

2010—2017 年,影响山东流通业竞争力发展总指数的 4 个一级指标,
即发展支撑力指数、发展现代化指数、发展国际化指数、发展绩效指数对流
通业竞争力发展总指数的贡献率分别为 65.96%,13.26%,3.09% 和
17.68%,即 4 个一级指标对流通业竞争力发展总指数都具有正向拉动作
用,如图 6-29 所示。 从贡献率可以看出,发展国际化是山东的一大短板,
因此山东必须加快和国外资本的合作,才能进一步提升山东的流通业竞争
力发展水平。

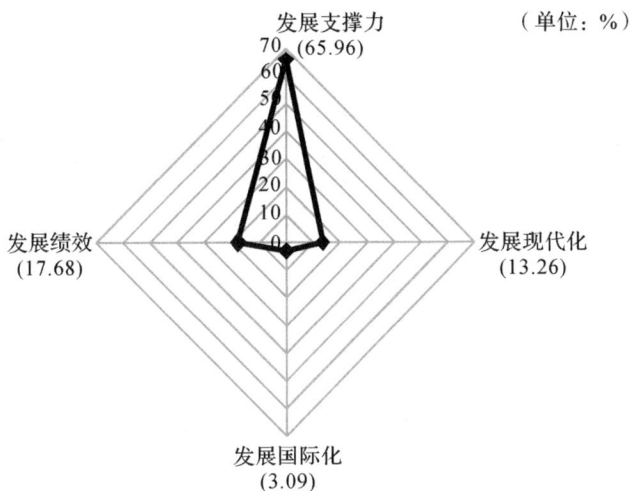

（单位：%）

图 6-29　2017 年各一级指标对山东流通业竞争力发展总指数的贡献率

6.7.2　影响流通业竞争力发展的各因素分析

6.7.2.1　发展支撑力

2010—2017 年，山东的发展支撑力指数在全国的排名都比较靠前，除了 2010 年位居第 12 外，其他年份均进入前 10，平均排名为第 8.75，排名标准差为 1.39，变异系数为 0.16，变动较小。2010—2017 年，山东发展支撑力指数的排名如表 6-39 所示。

表 6-39　山东发展支撑力指数全国排名

年份	2010	2011	2012	2013	2014	2015	2016	2017
排名	12	9	8	8	9	8	8	8

从指数方面来看，山东的发展支撑力指数呈持续上升的态势，年平均增长速度为 9.04%，与全国相比，除了 2010 年低于全国平均水平外，其他年份都高于全国平均水平，可见，发展支撑力是山东的一大优势。2010—2017 年，山东的发展支撑力指数变化趋势如图 6-30 所示。

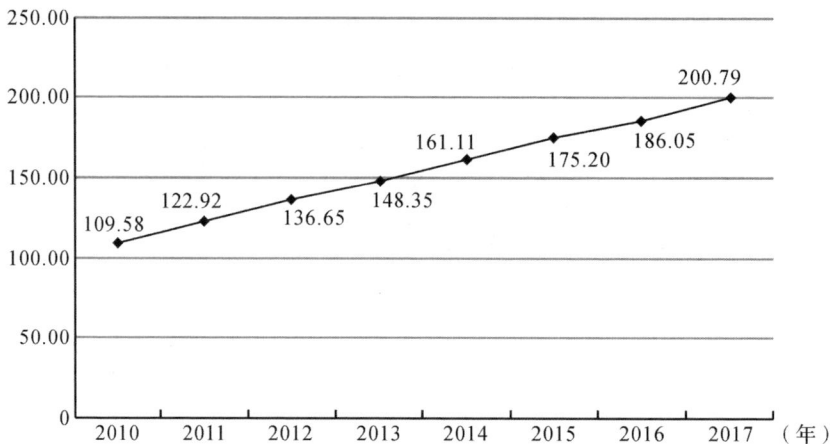

图 6-30　山东发展支撑力指数变化趋势

2010—2017 年，构成山东发展支撑力指数的 2 个二级指标，即基础指数与购买潜力指数对流通业竞争力发展总指数的贡献率分别为 17.56％ 和 48.40％，可见购买潜力指数对发展支撑力指数具有较大的拉动作用。 在构成山东发展支撑力指数的三级指标中，人均社会消费品零售总额指数、城镇居民消费潜力指数与农村居民消费潜力指数一直呈现上升态势。 制约山东发展支撑力指数提高的主要因素是流通业固定资产投资额占比指数与流通里程强度指数。 具体如图 6-31、图 6-32 所示。

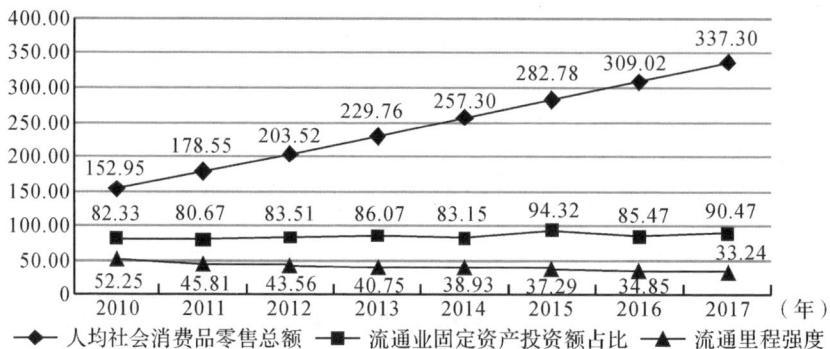

图 6-31　构成山东基础指数的各三级指标值变化情况

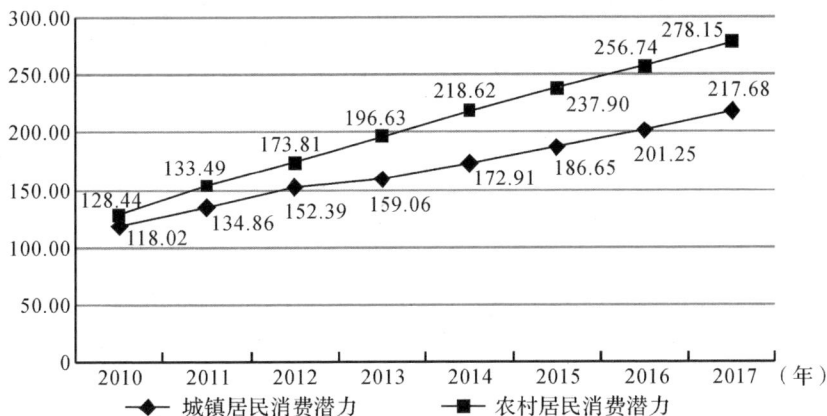

图 6-32　构成山东购买潜力指数的各三级指标值变化情况

6.7.2.2　发展现代化

2010—2017 年，山东的发展现代化指数在全国的排名，除了 2017 年位列第 11 外，其他年份均进入前 10，平均排名为第 9.13，排名标准差为 0.99，变异系数为 0.11，波动较小。2010—2017 年，山东发展现代化指数的排名如表 6-40 所示。

表 6-40　山东流通发展现代化指数全国排名

年份	2010	2011	2012	2013	2014	2015	2016	2017
排名	8	8	9	9	10	9	9	11

从指数方面来看，2010—2017 年，山东的发展现代化指数呈现波动式下降趋势，从 2010 年的 132.14 下降至 2017 年的 120.27，年平均增长速度为 -1.34%，但是数值都大于全国平均水平，可见，发展现代化是山东流通业发展的优势之一。2010—2017 年，山东发展现代化指数的具体情况如图 6-33 所示。

2017 年，构成山东发展现代化指数的 2 个二级指标，即技术现代化指数和业态现代化指数对流通业竞争力发展总指数的贡献率分别为 17.38% 与 -4.12%，说明技术现代化指数是影响发展现代化指数的主要因素。构成技

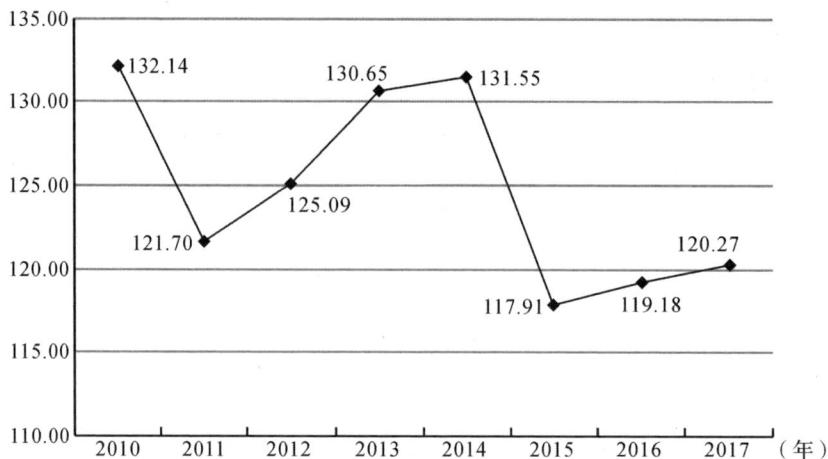

图 6-33　山东发展现代化指数变化趋势

术现代化指数的 2 个三级指标，即人均流通资本指数与地区流通业资产总额指数对流通业竞争力发展总指数的贡献率分别为 10.34％和 7.05％，说明 2 个三级指标对技术现代化指数都具有正向拉动作用；构成业态现代化指数的 3 个三级指标，即物流配送化程度指数、连锁经营化程度指数、人均连锁经营化规模指数对流通业竞争力发展总指数的贡献率分别为 −0.79％，−5.97％和 2.64％，说明人均连锁经营化规模指数对业态现代化指数具有非常重要的意义。

6.7.2.3　发展国际化

山东的发展国际化指数在 2010—2017 年的全国排名均进入前 10，其中 2010—2013 年位居第 8，2014—2016 年位居第 9，2017 年位居第 10，平均排名为第 8.63，排名标准差为 0.74，变异系数为 0.09，各年的波动幅度不大。2010—2017 年，山东流通业发展国际化指数的全国排名如表 6-41 所示。

表 6-41　山东流通业发展国际化指数全国排名

年份	2010	2011	2012	2013	2014	2015	2016	2017
排名	8	8	8	8	9	9	9	10

从指数方面来看，2010—2013 年，山东发展国际化指数保持上升趋势；

而 2014—2016 年，由于流通业实际利用外资额占比指数的下降，发展国际化指数持续下降，在 2017 年有所回升。 山东发展国际化指数的平均值为105.55，略低于全国平均水平，年平均增长速度为 2.93%，增速较缓。2010—2017 年，山东发展国际化指数的具体变化情况见图 6-34 所示。

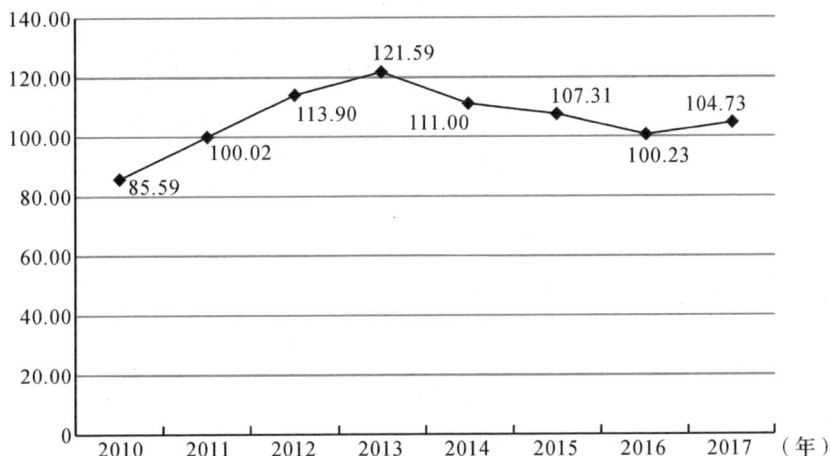

图 6-34　山东发展国际化指数变化趋势

2017 年，影响山东发展国际化指数的 2 个二级指标，即外向度指数和开放度指数对流通业竞争力发展总指数的贡献率分别为 20.71% 与 −17.62%，说明外向度指数是发展国际化指数的主要影响因素，而开放度指数则对发展国际化指数产生了负向拉动作用。 在构成发展国际化指数的三级指标中，人均商品出口额指数、流通业实际利用外资额占比指数、外资商业销售额占比指数对流通业竞争力发展总指数的贡献率分别为 20.71%，− 3.69% 和−13.93%，因此，山东要推进流通业竞争力发展，需要加快提高流通业实际利用外资额占比和外资商业销售额占比。

6.7.2.4　发展绩效

山东的发展绩效指数在 2010—2017 年的排名，除了 2013 年和 2017 年未进入全国前 10 外，其他年份均进入全国前 10 且排名靠前，最高排名为 2015 年的全国第 1，最低排名为 2013 年的全国第 28，平均排名为全国第 7.13，排名标准差为 9.14，变异系数为 1.28，排名波动较大。 2010—2017 年，山东发展绩效指数的排名如表 6-42 所示。

表 6-42　山东发展绩效指数全国排名

年份	2010	2011	2012	2013	2014	2015	2016	2017
排名	2	2	3	28	3	1	6	12

从绝对值方面来看，2013 年，受政策等因素影响，山东的住宿和餐饮业增加值急速下降，导致山东发展绩效指数呈现断崖式的下降趋势，其他年份总体也呈现下降趋势。 2010—2017 年，山东的发展绩效指数都高于全国平均水平，具体变化趋势如图 6-35 所示。

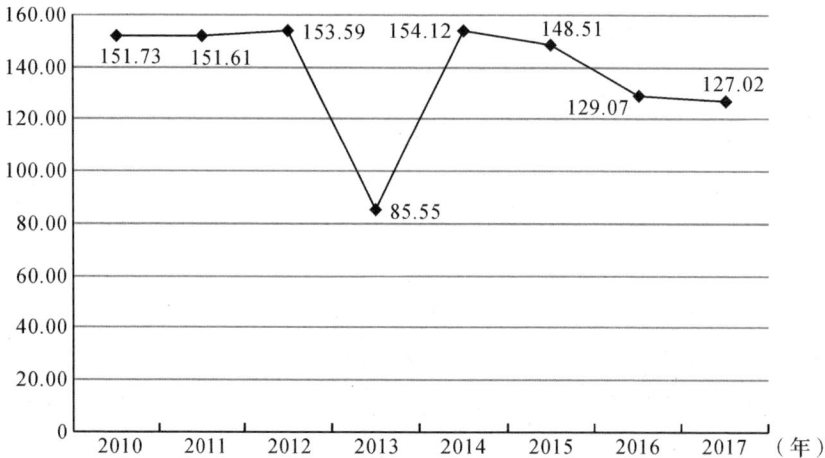

图 6-35　山东发展绩效指数变化趋势

从对流通业竞争力发展总指数的贡献上分析，二级指标流通效率指数与社会经济贡献指数对山东竞争力发展总指数的贡献率分别为 6.72％和10.96％，说明流通效率指数与社会经济贡献指数对发展绩效指数都具有正向拉动作用。 山东发展绩效指数的排名从 2012 年的全国第 3 下降至 2013 年的全国第 28，主要是因为住宿和餐饮业增加值的急速下降；随后从 2015 年的全国第 1 下降至 2016 年的全国第 6，再下降至 2017 年的全国第 12，主要是流动资产周转率指数与拉动倾向指数下降所致。

6.7.3 相对优势与相对弱势要素分析

为了分析山东自身的四大要素发展情况,本小节将山东的四大要素按照平均排名进行排序,并将处于第 1 名的要素称为山东流通业竞争力发展的相对优势要素,将排在最后 1 名的要素称为山东流通业竞争力发展的相对弱势要素,如表 6-43 所示。

表 6-43   山东流通业竞争力发展四大要素的平均排名和变异系数

指标	发展支撑力指数	发展现代化指数	发展国际化指数	发展绩效指数
平均排名	8.75	9.13	8.63	7.13
变异系数	0.16	0.11	0.09	1.28

根据这一原则,山东流通业竞争力发展的相对优势要素是发展绩效,而相对弱势要素是发展现代化。 进一步分析这些要素排名的变异系数可以发现,山东相对优势要素排名的波动比较大,而相对弱势要素的排名相对较为稳定。

7

中南地区流通业竞争力分析

　　中南地区位于中国中南部区域，包括河南、湖北、湖南、广东、广西和海南，总面积达 101.74 万平方千米，占全国总面积的 10.56%。 2017 年末，中南地区常住人口约为 3.93 亿，占全国总人口的 28.27%，人口稠密。 该地区农业、轻重工业比较发达，矿产资源丰富，其中煤炭资源占全国的 3.06%，铁矿资源储量也居全国前列。 中南地区教育资源丰富，交通便利，拥有中国重要的交通枢纽城市——郑州、株洲、衡阳、柳州及方便的水路交通。 这些资源和便利的交通深化了中南地区经济和流通业的发展。

　　2010—2017 年，中南地区经济保持持续上涨的趋势，2017 年的生产总值高达 226 624.91 亿元，占全国生产总值的 27.62%。 该期间，中南地区流通业的发展越来越强劲，从指数的角度来看，影响这一地区流通业竞争力发展的主要总量指数均呈逐年上升的趋势。 2010—2017 年，中南地区的具体指标值如表7-1所示。

表 7-1　影响中南地区流通业竞争力发展的主要总量指标情况

指标		社会消费品零售总额（亿元）	流通业固定资产投资额（亿元）	流通里程数（千米）	流通业增加值（亿元）	连锁零售业销售额（亿元）	流通业就业人数（亿人）
年份	2010	42 405.4	8670.7	1 049 000	20 346.17	6454.6	426.5

续　表

指标		社会消费品零售总额（亿元）	流通业固定资产投资额（亿元）	流通里程数（千米）	流通业增加值（亿元）	连锁零售业销售额（亿元）	流通业就业人数（亿人）
年份	2011	50 054.1	9302.35	1 067 800	24 371.31	8993.3	471.24
	2012	57 060.6	10 888.18	1 087 100	27 261.63	9200.9	495.96
	2013	64 649.9	13 913.21	1 111 300	30 114.15	9895.0	648.38
	2014	72 646.2	16 818.14	1 138 800	32 702.93	10 221.3	646.24
	2015	80 958.4	20 332.08	1 164 900	34 275.94	9718.0	649.82
	2016	89 924.2	22 017.22	1 197 000	37 169.5	9880.7	662.75
	2017	99 547.7	24 327.55	1 214 700	38 911.3	8500.8	664.05

　　从流通业竞争力发展总指数的角度来看，2010—2017 年，中南地区流通业竞争力发展总指数整体比较平稳，但各省之间发展不平衡，见图7-1。 其中，广东的上升趋势最为明显，一直遥遥领先于其他 5 个省区，这与其得天独厚的地域位置、政治环境、经济水平等因素息息相关。 湖北和海南的流通业发展水平次之，增长较缓。 而剩下的湖南、广西和河南的流通业发展相当，在全国的平均排名分别为第 21、第 25.9、第 23，且指数排名的波动较大，特别是河南，见表 7-2。

表 7-2　中南地区六省市的流通业竞争力发展总指数排名情况

年份		2010	2011	2012	2013	2014	2015	2016	2017
地区	河南	29	24	23	21	22	19	20	24
	湖北	15	19	18	14	15	12	12	15
	湖南	7	8	10	9	13	11	11	10
	广东	3	2	2	2	2	4	4	4
	广西	28	28	26	27	28	22	22	25
	海南	12	15	15	15	14	15	26	17

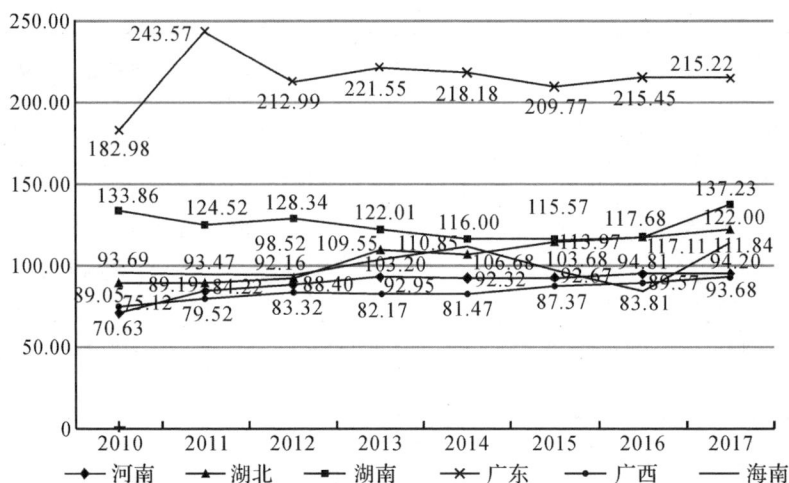

图 7-1 中南地区六省区的流通业竞争力发展总指数的变化趋势

7.1 河 南

河南,简称"豫",是中国传统地域——中原的核心区,地处中国中部,承东启西,是中国经济自东向西梯次发展的中间地带。 全省面积为 16.7 万平方千米,2017 年常住人口为 9559 万,其中城镇人口为 4794 万,城市化率为 50.16%。 2009—2017 年,河南的经济保持持续上涨趋势,2017 年地区生产总值高达 44 552.83 亿元,占全国生产总值的 5.4%。

7.1.1 流通业竞争力发展总指数概况

从绝对值方面来看,2010—2017 年,河南社会消费品零售总额由 6746.4 亿元上升至 19 666.8 亿元,增长率达 191.52%;流通业固定资产投资额由 1217.36 亿元增长至 4783.81 亿元,上升了 292.92%;流通业外商直接投资额由 2010 年的 23 470 万美元增加至 2017 年的 27 200 万美元;与此同时,流通业增加值由 1584.23 亿元上升至 4577.71 亿元,增长率达到 188.93%。 2010—2017 年,河南的流通业竞争力发展总指数及其排名情况如表 7-3 所示。

表 7-3　河南流通业竞争力发展总指数及全国排名

年份	2010	2011	2012	2013	2014	2015	2016	2017
总指数	70.63	84.22	88.40	92.95	92.32	92.67	94.81	94.20
排名	29	24	23	21	22	19	20	24

从流通业竞争力发展总指数的角度来看，2010—2017 年，河南的流通业竞争力发展总指数呈现升降交替的波动态势，总体呈上升趋势。 从总指数排名的角度来看，河南的排名波动较大。 在这段时间内，河南流通业竞争力发展总指数的排名大多位于全国第 20 之后，其中 2010 年下降至全国第 29 位，排名倒数第 2，在 2015 年、2016 年，排名分别上升至全国第 19、第 20 位，平均排名为全国第 23。 这表明，河南的流通业竞争力发展水平在全国范围内是相对落后的，有待提高。

从流通业竞争力发展总指数的四大构成指数的平均值来看，2010—2017 年，河南在发展支撑力方面表现得最为突出，发展支撑力指数高达 156.87；发展绩效指数表现次之，指数高达 135.13；发展国际化指数和发展现代化指数较为落后，其中发展现代化指数的平均值为 62.00，发展国际化指数最低，平均值约为 44.00，两者指数均低于 100。 这表明，发展国际化和发展现代化是河南流通业竞争力发展的薄弱环节，未来还有待加强。

下面我们用雷达图来分析 2017 年河南发展支撑力指数、发展现代化指数、发展国际化指数、发展绩效指数对其流通业竞争力发展总指数的贡献情况，如图 7-2 所示。

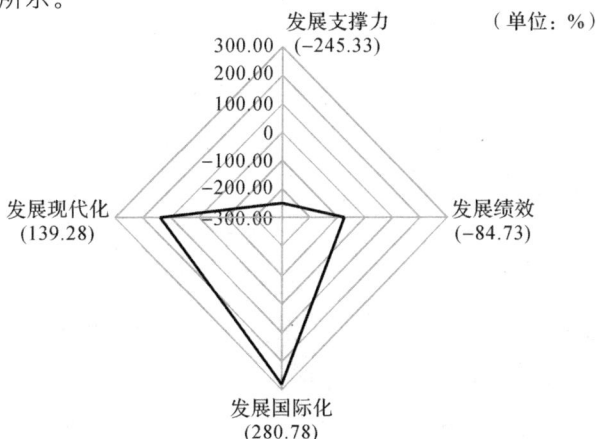

图 7-2　2017 年河南流通业竞争力发展四要素的贡献率

由图 7-2 可知,发展国际化指数和发展现代化指数对河南流通业竞争力发展总指数的贡献率为正,发展支撑力指数和发展绩效指数对河南流通业竞争力发展总指数的贡献率为负。 其中:发展国际化指数对总指数的贡献最大,贡献率高达 280.78%;其次为发展现代化指数,贡献率为 139.28%;而发展支撑力指数和发展绩效指数对河南的流通业竞争力发展总指数的贡献率分别是 −245.33% 和 −84.73%。 发展支撑力指数拉动河南流通业竞争力发展总指数增长了 14.22 个百分点,发展绩效指数拉动河南流通业竞争力发展总指数增长了 4.33 个百分点。 因此,河南相关政府部门和企业应该进一步转变流通业竞争力发展方式,促进居民消费,完善交通等基础设施,提高流通效率和整体流通业对经济社会的影响力,这对流通业竞争力的发展具有重要意义。

7.1.2　影响流通业竞争力发展的各因素分析

7.1.2.1　发展支撑力

从绝对值方面来看,2010—2017 年,河南人均社会消费品零售总额由 8510.58 元上升至 205 741.19 元,流通业固定资产投资额从 1599 亿元增加至 2017 年的 4783.31 亿元,流通里程数由 25.07 万千米增至 27.64 万千米,城镇居民家庭人均可支配收入由 15 930.3 元增长至 29 557.86 元,农村居民家庭人均纯收入由 5523.7 元增至 12 719.18 元。 这些影响流通业发展的经济总量指标的上升为这一时期河南流通业的发展提供了重要的支撑。 2010—2017 年,河南的发展支撑力指数及其在全国的排名情况如表 7-4 所示。

表 7-4　河南发展支撑力指数及全国排名

年份	2010	2011	2012	2013	2014	2015	2016	2017
发展支撑力指数	89.10	96.79	106	117.34	127.32	137.9	145.64	156.87
排名	28	27	26	26	25	24	24	24

从表 7-4 中可以看出,2010—2017 年,河南发展支撑力指数呈逐年上升趋势,表明这一时期河南的发展支撑力有了一定程度的进步。 从排名上来看,在这一时期,河南发展支撑力在全国的排名由 2010 年的第 28 上升到 2017 年

的第 24。 而且可以看出，河南的发展支撑力指数在全国的排名一直在第 24
之后，这表明河南的发展支撑能力在全国范围内属于比较落后的水平，目前也
仍处于比较落后的状态。

2010—2017 年，河南的基础指数总体呈上升趋势，由 2010 年的 80.26 上升
到 2017 年的 109.29，指数平均值为 91.88；购买潜力指数呈逐年上升状态，由
2010 年的 97.94 上升到 2017 年的 204.46，指数平均值为 152.36（见表 7-5），
说明在这一时期，河南的发展支撑力指数的增加是由购买潜力指数和基础指数
的不断上升推动的。 从对流通业竞争力发展总指数的贡献上来看，2017 年，基
础指数和购买潜力指数对流通业竞争力发展总指数的贡献率分别为－20.04％和
－225.29％，这表明购买潜力指数对总指数有较大的反向拉动作用，基础指数对
总指数也有一定的负向拉动作用。 可见，基础和购买潜力的不足是制约河南流
通发展支撑力提高的重要因素。 因此，为了进一步提高河南的流通发展支撑
力，相关政府人员和企业需要采取有效措施，不断拉动居民消费，完善交通基础
设施，进一步增强基础指数和购买潜力指数的影响。 2010—2017 年，河南发展
支撑力指数的基础指数的构成要素变动趋势如图 7-3 所示。

表 7-5　构成河南发展支撑力指数的二级指标值情况

年份	2010	2011	2012	2013	2014	2015	2016	2017
基础指数	80.26	79	82.31	87.85	92.92	100.29	103.11	109.29
购买潜力指数	97.94	114.58	129.70	146.83	161.72	175.51	188.17	204.46

图 7-3　河南基础指标构成要素的变动趋势

　　由图 7-3 可知，流通业固定投资额占比在 2010—2011 年、2015—2016 年
有下降趋势，其余年份总体呈现上升趋势；流通里程强度在 2010—2017 年间
呈下降趋势；人均社会消费品零售总额指数一直以较快的速度增长。 在 2011
年之后，人均社会消费品零售总额指数开始高于其他指数，这表明在 2011 年
之后，河南省流通业竞争力发展基础支撑能力主要表现为人均社会消费品总
额的增加。 相对于河南整个社会经济的发展状况而言，流通业固定资产投资
额略显不足，流通业基础交通运输的基础设施建设也较缓慢，成为制约河南发
展支撑力指数提升的重要因素。 因此，采取有效措施增加流通业的固定资产
投资，并增加对流通业发展所需基础交通设施建设的投入，将有利于河南流通
业竞争力发展基础能力的提升，从而对进一步提升其流通发展支撑力起到重
要作用。

　　2010—2017 年，城镇居民消费潜力指数和农村居民消费潜力指数这 2 个
三级指标在总体上均呈现上升趋势，且农村居民消费潜力指数一直高于城镇
居民消费潜力指数，如图 7-4 所示。 这说明，河南农村发展的动力较城市发
展更为强劲。 因此，为了更深入地发掘河南发展支撑力的购买潜力，需要不
断优化河南城市化的发展质量，使得城镇居民消费潜力指数也快速增长。

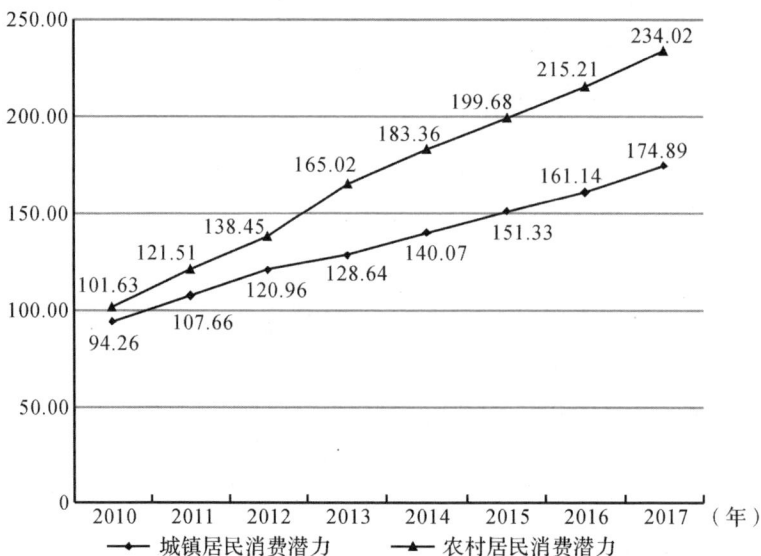

图 7-4　河南发展支撑力购买潜力指数构成要素指数的变动趋势

7.1.2.2　发展现代化

2010—2017 年，在总量指数大幅上升的同时，河南的发展现代化指数也呈总体上升趋势，由 2010 年的 58.36 上升到 2017 年的 67.71，指数平均值为 62.67。这说明，在这一时间段内，河南发展现代化指数呈平稳上升趋势。从全国范围来看，河南的发展现代化指数在全国的排名一直处于第 27 左右，由 2010 年的全国第 26 下滑至 2011 年的第 28，随后一直稳定维持在第 27，到 2017 年又下滑至第 28。这说明，河南发展现代化水平在全国范围内处于比较落后的地位。2010—2017 年，河南发展现代化指数及其在全国的排名情况如表 7-6 所示。

表 7-6　河南发展现代化指数及全国排名

年份	2010	2011	2012	2013	2014	2015	2016	2017
发展现代化指数	58.36	56.59	60.51	60.01	64.07	66.62	67.46	67.71
排名	26	28	27	27	27	27	27	28

2010—2017 年，在构成河南发展现代化指数的二级指标中，技术现代化指数呈上升趋势，而业态现代化指数较为平稳，两指数的平均值分别为 67.07 和 58.26。在 2013 年之前，技术现代化指数略低于业态现代化指数；2014—2017 年，技术现代化指数开始增长，并超过了业态现代化指数。这说明，在 2014 年之后，技术现代化指数对河南发展现代化指数的贡献率在提高，而业态现代化的发展水平较低，是河南发展现代化的薄弱之处。2017 年，技术现代化指数和业态现代化指数对流通业竞争力发展总指数的贡献率分别是 39.48％和 99.80％，说明业态现代化水平的不断下降是河南发展现代化水平下降的主要因素。2010—2017 年，构成河南发展现代化指数的各二级指标值的情况如图 7-5 所示。

2010—2017 年，影响河南技术现代化指数的三级指标的情况如图 7-6 所示。2 个三级指标的波动性较小，总体都有上升趋势，2017 年人均流通资本指数和地区流通业资产总额指数对流通业竞争力发展总指数的贡献率分别为 4.38％和 35.10％，说明当年河南省技术现代化水平的上升是这两者共同推动的，而且地区流通业资产总额指数贡献更大。

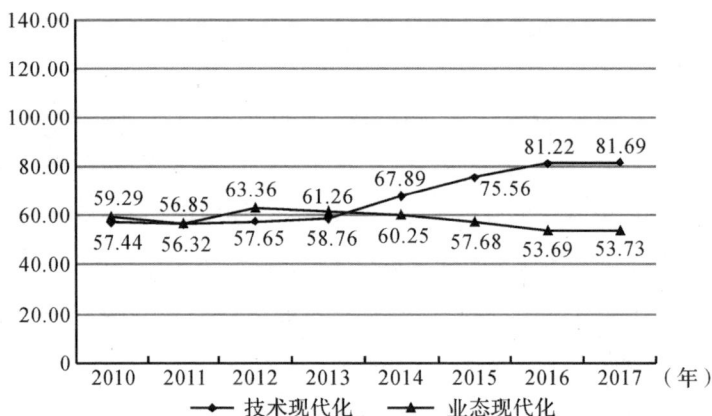

图 7-5　河南发展现代化指数构成要素的变动趋势

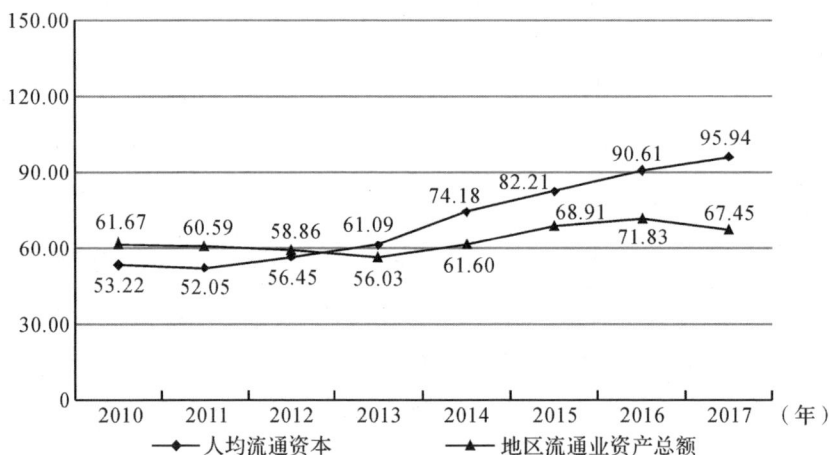

图 7-6　河南技术现代化指数构成要素的变动趋势

影响河南业态现代化指数的三级指标的情况如图 7-7 所示。 从图中可以看出，3 个三级指标的波动区间为 30—90，说明指数的变化较小且趋于稳定。其中，人均连锁经营化规模指数总体呈上升趋势，物流配送化程度指数和连锁经营化程度指数有下降趋势。 物流配送化程度指数、连锁经营化程度指数和人均连锁经营化规模指数对河南流通业竞争力发展总指数的贡献率分别为19.78％，47.93％和 32.08％，说明这 3 个三级指标的上升是河南流通业态发展现代化水平上升的主要原因，其中连锁经营化程度指数对河南业态现代化指数的贡献最大。 因此，相关政府部门和企业采取有效激励措施，鼓励物流业新生业态的发展，将有利于该省流通业发展现代化水平的进一步提升。

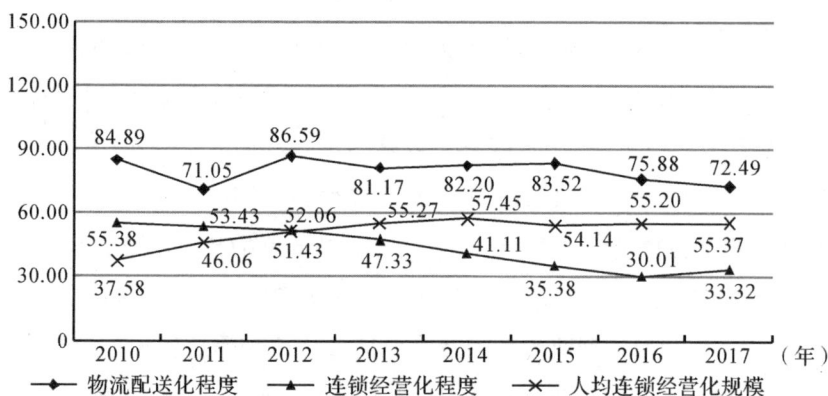

图 7-7　河南业态现代化指数构成要素的变动趋势

7.1.2.3　发展国际化

从绝对值方面来看，在 2010—2017 年，影响河南流通业发展国际化水平的一些绝对量指标实现了大幅提升。其中，河南的货物出口总额由 2010 年的 1 052 937.2 万美元增加至 2017 年的 4 703 096.3 万美元，流通业外商实际直接投资额由 14 606 万美元增至 27 200 万美元。这些指标的上升，为河南流通业发展国际化程度的提高起到了重要的基础作用。

从指数的角度来看，2010—2017 年，河南的发展国际化指数呈现升降起伏的波动状态。其中，2010—2012 年，发展国际化指数呈快速上升趋势，但 2013 年由 2012 年的 72.98 下降至 42.52，之后几年保持在 35 左右。

从排名的角度来看，河南省在全国的排名除了 2011 年、2012 年排名在第 13、第 15 外，其余年份均为第 23 或第 24。这说明，在这一时期，河南的发展国际化程度虽有所进步，但仍处于较落后的水平。2010—2017 年，河南的发展国际化指数及排名情况如表 7-7 所示。

表 7-7　河南发展国际化指数及全国排名

年份	2010	2011	2012	2013	2014	2015	2016	2017
发展国际化指数	30.06	66.84	72.98	42.52	36.61	38.61	31.01	34.91
排名	23	13	15	23	24	23	23	24

2010—2017 年，在影响河南省发展国际化指数的 2 个二级指标中：2012
年之前外向度指数较小；从 2012 年开始，开放度指数呈现下降趋势，指数平
均值只有 26 左右，且总体呈下降趋势。 这说明在 2012 年之前，河南流通业
国际化程度的提高主要依托于该产业较高的实际利用外资额占比等因素；而
在 2012 年之后，其外向度指数，以及其出口额占全国出口额的比重对该地区
流通发展国际化的影响开始增大。 2017 年，外向度指数对流通业竞争力发展
总指数的贡献率达到了 97.75％，开放度的贡献率则高达 183.03％。 该数据
表明，开放度指数对流通业竞争力发展总指数的拉动作用较大。 因此，为了
进一步提高河南流通国际化发展水平，需要更加重视外向度的发展，提高河南
的人均商品出口额。

2010—2017 年，河南开放度指数的构成要素的变动趋势见图 7-8。 从图
中可以看出，制约河南开放度指数提高的主要原因是流通业实际利用外资额
占比指数过低，这说明开放度指数有很大的提高空间，因此，政府相关部门与
企业需要不断提高流通业实际利用外资额占比指数，进一步提高河南开放水
平，进而提高河南流通业发展质量。

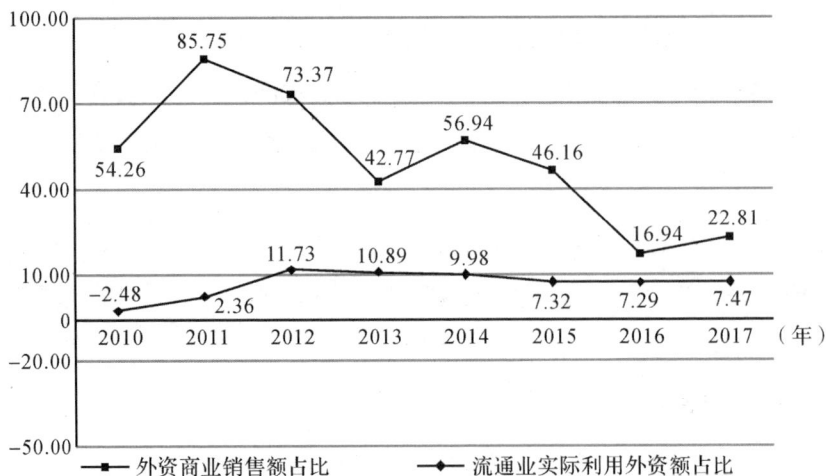

图 7-8　河南开放度指数构成要素的变动趋势

7.1.2.4　发展绩效

从绝对值方面来看，河南流通业流动资产总额由2010年的1591亿元增加到2017年的2211.80亿元，批发和零售业主营业务收入由2010年的5724.90亿元增加至2017年的13 519.50亿元。2010—2017年，流通业增加值达2772.03亿元。从这些总量数据上来看，在这一时期，河南流通业的发展绩效指数在总量上有所提高。

从指数的角度来看，2010—2017年，河南的发展绩效指数都有所波动。在2013年之前，河南的发展绩效指数呈上升趋势，并且在2013年达到最高值，为151.91。随后几年，河南的发展绩效指数逐渐下降，2017年下降至117.32。从排名的角度来看，河南的发展绩效指数在全国的排名波动幅度较大。2013—2016年，河南的发展绩效指数的排名上涨至全国前6，在2017年排名又下降到全国第16。但是从总体上来说，河南的发展绩效指数的排名有所上升，说明河南省的流通发展绩效能力未来仍有很大的进步空间。2010—2017年，河南的发展绩效指数及其全国排名情况如表7-8所示。

表7-8　河南发展绩效指数及全国排名

年份	2010	2011	2012	2013	2014	2015	2016	2017
发展绩效指数	104.98	116.67	114.12	151.91	141.30	127.55	135.13	117.32
排名	22	21	19	5	6	4	5	16

从图7-9中可以看出，在影响河南发展绩效指数的2个二级指标中，流通效率指数和社会经济贡献指数均呈现波动趋势。其中：流通效率指数在2012年下降得最为明显，在2012年为79.06，其余时间段指数的平均值为109.70；社会经济贡献指数在2010—2013年呈逐年上升趋势，并在2013年达到最高值193.19，随后开始逐渐下降，在2017年达到130.64，平均值为146.34。在这一期间，流通效率指数和社会经济贡献指数对流通业竞争力发展总指数的贡献率分别为−8.65%和−66.08%，表明这两者均对河南流通业竞争力发展总指数产生负向拉动作用，说明流通效率指数和社会经济贡献指数制约了河南发展绩效指数的上升。2010—2017年，影响河南流通效率指

数、社会经济贡献指数的各指标的变化情况如图 7-9 和图 7-10 所示。

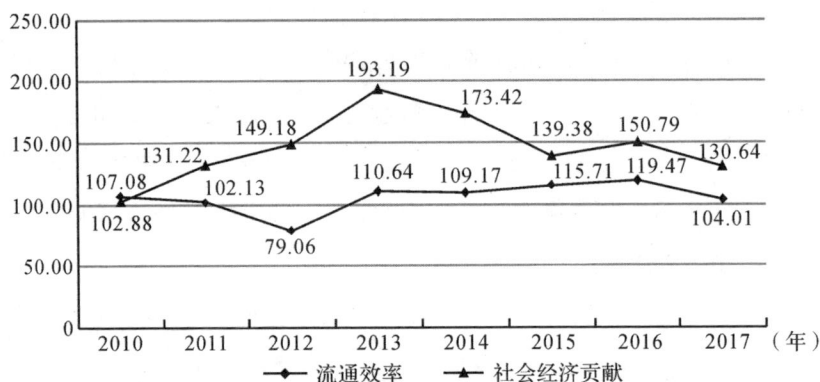

图 7-9　河南发展绩效指数构成要素的变动趋势

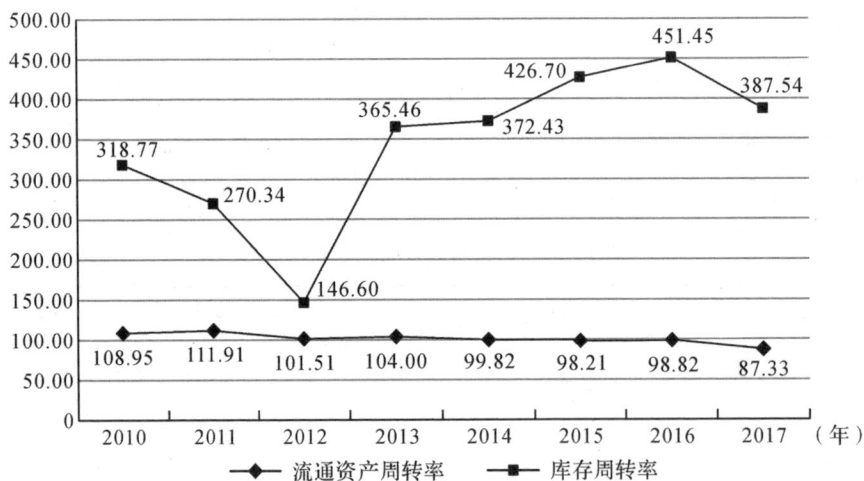

图 7-10　河南流通效率指数构成要素的变动趋势

由图 7-11 可知，从走向趋势来看，促进倾向指数和拉动倾向指数变化的波动性较大，而流通业增加值占比和就业贡献率这 2 个指标较稳定，但发展水平较低。因此，河南流通业发展的社会经济贡献指数呈下降趋势的主要原因在于该省流通业的发展对于就业增加和国民经济发展的贡献较小，流通业的发展相对于整个经济的发展而言较缓慢；同时，该省流通业的发展对消费的促进和对工业产出的拉动作用所表现出的不稳定性也是河南流通业发展面临的一个重要问题。

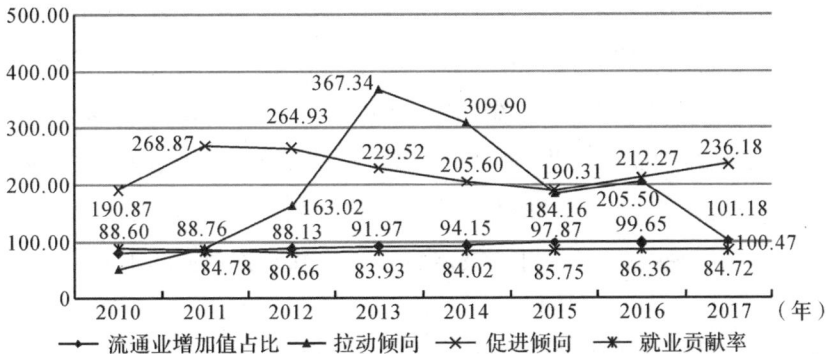

图 7-11 河南社会经济贡献指数构成要素的变动趋势

7.1.3 相对优势与相对弱势要素分析

为了分析河南自身的四大要素发展情况，我们将河南的四大要素按照平均排名进行排序，并将处于第 1 名的要素称为河南流通业发展竞争力的相对优势要素，将排在最后 1 名的要素称为河南流通业发展竞争力的相对弱势要素，如表 7-9 所示。

表 7-9 河南流通业发展竞争力四大要素的平均排名和变异系数

指标	发展支撑力指数	发展现代化指数	发展国际化指数	发展绩效指数
平均排名	25.5	27.13	21	12.25
变异系数	0.06	0.02	0.21	0.65

根据这一原则，河南流通业发展竞争力的相对优势要素是发展绩效，而相对弱势要素是发展现代化。进一步分析这些要素排名的变异系数可以发现，河南相对优势要素的排名的变化波动较大，非常不稳定，而相对弱势要素的排名则相对稳定。

7.2 湖 北

湖北，简称"鄂"，其省会城市为武汉。长江自西向东，横贯湖北 1061

千米。 湖北内长江及其最大支流汉江，润泽楚天，水网纵横，湖泊密布，因此，湖北又称"千湖之省"。 湖北总面积为 18.59 万平方千米，占中国总面积的 1.94％。 湖北东连安徽，东南邻江西、湖南，西连重庆，西北与陕西为邻，北接河南。 湖北东、西、北三面环山，中部为素有"鱼米之乡"之称的江汉平原。 2010—2017 年，湖北经济不断发展，2017 年完成生产总值35 478.09亿元，较 2016 年增长了 8.61％，占全国生产总值的 4.3％。

7.2.1 湖北流通业竞争力发展总指数概况

在经济高速发展的环境下，湖北的流通业得到了迅速发展，流通企业总体规模日益壮大，社会消费品零售额从 2010 年的 7014.40 亿元增加到 2017 年的17 394.10 亿元。 2010—2017 年，流通业对湖北经济发展的带动作用在不断凸显，流通业对湖北经济发展的贡献度也在不断提高。 2017 年，湖北流通业实现增加值 4916.40 亿元，占全省生产总值的比重高达 13.86％。 在各个指标实现提升的同时，湖北的流通业竞争力发展总指数也呈快速上升趋势。2010—2017 年，湖北的流通业竞争力发展总指数情况如表 7-10 所示。

表 7-10　湖北流通业竞争力发展总指数在全国排名情况

指标		总指数	发展支撑力指数	发展现代化指数	发展国际化指数	发展绩效指数
年份	2010	15	14	16	24	7
	2011	19	13	16	24	19
	2012	18	12	12	25	21
	2013	14	12	11	22	7
	2014	15	12	12	18	17
	2015	12	11	11	12	13
	2016	12	11	11	11	14
	2017	15	11	13	15	15

从表 7-10 中可以看出，湖北流通业竞争力发展总指数的排名均位于全国第 12 到全国第 19 之间，可见湖北流通业竞争力发展水平在全国位于中等位

置。 湖北发展支撑力指数的排名相对比较平稳，处于全国中上游水平，排名均在平均值附近小幅度浮动。 湖北发展现代化指数的排名稳定，都在平均值左右小幅度浮动，并且在 2013 年之后围绕全国第 12 小幅度波动，处于全国中上游位置。 湖北发展国际化指数在 2014 年以前处于全国较落后水平，在 2014 年以后排名开始逐渐上升到全国中等的位置。 而湖北发展绩效指数排名有较大幅度的变化，2010 年和 2013 年排名较高，其余时间段均位于全国第 13 以下。 我们用雷达图来分析 2017 年湖北发展支撑力指数、发展现代化指数、发展国际化指数、发展绩效指数对其流通业竞争力发展总指数的贡献情况，如图 7-12 所示。

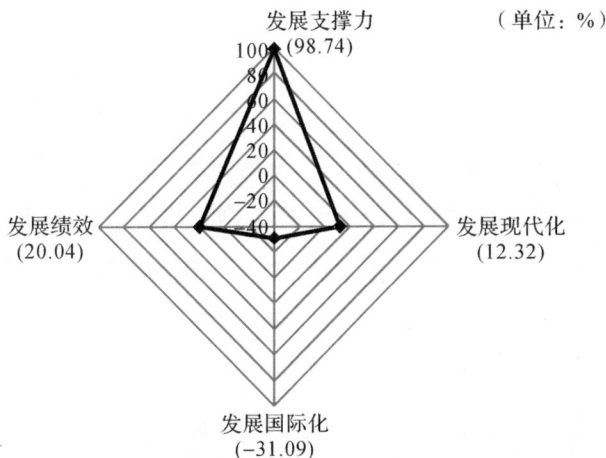

图 7-12　2017 年湖北流通业各指标的贡献率

由图 7-12 可知，除发展国际化指数外，其余指数对总指数的贡献率均为正数。 其中，发展支撑力指数对湖北流通业发展的贡献最大，贡献率达到 98.74％，拉动流通业竞争力发展总指数提升了 21.72 个百分点。 其次为发展绩效指数和发展现代化指数，贡献率分别为 20.04％和 12.32％，拉动湖北流通业竞争力发展总指数分别增长了 4.41 和 2.71 个百分点。 而发展国际化指数对流通业竞争力发展总指数的贡献为－31.09％。 因此，湖北相关政府部门应该提高对外开放程度，充分利用外资，发展外资企业，以提高流通国际化发展水平，最终实现湖北流通业竞争力的快速提高。

7.2.2 影响流通业竞争力发展的各因素分析

7.2.2.1 发展支撑力

对湖北发展支撑力指数的分析主要通过人均社会消费品零售总额、流通业固定资产投资额等指标来体现。 从绝对值方面来看，2010—2017 年，湖北的人均社会消费品零售总额从 7014.40 亿元增加到 17 394.1 亿元，增长了147.98％，流通业固定资产投资额由 1587.8 亿元增加至 4767.84 亿元，城镇居民家庭人均可支配收入由 26 058.4 元上升至 31 889.42 元，农村居民家庭人均纯收入由 5832.3 元上升至 13 812.09 元。

从图 7-13 中可以看出，2010—2017 年，湖北的基础指数和购买潜力指数均呈逐年上升的趋势，除 2010 年外，购买潜力指数均高于基础指数。 2017年，基础指数和购买潜力指数对湖北流通业竞争力发展总指数的贡献率分别为 29.76％和 68.98％，基础指数拉动总指数增长了 6.55 个百分点，购买潜力指数拉动总指数增长了 15.18 个百分点。 这说明，购买潜力指数的发展是推动湖北发展支撑力水平上升的主要原因。

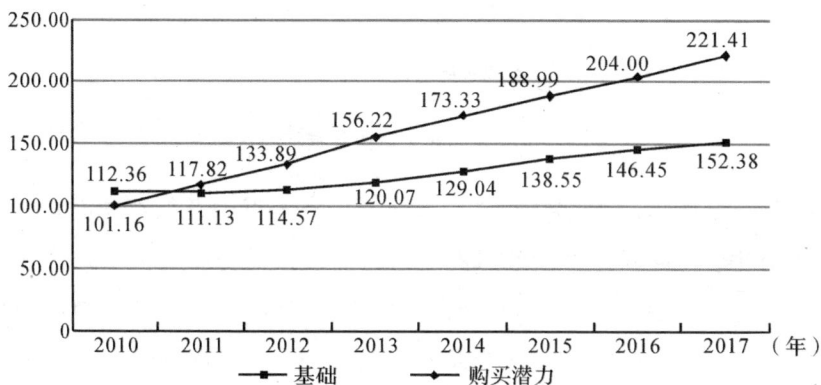

图 7-13 湖北流通业发展支撑力构成指标数值及变动趋势

2010—2017 年，构成基础指数的各三级指标的贡献率如表 7-11 所示。 从表中可以看出，2017 年人均社会消费品零售总额指数对流通业竞争力发展总指数的贡献率为 2.43％，说明其对流通业竞争力发展总指数起正向拉动作用，拉动总指数增加了 0.54 个百分点；流通业固定资产投资额占比指数的贡献率为－1.28％，拉动总指数增加了－0.28 个百分点；流通里程强度指数在 2011—2012 年发展较好，对湖北的流通业竞争力发展做出了一定的贡献，但从 2013 年开始，其贡献率开始下降，2017 年为－6.01％。因此，流通发展基础支撑能力的下降主要是由流通业固定资产投资额（限额以上）占比指数和流通里程强度指数的下降引起的。因此，相关政府部门和企业应该鼓励湖北流通业的固定资产投资，以提高流通业固定资产投资在固定资产投资总额中所占的比重，同时，相关政府部门也要加强对流通业发展所需要的交通基础设施的建设，使得流通业与整个经济协调发展，从而有利于湖北流通业支撑能力的快速提高。

表 7-11　构成湖北基础指数的各三级指标的贡献率情况

（单位：％）

	年份	2010	2011	2012	2013	2014	2015	2016	2017
指标	人均社会消费品零售总额	－8.68	1.23	2.23	1.11	1.81	2.31	2.14	2.43
	流通业固定资产投资额占比	0.88	3.86	6.82	－5.75	－3.47	－0.42	0.24	－1.28
	流通里程强度	－6.30	0.88	6.12	－7.63	－13.72	－6.84	－6.90	－6.01

7.2.2.2　发展现代化

从总体发展上来看，2010—2017 年，湖北的批发和零售业的固定资产投资额由 304.20 亿元增加至 632.80 亿元，连锁零售企业统一配送商品购进额在 2017 年达到 1119.6 亿元，连锁零售企业商品销售额由 2010 年的 914.50 亿元增加至 2017 年的 1961 亿元；批发零售业的销售总额由 2010 年的 577.61 亿元上升至 2017 年的 1779.9 亿元，增长率高达 208.15％。从这些数据可以看出，湖北流通业发展技术现代化和业态现代化两方面在绝对量上有了较大的提高。

从指数方面来看,发展现代化指数由 2010 年的 89.41 上升到 2017 年的 110.84,总体呈上升趋势。 从排名方面来看,该指数在全国的排名相对稳定,均处于第 16 以上,这表明湖北流通业发展现代化水平在全国处于中上游位置,流通业发展的现代化水平较高。 具体情况如表 7-12 所示。

表 7-12　湖北发展现代化指数及全国排名

年份	2010	2011	2012	2013	2014	2015	2016	2017
发展现代化指数	89.41	93.06	105.80	106.29	113.76	113.60	111.19	110.84
排名	16	16	12	11	12	11	11	13

2010—2017 年,构成湖北发展现代化指数的技术现代化指数呈上升趋势。 2017 年,技术现代化指数和业态现代化指数对流通业竞争力发展总指数的贡献率分别是 2.9% 和 9.42%,表明湖北流通业发展现代化水平和技术现代化水平不够高,对流通业发展的贡献还不足。 2010—2017 年,构成湖北发展现代化指数的各二级指标值的情况如图 7-14 所示。

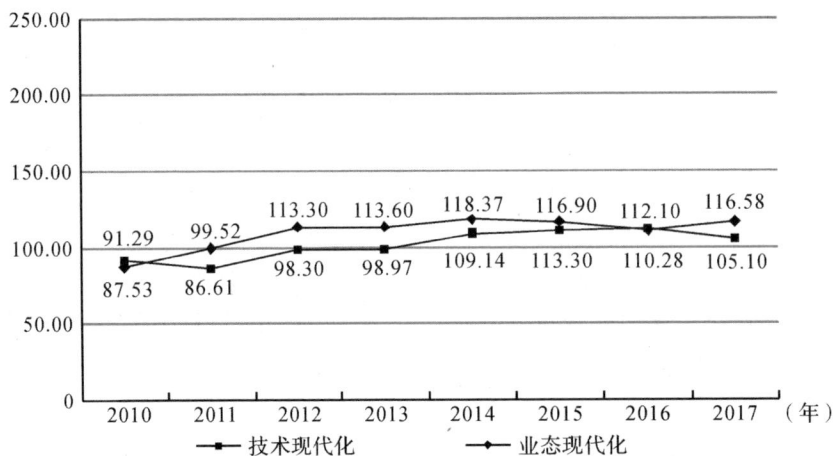

图 7-14　湖北现代化指数的二级指标值的变动趋势

2010—2017 年,在构成湖北技术现代化指数的三级指标中,人均流通资本指数总体呈现出上升趋势,对总指数的贡献率达 10.54%,拉动总指数增长了 2.32 个百分点;而地区流通业资产总额指数在平均值左右小幅度波动,平均值为 77.27。 在构成业态现代化指数的三级指标中,人均连锁经营化规模指数逐年上升,对产业发展的贡献率达到 18.82%,拉动总指数增长了 4.14个百分点,但是物流配送化程度指数和连锁经营化程度指数有下降趋势,对流通业竞争力发展总指数有负向拉动作用。 因此,为了继续提高湖北流通业发展现代化水平,相关政府部门应该推出相关政策鼓励当地的批发零售、住宿餐饮业快速发展,提高流通业资产总额,加快提高物流配送化程度和连锁经营化程度。

7.2.2.3 发展国际化

发展国际化指数主要体现在外向度指数及开放度指数上,其中外向度指数主要由人均商品出口额指数来体现,开放度指数通过流通业实际利用外资额占比指数、外资商业销售额占比指数、外资住宿餐饮营业额占比指数来体现。 从绝对量方面来看,湖北商品出口额由 2010 年的 144 179.5 万美元增长至 2017 年的 3 048 622.7 万美元,增长幅度达到了 111.1%;湖北流通业外商直接投资额由 2010 年的 7232 万美元上升至 2017 年的 67 655 万美元,外资批发零售业销售额在 2017 年也达到了 12 326 600 万美元。 这些绝对量的增长对发展国际化指数的高低起到了举足轻重的作用。 从排名上来看:湖北省的发展国际化指数总体呈上升趋势;在 2013 年及之前,排名均位于较落后位次,排在全国第 22 之后;而在 2013 年之后,湖北国际化程度不断提高,开始处于全国中上游位置;2017 年,湖北发展国际化指数排名为全国第 15,这表明,湖北省流通发展国际化指数在不断提高。 具体指数和排名情况如图7-13所示。

表 7-13　湖北发展国际化指数及全国排名

年份	2010	2011	2012	2013	2014	2015	2016	2017
发展国际化指数	26.69	31.33	31.14	42.82	57.57	73.86	82.78	72.64
排名	24	24	25	22	18	12	11	15

2010—2017 年,在构成湖北发展国际化指数的二级指标中,外向度指数呈现上升的态势,开放度指数除了在 2017 年有所下降外,其余时期总体上

升。 构成湖北发展现代化指数的各二级指标值的情况如图 7-15 所示。 外向度指数对流通业竞争力发展总指数的贡献率为－24.20％，开放度指数对流通业竞争力发展总指数的贡献率为－6.89％。 因此，开放度和外向度的发展不足都是制约湖北流通发展国际化的重要因素。

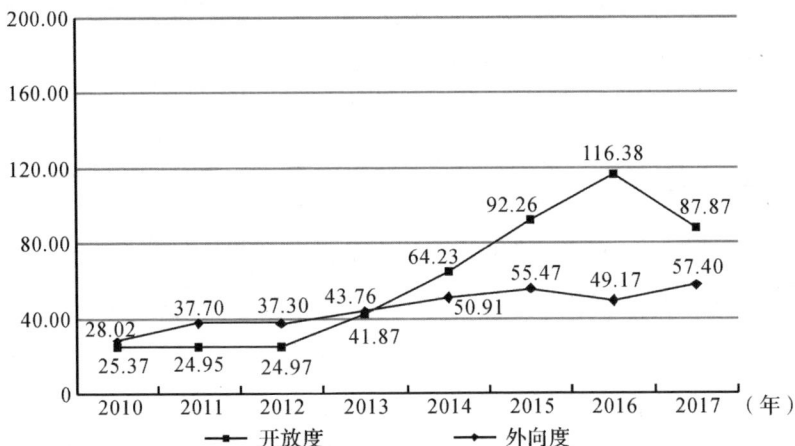

图 7-15　湖北发展国际化指数的二级指标值的变动趋势

2010—2017 年，影响湖北流通业开放度指数的各三级指标值情况如图 7-16所示。 在构成湖北开放度指数的各三级指标中，流通业实际利用外资额占比指数和外资商业销售额占比指数均波动性较大，除 2016 年有一定幅度的下降外，2 个三级指数总体呈上升趋势。 在这一时期，流通业实际利用外资额占比和外资商业销售额占比指数这 2 个三级指标对湖北流通业竞争力发展总指数的贡献率分别为－3.16％和－3.73％，说明湖北流通业竞争力发展开放度指数在这一时期下降的主要原因是外资商业销售额占比指数和流通业实际利用外资额占比指数的下降。 所以，需要采取有效措施扩大出口，进一步鼓励外资商业的发展，从而有利于湖北流通发展国际化程度及流通业总体发展水平的提高。

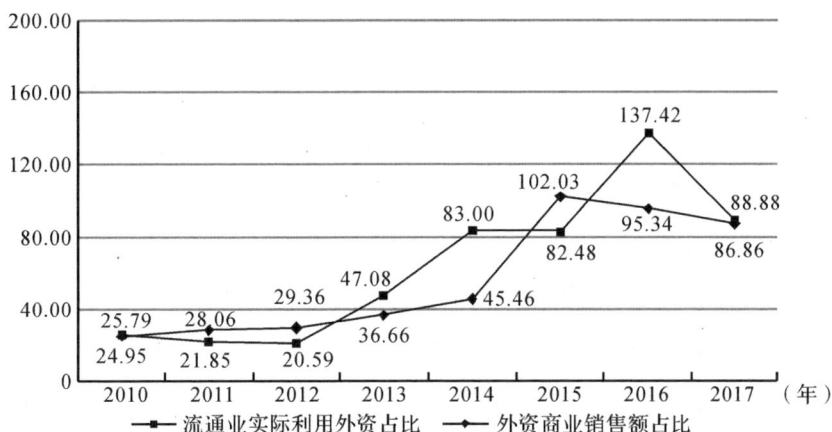

图 7-16　湖北开放度指数的各三级指标值的变动趋势

7.2.2.4　发展绩效

从绝对值来看，2010—2017 年，湖北批发零售业主营业务收入由 2010 年的 6982.20 亿元上升至 2017 年的 15 240.20 亿元，增长率为 118.27%。 在此期间，湖北流通业增加值也快速增加，由 2430.40 亿元增长至 4916.40 亿元。因此，从总量上来看，湖北流通业在 2010—2017 年的发展效率和对社会经济的贡献都有所提高。

从指数上可以看出，这 8 年，湖北的发展绩效指数的平均值为 116.93，2017 年发展绩效指数高于上述平均值，为 117.64。 从排名上来看，2010—2017 年，湖北的发展绩效指数在全国的排名均位于第 21 之前，但各年间波动较大。 该指数的全国最高排名出现在 2010 年和 2013 年，均排在全国第 7；最低排名出现在 2012 年，为全国第 21。 因此，湖北的流通发展绩效未来仍有很大的发展进步空间。 2010—2017 年，湖北的发展绩效指数及其全国排名情况如表 7-14 所示。

表 7-14　湖北发展绩效指数及全国排名

年份	2010	2011	2012	2013	2014	2015	2016	2017
发展绩效指数	133.33	117.91	107.48	150.94	104.23	104.64	99.26	117.64
排名	7	19	21	7	17	13	14	15

2010—2017 年，在影响湖北发展绩效指数的 2 个二级指标中，社会经济
贡献指数呈现波动趋势，而流通效率指数相对平稳，总体呈现下降趋势，2017
年，湖北流通效率指数为 105.40，平均值为 112.10。 社会经济贡献指数在
2013 年达到了最高值 185.53，随后开始逐渐下降，在 2017 年又开始上升，达
到 129.87，平均值为 146.34。 在这一时期，流通效率指数和社会经济贡献指
数对流通业竞争力发展总指数的贡献率分别为 3.07% 和 16.97%，因此这两者
均对湖北流通业竞争力发展总指数有正向拉动作用，且社会经济贡献指数对
湖北流通业竞争力发展总指数的拉动作用更大，拉动总指数增长了 3.73 个百
分点。 2010—2017 年，湖北发展绩效指数构成情况及变动趋势如图 7-17
所示。

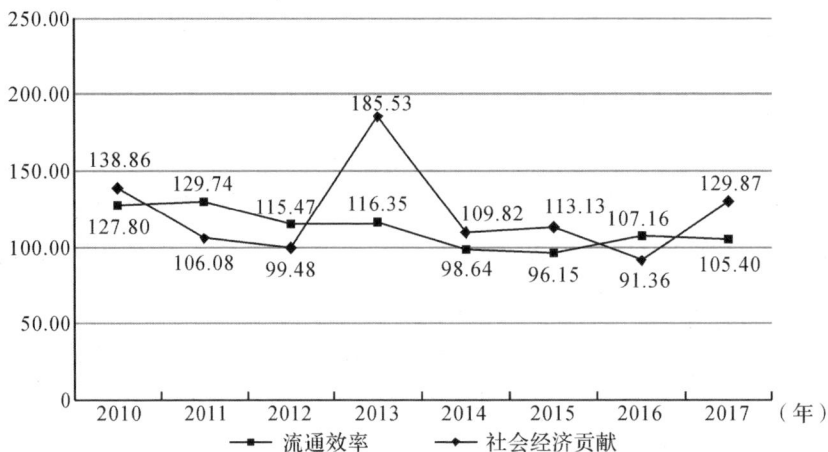

图 7-17　湖北发展绩效指数构成要素的变动趋势

在构成湖北社会经济贡献指数的各项指标中，促进倾向指数对社会经济
的贡献率最大，为 11.28%，说明促进倾向指数对发展绩效指数起到了重要
的正向拉动作用。 其次为拉动倾向指数，其对流通业竞争力发展总指数的
贡献率为 6.52%，拉动湖北流通业竞争力发展总指数增长了 1.44 个百分
点。 而就业贡献率指数对流通业竞争力发展总指数的作用微乎其微，贡献
率仅为 0.30%。 具体情况如图 7-18 所示。 流通业增加值占比指数对流通
业竞争力发展总指数起负向促进作用。 由以上分析可知，就业贡献率指数

和流通业增加值占比指数仍是发展绩效指数的薄弱之处，因此提高湖北流通业的就业和流通产业增加值的增长速度对于提高湖北流通业发展绩效指数具有重大作用。

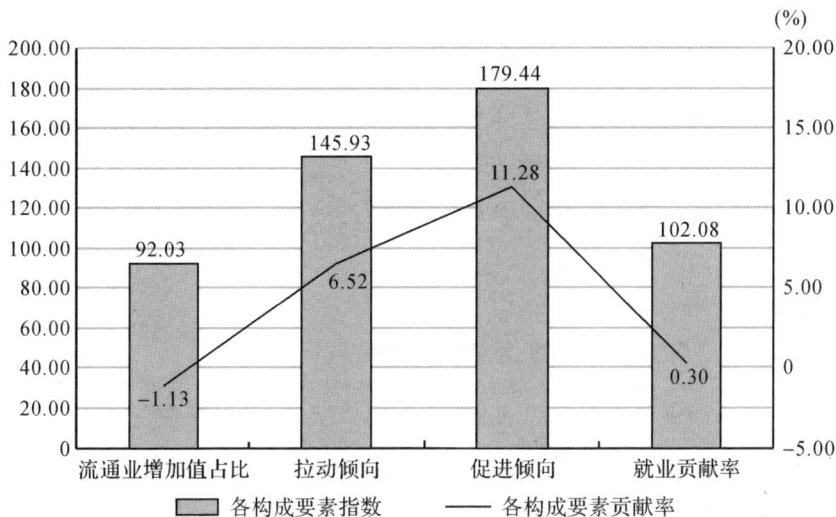

图 7-18　2017 年湖北社会经济贡献构成要素指数值及其贡献率

7.2.3　相对优势与相对弱势要素分析

为了分析湖北自身的四大要素发展情况，本小节将湖北的四大要素按照平均排名进行排序，并将处于第 1 名的要素称为湖北流通业发展竞争力的相对优势要素，将排在最后 1 名的要素称为湖北流通业发展竞争力的相对弱势要素。具体如表 7-15 所示。

表 7-15　湖北流通业发展竞争力四大要素的平均排名和变异系数

指标	发展支撑力指数	发展现代化指数	发展国际化指数	发展绩效指数
平均排名	12	12.75	18.88	14.13
变异系数	0.09	0.17	0.30	0.36

根据这一原则，湖北流通业发展竞争力的相对优势要素是发展支撑力，而相对弱势要素是发展国际化。进一步分析这些要素排名的变异系数可以发现，湖北相对优势要素的排名非常稳定，而相对弱势要素的排名则波动较大。

7.3 湖　南

湖南位于江南，是中国东南腹地，属于长江中游地区，东临江西，西接重庆、贵州，南毗广东、广西，北与湖北相连。 土地面积为 21.18 万平方千米，占中国国土面积的 2.2％，在各省区市面积中居第 10 位。 湖南辖 14 个地州市、122 个县（市、区）。 2017 年，湖南的地区总产值为 33 902.96 亿元，占全国生产总值的 4.13％。

7.3.1　湖南流通业竞争力发展总指数概况

从指数方面来看，湖南流通业竞争力发展总指数的绝对量在 2010—2017年较为平稳，存在小幅度波动，如图 7-19 所示。 其中，最大值是 2017 年的137.23，最小值是 2015 年的 115.57，指数区间为 100—150。 总指数于 2016年开始呈现出上升的态势，2010—2017 年湖南流通业竞争力发展总指数的均值为 124.41。

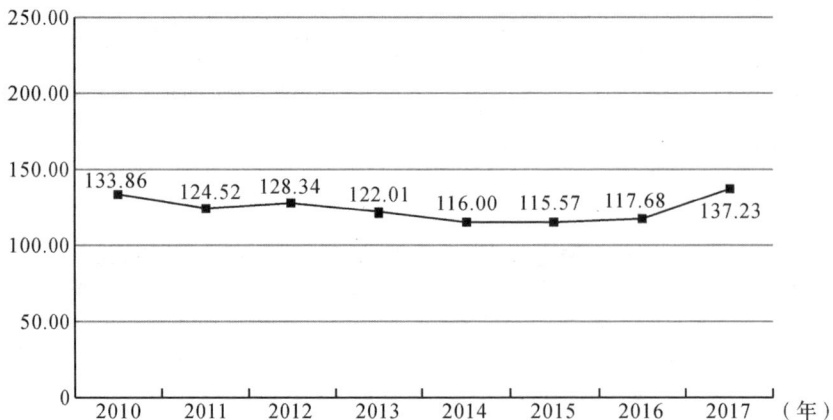

图 7-19　湖南流通业竞争力发展总指数

从排名上来看，湖南在 2010—2017 年的排名均处于全国上游位置，都在第 13 之前。 2014 年，湖南流通业竞争力总指数的排名从 2010 年的全国第 7

下跌至第 13，在 2014 年之后又开始上升。 这说明，湖南流通业发展的总体
水平在全国范围内较高，并且未来有一定的继续提升空间。 具体如表 7-16、
表 7-17 和图 7-20 所示。

表 7-16　湖南流通业竞争力发展总指数及其一级指标的全国排名

	指标	总指数	发展支撑力指数	发展现代化指数	发展国际化指数	发展绩效指数
年份	2010	7	17	1	15	28
	2011	8	15	3	14	30
	2012	10	17	3	16	28
	2013	9	16	3	16	29
	2014	13	16	6	14	25
	2015	11	16	6	14	19
	2016	11	16	6	18	20
	2017	10	16	3	12	25

表 7-17　湖南流通业竞争力发展总指数及其一级指标的指标值

	年份	2010	2011	2012	2013	2014	2015	2016	2017
指标	总指数	133.86	124.52	128.34	122.01	116.00	115.57	117.68	137.23
	发展支撑力指数	103.57	111.47	117.90	130.16	140.62	151.23	161.16	172.62
	发展现代化指数	292.97	238.17	236.21	206.59	164.86	152.15	161.17	197.30
	发展国际化指数	49.16	63.50	69.15	65.81	73.42	67.86	59.80	88.00
	发展绩效指数	89.73	84.95	90.11	85.47	85.10	91.05	88.59	91.01

2010—2017 年，影响湖南流通业竞争力发展总体情况有 4 个一级指标，
即发展支撑力指数、发展现代化指数、发展国际化指数和发展绩效指数，它们
的平均值分别为 136.09，206.18，67.09 和 88.25。 2017 年，上述四要素对
总指数的贡献对比详情见图 7-21。

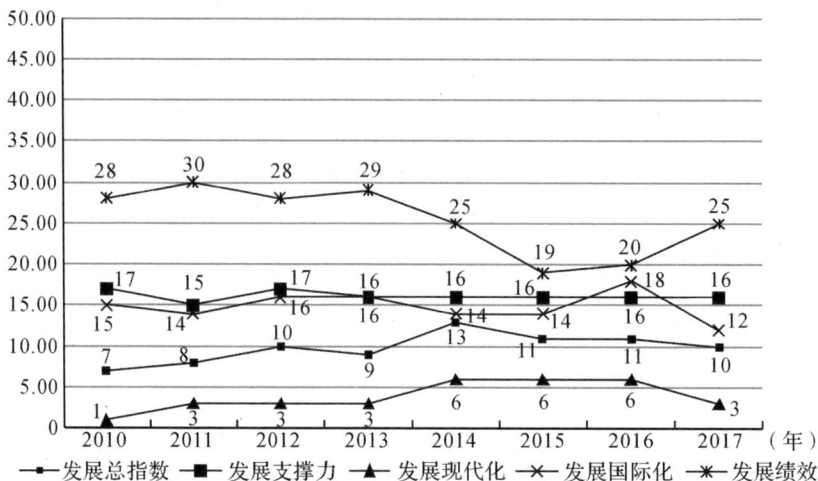

图 7-20　湖南流通业竞争力发展指数排名

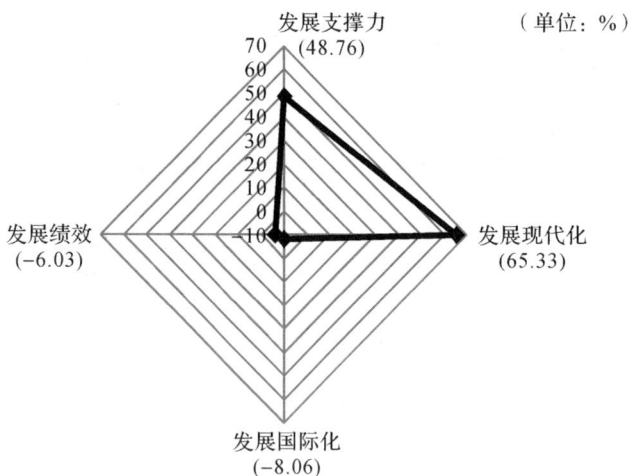

图 7-21　2017 年湖南流通业各指标贡献率

　　由图 7-21 可知，发展现代化指数对湖南流通业竞争力发展总指数的贡献最大，贡献率达到 65.33%，拉动流通业竞争力发展总指数增长了 24.33 个百分点；其次是发展支撑力指数，其对流通业竞争力发展总指数的贡献率为 48.76%，拉动总指数增长了 18.12 个百分点。发展国际化和发展绩效指数均对流通业竞争力发展总指数有负向拉动作用，贡献率分别为 -8.06% 和 -6.03%。这表明，2010—2017 年，湖南流通业发展的问题主要表现在发展国际化和发展绩效上,而发展现代化指数和发展支撑力指数的提高是湖南流通业发展的主要表现。

7.3.2 影响流通业竞争力发展的各因素分析

7.3.2.1 发展支撑力

从绝对值上来看,2010—2017 年,湖南社会消费品零售总额由 5952.60 亿元上升至 14 854.90 亿元;流通业固定资产投资额由 1523.50 亿元上升至 4863.02 亿元;流通里程数由 24.32 万千米上升至 25.59 万千米,城镇居民家庭人均可支配收入由 16 565.70 元上升至 33 947.94 元,农村居民家庭人均纯收入由 5622 元上升至 12 935.78 元,这些方面所取得的进步也为这一期间湖南流通业的发展提供了重要的支撑。

从指数上来看,2010—2017 年,湖南发展支撑力指数呈逐年上升的趋势,由 2010 年的 103.57 上升到 2017 年的 172.62。 这表明,在这一时期,湖南的流通业竞争力发展支撑能力在不断提高。 从全国排名来看,湖南的发展支撑力指数由 2010 年的全国第 17 上升至全国第 15,后又下降至全国第 17,在 2013 年以后一直保持全国第 16。 这表明,湖南流通业竞争力发展支撑能力虽然在不断提高,但是其流通业竞争力发展支撑能力的发展水平在全国仍处于中等偏下的水平。 具体情况如表 7-18 所示。

表 7-18 湖南发展支撑力指数及全国排名

年份	2010	2011	2012	2013	2014	2015	2016	2017
发展支撑力指数	103.57	111.47	117.90	130.16	140.62	151.23	161.16	172.62
排名	17	15	17	16	16	16	16	16

湖南发展支撑力指数是 4 个一级指标中对流通业竞争力发展总指数贡献率较大的一个,它的优势主要来自基础指数和购买潜力指数的全面提高,尤其是表现突出的购买潜力指数。 2010—2017 年,基础指数和购买潜力指数都呈上升趋势,到 2017 年,基础指数达到了 125.80,其对总指数的贡献率为 8.66%,拉动湖南流通总指数提高了 3.23 个百分点;购买潜力指数逐年快速

上升，在 2017 年达到了 219.44，对总指数的贡献率较高，达到 40.10％，拉动总指数提高了 14.93 个百分点。 2017 年，人均社会消费品零售总额指数、流通业固定资产投资额（限额以上）占比指数及流通里程强度指数这 3 个三级指标对流通业竞争力发展总指数的贡献率分别为 2.43％，－0.44％ 和 －0.41％，具体情况如图 7-22 所示。 因此，可以看出，人均社会消费品零售总额的增长是这一时期拉动湖南发展支撑力基础指数上升的主要力量，而流通业固定资产投资额占比及流通里程强度的不足是制约流通业竞争力发展基础支撑能力提高的主要因素。

从图 7-23 中可以看出，人均社会消费品零售总额指数一直保持高速增长状态，呈逐年上升趋势，而流通业固定资产投资额占比指数和流通里程强度指数则呈下降趋势。 人均社会消费品零售总额指数、流通业固定资产投资额占比指数和流通里程强度指数对湖南流通业竞争力发展总指数的贡献率分别为 2.43％，－0.44％和－4.01％，即后两者对总指数有负向拉动作用，是制约湖南发展支撑力提高的主要因素。 因此，相关政府人员应该加大对湖北流通业发展所需要的基础设施的投资建设，使之与该省的社会经济发展情况相协调，这对于流通业竞争力发展支撑能力及总体流通业竞争力发展水平的提升具有重要意义。

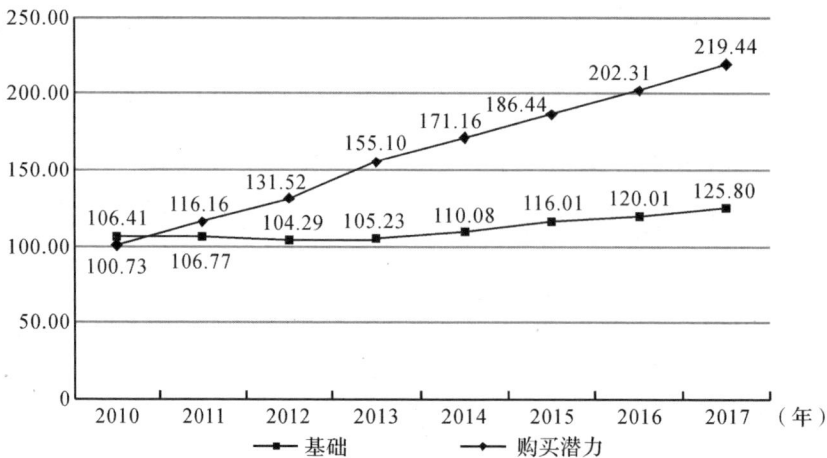

图 7-22　湖北发展支撑力指数构成要素的变动趋势

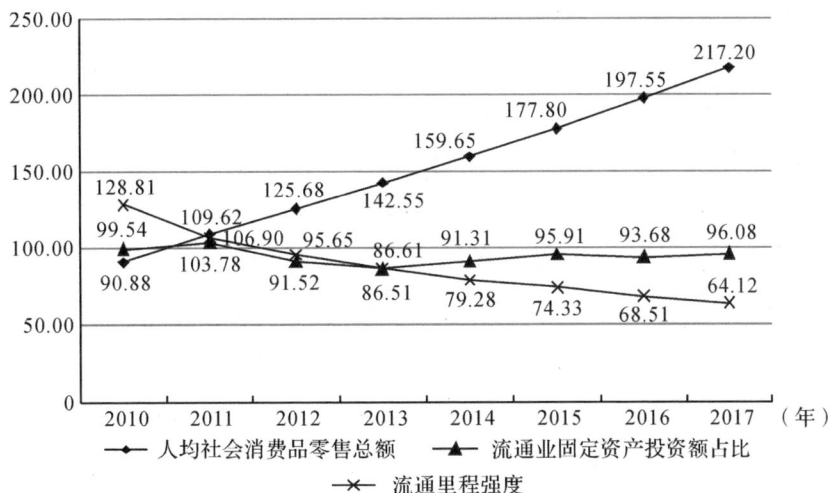

图 7-23 湖南基础指数构成要素的变动趋势

7.3.2.2 发展现代化

从表 7-19 中可以看出,湖南发展现代化指数的排名位于全国上游位置,2010—2017 年的排名均在全国前列,且波动幅度小,这说明湖南现代化水平在全国范围内位于前列,发展较好。从指数上来看,发展现代化指数的最高值在 2010 年达到了 292.97,而最低值为 2015 年的 152.15,从数据上可以看出湖南流通发展现代化水平较高。2010—2017 年,从其自身发展的纵向角度来看,湖南发展现代化相对于该省整体经济的发展水平而言,发展较快,从而拉动其指数的上升;从全国范围比较的横向角度来看,该省的流通发展现代化水平一直保持领先水平。

表 7-19 湖南发展现代化指数及全国排名

年份	2010	2011	2012	2013	2014	2015	2016	2017
发展现代化指数	292.97	238.17	236.21	206.59	164.86	152.15	161.17	197.30
排名	1	3	3	3	6	6	6	3

2010—2017 年,湖南的批发和零售业的固定资产投资由 246.80 亿元上升至 653.90 亿元,住宿和餐饮业固定资产投资额由 174.90 亿元上升至 231.30

亿元，连锁零售企业统一配送商品购进额由 407.30 亿元增长至 741.80 亿元，连锁零售企业商品销售额由 734.60 亿元上升至 1210.40 亿元。 这意味着湖南流通业发展技术现代化和业态现代化在绝对量上有了较大的提升。

在这一时期，湖南的技术现代化指数总体呈现上升趋势，而业态现代化指数的波动幅度较大，呈现下降趋势，如图 7-24 所示。 技术现代化指数由 2010 年的 71.76 上升到 2017 年的 131.06，平均值为 92.94。 业态现代化指数最高值出现在 2010 年，达到了 514.18，随后开始逐年下降，2016 年为 211.47，2017 年又开始上升，指数为 263.55。 2010—2017 年，业态现代化指数始终高于技术现代化指数，说明业态现代化指数在湖南发展现代化指数中所占的份额相对较大，对发展现代化指数的影响也较大。 在这一时期，技术现代化指数和业态现代化指数对流通业竞争力发展总指数的贡献率分别为 10.43% 和 54.91%，说明这一时期湖南发展现代化指数的上升是由技术现代化和业态现代化指数的共同上升推动的，并且业态现代化的拉动作用更为明显，业态现代化指数拉动流通业竞争力发展总指数增长了 20.44 个百分点，表明业态现代化发展是提高湖南流通发展现代化水平的最重要因素。

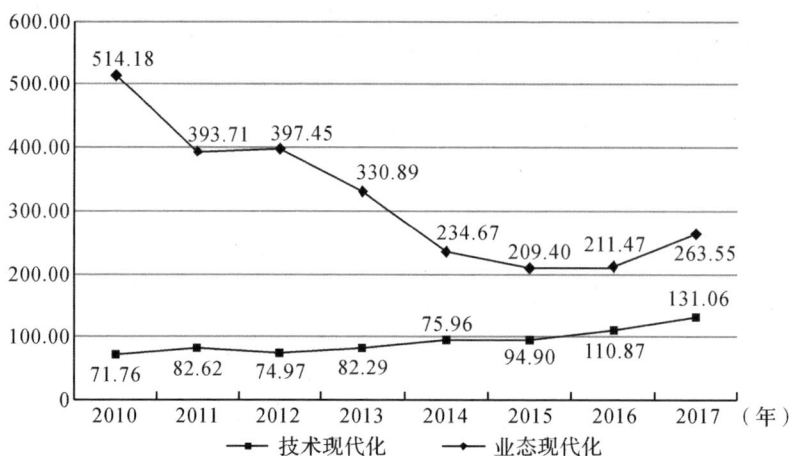

图 7-24　湖南发展现代化指数构成要素的变动趋势

7.3.2.3 发展国际化

湖南在 2010—2017 年按经营单位所在地划分的货物出口总额由 795 598.90 万美元增长至 2 317 083.60 万美元,批发零售业外资商业销售总额由 772 300 万元增长至 2 717 200 万元,住宿餐饮业外商直接投资额由 1643.97 万美元上升至 4273.56 万美元,这些数据为其流通业发展国际化程度的进一步加强提供了重要条件,具体数值情况如表 7-20 所示。

表 7-20 湖南发展国际化指数及全国排名

年份	2010	2011	2012	2013	2014	2015	2016	2017
发展国际化指数	49.16	63.50	69.15	65.81	73.42	67.86	59.80	88.00
排名	15	14	16	16	14	14	18	12

从指数方面来看,2010—2017 年,湖南发展国际化指数呈现升降交替的波动性状态,由 2010 年的 49.16 上升到 2017 年的 88.00。 从其在全国的排名上来看,2017 年的排名有所上升,达到了全国第 12,其余时段的排名均位于全国第 14 以后。 因此,从其自身角度来看,这一时期湖南的发展国际化水平相对于其经济总体的发展较强;从全国横向角度来看,湖南的国际化发展速度相对其他一些地区也较缓慢,呈现一定的落后状态。 在这一时期,湖南省的流通发展国际化水平一直处于全国中下水平,有较大的发展空间。

2010—2017 年,构成湖南发展国际化指数的开放度指数呈现出先上升后下降再上升的波动趋势,由 2010 年的 84.87 增至 2012 年的 117.21 后开始下降,到 2017 年又增长至 138.46。 构成湖南发展国际化指数的外向度指数总体呈现上升趋势,由 2010 年的 13.46 上升至 2017 年的 37.54(见图 7-25)。但由于这期间的开放度指数均远高于外向度指数,湖南流通国际化发展水平主要依赖其较高的开放度程度,其薄弱环节在于对外出口量较少。 因此,应该进一步鼓励对外出口和外资商业的发展,增加人均对外出口额和外资商业销售额占批发零售业的比重,推动湖南流通发展国际化程度的进一步提高。

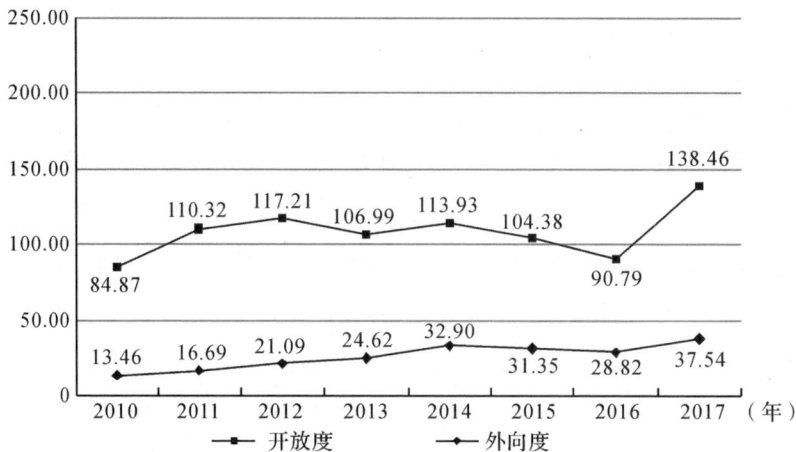

图 7-25 湖南发展国际化指数构成指标的变动趋势

2010—2017 年，在湖南的开放度指数的构成指标中：外资商业销售额占比指数较为稳定，但是绝对值小；流通业实际利用外资额占比指数波动幅度大，但都高于外资商业销售额占比指数。 2017 年，外资商业销售额占比指数和流通业实际利用外资额占比指数对湖南流通业竞争力发展总指数的贡献率为－11.31％和 24.23％，说明外资商业销售额占比指数的落后是制约湖南开放度发展的主要原因，而流通业实际利用外资额占比指数在不断推动开放度指数的提高。 具体数值情况如图 7-26 所示。

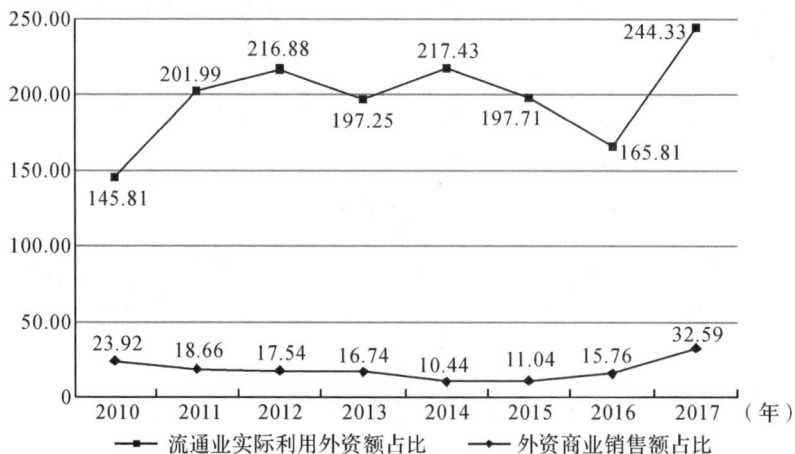

图 7-26 湖南开放度指数构成指标的变动趋势

7.3.2.4　发展绩效

从绝对值方面来看，湖南批发零售业主营业务收入由 2010 年的 3537.5 亿元上升至 2017 年的 9350.8 亿元，流通业增加值由 2010 年的 2621.87 亿元增加至 2017 年的 4868.1 亿元。因此从总量上来看，湖南流通业在 2010—2017 年这 8 年间的发展效率及其对社会经济的贡献都有所提高。

从指数角度来看，如表 7-21 所示，2010—2017 年，湖南的发展绩效指数没有太大波动和变化，平均值为 88.25，近 8 年的指数都在平均值上下小幅度变化。从全国范围来看，该省的发展绩效指数在全国的排名一直处于落后的位置。具体情况为，2011 年下降至全国第 30，随后开始逐渐上升，由 2010 年的全国第 28 上升至 2017 年的全国第 25，其中 2015 年的排名最高，上升至全国第 19，这说明湖南的流通业竞争力发展未来有很大的提升空间。

表 7-21　湖南发展绩效指数及排名

年份	2010	2011	2012	2013	2014	2015	2016	2017
发展绩效指数	89.73	84.95	90.11	85.47	85.10	91.05	88.59	91.01
排名	28	30	28	29	25	19	20	25

2010—2017 年，从图 7-27 中可以看出，在影响发展绩效指数的 2 个指标中，流通效率指数趋于平稳，而社会经济贡献指数呈波动起伏趋势。流通效率指数的平均值为 67.79，社会经济贡献指数的平均值为 108.72。在这一期间，流通效率指数和社会经济贡献指数对流通业竞争力发展总指数的贡献率分别为 -11.98% 和 5.95%，即流通效率指数对流通业竞争力发展总指数存在负向拉动作用，流通效率指数是制约湖南流通绩效提高的主要原因；而社会经济贡献指数对湖南流通业竞争力发展总指数有正向拉动作用，拉动流通业竞争力发展总指数增长了 2.21 个百分点。

2010—2017 年，影响流通业竞争力发展社会经济贡献指数的各指标情况如图 7-28 所示，其中促进倾向指数和拉动倾向指数的波动性较大，说明湖南流通业的发展并不稳定，相较而言，流通业增加值占比指数和就业贡献率指数这 2 个指标呈现出稳定的趋势。因此，促进湖南流通业增加值的增

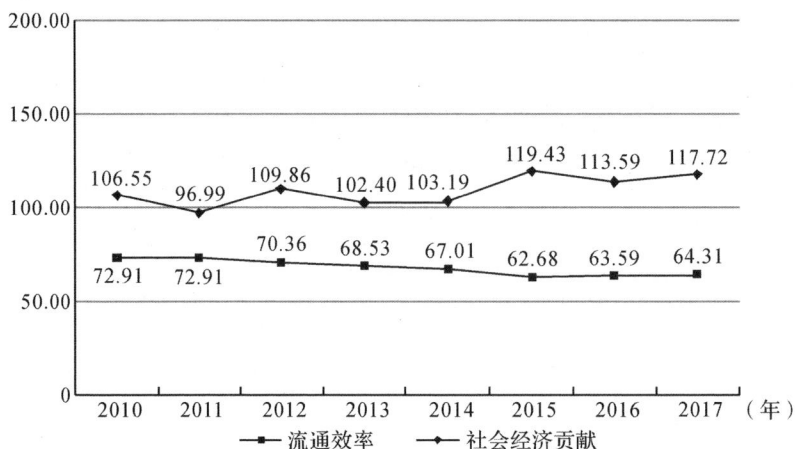

图 7-27 湖南发展绩效指数的构成指标变动趋势

长速度及该产业流动资产流动性对于增强湖南流通业发展绩效能力具有重要意义。

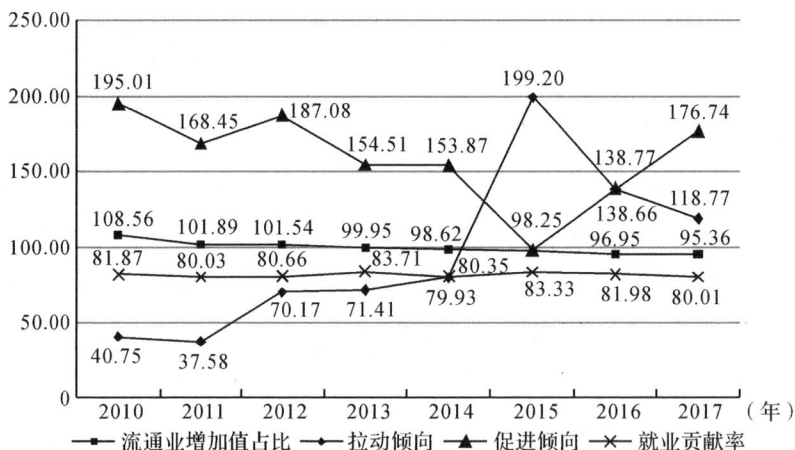

图 7-28 湖南社会经济贡献指数的构成指标变动趋势

7.3.3 相对优势与相对弱势要素分析

为了分析湖南自身的四大要素发展情况,本小节将湖南的四大要素按照平均排名进行排序,并将处于第 1 名的要素称为湖南流通业竞争力发展的相对优势要素,将排在最后 1 名的要素称为湖南流通业竞争力发展的相对弱势要素。 具体如表 7-22 所示。

表 7-22　湖南流通业发展竞争力四大要素的平均排名和变异系数

指标	发展支撑力指数	发展现代化指数	发展国际化指数	发展绩效指数
平均排名	15.88	3.88	14.88	25.5
变异系数	0.04	0.49	0.12	0.16

根据这一原则，湖南流通业竞争力发展的相对优势要素是发展现代化，而相对弱势要素是发展绩效。 进一步分析这些要素排名的变异系数可以发现，湖南相对优势要素的排名有波动，而相对弱势要素的排名波动幅度较小。

7.4　广　东

广东，简称"粤"，位于南岭以南、南海之滨，与香港、澳门、广西、湖南、江西及福建接壤，与海南隔海相望。 其下辖地级市 21 个（其中副省级市 2 个）、市辖区 65 个、县级市 20 个、县 34 个、自治县 3 个。 自 1989 年起，广东国内生产总值连续居全国第 1 位，成为中国第一经济大省，经济综合竞争力居全国第一。 2017 年末，广东常住人口为 11 169 万，地区生产总值达到 89 705.23 亿元，占全国生产总值的 12.12％。

7.4.1　广东流通业竞争力发展总指数概况

广东是中国流通业里发展较早，也是改革开放以来发展水平较高的省份。 2012 年，在广东省委省政府出台《关于加快现代流通业发展的若干意见》后，全省开始在实践和探索中努力转变其流通业发展方式，并取得良好成效。 在这一背景下，2010—2017 年，广东的流通业各总量指标实现了较大的增长，其中：社会消费品零售总额由 17 458.4 亿元增长至 38 200.1 亿元，增长率达 118.8％；流通业固定资产投资额由 2518.10 亿元上升至 5439.05 亿元，增长率为 116.0％；流通业增加值由 7547.90 亿元增长至 14 204.38 亿元，增长率达 88.19％。

2010—2017 年，在流通业的各总量指标实现了大幅增长的同时，广东的流通业竞争力发展总指数也呈总体上升趋势，由 2010 年的 182.98 上升至

2017 年的 215.22，这一期间的指数平均值为 214.96。 从全国范围来看，广东的流通业竞争力发展总指数一直位于前 4，说明广东的流通业具有较高的发展水平。 2010—2017 年，广东的流通业竞争力发展总指数及其四要素排名情况如表 7-23、表 7-24 所示。

表 7-23 广东流通业竞争力发展总指数及其四要素全国排名

	指标	总指数	发展支撑力指数	发展现代化指数	发展国际化指数	发展绩效指数
年份	2010	3	6	5	2	10
	2011	2	6	5	2	8
	2012	2	6	5	2	6
	2013	2	6	4	2	8
	2014	2	6	3	2	16
	2015	4	6	3	2	21
	2016	4	7	3	2	11
	2017	4	7	5	2	17

表 7-24 广东流通业竞争力发展总指数及四要素指数值的情况

	年份	2010	2011	2012	2013	2014	2015	2016	2017
指标	总指数	182.98	243.57	212.99	221.55	218.18	209.77	215.45	215.22
	发展支撑力指数	122.82	136.85	149.90	157.42	169.86	182.53	194.10	209.24
	发展现代化指数	181.74	202.22	199.99	202.80	194.97	189.51	194.31	174.72
	发展国际化指数	303.28	503.88	365.54	396.17	399.99	380.83	359.06	365.58
	发展绩效指数	124.09	131.33	136.52	129.82	107.89	86.20	114.32	111.34

2010—2017 年，在影响广东流通业竞争力发展总指数的 4 个一级指标中，发展支撑力指数呈现上升趋势，发展国际化指数和发展绩效指数的波动幅度较大。 发展支撑力指数、发展现代化指数、发展国际化指数和发展绩效指数的平

均值分别为 165.34，192.53，384.29 和 117.69；2017 年，这 4 个指标对流通业竞争力发展总指数的贡献率分别为 23.7%，16.21%，57.63% 和 2.46%。由此可知，广东的发展国际化指数对流通业竞争力发展总指数的拉动作用最大，拉动流通业竞争力发展总指数增长了 66.4 个百分点。虽然近年来广东一直致力于转变流通业竞争力的发展方式，但是流通业发展现代化水平较低和发展绩效不足仍然是制约其流通业发展的主要因素。因此，广东应在转变流通业竞争力发展方式的过程中，有意识地采取相关措施，加大流通业的发展对社会经济总体发展的贡献力度，这对于广东流通业全面发展和转型升级具有重要意义。

7.4.2　影响流通业竞争力发展的各因素分析

7.4.2.1　发展支撑力

从绝对值方面来看，广东凭借其优越的地理位置和经济实力，在 2010—2017 年，其社会消费品零售总额实现了快速增长，由 2010 年的 17 458.4 亿元上升至 2017 年的 38 200.10 亿元，流通业固定资产投资额增加了 2920.95 亿元，城镇居民家庭人均可支配收入由 23 897.8 元上升至 40 975.14 元，农村居民家庭人均纯收入由 7890.3 元上升至 15 779.74 元，这些影响流通业发展的经济总量指标的上升为这一时期广东流通业的发展提供了重要的支撑。

从指数方面来看，2010—2017 年，广东的发展支撑力指数在总体上处于逐年增长趋势，从 2010 年的 122.82 上升到了 2017 年的 209.24，增长率为 70.36%，这一期间的平均值为 165.34。这说明在这一时期，该省的流通业竞争力发展支撑能力在不断提高。从全国范围来看，在 30 个省区市中，广东的发展支撑力指数的排名基本稳定，都位于全国前 7，说明广东流通业发展支撑力水平在全国处于较为靠前的行列。具体指数和排名情况如表 7-25 所示。

表 7-25　广东发展支撑力指数及全国排名

年份	2010	2011	2012	2013	2014	2015	2016	2017
发展支撑力指数	122.82	136.85	149.90	157.42	169.86	182.53	194.10	209.24
排名	6	6	6	6	6	6	7	7

2010—2017 年,构成支撑力指数的基础指数和购买潜力指数均呈现出逐年上升趋势,并且购买潜力指数均高于基础指数,具体见图 7-29。 在这一期间,基础指数和购买潜力指数对流通业竞争力发展总指数的贡献率分别为 5.65% 和 18.05%,分别拉动总指数增长了 6.51 个百分点和 20.8 个百分点,故购买潜力指数对该省发展支撑力指数的拉动作用相对较大,而基础指数支撑能力相对较薄弱。 2010—2017 年,影响广东发展支撑力的各三级指标的情况如图 7-30 所示。

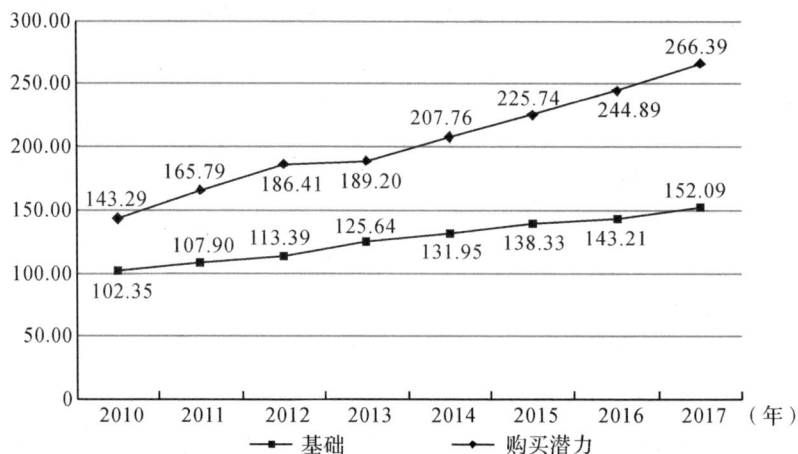

图 7-29　广东发展支撑力指数的构成指标变动趋势

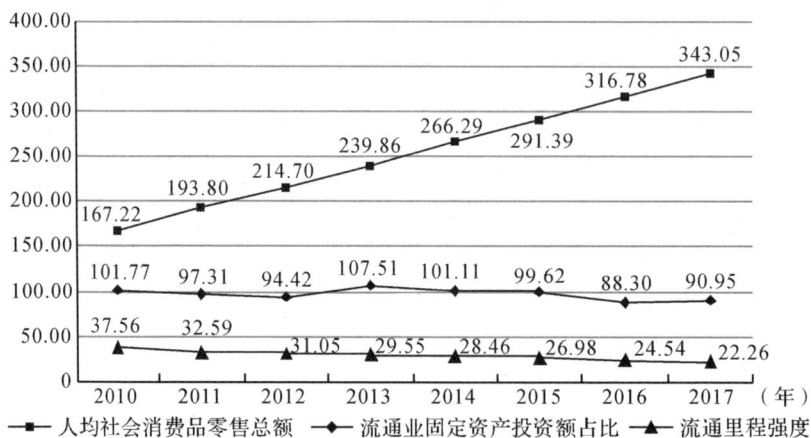

图 7-30　广东发展支撑力指数的构成指标变动趋势

2010—2017 年,在构成广东流通业竞争力发展基础指数的各三级指标中，流通里程强度指数和流通业固定资产投资额占比指数相对比较稳定，人均社会消费品零售额指数呈逐年上升的趋势，且相对于其他指数而言数值较大，流通里程强度指数均为最小。 在这一期间，人均社会消费品零售总额指数、流通业固定资产投资额占比指数和流通里程强度指数对该省流通业竞争力发展总指数的贡献率分别为 2.43%、-0.33%和-2.81%。 从贡献率上可以看出，广东发展支撑力指数的上升主要表现为人均社会消费品零售总额指数的增加，而流通业固定资产投资额占比指数和流通里程强度指数对总指数的拉动作用是负向的，是制约广东流通业竞争力发展支撑能力提高的重要因素。因此，广东应该进一步推动和加大流通业发展所需要的固定资产投资，加强交通路线规划建设，使其满足整个社会经济总体发展状况的需要，这对于进一步提升流通业竞争力发展具有重要意义。

7.4.2.2 发展现代化

2010—2017 年，广东的发展现代化指数呈现出一定的上升趋势。 从绝对量上来看，广东流通业固定资产投资额由 2518.10 亿元增长至 5439.05 亿元（增长率为 116.00%），批发零售业商品销售总额由 3210.85 亿元增长至 8245.62 亿元（增长率为 156.80%），连锁零售业商品购进总额增加了 131.30 亿元，连锁零售企业商品销售额增加了 446.10 亿元。 这些影响技术现代化指数和业态现代化指数的因素在绝对量上的增长为这一时期广东流通发展现代化水平的提高奠定了坚实的基础。

从指数上来看，广东发展现代化指数的最高值为 2013 年的 202.80，而最低值是 2017 年的 174.72，可以看出，广东流通发展现代化水平较高。 从全国排名上来看，广东发展现代化指数一直处于前 5 名的位置，这也说明了广东流通发展现代化水平一直处于全国领先地位。 具体数值排名如表 7-26 所示。

表 7-26　广东发展现代化指数及全国排名

年份	2010	2011	2012	2013	2014	2015	2016	2017
发展现代化指数	181.74	202.22	199.99	202.80	194.97	189.51	194.31	174.72
排名	5	5	5	4	3	3	3	5

在发展现代化指数的相关指标绝对量取得增长的同时，从图 7-31 中可以看出，2010—2017 年，广东业态现代化指数波动较大，而技术现代化指数较为平稳，指数在 225.00 附近浮动。 业态现代化指数和技术现代化指数的平均值分别为 159.23 和 225.83，且技术现代化指数均高于业态现代化指数。 这说明，在这一期间，广东流通现代化发展受限于偏低的业态现代化水平。 技术现代化指数和业态现代化指数对流通业竞争力发展总指数的贡献率分别为14.78% 和 1.43%，说明广东发展现代化指数的增长是由技术现代化指数和业态现代化指数共同推动的，并且技术现代化指数对流通业竞争力发展的贡献更大，拉动总指数增长了 17.03 个百分点。 因此，广东相关政府部门和企业要采取有效激励措施促进物流配送化程度和连锁化经营程度的提高，以快速提升流通业发展业态现代化水平，这将有利于流通业发展现代化水平总体的提升。

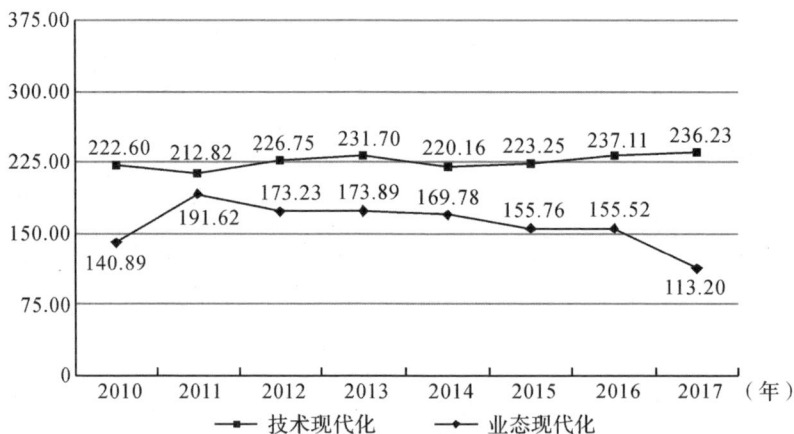

图 7-31 广东发展现代化指数的二级指标变动趋势

影响技术现代化指数的三级指标的具体数值和趋势如图 7-32 所示。 从图中可以看出，2010—2017 年，地区流通业资产总额指数始终高于人均流通资本指数，并且地区流通业资产总额指数除在 2014 年出现过大幅度波动外，总体呈上升趋势，人均流通资本指数则比较稳定，增长趋势不明显。 2017 年，广东地区流通业资产总额指数和人均流通资本指数对流通业竞争力发展总指数的贡献率分别为 15.22% 和－0.44%，这说明广东人均流通资本指数较小地制约了现代化的发展，并且说明该省技术现代化指数的上升主要是由批发零售餐饮住宿业资产总额的上升推动的。

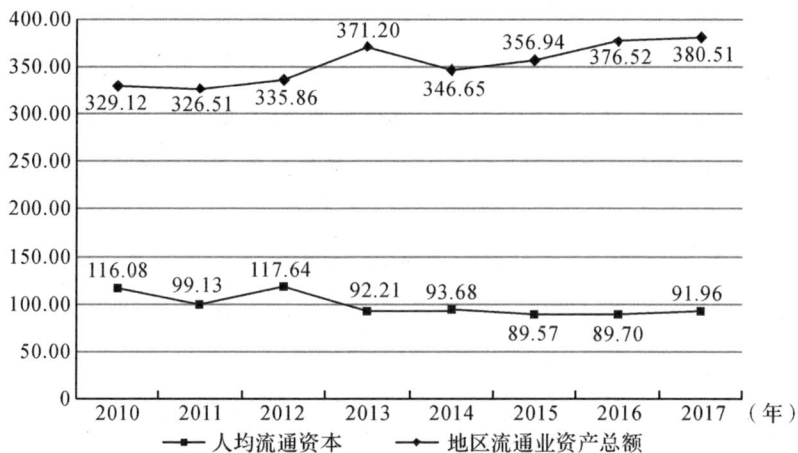

图 7-32 广东技术现代化指数构成要素变动趋势

7.4.2.3 发展国际化

广东作为中国对外开放的沿海省份之一，其流通业发展国际化水平也一直处于全国先进行列。2010—2017 年，按经营单位所在地划分的广东的货物出口总额由 4531.91 亿美元上升至 6228.68 亿美元。

从指数上来看，2010—2017 年，广东的发展国际化指数在整体上呈现出波动的趋势，在 2011 年指数高达 503.88，其余年间指数也均高于300.00，平均值为 384.29。从全国范围来看，在这一时期内，广东的发展国际化指数一直位于第 2 名，这表明广东的流通发展国际化水平始终处于领先地位。2010—2017 年，广东的发展国际化数值及其在全国的排名情况见表 7-27。

表 7-27 广东发展国际化指数及全国排名

年份	2010	2011	2012	2013	2014	2015	2016	2017
发展国际化指数	303.28	503.88	365.54	396.17	399.99	380.83	359.06	365.58
排名	2	2	2	2	2	2	2	2

2010—2017 年，在影响广东发展国际化指数的 2 个二级指标中：开放度指数除了在 2011 年上升至 445.05 外，其余年份均在平均值上下小幅度波动；而外向度指数在 2010—2014 年间呈现逐年上升趋势，后缓慢下降至 2017 年的 619.75，从图 7-33 中可以看出，2010—2017 年的外向度指数均大于开放度指数。 2017 年，开放度指数和外向度指数对广东流通业竞争力发展总指数的贡献率分别为 1.24％和 56.39％，这说明，广东的外向度水平高，拉动流通业竞争力发展总指数增长了 64.97 个百分点，是推动流通发展国际化上升的主要原因；而开放度水平较低且发展较为缓慢，是制约广东流通发展国际化水平提升的重要因素。

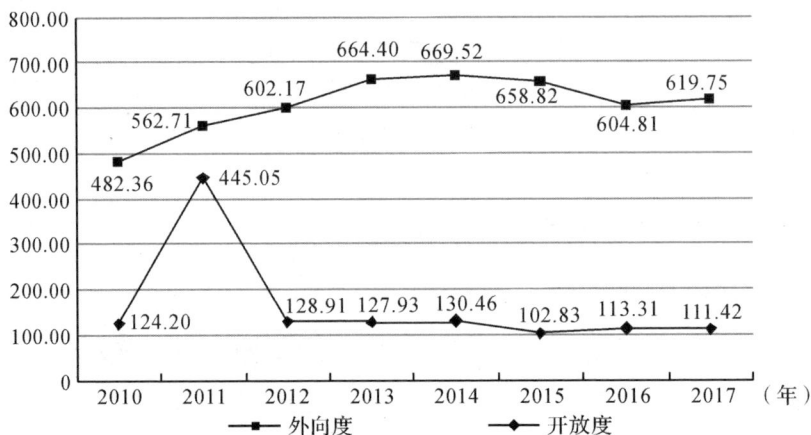

图 7-33　广东发展国际化指数的二级指标及变动趋势

2010—2017 年，影响开放度指数的三级指标的具体数值和变动趋势如图 7-34 所示。 从图中可以看出，2011 年，开放度指数的大幅度波动是由外资商业销售额占比指数引起的。 2017 年，外资商业销售额占比指数和流通业实际利用外资额占比指数对流通业竞争力发展总指数的贡献率为－0.44％和 1.68％，这说明广东的外资商业销售额对开放度水平的提高制约较小。 所以，采取合理政策措施进一步鼓励外商对流通业的直接投资和外资流通业的发展，将对进一步推动广东流通发展国际化的进程具有重要意义。

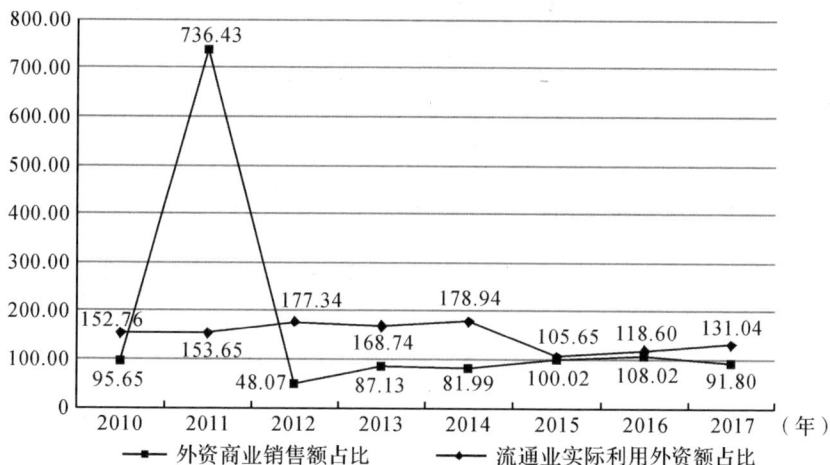

图 7-34　广东开放度指数构成要素及变动趋势

7.4.2.4　发展绩效

2010—2017 年，广东流通业的流通效率指数和社会经济贡献指数的相关指标都在绝对量上取得了进一步的增长，其中：批发零售业主营业务收入由 28 695.50 亿元增长至 72 999.6 亿元，增长率为 154.39%；流通业增加值由 7547.90 亿元增加至 14 204.38 亿元，增长率为 88.19%。

从指数上来看，2010—2017 年，广东发展绩效指数总体呈现下降趋势，由 2010 年的 124.09 下降至 2017 年的 111.34。从全国排名方面来看，2010—2013 年，广东发展绩效指数位于前 10，说明在这一时间段，广东发展绩效指数处于全国较为领先的地位；2013—2017 年，排名开始下降，但除 2015 年排名下降至全国第 21 外，其余时间该指数仍处于全国中上游位置。这说明，广东发展绩效指数未来还有很大的提高空间，具体数据见表 7-28。

表 7-28　广东发展绩效指数及全国排名

年份	2010	2011	2012	2013	2014	2015	2016	2017
发展绩效指数	124.09	131.33	136.52	129.82	107.89	86.20	114.32	111.34
排名	10	8	6	8	16	21	11	17

2010—2017 年，广东发展绩效指数构成要素的发展趋势如图 7-35 所示。

从图中可以看出，2010—2017 年，在构成广东发展绩效指数的二级指标中，流通效率指数较为稳定，而社会经济贡献指数的波动较大，并且总体都有下降趋势；流通效率指数和社会经济贡献指数的平均值分别为 108.95 和 126.43，对流通业竞争力发展总指数的贡献率分别为 0.35％和 2.11％。 因此，流通效率指数和社会经济贡献指数较低且增长乏力是广东发展绩效指数提高过程中所面临的重要问题。

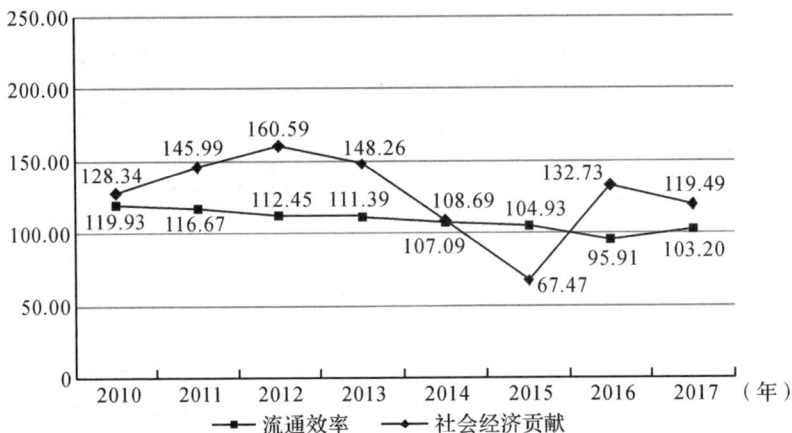

图 7-35　广东发展绩效指数构成要素的变动趋势

2010—2017 年，影响社会经济贡献指数的各三级指标因素的变化情况如图7-36所示。 从图中可以看出，就业贡献率指数和流通业增加值占比指数较为稳定，而促进倾向指数和拉动倾向指数的波动较大，而且这 4 个三级指标在2010—2017 年间都没有明显的增长趋势。 流通业增加值占比指数、拉动倾向指数、促进倾向指数和就业贡献率指数对广东流通业竞争力发展总指数的贡献率分别是 0.14％，－0.81％，2.36 和 0.42％。 因此广东为了进一步提高流通业的发展速度，应该转变流通业发展方式，深化流通业改革，提高流通业对消费的促进作用和对工业的拉动作用，以提高就业贡献率和其对经济的贡献率。

影响流通效率指数的各三级指标因素在这一期间的情况如图 7-37 所示。从图中可以看出，流动资产周转率指数和库存周转率指数呈现出的趋势较为稳定，但是两个三级指标在 2010—2017 年间都没有明显的增长趋势。 流动资

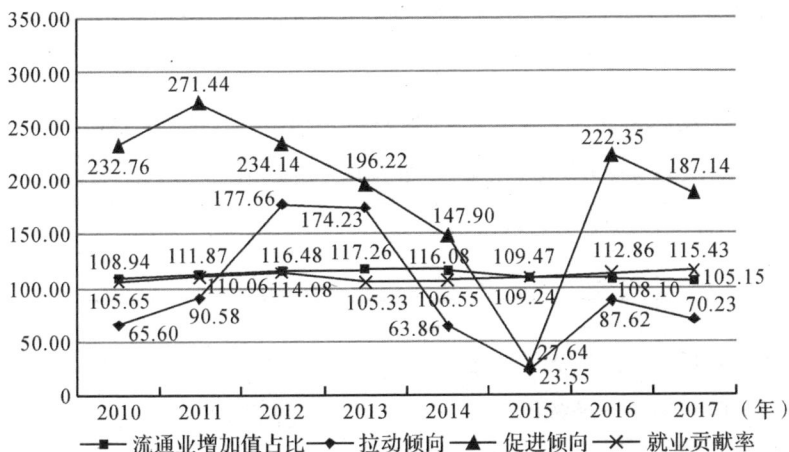

图 7-36 广东社会经济贡献指数构成要素的变动趋势

产周转率指数和库存周转率指数对广东流通业竞争力发展总指数的贡献率分别是 −0.71％ 和 1.06％。 因此，广东相关政府部门应该尽力促进流动资产周转率和库存周转率的提高，以提升流通效率。

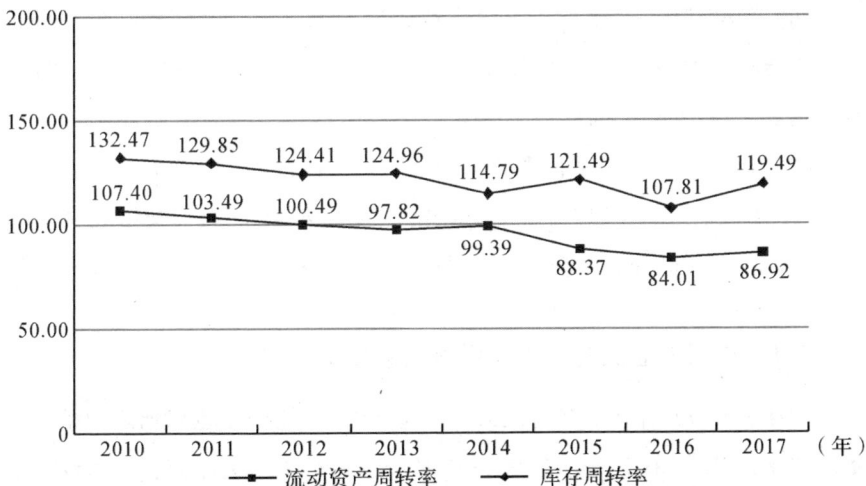

图 7-37 广东流通效率指数的构成要素的变动趋势

7.4.3 相对优势与相对弱势要素分析

为了分析广东自身的四大要素发展情况，本小节将广东的四大要素按照平均排名进行排序，并将处于第 1 名的要素称为广东流通业竞争力发展的相

对优势要素，将排在最后 1 名的要素称为广东流通业竞争力发展的相对弱势
要素。 具体如表 7-29 所示。

表 7-29　广东流通业竞争力四大要素的平均排名和变异系数

指标	发展支撑力指数	发展现代化指数	发展国际化指数	发展绩效指数
平均排名	6.25	4.13	2.00	12.13
变异系数	0.07	0.24	0.00	0.44

根据这一原则，广东流通业竞争力发展的相对优势要素是发展国际化指数，
而相对弱势要素是发展绩效指数。 进一步分析这些要素排名的变异系数可以发
现，广东相对优势要素的变异系数为 0，非常稳定，而相对弱势要素的波动较大。

7.5　广　西

广西，简称"桂"，是中国 5 个少数民族自治区之一，东界广东，南临北
部湾，并与海南隔海相望，西与云南毗邻，东北接湖南，西北靠贵州，西南与
越南接壤。 广西的陆地面积为 23.76 万平方千米，海域面积约为 4 万平方千
米。 截至 2017 年底，广西下辖 14 个地级市、51 个县、12 个自治县、8 个县
级市和 40 个市辖区。 2017 年末，广西常住人口为 4885 万，同年地区生产总
值达到 18 523.26 亿元，占全国生产总值的 2.26%。

7.5.1　广西流通业竞争力发展总指数概况

从内涵、地位和作用等各方面来看，同传统商业相比，现代流通业都发生了
根本性变化，已成为国民经济的先导产业、支柱产业。 近年来，广西致力于推
动流通业的快速发展。 2007 年，广西人民政府发布了《广西壮族自治区人民政
府关于加快全区流通业发展的实施意见》，提出加快广西现代流通业发展的意
见；2013 年，广西壮族自治区印发了《广西流通产业发展"十二五"规划》，可
见其对流通业发展的重视，并要实现全区社会消费品零售总额的快速提升。 在
大力发展流通业这一背景下，2010—2017 年，从绝对值方面来看，广西的社会消

费品零售总额从 2010 年的 3312 亿元上升至 2017 年的 7813 亿元，年平均增长速度为 13.1%；流通业固定资产投资额从 2010 年的 1147.50 亿元上升至 2017 年 3820.20 亿元；流通业增加值从 2010 年的 1378.40 亿元上升至 2718 亿元。

从流通业竞争力发展总指数来看，广西在全国的排名变化如图 7-38 所示。

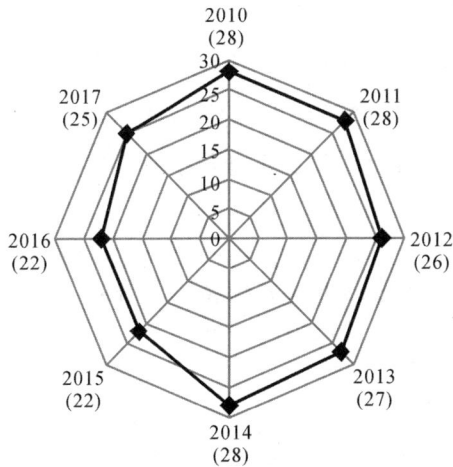

图 7-38　广西流通业竞争力发展总指数全国排名位次

从图 7-38 中可以看出，广西的流通业竞争力发展总指数在全国的排名是相对落后的，且波动幅度不大。这说明，广西的流通业竞争力发展水平目前还处于较为落后的状态，未来还有较大的发展空间。2010—2017 年，广西的流通业竞争力发展总指数情况如图 7-39 所示。

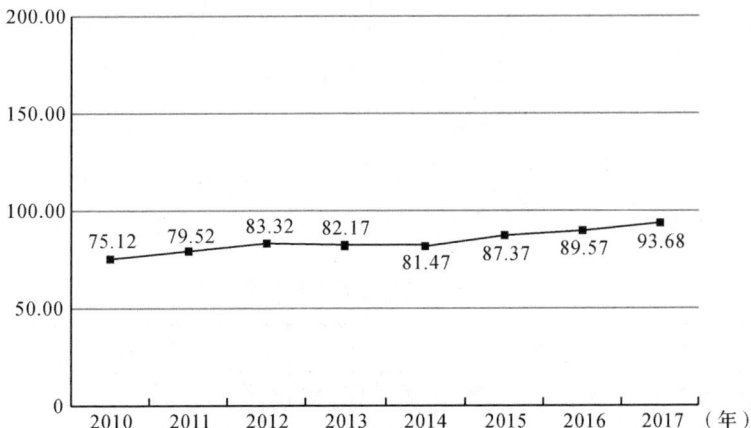

图 7-39　广西流通业竞争力发展总指数趋势

从图 7-39 中可以看出，广西的流通业竞争力发展总指数在 2010—2017 年表现得较为稳定，均在 70—100 内波动，有小幅上升趋势，具体从 2010 年的 75.12 上升至 2017 年的 93.68，平均值为 84.03。

2010—2017 年，在影响流通业竞争力发展总指数的 4 个一级指标中，发展支撑力指数呈逐年上升趋势，其余指数有升有降。发展支撑力指数、发展现代化指数、发展国际化指数、发展绩效指数的平均值分别为 124.71，89.45，26.28 和 100.75，对总指数的贡献率分别为 −212.59％，34.9％，263.74％和 13.94％。因此，广西需要加快推动发展支撑能力的提高，这对于拉动总指数的增长具有重要意义。

7.5.2 影响流通业竞争力发展的各因素分析

7.5.2.1 发展支撑力

从绝对值方面来看，2010—2017 年，广西的人均社会消费品零售总额由 2010 年的 7184.30 元上升至 2017 年的 15 993.80 亿元，年平均增长速度为 15.33％；流通业固定资产投资额由 2010 年的 1147.50 亿元上升至 2017 年的 3820.20 亿元，年平均增长速度为 29.11％；城镇居民家庭人均可支配收入和农村居民家庭人均纯收入一直处于上升状态，年平均增长速度为 8.67％和 14.13％。

从指数方面来看，2010—2017 年，广西的发展支撑力指数一直处于逐年上升状态，从 2010 年的 91.48 上升到了 2017 年的 153.75，指数平均值为 120.55，年平均增长速度为 8.50％。从排名上来看，广西一直位于全国第 27 及以后，2010—2017 年的排名处于稳定状态，这说明广西的发展支撑力水平一直处于比较落后状态。但是从整体的发展趋势来看，广东的流通发展支撑力未来还会不断增强。2010—2017 年，广西的发展支撑力指数和全国排名情况如表 7-30 所示。

表 7-30 广西发展支撑力指数及全国排名

年份	2010	2011	2012	2013	2014	2015	2016	2017
发展支撑力指数	91.48	94.74	104.41	116.68	125.68	133.66	144.01	153.75
排名	27	28	29	28	29	28	28	27

从二级指标来看，发展支撑力指数的基础指数和购买潜力指数在总体上都是呈上升态势，如图 7-40 所示。 2010—2017 年，购买潜力指数均大于基础指数。 2017 年，购买潜力指数拉动流通业竞争力发展总指数增长了 11.8 个百分点，基础指数拉动流通业竞争力发展总指数增长了 1.63 个百分点。 这说明，两者均对广西的流通业有正向拉动作用，并且购买潜力指数是影响发展支撑力指数的主要因素。

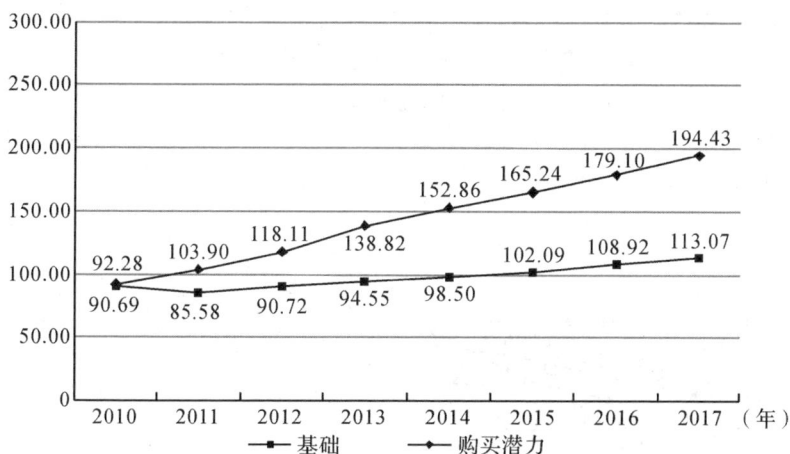

图 7-40　广西发展支撑力指数的构成要素及变动趋势

从三级指标来看，基础指数中的人均社会消费品零售总额指数呈逐年上升的态势，而流通业固定资产投资额占比指数和流通里程强度指数在 2010—2017 年有升有降，如图 7-41 所示。 人均社会消费品零售总额指数、流通业固定资产投资额占比指数和流通里程强度指数对流通业竞争力发展总指数的贡献率分别为 2.43％，－11.65％和 25.63％，因此，流通业固定资产投资额占比指数偏低是基础指数偏低的主要原因。 购买潜力指数中的城镇居民消费潜力指数和农村居民消费潜力指数均呈现逐年上升的趋势，尤其是 2013 年，农村居民消费潜力指数超过了城镇居民消费潜力指数；从拉动作用来看，农村居民消费潜力指数拉动总指数增长了 6.77 个百分点，大于城镇居民消费潜力指数的 5.03 个百分点。 因此，未来想要继续提高购买潜力指数，需要提高广西城镇居民消费潜力指数。 2010—2017 年，广西基础指数和购买潜力指数的三级指标的数值及发展趋势如图 7-41、图 7-42 所示。

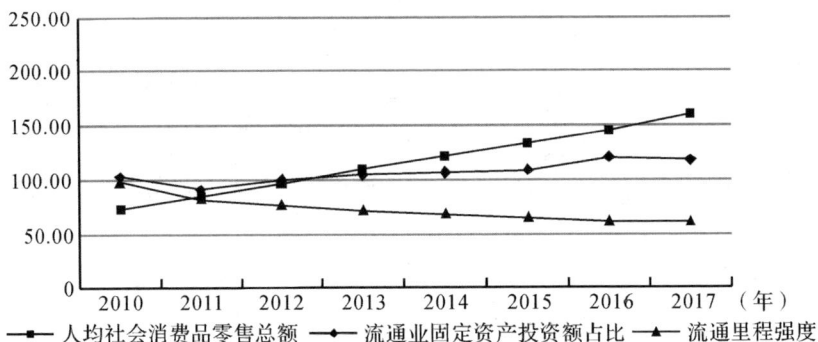

图 7-41　广西基础指数构成要素及变动趋势

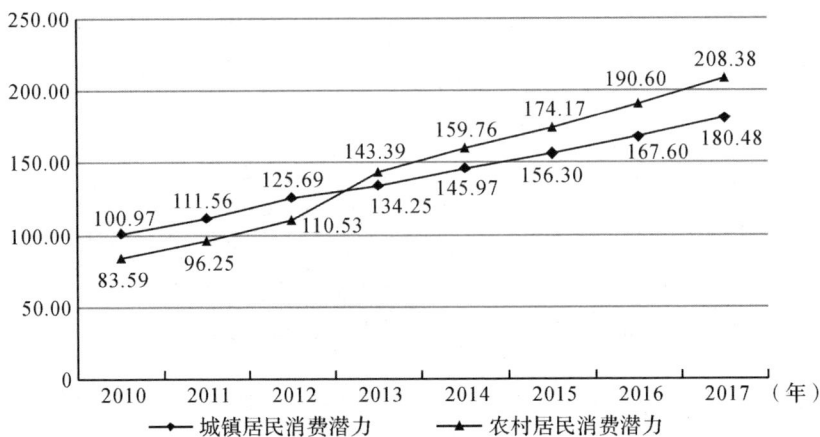

图 7-42　广西购买潜力指数构成要素及变动趋势

7.5.2.2　发展现代化

从绝对值方面来讲，2010—2017 年，广西的人均流通资本从 2010 年的
115 185 元上升到 2017 年的 192 545 元，年平均增长速度为 8.40%；物流配送
化程度有升有降；连锁经营化程度总体呈现出下降趋势。从指数来看，广西
的发展现代化指数处于波动状态，由 2010 年的 79.29 上升到 2012 年的
94.62，随后开始不断下降，到 2017 年又开始回升至 91.18，指数平均值为
88.18；发展现代化指数对广西流通业竞争力发展总指数的贡献率为 34.9%。
从全国排名上来看，广西的发展现代化指数最高排名是在 2012 年达到的第

15，其余时间段一直处于全国中下游位置，这说明广西的发展现代化水平还处于比较落后的位置。 2010—2017年，广西的发展现代化指数及全国排名位次情况如表7-31所示。

表7-31 广西发展现代化指数及全国排名

年份	2010	2011	2012	2013	2014	2015	2016	2017
发展现代化指数	79.29	89.12	94.62	89.10	86.78	87.25	88.12	91.18
排名	20	19	15	17	19	17	18	19

从二级指标来看，发展现代化指数的技术现代化指数呈上升态势，而业态现代化指数在经历2010—2012年的上升后逐年下降，如图7-43所示。2010—2017年，广西的业态现代化指数均大于技术现代化指数。 2017年，技术现代化指数和业态现代化指数对总指数的贡献率分别为47.93％和－13.03。 这说明当前业态现代化发展不足是制约广西流通业发展现代化水平提高的主要因素，可见广西在促进流通业发展现代化水平方面，没有足够重视，要想发展现代化指数排名靠前，就需要长期的努力。

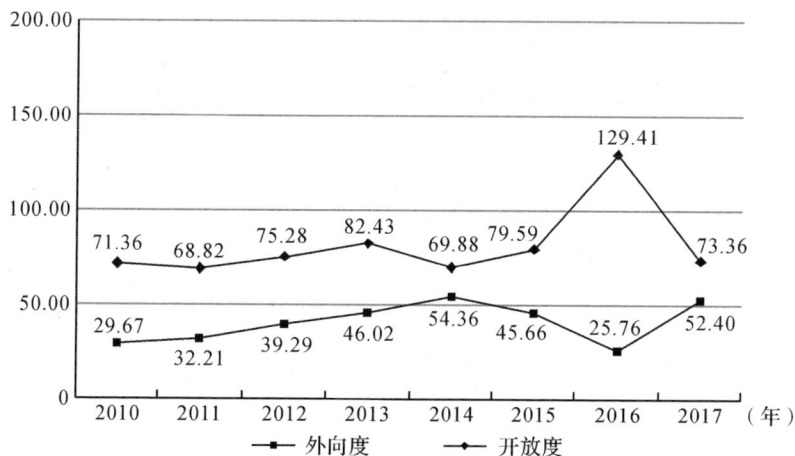

图7-43 广西发展现代化指数构成要素及变动趋势

在构成技术现代化指数的三级指标中（见图7-44），人均流通资本指数提高较快，总体呈上升趋势，并且在2010—2017年都高于地区流通业资产总额指数。 而地区流通业资产总额指数趋于平稳，增长趋势不明显。 人均流通资本指数和地区流通业资产总额指数对流通业竞争力发展总指数的贡献率分别为－12.87％和60.8％，这说明技术现代化指数的增长主要靠地区流通业资产总额指数的增长。 在构成业态现代化指数的三级指标中，物流配送化程度指数在逐年上升，而连锁经营化程度指数总体有下降趋势，人均连锁经营化规模指数在2013年之前逐年上升，在2014年后开始逐渐下降。 综上所述，在未来，要想推动广西发展现代化指数的进一步提高，需要不断促进流通资本和物流配送程度的提高。

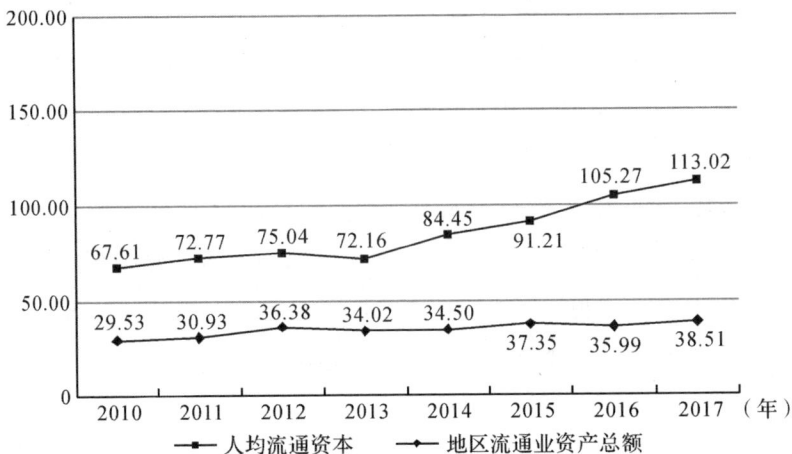

图7-44 广西技术现代化指数构成要素及变动趋势

7.5.2.3 发展国际化

发展国际化指数对广西总指数的贡献率为263.74％，说明广西在提高流通发展国际化方面，效果明显。 从绝对值方面来看，广西人均商品出口额从2010年的208.30元上升至2017年的575元，增长速度较快，外资商业销售额占比呈现升降交替的趋势。

从指数方面来看，2010—2017年，广西的发展国际化指数总体呈现下降趋势，由2010年的12.92下降到2017年的33.32。 从全国排名上来看，广西发展国际化指数的排名在不断上升，由2010年的全国第28上升至2017年的全国第25，虽然上升幅度不大，但是也可以看出广西的发展国际化水平在缓慢上升，不过从总体来看，仍处于全国较为落后的水平。 2010—2017年，广西的发展国际化指数及全国排名情况如表 7-32 所示。

表 7-32　广西发展国际化指数及全国排名

年份	2010	2011	2012	2013	2014	2015	2016	2017
发展国际化指数	12.92	16.22	19.75	23.32	29.68	33.65	28.06	33.32
排名	28	28	27	26	26	24	24	25

在构成广西发展国际化指数的 2 个二级指标中，外向度指数一直处于上升阶段，从 2010 年的 23.15 上升至 2017 年的 63.91，对总指数的贡献率达到 −71.38%；而开放度指数则一直处于下降趋势，2017 年的开放度指数仅为 4.29，对总指数的贡献率达到 −189.27%。这说明 2010—2017 年，广西的发展国际化指数下降的主要原因是开放度指数的下降，并且外向度指数和开放度指数均对总指数有负向拉动作用。

从三级指标来看，构成外向度指数的人均商品出口额指数有上升趋势，对总指数的贡献率为 71.38%。从图 7-45 中可以看出：构成开放度指数的流通业实际利用外资额占比指数的波动较大，并且总体呈现下降趋势；而外资商业销售额占比指数较为稳定，但是指数偏小。因此，从总体上来看，广西要想提高发展国际化指数，就必须提高外资商业销售额，实施提高开放度的举措，吸引外商投资，推动商品出口，并积极利用外资。

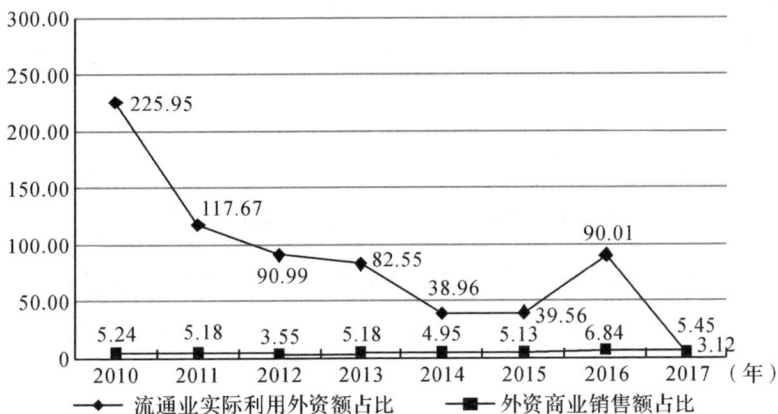

图 7-45　广西开放度指数构成要素及变动趋势

7.5.2.4　发展绩效

发展绩效指数对广西总指数的贡献率为 13.94％，因此广西在发展绩效指数上还需要继续努力。 从绝对值方面来看，流通业流动资产在整体上呈现下降趋势，流通业主营业务收入从 2010 年的 3291.30 亿元增长至 2017 年的 6495.20 亿元，增长率达 97.34％；流通业增加值逐年上升，从 2010 年的 1378.34 亿元增加至 2017 年的 2718 亿元，年平均增长率达 12.15％；流通业就业人员数有升有降，平均值为 48.55 万人。

从指数方面来看，如图 7-46 所示，广西的发展绩效指数在 2010—2014 年呈下降趋势，从 2010 年的 116.78 下降到 2014 年的 83.75，在 2014 年后又开始缓慢上升，这一期间发展绩效指数的平均值为 102.76。 这说明，广西对流通业竞争力发展贡献的重视程度在减弱，相关政府部门应该不断提高对流通发展绩效贡献的关注，以推动广西的流通业竞争力发展。

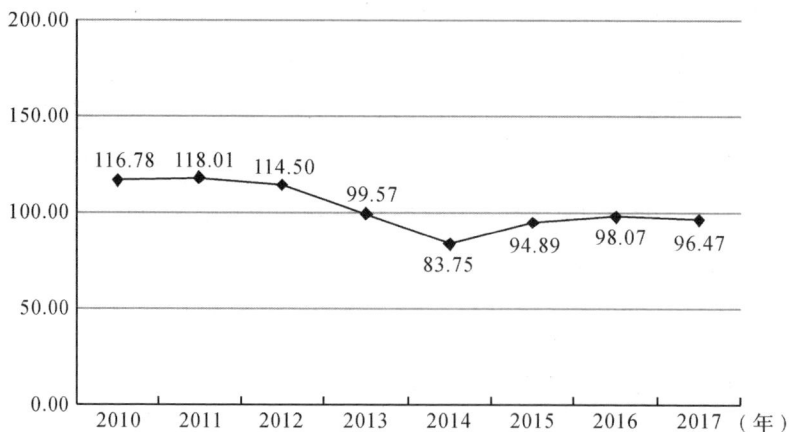

图 7-46　广西流通发展绩效指数数值及变动趋势

从全国范围来看，广西的发展绩效指数的排名波动较大，最低是 2014 年的第 27，最高为 2010 年和 2016 年的第 13，这说明广西处在全国中下游水平，还有很大的发展空间。 2010—2017 年，广西的发展绩效指数的全国排名情况如图 7-47 所示。

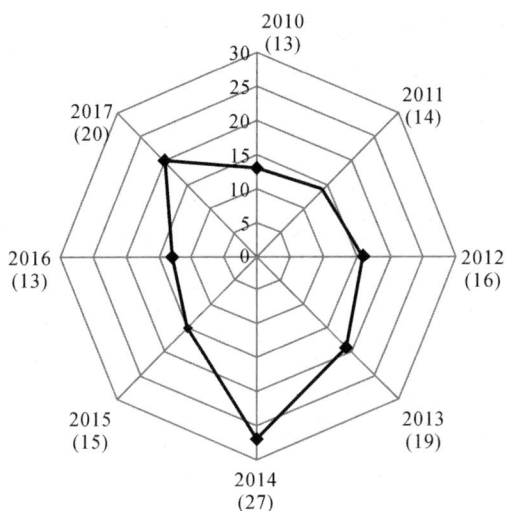

图 7-47　广西发展绩效指数的全国排名

　　从构成广西发展绩效指数的 2 个二级指标来看，流通效率指数和社会经济贡献指数都呈波动状态，流通效率指数相对于社会经济贡献指数而言浮动幅度较小。 流通效率指数在 2010—2017 年的平均值为 97.54，2017 年对广西流通业竞争力发展总指数的贡献率为－11.57％；社会经济贡献指数在 2010—2017 年的平均值为 107.97，2017 年对广西流通业竞争力发展总指数的贡献率为 25.51％。 这说明在这一期间，社会经济贡献指数下降是流通业竞争力发展总指数下降的重要原因。 2010—2017 年，广西的流通业竞争力发展指数的 2 个二级指标值情况如图 7-48 所示。

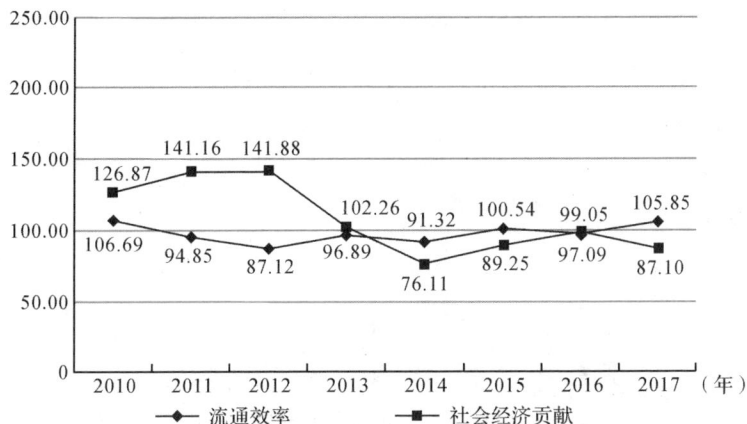

图 7-48　广西发展绩效指数的构成指标的变动趋势

从三级指标来看，构成流通效率指数的流动资产周转率指数整体在不断下降，由 2010 年的 106.09 下降至 2017 年的 82.77，平均值为 89.71，在 2017 年其对总指数有负向拉动作用。 库存周转率指数则有上升的趋势，2017 年为 128.93，拉动总指数增长了 1.81 个百分点。 2017 年，在构成社会经济贡献指数的三级指标中，拉动广西总指数增长最大的因素是促进倾向指数，拉动总指数增长了 3.51 个百分点，而对总指数产生的负向作用最为明显的是拉动倾向指数。 因此，为了推动广西流通业进一步发展，需要加快流通总产出速度，从而提高流通总产出速度对工业总产出增长速度的占比，进而提升拉动倾向指数，最终实现广西流通业的发展。

7.5.3 相对优势与相对弱势要素分析

为了分析广西壮族自治区自身的四大要素发展情况，本小节将广西的四大要素按照平均排名进行排序，并将处于第 1 名的要素称为广西流通业竞争力发展的相对优势要素，将排在最后 1 名的要素称为广西流通业竞争力发展的相对弱势要素。 具体如表 7-33 所示。

表 7-33　广西流通业发展竞争力四大要素的平均排名和变异系数

指标	发展支撑力指数	发展现代化指数	发展国际化指数	发展绩效指数
平均排名	28	18	26	19.25
变异系数	0.03	0.09	0.06	0.21

根据这一原则，广西流通业竞争力发展的相对优势要素是发展现代化，而相对弱势要素是发展支撑力。 进一步分析这些要素排名的变异系数可以发现，广西相对优势要素和相对弱势要素的排名均较为稳定。

7.6 海　南

海南，位于中国最南端，简称"琼"，省会为海口。 海南是中国的经济特区、自由贸易试验区（港），北以琼州海峡与广东划界，西临北部湾与广西、越南相对，东濒南海与台湾对望，东南和南部在南海与菲律宾、文莱、马来西亚为邻。 海南陆地总面积达 3.54 万平方千米，海域面积约为 200 万平方千米。 其辖 4 个地级市，5 个县级市、4 个县、6 个自治县。 2017 年末，海南的常住人口达到了 926 万，地区生产总值为 4462.54 亿元，较 2016 年同比增长 10.10%。

7.6.1 海南省流通业竞争力发展总指数概况

2010—2017 年，海南流通业发展的各指标取得了大幅度的增长，其中：社会消费品零售总额由 663.8 亿元上升至 1618.8 亿元，增长率达 143.87%；流通业固定资产投资额由 260.67 亿元上升至 654.13 亿元，增长率达 150.94%；流通业增加值由 392 亿元上升至 967.10 亿元，增长率达 146.71%。 2010—2017 年，海南的流通业竞争力发展总指数及其全国排名情况如表 7-34 所示。

表 7-34　海南流通业竞争力发展总指数及全国排名

年份	2010	2011	2012	2013	2014	2015	2016	2017
总指数	93.69	93.47	98.52	103.20	110.85	102.60	83.81	111.84
排名	12	15	15	15	14	15	26	17

从海南流通业竞争力发展总指数来看，2010—2014 年，总指数在不断上升，从 2015 年起开始下降，到了 2017 年又增长至 111.84，因此，2010—2017 年，海南流通业竞争力发展总指数呈波动状态，平均值为 99.75。 从全国范围来看，海南的流通业竞争力发展总指数的排名也呈现升降波动的趋势，2010 年和 2014 年排位分别为全国第 12、全国第 14，处于全国中上游位置，其余年份均位于全国第 15 或其后，处于全国中下游位置。 这说明在这一期间，海南的流通业竞争力发展总体水平在全国范围内是相对落后的。

2010—2017 年，影响海南省流通业竞争力发展总指数的 4 个一级指标，即发展支撑力指数、发展现代化指数、发展国际化指数和发展绩效指数的平均值分别为 99.75，80.15，60.98 和 128.75；在这 4 个指标中，发展支撑力指数和发展绩效指数相对较大，发展国际化指数较小，所以发展国际化水平较低是海南流通业竞争力发展的薄弱环节。

2016—2017 年，海南流通业竞争力发展总指数由 83.81 上升到 111.84，发展支撑力指数、发展现代化指数、发展国际化指数和发展绩效指数对流通业竞争力发展总指数的贡献率分别为 128.21%，−24.49%，−78.41% 和 74.59%，具体数值如图 7-49 所示。由图可知，发展支撑力指数和发展绩效指数对海南流通业竞争力发展总指数具有较大的正向拉动作用，发展现代化指数和发展国际化指数对海南流通业竞争力发展总指数有负向拉动作用。因此，进一步提高海南的外向度和开放度，增加商品出口额和流通业外商直接投资额，积极鼓励外商直接投资并提高外资商业销售额，提高技术现代化和业态现代化水平，这些举措对海南流通业总体的发展水平提高具有重要意义。

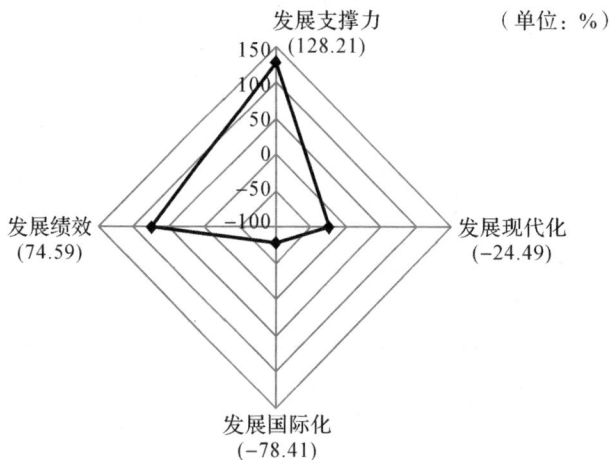

图 7-49　2016—2017 年海南省流通业竞争力发展一级指标对总指数贡献率

7.6.2　影响流通业竞争力发展的各因素分析

7.6.2.1　发展支撑力

从绝对值方面来看，2010—2017 年，海南人均社会消费品零售总额由 7638.67 元上升至 17 481.64 元，流通业固定资产投资额由 260.67 亿元上升至 654.13 亿元，流通里程数由 2.22 万千米上升至 3.2 万千米，城镇居民家庭人均可支配收入由 15 581.10 元上升至 30 817.37 元，农村居民家庭人均纯收入由 5 275.4 元增长至 12 901.76 元。 这些影响流通业发展的经济总量指标的上升为这一时期海南流通业的发展提供了重要支撑。 2010—2017 年，海南的发展支撑力指数及其在全国的排名情况如表 7-35 所示。

表 7-35　海南发展支撑力指数及全国排名

年份	2010	2011	2012	2013	2014	2015	2016	2017
发展支撑力指数	99.08	102.68	115.23	125.15	134.47	143.16	152.43	160.70
排名	22	22	19	18	18	18	18	20

从指数值方面来看，2010—2017 年，海南的发展支撑力指数总体呈上升趋势；从 2010 年的 99.08 上升至 2017 年的 160.70。 从全国排名上来看，在这一期间，海南的发展支撑力指数在全国的排名呈现升降交替的波动，由 2010 年的全国第 22 上升到了 2017 年的全国第 20，并且这一期间的排名均排在全国第 15 之后。 这表明，海南的流通业竞争力发展支撑能力在全国范围内处于中下游水平。

对构成发展支撑力指数的二级指标进行分析可知，2010—2017 年，海南发展支撑力指数的购买潜力指数逐年上升，由 2010 年的 94.63 上升到 2017 年的 209.86，平均值为 153.76；基础指数呈波动状态，由 2010 年的 103.53 上升至 2017 年的 111.53，平均值为 104.47。 从对流通业竞争力发展总指数的贡献率来看，2017 年基础指数对总指数的贡献率为 12.18％，拉动总指数增长了 1.44 个百分点；购买潜力指数对总指数的贡献为 116.03％，拉动总指数增长了 13.73 个百分点。 这说明，基础指数和购买潜力指数对总指数均有正向拉动作用，而购买潜力指数对总指数的拉动作用要大于基础指数的拉动作用。因此，海南要想提高流通业竞争力发展支撑力，还需要采取有效措施，进一步提高影响发展支撑力指数的基础指数。 表 7-36 展示了构成海南发展支撑力指数的各二级指标的情况。

表 7-36　海南发展支撑力指数的各二级指标的情况

年份	2010	2011	2012	2013	2014	2015	2016	2017
基础指数	103.53	91.71	100.43	103.03	105.31	108.47	111.73	111.53
购买潜力指数	94.63	113.64	130.03	147.28	163.63	177.86	193.13	209.86

2010—2017 年，在构成海南发展支撑力指数的购买潜力指数的各三级指标中，城镇居民消费潜力指数和农村居民消费潜力指数均呈逐年上升趋势，2017 年对总指数的贡献率分别为 43.49% 和 72.44%。城镇居民消费潜力指数拉动总指数增长了 5.15 个百分点，农村居民消费潜力指数拉动总指数增长了 8.59 个百分点。

构成海南发展支撑力指数的基础指数的各三级指标的情况如图 7-50 所示。流通业固定资产投资额占比指数在 2012—2016 年间波动较小，均在平均值 114.85 附近波动，其余年间的波动较大。2013 年之后，人均社会消费品零售总额指数开始高于其他的指数，说明 2013 年之后，海南流通业竞争力发展基础支撑能力的提高主要表现为人均社会消费品零售总额的增加。2017 年，人均社会消费品零售总额指数、流通业固定资产投资额占比指数和流通里程强度指数对总指数的贡献率分别为 2.43%、-0.95% 和 -13.40%，这表明相对于海南整个社会经济的发展状况，其流通业固定资产投资略显不足及流通业基础交通运输建设发展较慢是制约其流通发展支撑力提高的重要因素。

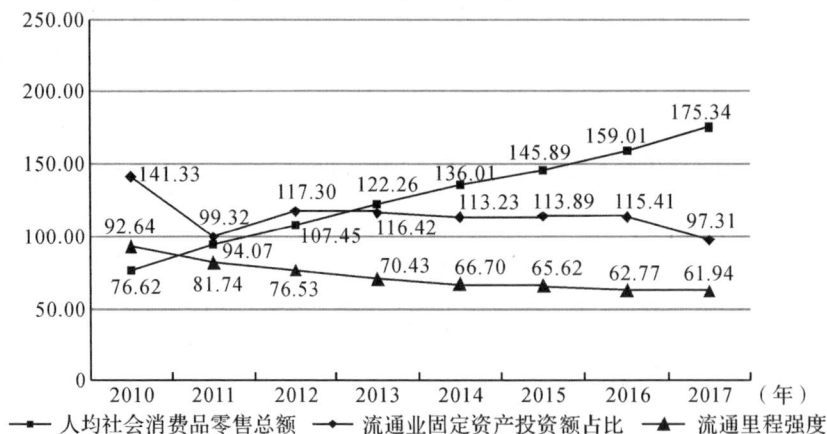

图 7-50　海南基础指数构成要素的变动趋势

7.6.2.2 发展现代化

从绝对值上来看，2010—2017 年，海南在提高流通发展现代化水平的工作中取得了较好的成绩。 其中，流通业固定资产投资额从 260.67 亿元上升至 654.13 亿元，批发零售业商品销售总额由 140.66 亿元上升至 235.34 亿元，连锁零售业商品购进总额在 2017 年达到了 174.20 亿元，连锁零售企业商品销售额在 2017 年达到了 191.2 亿元。

从指数上来看，2010—2017 年，海南的发展现代化指数在总体上呈现波动状态，但是波动幅度较小，平均值为 80.16。 这说明，在这一期间，海南流通业竞争力发展现代水平变化不大。 从全国范围来看，海南的发展现代化指数在全国的排名均在第 20 左右浮动，大多处于第 20 之后，这说明海南流通发展现代化水平在全国范围内还是比较落后的。 2010—2017 年，海南的发展现代化指数及其在全国的排名情况如表 7-37 所示。

表 7-37　海南发展现代化指数及全国排名

年份	2010	2011	2012	2013	2014	2015	2016	2017
发展现代化指数	79.74	83.89	77.60	72.35	82.80	78.69	77.68	88.45
排名	19	21	20	22	22	21	21	20

2010—2017 年，构成海南发展现代化指数的技术现代化指数，在 2011—2013 年有下降趋势，其余年份都呈上升趋势，平均值为 57.40，如图 7-51 所示。 业态现代化指数在 2014 年开始下降，除 2016 年外，波动幅度较小。 在这期间，海南的业态现代化指数均高于技术现代化指数。 这说明，业态现代化指数在发展现代化指数中所占的份额相对较大，技术现代化发展的不稳定是海南流通发展现代化的薄弱之处。 2017 年，技术现代化指数和业态现代化指数对流通业竞争力发展总指数的贡献率分别为 −29.99% 和 5.6%，说明技术现代化水平的不断下降是制约海南流通发展现代化水平提高的主要因素。

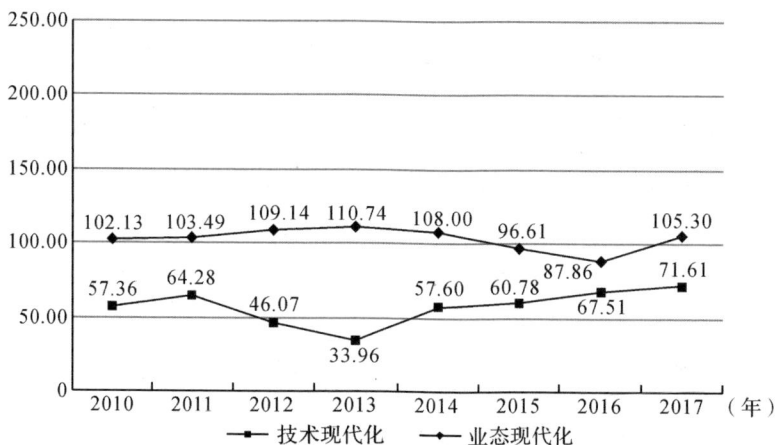

图 7-51　海南发展现代化指数的二级指标数值变动趋势

　　2017 年，在构成技术现代化指数的三级指标中，人均流通资本指数对总指数的贡献率为 11.72%，拉动总指数增长了 1.39 个百分点，而地区流通业资产总额指数对总指数的贡献率为－41.71%，这说明地区流通业资产总额的不足制约了海南流通业竞争力发展技术现代化水平的提高。 2010—2017 年，在构成业态现代化指数的三级指标中，物流配送化程度指数均高于连锁经营化程度指数和人均连锁经营化规模指数，如图 7-52 所示。 这说明，2010—2017 年，物流配送化程度指数的提高是推动业态现代化发展的主要原因。 因此，相关政府部门和企业应该采取有效激励措施，促进流通业固定资产的提升，这有利于海南流通业发展现代化总体水平的进一步提升。

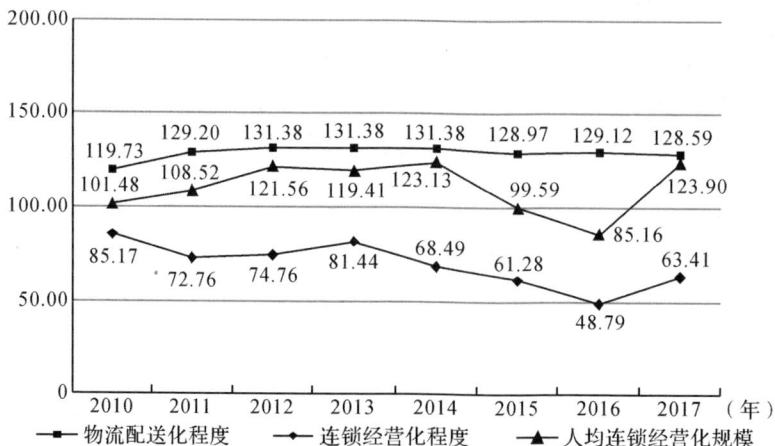

图 7-52　海南业态现代化指数的三级指标数值变动趋势

7.6.2.3 发展国际化

2010—2017 年，影响海南流通发展国际化水平的一些绝对量有所提升。其中，海南省的经营单位所在地出口总额由 2010 年的 232 033 万美元上升至 2017 年的 436 590.6 万美元。

从指数方面来看，2010—2017 年，海南的发展国际化指数有升有降，从 2010 年的 50.52 增长到 2013 年的 64.22，然后又下降到 2014 年的 62.12，除 2016 年增长至 77.59 外，整体仍然呈现下降趋势，平均值为 60.97。 从全国排名上来看，2010—2017 年，海南的发展国际化指数排名也呈波动状态，最高排名在 2016 年，达到了全国第 12，其余年份均位于全国第 14 及其之后。这说明，海南的流通国际化发展水平排名虽然有所进步，但在全国范围内仍处于中下游的位置，较为落后。 2010—2017 年，海南的发展国际化指数及其排名情况如表 7-38 所示。

表 7-38　海南的发展国际化指数及全国排名

年份	2010	2011	2012	2013	2014	2015	2016	2017
发展国际化指数	50.52	50.51	57.28	64.22	62.12	62.62	77.59	62.88
排名	14	17	21	17	16	15	12	16

从构成发展国际化指数的二级指标来看，2010—2017 年，开放度指数均大于外向度指数，而且在 2016 年，这 2 个二级指标均波动较大。 2017 年，外向度指数对海南流通业竞争力发展总指数的贡献率为 -50.28%，开放度指数对总指数的贡献率为 -28.13%。 在这一期间，外向度指数和开放度指数的平均值分别为 40.67 和 81.26。 这说明，开放度指数对发展国际化指数的贡献比外向度指数高，而外向度成了制约海南流通国际化发展的主要因素。2010—2017 年，构成海南发展国际化指数的二级指标值的情况如图 7-53 所示。

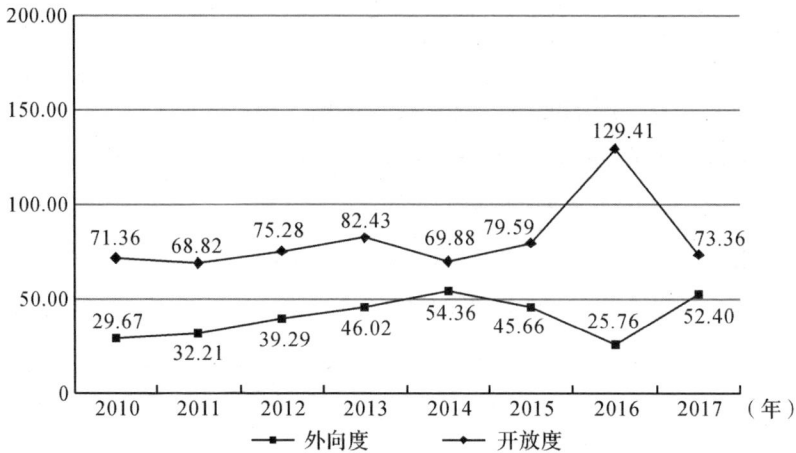

图 7-53 海南发展国际化指数的二级指标数值变动趋势

2010—2017 年，从构成发展国际化指数的三级指标来看，构成外向度指数的人均商品出口额指数在 2010—2014 年呈逐年上升趋势，然后开始下降，最后到 2017 年又有所回升，达到 52.50，这一期间的平均值为 40.67，对海南流通业竞争力发展总指数的贡献率为－50.28％，即对海南流通业竞争力发展存在负向拉动作用。 构成开放度指数的三级指标情况如图 7-54 所示。 从图中可以看出，2010—2017 年，流通业实际利用外资额占比指数远高于外资商业销售额占比指数，流通业实际利用外资额占比指数的平均值为 135.29，2017 年对总指数的贡献率为 16.44％，拉动总指数增长了 1.95 个百分点。 而外资商业销售额占比指数的平均值仅为 27.23，对总指数的贡献率为－44.57％，说明其对海南流通业竞争力发展有负向拉动作用。 因此，较低的外资商业销售额影响了海南流通发展国际化的外向度水平，相关政府部门应该鼓励流通业外商直接投资，推动外资商业的不断发展，提升海南流通发展国际化水平，最终实现海南流通业的快速发展。

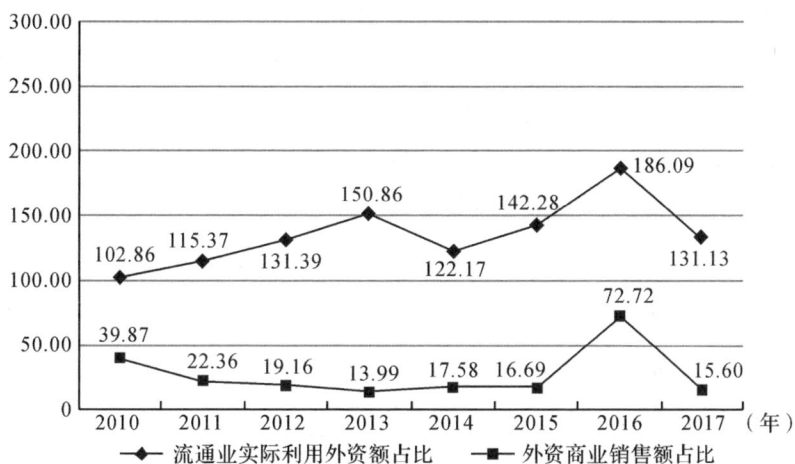

图 7-54　海南开放度指数构成要素变动趋势

7.6.2.4　发展绩效

从绝对值方面来看，2010—2017 年，海南批发零售业主营业务收入由 1255.40 亿元上升到 2116.80 亿元，流通业增加值由 392 亿元上升至 967.10 亿元。从指数方面来看，海南在 2010—2017 年间的发展绩效指数最高为 2014 年的 164.02，而最低时仅为 2016 年的 27.55，说明当前海南的发展绩效指数很不稳定；这一期间的平均值为 128.75，2017 年对总指数的贡献率为 74.59%，说明发展绩效指数对海南的流通业竞争力发展起到了重要作用，拉动总指数增长了 8.83 个百分点。从全国排名上来看，在 2015 年之前，海南的发展绩效指数均位于前 6，说明 2010—2015 年，海南的发展绩效位于全国前列，处于领先水平。但是在 2016 年，排名迅速下降至全国第 28，2017 年又上升至全国第 7。2010—2017 年，海南的发展绩效指数及其全国的排名情况如表 7-39 所示。

表 7-39　海南发展绩效指数及全国排名

年份	2010	2011	2012	2013	2014	2015	2016	2017
发展绩效指数	145.40	136.81	143.96	151.06	164.02	125.90	27.55	135.31
排名	3	5	4	6	2	6	28	7

在影响海南发展绩效指数的 2 个二级指标中，流通效率指数和社会经济贡献指数都呈波动状态，有升有降，社会经济贡献指数比流通效率指数的波动幅度大，尤其是 2016 年的社会经济贡献指数，如图 7-55 所示。 2010—2017年，流通效率指数和社会经济贡献指数的平均值分别为 141.75 和 115.76。2017 年流通效率指数对海南流通业竞争力发展总指数的贡献率为 8％，拉动总指数增长了 0.95 个百分点；社会经济贡献指数对总指数的贡献率为66.50％，拉动总指数增长了 7.88 个百分点。 这说明，2017 年，社会经济贡献指数的增长是推动流通业竞争力发展总指数增长的主要原因，而流通效率指数提高得不到位，从而制约了总指数的增长。

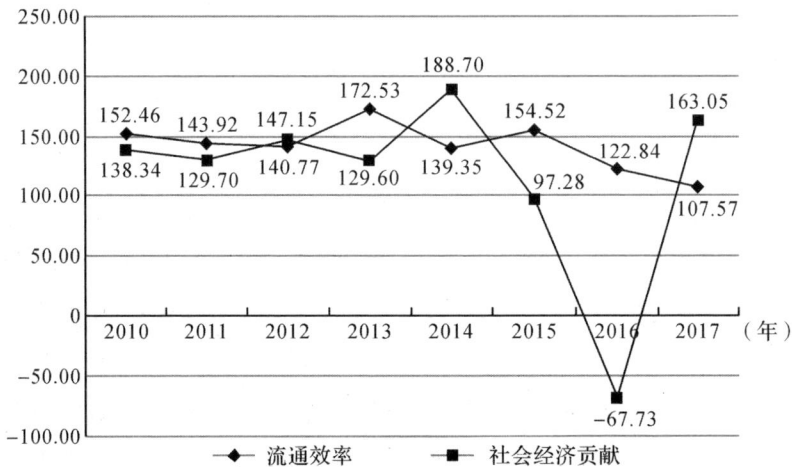

图 7-55　海南发展绩效指数的二级指标数值变动趋势

从构成发展绩效指数的三级指标来看，构成流通效率指数的流动资产周转率指数总体呈下降趋势，2010—2017 年的平均值为 117，2017 年对总指数的贡献率为－19.66％，说明在这一时间段内，流动资产周转率对海南的流通业有负向拉动作用。 库存周转率指数在 2013 年和 2015 年波动较大，这一时期的平均值为 166.49，2017 年对总指数的贡献率为 27.66％，拉动总指数增长了 3.27 个百分点。 这些数据表明，在流通效率指数中，主要是通过库存周转率指数来推动流通发展绩效指数的提高。 2010—2017 年，海南流通效率指数的构成要素及变动趋势如图 7-56 所示。

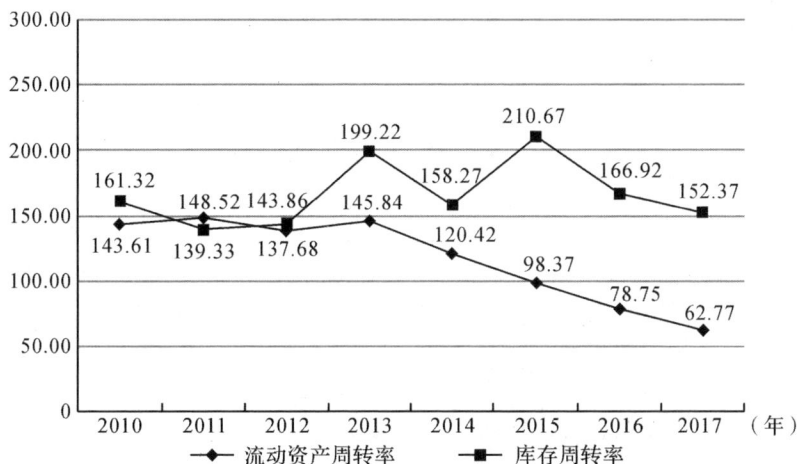

图 7-56　海南发展效率指数构成要素变动趋势

　　构成社会经济贡献指数的三级指标在 2017 年的数值及其对总指数的贡献率如图 7-57 所示。 从图中可以看出，对总指数贡献率最大的是促进倾向指数，在 2017 年促进倾向指数达到 258.97，贡献率为 41.98％，拉动海南流通业竞争力发展总指数增长了 4.97 个百分点。 其次是就业贡献率指数，在 2017 年就业贡献率指数为 154.85，贡献率为 14.48％，拉动总指数增长了 1.71 个百分点。 随后是流通业增加值占比指数，其在 2017 年为 143.92，对总指数的贡献为 11.60％，拉动总指数增长了 1.37 个百分点。 最后是拉动倾向指数，2017 年拉动倾向指数仅为 94.45，对总指数的贡献率为－1.46％，说明该指数对海南的流通业竞争力发展有负向拉动作用。 因此，海南社会经济贡献指数的不断上升主要依赖于促进倾向指数、就业贡献率指数和流通业增加值占比指数。 而流通业增加值增长速度与工业总产出增长速度的占比过小，制约了社会经济贡献指数的提高。 因此，在保证工业增加值和社会消费品零售总额增长的同时，需着重提高流通业的增加值，这有利于海南流通业发展贡献水平和竞争力发展总水平的进一步提升。

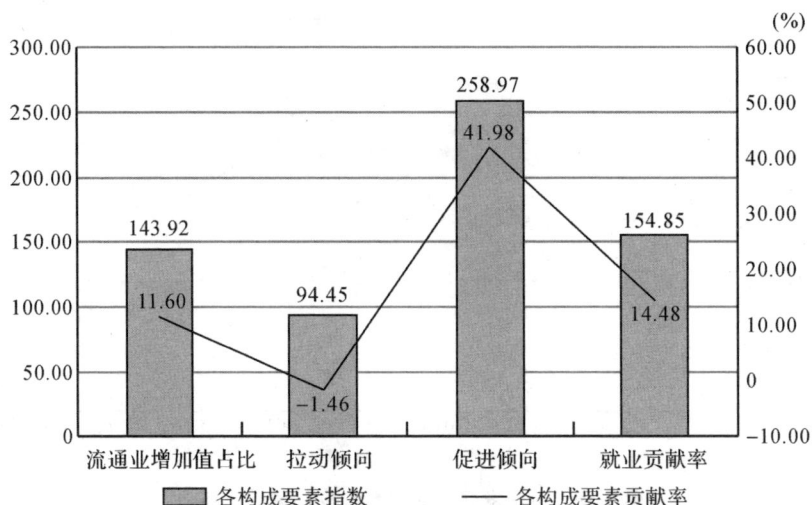

图 7-57　2017 年构成社会经济贡献指数的各三级指标要素数值及其对总指数的贡献率

7.6.3　相对优势要素和相对弱势要素分析

为了分析海南自身的四大要素的发展状况，本小节将海南的四大要素按平均排名排序，并将处于第 1 名的要素称为海南流通业竞争力发展的相对优势要素，将排在最后 1 名的称为海南流通业发展竞争力的相对弱势要素，表 7-40 为海南流通业竞争力发展四大要素的平均排名情况。 从表 7-40 中可以看出，海南流通业竞争力发展的相对优势要素是发展绩效，而相对弱势要素是发展现代化，同时也可以看出，海南流通业发展不均衡。 进一步分析这些要素排名的变异系数可以发现，海南相对优势要素的排名波动较大，而相对弱势要素排名的波动较小。

表 7-40　海南流通业发展竞争力四大要素的平均排名和变异系数

指标	发展支撑力指数	发展现代化指数	发展国际化指数	发展绩效指数
平均排名	19.38	20.75	16	7.63
变异系数	0.09	0.05	0.16	1.1

8 西南地区流通业竞争力分析

　　西南地区，中国六大地理分区之一，指由四川、云南、贵州、西藏（前已说明，此处不讨论）、重庆 5 个省区市构成的区域。 西南地区以山区为主，地形结构十分复杂，自然资源丰富，人口稠密，其中四川盆地为中国四大盆地之一。 自改革开放以来，西南地区的旅游经济得到了长足的发展，其境内主要包括重庆大足石刻、长江三峡、武隆天生三桥、仙女山、金佛山，云南丽江古城、昆明世博园，贵州安顺黄果树瀑布，西藏拉萨布达拉宫等世界级旅游胜地。 除了资源禀赋优势以外，在西部大开发战略被提出后，国家出台了一系列优惠措施，以促进西部地区经济社会的发展，西南地区也享受到诸多优惠政策，形成了政策优势。 四川、云南、贵州、西藏属于经济欠发达地区，而重庆属于经济较发达地区。 从人均国内生产总值来看，2017 年，重庆市为 6.32万元，四川、云南、贵州、西藏分别为 4.45 万元、3.41 万元、3.78 万元和3.89 万元，各地区差距较大。

　　西南地区流通业竞争力发展总指数变化趋势如图 8-1 所示。 从图中可以看出，重庆的流通业竞争力发展总指数除了 2014 年、2016 年略低于四川外，其他年份，都高于其他 3 个省份，说明重庆流通业发展状况相对较好；从2013 年开始，四川相对于云南、贵州也处于领先地位。 但是西南地区的 4 个省市在 2010—2017 年的总指数均低于全国平均水平，且差距较大。 以 2017年为例，全国平均总指数为 138.27，重庆、四川、贵州、云南的总指数分别为

131.20，125.73，80.29 和 96.31，这说明西南地区的流通业发展竞争力有待进一步加强。

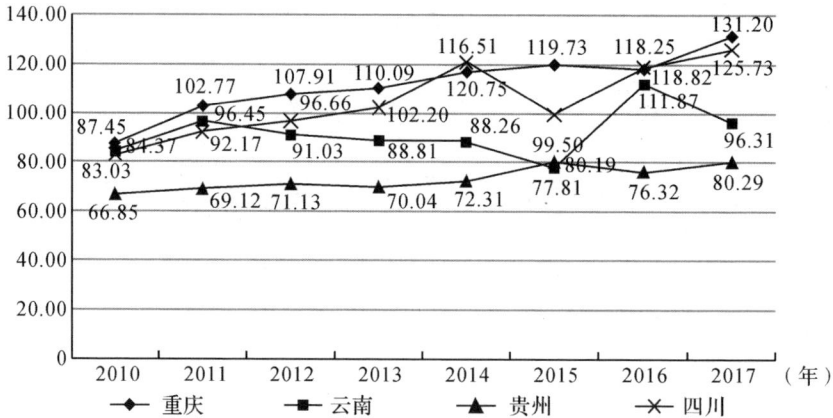

图 8-1　西南地区流通业竞争力发展总指数变化趋势

从图 8-2 中可以看出，西南地区流通业竞争力发展总指数在 2010—2017 年的排名大部分都比较靠后，除了 2015 年、2016 年，重庆、四川偶有排名进入全国前 10 外，其他各地区的排名都未能进入全国前 10，甚至较少进入全国前 15，相对于全国其他较发达的省市，差距依然较大。

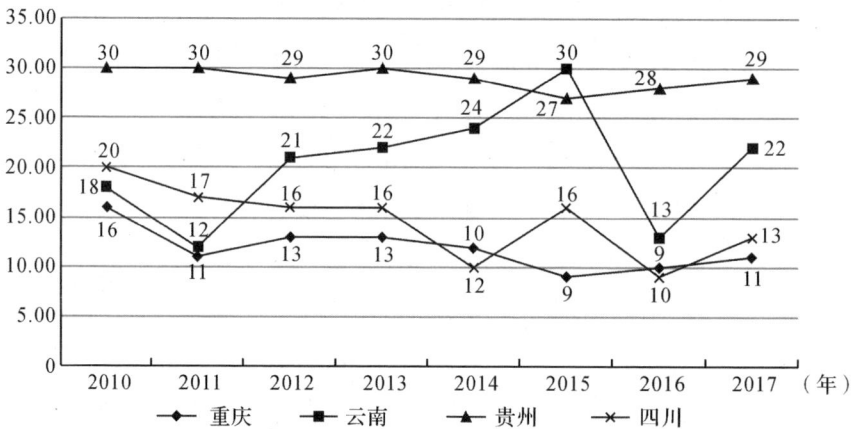

图 8-2　西南地区流通业竞争力发展总指数全国排名

8.1　重　庆

重庆位于中国内陆西南部、长江上游地区，东邻湖北、湖南，南靠贵州，西接四川，北连陕西，面积为 8.24 万平方千米，以丘陵、山地为主，其中山地面积占 76％，有"山城"之称。重庆是中国中西部地区唯一的直辖市，是中国著名的历史文化名城。重庆围绕国家重要中心城市、长江上游地区经济中心、国家重要现代制造业基地、西南地区综合交通枢纽和内陆开放高地等国家赋予的定位，充分发挥区位优势、生态优势、产业优势和体制优势，谋划和推动经济社会发展。2017 年，全市常住人口为 3075 万，国内生产总值为19 424.73亿元，2010—2017 年的平均增长速度为 13.66％，增长速度较快。

8.1.1　流通业竞争力发展总指数概况

早在 2002 年，重庆市人民政府便印发了《关于推进商贸流通现代化加快商贸流通业发展的意见》，提出为推进流通现代化、加快商贸流通业的发展，从简化连锁企业证照办理、给予税收征管政策优惠等 7 个方面给予流通业企业政策支持。2014 年，重庆市商委印发了《全面深化商贸流通体制改革的指导意见》，积极推进商贸流通领域改革，指出力争到 2017 年，基本形成服务型商贸管理体制机制和法治化营商环境，建成互动高效的农产品市场流通体系、辐射西部的进口商品购销集散体系、网购店取的城乡网络零售配送体系、保障应急的重要商品收储供应体系及诚信经营的商贸行业监管体系，市场主体活跃，餐饮住宿业实现转型发展，会展经济实现市场化产业化转变，商贸行业协会作用充分发挥，现代企业管理制度完善，全市流通现代化水平明显提升；到 2020 年，形成管理规范有序、市场主体繁荣、市场体系健全、完全市场主导的商贸流通发展格局。得益于较早地确定了流通业的发展战略，重庆商贸流通业发展水平较高，流通业竞争力发展总指数的排名从 2010 年的全国第 16 升至 2017 年的全国第 11。其中，从 2012 年到 2015 年，重庆流通业竞争力发展总指数更是从全国第 13 名上升到全国第 9 名。2010—2017 年，重庆流通业竞争力发展总指数排名如表 8-1 所示。

表 8-1　重庆流通业竞争力发展总指数全国排名

年份	2010	2011	2012	2013	2014	2015	2016	2017
排名	16	11	13	13	12	9	10	11

从数值上来看，重庆流通业竞争力发展总指数处于上升态势，从 2010 年的 87.45 上升至 2017 年的 131.20，年平均增长速度为 6.25％，虽然该指数在 2010—2017 年都低于全国平均水平，但是差距在不断缩小，如图 8-3 所示。

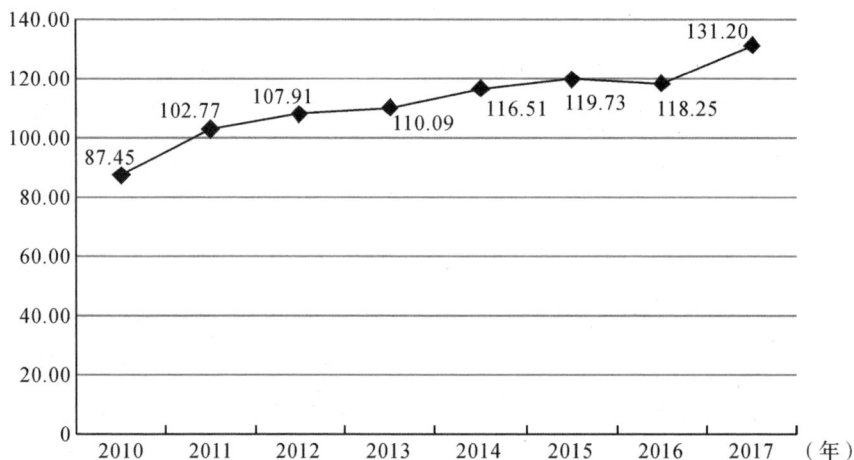

图 8-3　重庆流通业竞争力发展总指数变化趋势

2017 年，在影响重庆流通业竞争力发展总指数的 4 个一级指标中，发展支撑力指数、发展现代化指数、发展国际化指数、发展绩效指数对流通业竞争力发展总指数的贡献率分别为 61.41％，－2.51％，18.50％和 22.60％，说明发展支撑力指数与发展绩效指数对流通业竞争力发展总指数的影响较大，发展国际化指数的影响相对较小；而发展现代化指数对流通业竞争力发展总指数产生负向拉动作用，说明重庆需要通过推进流通发展现代化水平和流通发展国际化水平来推动流通业竞争力发展总指数的提升。具体如图 8-4 所示。

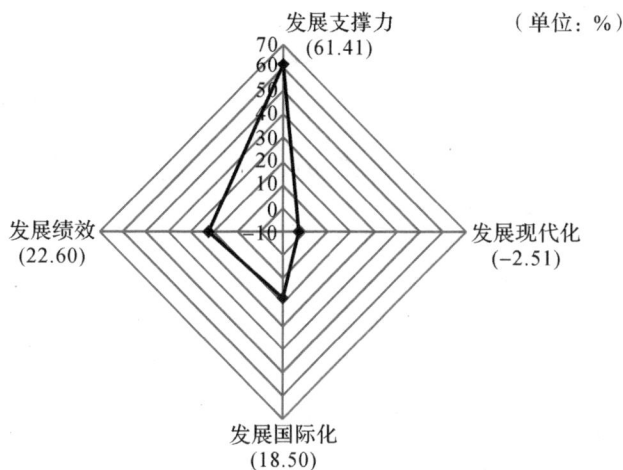

图 8-4　2017 年各一级指标对重庆流通业竞争力发展总指数的贡献率

8.1.2　影响流通业竞争力发展的各因素分析

8.1.2.1　发展支撑力

2010—2017 年，重庆发展支撑力指数的最高排名为 2011 年、2012 年的全国第 14，最低排名为 2010 年的全国第 18，平均排名为全国第 15.13，排名的标准差为 1.25，排名的变异系数为 0.08。2010—2017 年，重庆发展支撑力指数的全国排名如表 8-2 所示。

表 8-2　重庆发展支撑力指数全国排名

年份	2010	2011	2012	2013	2014	2015	2016	2017
排名	18	14	14	15	15	15	15	15

从指数上来看，重庆的发展支撑力指数持续上升，从 2010 年的 103.28 增加至 2017 年的 176.64，年平均增长速度为 7.97%，具体如图 8-5 所示。

2017 年，在影响重庆发展支撑力指数的 2 个二级指标中，基础指数与购买潜力指数对流通业竞争力发展总指数的贡献率分别为 16.74% 和 44.68%，说明购买潜力指数是影响发展支撑力指数的主要因素。在构成基础指数的 3

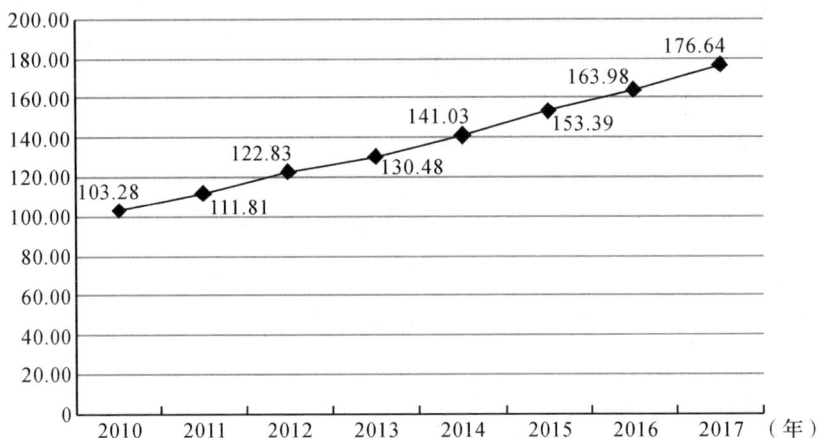

图 8-5　重庆发展支撑力指数变化趋势

个三级指标中，人均社会消费品零售总额指数、流通业固定资产投资额占比指数和流通里程强度指数对流通业竞争力发展总指数的贡献率分别为 21.79%，－0.83% 和 －4.22%，说明人均社会消费品零售总额指数对基础指数的影响最大，而流通业固定资产投资额占比指数、流通里程强度指数则对基础指数产生负向拉动作用；购买潜力指数的 2 个三级指标，即城镇居民消费潜力指数与农村居民消费潜力指数对流通业竞争力发展总指数的贡献率分别为 18.13% 和 26.55%，说明农村居民消费潜力指数对购买潜力指数的影响较大。

8.1.2.2　发展现代化

重庆发展现代化指数在 2010—2017 年的排名都未能进全国前 10，最高排名为 2013—2016 年间的全国第 15，最低排名为 2010 年的全国第 18。 2010—2017 年，重庆发展现代化指数的平均排名为全国第 16，排名的标准差为 1.20，排名的变异系数为 0.07，排名较为稳定。 2010—2017 年，重庆发展现代化指数的全国排名如表 8-3 所示。

表 8-3　重庆发展现代化指数全国排名

年份	2010	2011	2012	2013	2014	2015	2016	2017
排名	18	17	16	15	15	15	15	17

从数值上来看，重庆发展现代化指数呈现波动式上升趋势，从 2010 年的 81.83 上升至 2017 年的 96.87，年平均增长速度为 2.44%，具体如图 8-6 所示。

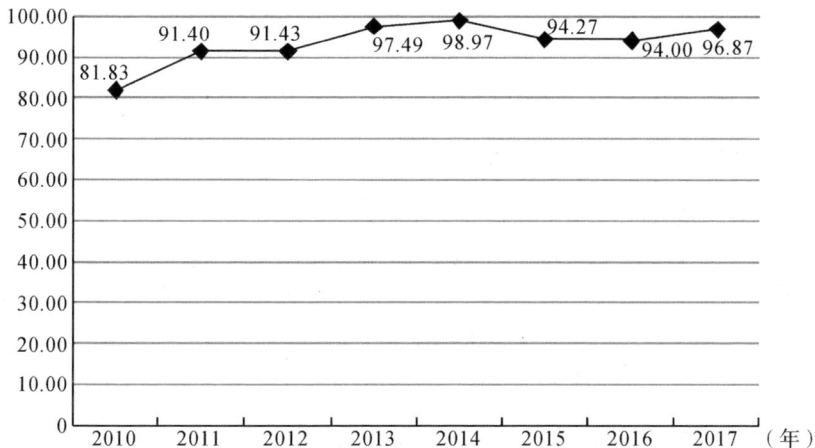

图 8-6　重庆发展现代化指数变化趋势

2017 年，影响重庆发展现代化指数的 2 个二级指标，即技术现代化指数与业态现代化指数对流通业竞争力发展总指数的贡献率分别为－6.17% 和 3.66%，即业态现代化指数对发展现代化指数影响较大，技术现代化指数则对发展现代化指数产生负向拉动作用。构成技术现代化指数的 2 个三级指标，即人均流通资本指数与地区流通业资产总额指数对流通业竞争力发展总指数的贡献率分别为 3.78% 和－9.95%，说明人均流通资本指数对技术现代化指数的拉动作用较大，地区流通业资产总额指数则对技术现代化指数产生负向拉动作用；构成业态现代化指数的 3 个三级指标，即物流配送化程度指数、连锁经营化程度指数、人均连锁经营化规模指数对流通业竞争力发展总指数的贡献率分别为－1.20%，－6.40% 和 11.26%，说明人均连锁经营化规模对业态现代化具有非常重要的意义。

8.1.2.3　发展国际化

重庆发展国际化指数在 2010—2017 年的排名呈现波动上升趋势。重庆发展国际化指数在 2010—2017 年间的平均排名为全国第 10.38，排名的标准差为 3.07，排名的变异系数为 0.30，与发展支撑力指数和发展现代化指数相比，其排名的波动较大。 2010—2017 年，重庆发展国际化指数的全国排名如表8-4所示。

表 8-4 重庆发展国际化指数全国排名

年份	2010	2011	2012	2013	2014	2015	2016	2017
排名	17	9	12	11	8	8	10	8

从数值上来看，重庆发展国际化指数呈现波动式上升趋势，从 2010 年的 43.85 上升至 2017 年的 123.09，年平均增长速度为 15.89%。 具体如图 8-7 所示。

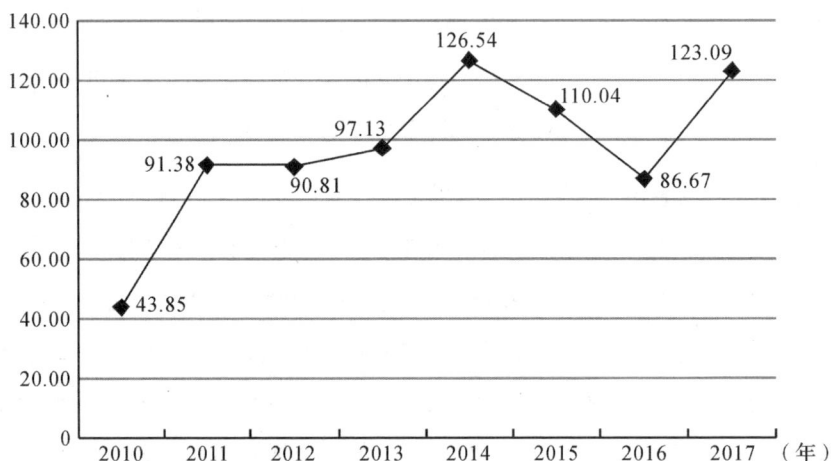

图 8-7 重庆发展国际化指数变化趋势

2017 年，在影响发展国际化指数的 2 个二级指标中，外向度指数和开放度指数对流通业竞争力发展总指数的贡献率分别为 21.61% 和 −3.11%，即开放度指数对发展国际化指数具有负向拉动作用。 构成开放度指数的 2 个三级指标，即流通业实际利用外资额占比指数、外资商业销售额占比指数对流通业竞争力发展总指数的贡献率分别为 10.59% 和 −13.70%，说明流通业实际利用外资额占比指数是促使开放度指数具有正向值的因素，而外资商业销售额占比指数则对开放度指数产生负向影响。 重庆发展国际化指数的排名呈现较大波动，主要是流通业实际利用外资额占比指数波动较大导致的；2017 年，重庆发展国际化指数的排名上升，主要是流通业实际利用外资额占比指数的上升推动的。

8.1.2.4　发展绩效

重庆发展绩效指数在 2010—2017 年间的排名波动较大，最高排名为 2016 年的全国第 7，最低排名为 2011 年的全国第 22，平均排名为全国第 13.13，排名的标准差为 5.59，变异系数为 0.43。 2010—2017 年，重庆的发展绩效指数的全国排名如表 8-5 所示。

表 8-5　重庆发展绩效指数全国排名

年份	2010	2011	2012	2013	2014	2015	2016	2017
排名	13	22	10	13	21	8	7	11

从数值上来看，重庆发展绩效指数呈现波动式上升趋势，从 2010 年的 120.83 上升至 2017 年的 128.20，年平均增长速度为 0.85％。 具体如图 8-8 所示。

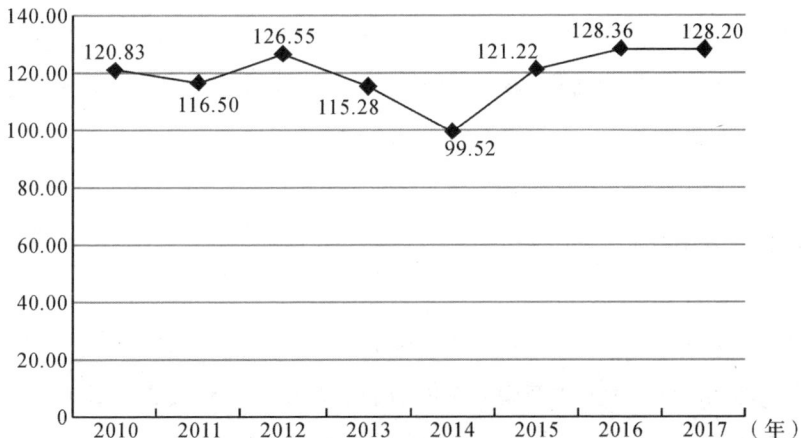

图 8-8　重庆发展绩效指数变化趋势

从对发展绩效指数的贡献上来分析，其二级指标，即流通效率指数与社会经济贡献指数对流通业竞争力发展总指数的贡献率分别为 11.94％ 和 12.28％，说明 2 个二级指标对发展绩效指数的影响基本等同。 重庆发展绩效

指数的排名从 2013 年的全国第 13 下降至 2014 年的全国第 21，主要是库存周
转率指数下降导致的；从 2016 年的全国第 7 下降至 2017 年的全国第 11，则
主要是流动资产周转率指数下降导致的。

8.1.3　相对优势与相对弱势要素分析

为了分析重庆自身的四大要素发展情况，本部分将重庆的四大要素按照
平均排名进行排序，并将处于第 1 名的要素称为重庆流通业竞争力发展的相
对优势要素，将排在最后 1 名的要素称为重庆流通业竞争力发展的相对弱势
要素。 具体如表 8-6 所示。

表 8-6　重庆流通业竞争力发展四大要素的平均排名和变异系数

指标	发展支撑力指数	发展现代化指数	发展国际化指数	发展绩效指数
平均排名	15.13	16.00	10.38	13.13
变异系数	0.08	0.07	0.30	0.43

根据这一原则，重庆流通业竞争力发展的相对优势要素是发展国际化，而
相对弱势要素是发展现代化。 进一步分析这些要素排名的变异系数可以发
现，重庆相对优势要素排名的波动较大，而相对弱势要素的排名较为稳定。

8.2　四　川

四川地处中国西部，是西南、西北和中部地区的重要接合部，是承接华南华
中、连接西南西北、沟通中亚南亚东南亚的重要交汇点和交通走廊。 四川今与
重庆、贵州、云南、西藏、青海、甘肃、陕西诸省区市交界，其东部为川东平行
岭谷和川中丘陵，中部为成都平原，西部为川西高原。 四川的面积为 48.6 万平
方千米，居中国第 5 位，辖 21 个市（州），183 个县（市、区），是我国的资源
大省、人口大省、经济大省。 2017 年末，四川常住人口数达 8302 万，国内生产
总值达 36 980.22 亿元，从 2010 年开始，年平均增长速度为 11.57％。

8.2.1 流通业竞争力发展总指数概况

2015 年，四川省商务厅印发了《"互联网＋商贸流通"实施方案》，提出要充分发挥"互联网＋"在商贸流通中的生产要素配置、优化集成作用，集聚优势资源，将互联网创新成果深入应用到商贸流通领域，提升商贸流通业发展模式的创新创造能力，降低流通成本，提高流通效率，释放消费潜力；重点在传统产业电商应用、农村电商、跨境电商及电商进社区等方面创新流通方式。2017 年，四川省商务厅进一步印发了《2017 年四川省商贸流通业发展工作要点》，提出从"推动商贸流通业供给侧结构性改革，增强对需求结构的适应性""深入推进依法行政，降低制度性成本""加强商贸流通领域安全生产工作，为流通业发展提供安全的环境供给"3 个方面来推进四川商贸流通业发展。得益于流通业政策扶持力度的不断加强，四川流通业发展总指数的排名在不断提升。2010—2017 年，四川流通业竞争力发展总指数的排名由 2010 年的全国第 20 上升至 2017 年的全国第 13，平均排名为全国第 14.63，排名的标准差为 3.70，变异系数 0.25。2010—2017 年，四川流通业竞争力发展总指数的全国排名如表 8-7 所示。

表 8-7　四川流通业竞争力发展总指数全国排名

年份	2010	2011	2012	2013	2014	2015	2016	2017
排名	20	17	16	16	10	16	9	13

从数值上来看，四川流通业竞争力发展总指数呈现波动上升态势，从 2010 年的 83.03 上升至 2017 年的 125.73，年平均增长速度为 6.11％，与全国平均水平相比，各年（2010—2017 年）都低于全国平均水平，具体如图 8-9 所示。

2017 年，影响四川流通业竞争力发展总指数的 4 个一级指标，即发展支撑力指数、发展现代化指数、发展国际化指数和发展绩效指数对流通业竞争力发展总指数的贡献率分别为 67.98％，−25.48％，−4.43％和 61.93％，说明发展支撑力指数与发展绩效指数对流通业竞争力发展总指数的影响较大，发展现代化指数和发展国际化指数对流通业竞争力发展总指数则产生负向拉动

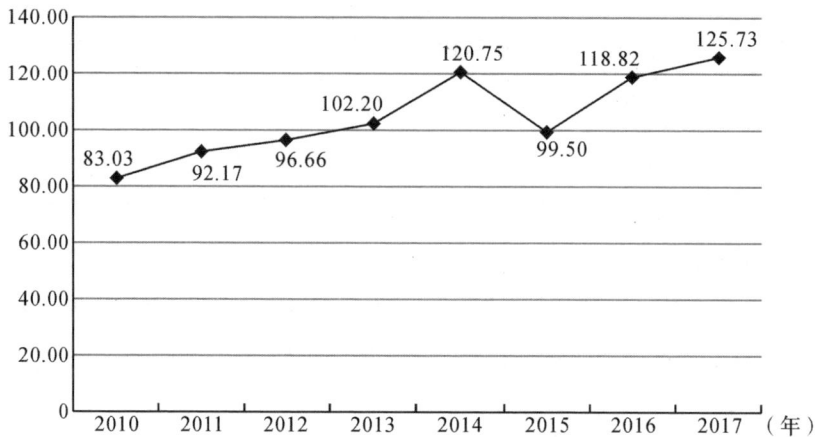

图 8-9 四川流通业竞争力发展总指数变化趋势

作用,说明四川需要通过推进流通发展现代化水平和流通发展国际化水平,以推动流通业竞争力发展总指数的提升。 具体如图 8-10 所示。

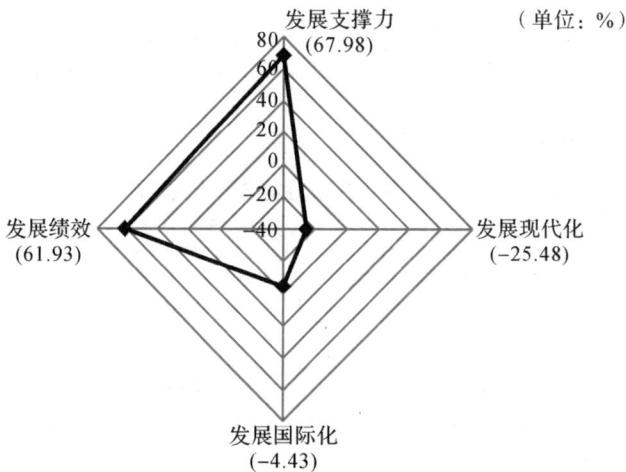

图 8-10 2017 年各一级指标对四川流通业竞争力发展总指数的贡献率

8.2.2 影响流通业竞争力发展的各因素分析

8.2.2.1 发展支撑力

2010—2017 年,四川的发展支撑力指数在全国的排名波动相对较小,即在全国第 17 上下波动。 其中，最高排名为 2012 年的全国第 16，最低排名为 2010 年的全国第 21，平均排名为全国第 17.63，排名的标准差为 1.60，变异系数为 0.09。 2010—2017 年，发展支撑力指数的全国排名如表 8-8 所示。

表 8-8　四川发展支撑力指数全国排名

年份	2010	2011	2012	2013	2014	2015	2016	2017
排名	21	19	16	17	17	17	17	17

从指数方面看，四川的发展支撑力指数持续上升，从 2010 年的 100.15 增加至 2017 年的 169.96，年平均增长速度为 7.85%。 具体如图 8-11 所示。

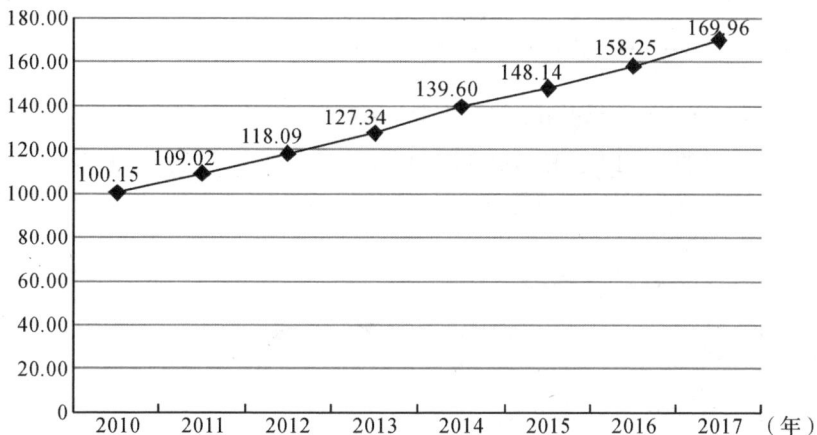

图 8-11　四川发展支撑力指数变化趋势

2017 年，影响四川发展支撑力指数的 2 个二级指标，即基础指数与购买潜力指数对流通业竞争力发展总指数的贡献率分别为 17.75% 和 50.23%，说明购买潜力指数是影响发展支撑力指数的主要因素。 构成基础指数的 3 个三级指标，即人均社会消费品零售总额指数、流通业固定资产投资额占比指数、流通里程强度指数对流通业竞争力发展总指数的贡献率分别为 18.01%，2.95% 和 -3.20%，说明人均社会消费品零售总额指数对基础指数的影响较大，而流通里程强度指数则对基础指数产生负向拉动作用；购买潜力指数的 2 个三级指标，即城镇居民消费潜力指数与农村居民消费潜力指数对流通业竞

争力发展总指数的贡献率分别为 19.87％和 30.35％，说明农村居民消费潜力
指数对购买潜力指数的影响较大。

8.2.2.2 发展现代化

四川的发展现代化指数在 2010—2017 年的排名较为稳定，其中最高排名
为 2012 年的全国第 19，最低排名为 2013 年、2014 年、2016 年和 2017 年的全
国第 23，平均排名为全国第 21.88，排名的标准差为 1.55，变异系数为
0.07。 2010—2017 年，四川发展现代化指数的全国排名如表 8-9 所示。

表 8-9 四川发展现代化指数全国排名

年份	2010	2011	2012	2013	2014	2015	2016	2017
排名	22	20	19	23	23	22	23	23

从数值方面来看，四川的发展现代化指数呈现一定波动，总体保持平稳状
态，从 2010 年的 72.13 上升至 2017 年的 73.77，年平均增长速度仅 0.32％。
具体如图 8-12 所示。

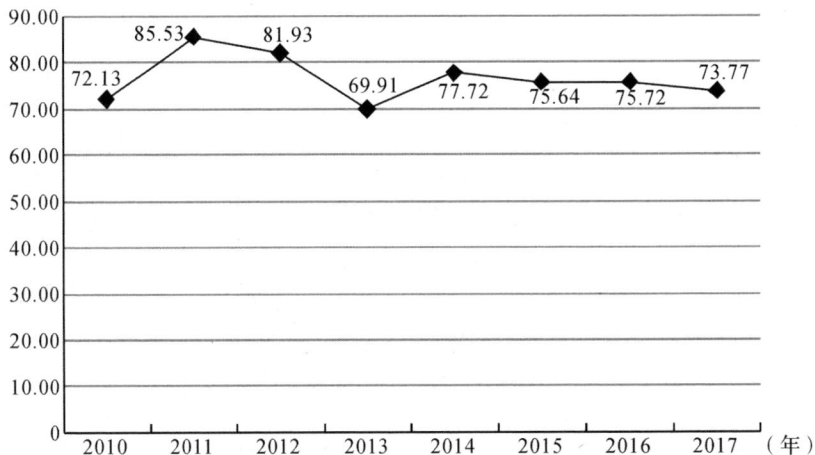

图 8-12 四川发展现代化指数变化趋势

2017 年，影响四川发展现代化指数的 2 个二级指标，即技术现代化指数
与业态现代化指数对流通业竞争力发展总指数的贡献率分别为 −4.59％和
−19.89％，2 个二级指标对发展现代化指数都产生负向拉动作用。 构成技术

现代化指数的 2 个三级指标，即人均流通资本指数与地区流通业资产总额指数对流通业竞争力发展总指数的贡献率分别为 3.88％和－8.46％，即人均流通资本指数对技术现代化指数的拉动作用较大，地区流通业资产总额指数则对技术现代化指数产生负向拉动作用；构成业态现代化指数的 3 个三级指标，即物流配送化程度指数、连锁经营化程度指数、人均连锁经营化规模指数对流通业竞争力发展总指数的贡献率分别为－1.84％，－11.48％和－6.58％，3 个三级指标对业态现代化都产生负向拉动作用。 四川的发展现代化指数的排名由 2012 年的全国第 19 下降到 2013 年的全国第 23，主要是人均流通资本指数下降导致的。

8.2.2.3　发展国际化

四川发展国际化指数在 2010—2017 年间的最高排名为 2013 年的全国第 9，最低排名为 2016 年的全国第 13，平均排名为全国第 11.13，排名的标准差为 1.25，变异系数为 0.11。 2010—2017 年，四川的发展国际化指数的全国排名如表 8-10 所示。

表 8-10　四川发展国际化指数全国排名

年份	2010	2011	2012	2013	2014	2015	2016	2017
排名	12	12	11	9	11	10	13	11

从数值方面来看，四川的发展国际化指数呈现波动式上升趋势，从 2010 年的 61.93 上升至 2017 年的 95.44，年平均增长速度为 6.37％。 具体如图 8-13所示。

2017 年，影响四川发展国际化指数的 2 个二级指标，即外向度指数和开放度指数对流通业竞争力发展总指数的贡献率分别为－24.16％和 19.73％，即外向度指数对流通发展国际化指数具有负向拉动作用，开放度指数对流通发展国际化指数的影响较大。 构成开放度指数的 2 个三级指标，即流通业实际利用外资额占比指数、外资商业销售额占比指数对流通业竞争力发展总指数的贡献率分别为 35.06％和－15.33％，即流通业实际利用外资额占比指数是促使开放度指数具有正向值的因素，而外资商业销售额占比指数对开放度

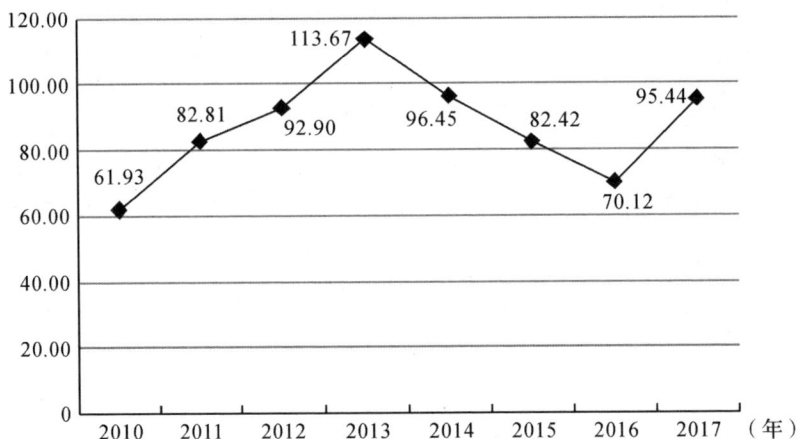

图 8-13 四川发展国际化指数变化趋势

指数产生负向影响。 2017 年，四川发展国际化指数在全国的排名上升，主要是流通业实际利用外资额占比指数上升推动的。

8.2.2.4 发展绩效

2010—2017 年，四川发展绩效指数的排名呈现较大波动。 其中，最高排名是 2014 年和 2016 年的全国第 1，最低排名为 2011 年的全国第 29，平均排名为全国第 15.88，排名的标准差为 12.30，变异系数为 0.77。 2010—2017年，四川的发展绩效指数的全国排名如表 8-11 所示。

表 8-11 四川发展绩效指数全国排名

年份	2010	2011	2012	2013	2014	2015	2016	2017
排名	26	29	27	23	1	17	1	3

从数值方面来看，四川的发展绩效指数呈现波动式上升趋势，从 2010 年的 97.90 上升至 2017 年的 163.74，年平均增长速度为 7.62%。 具体如图8-14所示。

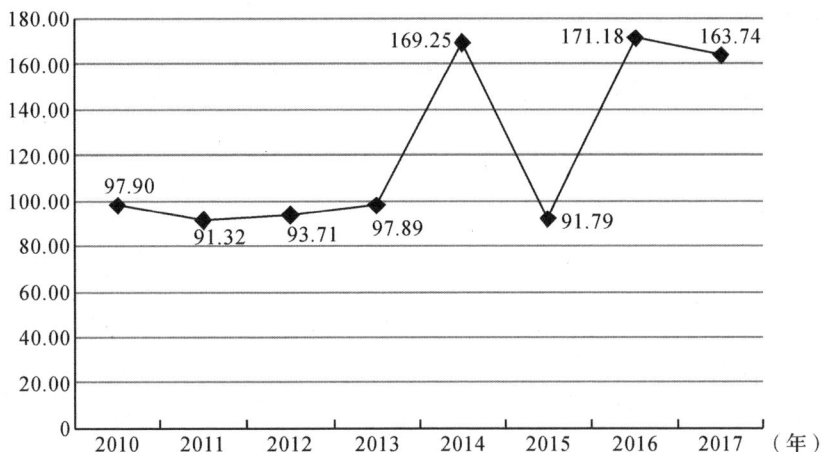

图 8-14　四川发展绩效指数变化趋势

从对发展绩效指数的贡献上来分析，二级指标流通效率指数与社会经济贡献指数对流通业竞争力发展总指数的贡献率分别为 3.06％和 58.88％，说明社会经济贡献指数对发展绩效指数的影响较大。 四川发展绩效指数的排名从 2013 年的全国第 23 上升至 2014 年的全国第 1，主要是拉动倾向指数和促进倾向指数的剧增引起的；排名从 2014 年的全国第 1 下降至 2015 年的全国第 17，则主要是拉动倾向指数急速下降导致的。

8.2.3　相对优势与相对弱势要素分析

为了分析四川自身的四大要素发展情况，本部分将四川的四大要素按照平均排名进行排序，并将处于第 1 名的要素称为四川流通业竞争力发展的相对优势要素，将排在最后 1 名的要素称为四川流通业竞争力发展的相对弱势要素。 具体如表 8-12 所示。

表 8-12　四川流通业竞争力发展四大要素的平均排名和变异系数

指标	发展支撑力指数	发展现代化指数	发展国际化指数	发展绩效指数
平均排名	17.63	21.88	11.13	15.88
变异系数	0.09	0.07	0.11	0.77

根据这一原则，四川流通业竞争力发展的相对优势要素是发展国际化，而

相对弱势要素是发展现代化。 进一步分析这些要素排名的变异系数可以发现，四川相对优势要素和相对弱势要素的排名都较为稳定。

8.3　贵　州

贵州，简称"黔"或"贵"，位于中国西南的东南部，东毗湖南、南邻广西、西连云南、北接四川和重庆，平均海拔在 1100 米左右。 全省地貌可分为高原、山地、丘陵和盆地 4 种基本类型，高原和山地居多，素有"八山一水一分田"之说，是全国唯一没有平原的省份。 贵州属亚热带湿润季风气候，四季分明、春暖风和、雨量充沛、雨热同期。 贵州东西长约 595 千米，南北相距约 509 千米，面积为 17.62 万平方千米，占全国总面积的 1.8%，辖贵阳、遵义、六盘水、安顺、毕节、铜仁 6 个地级市，黔东南、黔南、黔西南 3 个民族自治州；有 9 个县级市、52 个县、11 个民族自治县、15 个市辖区和 1 个特区。 2017 年末，贵州常住人口为 3580 万，国内生产总值为 13 540.83 亿元，从 2010 年开始，年平均增长速度为 16.67%。

8.3.1　流通业竞争力发展总指数概况

2014 年，贵州省政府出台了《关于加快商贸流通业改革发展的意见》，提出围绕提高流通效率、方便群众生活、保障商品质量、引导生产发展和促进居民消费，按照"市场主导、产业支撑、改革开放、协调发展"的原则，创新流通体制，培育新型流通业态，降低流通成本，改善市场环境，壮大市场主体，激发市场活力，加快形成企业自主经营、公平竞争，消费者自由选择、自主消费，商品和要素自由流动、平等交换的现代市场体系，加快建立城乡一体、布局合理、竞争有序、功能完备的现代商贸流通体系。 2010—2017 年，贵州流通业竞争力发展总指数呈上升趋势，从 2010 年的 66.85 上升至 2017 年的 80.29，年平均增长速度为 1.91%，在这期间该指数均低于全国平均水平，说明贵州的流通业发展缓慢。 2010—2017 年，贵州的流通业竞争力发展总指数如图 8-15 所示。

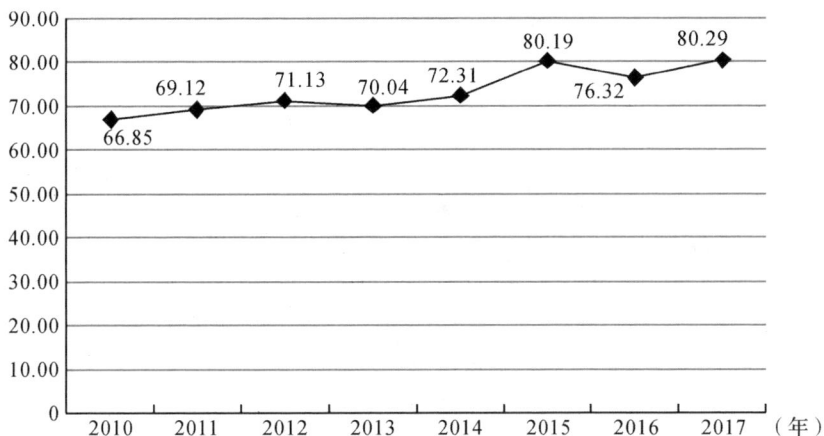

图 8-15　贵州流通业竞争力发展总指数变化趋势

从排名上来看，贵州流通业竞争力发展总指数在 2010—2017 年间的排名都未能进入全国前 25，最高排名为 2015 年的全国第 27，最低排名为 2010年、2011 年和 2013 年的全国第 30，2015—2017 年，总指数的排名有下滑趋势。 2010—2017 年，贵州流通业竞争力发展总指数的全国排名如表 8-13所示。

表 8-13　贵州流通业竞争力发展总指数全国排名

年份	2010	2011	2012	2013	2014	2015	2016	2017
排名	30	30	29	30	29	27	28	29

2017 年，影响贵州流通业竞争力发展总指数的 4 个一级指标，即发展支撑力指数、发展现代化指数、发展国际化指数、发展绩效指数对流通业竞争力发展总指数的贡献率分别为 -60.21%，41.91%，111.19% 和 7.11%，说明发展现代化指数与发展国际化指数对流通业竞争力发展总指数的影响较大，发展绩效指数影响相对较小，而发展支撑力指数对流通业竞争力发展总指数产生负向拉动作用，说明贵州需要通过推进流通发展支撑力的提高，来推动贵州的流通业竞争力发展总指数的提升。 具体如图 8-16 所示。

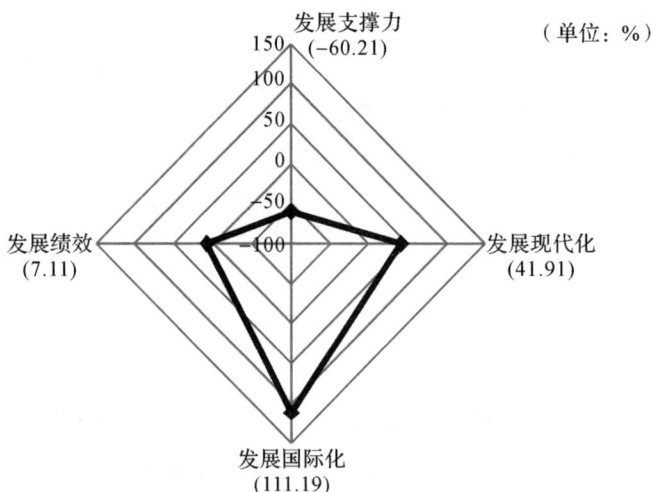

发展支撑力
(−60.21)

（单位：%）

发展绩效
(7.11)

发展现代化
(41.91)

发展国际化
(111.19)

图 8-16 2017 年各一级指标对贵州流通业竞争力发展总指数的贡献率

8.3.2 影响流通业竞争力发展的各因素分析

8.3.2.1 发展支撑力

贵州发展支撑力指数在 2010—2017 年的排名，除了 2010 年和 2011 年外，都处于全国倒数几位，说明贵州的流通发展支撑力是一大短板；从发展支撑力指数绝对量来看，该指数只在 2011 年下降，其他年份都处于上升趋势，指数平均值为 125.26，年平均增长速度为 3.92％。 2010—2017 年，发展支撑力指数及其全国排名情况如表 8-14 及图 8-17 所示。

表 8-14 贵州发展支撑力指数全国排名

年份	2010	2011	2012	2013	2014	2015	2016	2017
排名	10	18	21	24	28	29	29	29

2017 年，影响贵州发展支撑力指数的 2 个二级指标，即基础指数与购买潜力指数对流通业竞争力发展总指数的贡献率分别为 −17.33％ 和 −42.88％，说明基础指数与购买潜力指数对发展支撑力指数都产生负向拉动作用。 构成基础指数的 3 个三级指标，即人均社会消费品零售总额指数、流

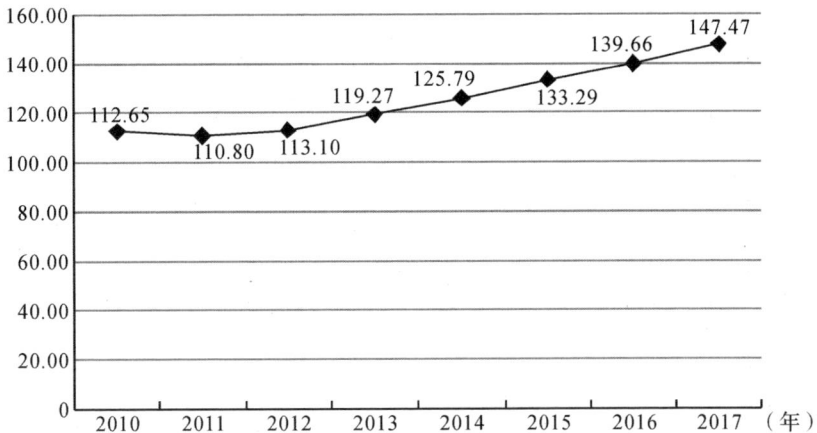

图 8-17　贵州发展支撑力指数变化趋势

通业固定资产投资额占比指数、流通里程强度指数对流通业竞争力发展总指数的贡献率分别为－3.46％，－7.83％和－6.03％，说明这 3 个三级指标都对基础指数产生负向拉动作用；购买潜力指数的 2 个三级指标，即城镇居民消费潜力指数与农村居民消费潜力指数对流通业竞争力发展总指数的贡献率分别为－22.85％和－20.03％，说明城镇居民消费潜力指数与农村居民消费潜力指数对购买潜力指数都产生负向拉动作用。因此，贵州需要全面推进构成流通发展支撑力的各要素的发展，从而推进贵州流通发展支撑力整体水平的提升。

8.3.2.2　发展现代化

贵州发展现代化指数的排名一直处于全国末位，仅 2017 年上升一名，排名为全国第 29，说明贵州的流通发展现代化未能得到好的发展，相对于其他地区，差距较大。具体如表 8-15 所示。

表 8-15　贵州发展现代化指数全国排名

年份	2010	2011	2012	2013	2014	2015	2016	2017
排名	30	30	30	30	30	30	30	29

从数值方面来看，贵州发展现代化指数呈现波动式上升趋势，从 2010 年

的 34.67 上升至 2017 年的 66.95，年平均增长速度为 9.86%，与全国平均水平的差距在逐渐缩小，但是总体上差值依旧很大。 具体如图 8-18 所示。

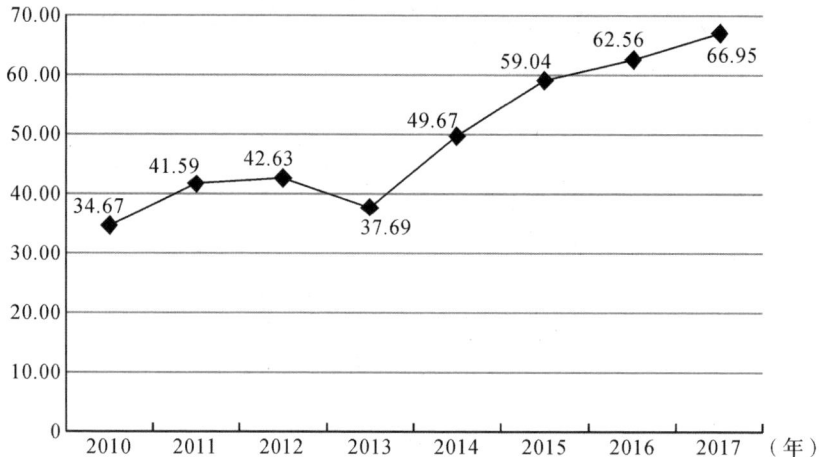

图 8-18　贵州发展现代化指数变化趋势

2017 年，影响贵州发展现代化指数的 2 个二级指标，即技术现代化指数与业态现代化指数对流通业竞争力发展总指数的贡献率分别为 8.47% 和 33.44%，业态现代化指数对发展现代化指数的影响较大。 构成技术现代化指数的 2 个三级指标，即人均流通资本指数与地区流通业资产总额指数对流通业竞争力发展总指数的贡献率分别为－9.55% 和 18.03%，即地区流通业资产总额指数对技术现代化指数的拉动作用较大，人均流通资本指数对技术现代化指数产生负向拉动作用；构成业态现代化指数的 3 个三级指标，即物流配送化程度指数、连锁经营化程度指数、人均连锁经营化规模指数对流通业竞争力发展总指数的贡献率分别为－5.16%，19.82% 和 18.77%，说明连锁经营化程度指数和人均连锁经营化规模指数对业态现代化具有非常重要的意义。

8.3.2.3　发展国际化

贵州发展国际化指数在 2010—2017 年的排名都未能进入全国前 25，最高排名为 2011 年、2012 年和 2015 年的全国第 26，最低排名为 2010 年的全国第 29。 具体如表 8-16 所示。

表 8-16　贵州发展国际化指数全国排名

年份	2010	2011	2012	2013	2014	2015	2016	2017
排名	29	26	26	27	27	26	27	28

从贵州发展国际化指数方面来看，2010—2017 年，贵州发展国际化指数的最高值为 2012 年的 30.25，最低值出现在 2010 年，仅为 11.41，且从整体趋势上来看，呈现较大波动，但没有实现上升，年平均增长速度仅为 1.12%，相对于在此期间发展国际化指数年均增长速度全国平均水平，差距巨大，最大差距额出现在 2017 年，相差 116.17。 具体如图 8-19 所示。

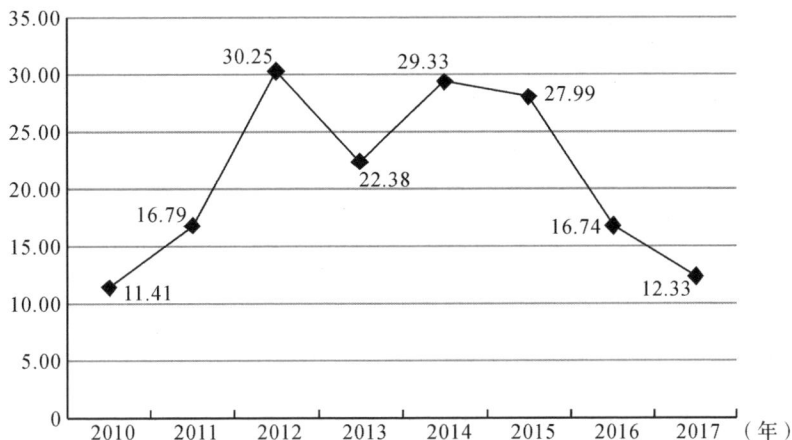

图 8-19　贵州发展国际化指数变化趋势

2017 年，影响贵州发展国际化指数的 2 个二级指标，即外向度指数和开放度指数对流通业竞争力发展总指数的贡献率分别为 52.01% 和 59.18%，说明 2 个二级指标对发展国际化指数的影响差别不大；构成开放度指数的 2 个三级指标，即流通业实际利用外资额占比指数、外资商业销售额占比指数对流通业竞争力发展总指数的贡献率分别为 31.65% 和 27.53%，说明两者对开放度指数都具有正向拉动作用。

8.3.2.4　发展绩效

贵州发展绩效指数在 2010—2017 年间的排名，最高为 2015 年的全国第

15，最低为 2014 年的全国第 26，平均排名为全国第 21.75，排名的标准差为
3.54，变异系数为 0.16，波动较大，如表 8-17 所示。

表 8-17　贵州发展绩效指数全国排名

年份	2010	2011	2012	2013	2014	2015	2016	2017
排名	20	24	24	19	26	15	23	23

从指数方面来看，贵州的发展绩效指数呈现波动式下降趋势，从 2010 年
的 108.69 下降至 2017 年的 94.39（见图 8-20），指数平均值为 97.62。 其
中，仅 2015 年略高于全国平均水平，其他年份都低于全国平均值，最大差距
出现在 2014 年，差值为 24.39。

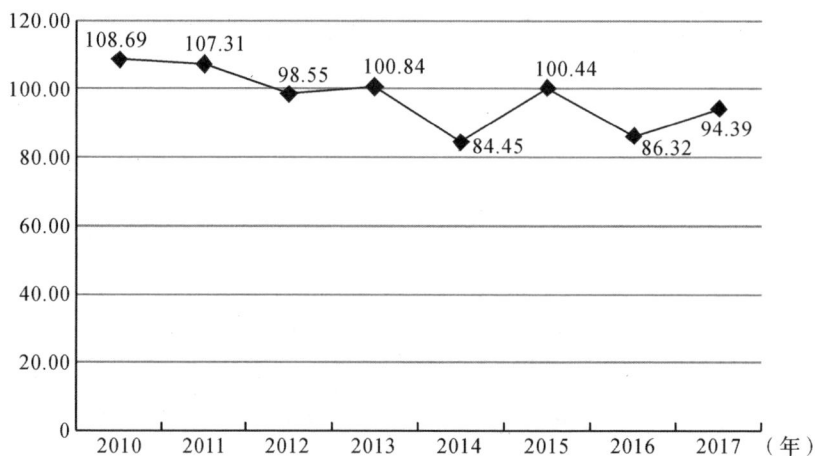

图 8-20　贵州发展绩效指数变化趋势

从对发展绩效指数的贡献上来分析，二级指标流通效率指数与社会经济
贡献指数对流通业竞争力发展总指数的贡献分别为 12.19％和－5.08％，说明
流通效率指数对发展绩效指数的影响较大，社会经济贡献指数则对发展绩效
指数产生负向拉动作用。 贵州发展绩效指数的排名从 2013 年的全国第 19 下
降至 2014 年的全国第 26，主要是流动资产周转率指数等多个指标同时下降导
致的，从 2015 年的全国第 15 下降至 2016 年的全国第 23，则主要是拉动倾向
指数下降导致的。

8.3.3 相对优势与相对弱势要素分析

为了分析贵州自身的四大要素发展情况，本小节将贵州的四大要素按照平均排名进行排序，并将处于第 1 名的要素称为贵州流通业竞争力发展的相对优势要素，将排在最后 1 名的要素称为贵州流通业竞争力发展的相对弱势要素，如表 8-18 所示。

表 8-18 贵州流通业竞争力发展四大要素的平均排名和变异系数

指标	发展支撑力指数	发展现代化指数	发展国际化指数	发展绩效指数
平均排名	23.50	29.88	27.00	21.75
变异系数	0.29	0.01	0.04	0.16

根据这一原则，贵州流通业竞争力发展的相对优势要素是发展绩效指数，而相对弱势要素是发展现代化指数。进一步分析这些要素排名的变异系数可以发现，贵州相对优势要素和相对弱势要素的排名都较为稳定。

8.4 云 南

云南，简称"云"或"滇"，位于中国西南边陲，是中国通往东南亚、南亚的窗口和门户，地处中国与东南亚、南亚三大区域的接合部，拥有国家一类口岸 16 个、二类口岸 7 个，与缅甸、越南、老挝三国接壤；与泰国和柬埔寨通过澜沧江—湄公河相连，并与马来西亚、新加坡、印度、孟加拉国等国邻近，是我国毗邻周边国家最多的省份之一，公路、铁路、航空和水运网络日趋完善，初步形成通往东南亚、南亚国家的 3 条便捷的国际大通道。云南总面积约 39.4 万平方千米，占全国面积的 4.1％，在全国各省级行政区中排名第 8，辖 8 个地级市、8 个自治州（合计 16 个地级行政区划单位），17 个市辖区、16 个县级市、67 个县、29 个自治县（合计 129 个县级行政区划单位）。2017 年末，云南总人口为 4801 万，地区生产总值达到 16 376.34 亿元。自改革开放以来，云南的交通、通信、口岸建设日新月异，基础设施有了较大改善，一个以中国西南地区为依托、以昆明市为中心、以边境对外开放城市为前沿、以东南亚和南亚为重点、面向世界的全方位对外开放格局正在云南形成。

8.4.1　流通业竞争力发展总指数概况

2009 年，云南发布的《云南省商贸流通产业发展规划纲要（2009—2015年）》，确定了云南商贸流通业发展的指导思想、基本原则、目标任务，推动云南商贸流通业全面、协调地发展。 云南流通业竞争力发展总指数在 2010—2017 年的排名均未能进入全国前 10，最高排名是 2011 年的全国第 12，最低排名为 2015 年的全国第 30，平均排名为全国第 20.25。 云南流通业竞争力发展总指数在 2010—2017 年的排名波动较大，排名的标准差为 5.87，变异系数为 0.29，如表 8-19 所示。

表 8-19　云南流通业竞争力发展总指数全国排名

年份	2010	2011	2012	2013	2014	2015	2016	2017
排名	18	12	21	22	24	30	13	22

从数值方面来看，云南流通业竞争力发展总指数呈现波动上升趋势，从2010 年的 84.37 上升至 2017 年的 96.31，年平均增长速度为 1.77％，且总指数均低于全国平均水平，如图 8-21 所示。

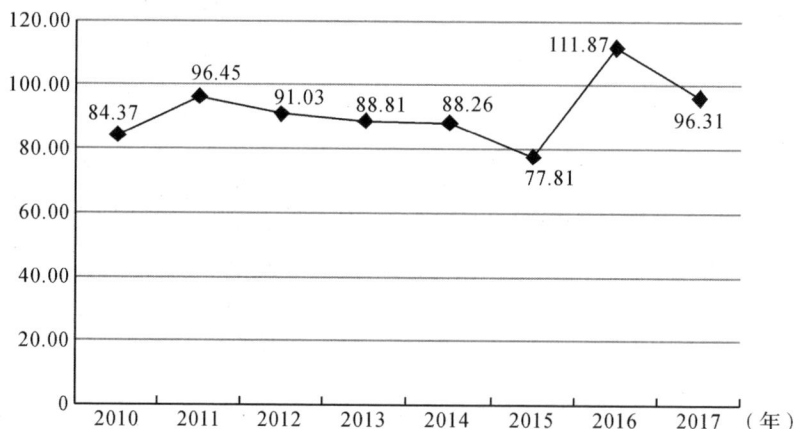

图 8-21　云南流通业竞争力发展总指数变化趋势

2017 年，影响云南流通业竞争力发展总指数的 4 个一级指标，即发展支撑力指数、发展现代化指数、发展国际化指数、发展绩效指数对流通业竞争力发展总指数的贡献率分别为－415.22％，191.41％，398.47％和－74.66％，如图 8-22 所示。 这说明发展现代化指数和发展国际化指数对流通业竞争力发展总指数的影响较大，发展支撑力指数与发展绩效指数则对总指数产生负向影响。 因此，云南可以通过促进流通发展支撑力与流通发展绩效的提高，以推动云南流通业竞争力发展总指数的提升。

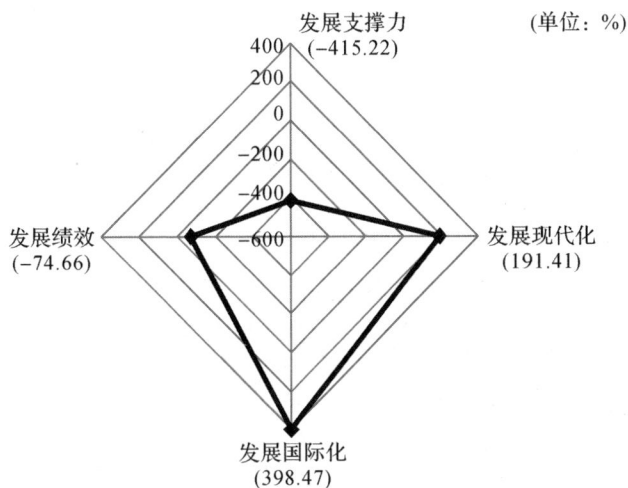

图 8-22　2017 年各一级指标对云南流通业竞争力发展总指数的贡献率

8.4.2　影响流通业竞争力发展的各因素分析

8.4.2.1　发展支撑力

2010—2017 年，云南发展支撑力指数的最高排名为 2010 年的全国第 9，最低排名为 2016 年的全国第 23，平均排名为全国第 17.75，排名的标准差为4.83，变异系数为 0.27，总体波动较大。 2010—2017 年，云南发展支撑力指数的全国排名如表 8-20 所示。

表 8-20　云南发展支撑力指数全国排名

年份	2010	2011	2012	2013	2014	2015	2016	2017
排名	9	12	18	20	19	22	23	19

从指数方面来看，云南的发展支撑力指数持续上升，从 2010 年的 117.17 增加至 2017 年的 161.33，年平均增长速度为 4.71％。 与全国平均水平相比，除了 2010 年外，其他年份的发展支撑力指数均低于全国平均水平，如图 8-23所示。

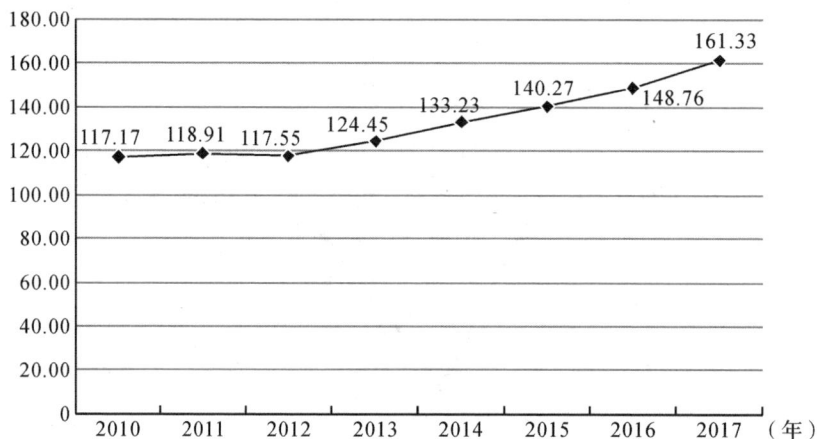

图 8-23　云南发展支撑力指数变化趋势

2017 年，影响云南发展支撑力指数的 2 个二级指标，即基础指数与购买潜力指数对流通业竞争力发展总指数的贡献率为－136.21％和－279.01％，说明 2 个二级指标对发展支撑力指数都产生负向影响。 构成基础指数的 3 个三级指标，即人均社会消费品零售总额指数、流通业固定资产投资额占比指数、流通里程强度指数对流通业竞争力发展总指数的贡献率分别为－38.58％，－61.16％和－36.47％，说明 3 个三级指标都对基础指数产生负向拉动作用；构成购买潜力指数的 2 个三级指标，即城镇居民消费潜力指数与农村居民消费潜力指数对流通业竞争力发展总指数的贡献率分别为－141.16％和－137.86％，说明 2 个三级指标对购买潜力指数也都产生负向影响。 云南发展支撑力指数从 2016 年的全国第 23 名上升至 2017 年的全国第

19 名，主要是流通业固定资产投资额占比指数、城镇居民消费潜力指数和农村居民消费潜力指数等多个指标同时上升引起的。

8.4.2.2 发展现代化

云南发展现代化指数在 2010—2017 年均未能进入全国前 20 名，其中最高排名是 2010 年、2012 年和 2013 年的全国第 21，而最低排名则为 2017 年的全国第 25，平均排名为全国第 22.75，排名的标准差为 1.67，变异系数为 0.07，波动较小，如表 8-21 所示。

表 8-21　云南发展现代化指数全国排名

年份	2010	2011	2012	2013	2014	2015	2016	2017
排名	21	22	21	21	24	24	24	25

从数值方面来看，云南发展现代化指数呈现波动式下降趋势，从 2010 年的 78.43 下降至 2017 年的 71.73，均低于全国平均水平，且差距有拉大的趋势，如图 8-24 所示。

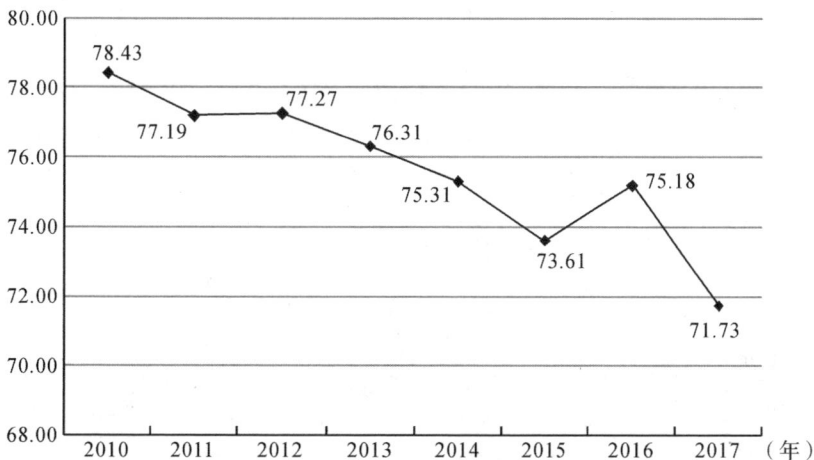

图 8-24　云南发展现代化指数变化趋势

2017 年，影响云南发展现代化指数的 2 个二级指标，即技术现代化指数与业态现代化指数对流通业竞争力发展总指数的贡献率为 85.13％ 和106.28％，说明两者对发展现代化指数的影响都比较大。构成技术现代化指数的 2 个三级指标，即人均流通资本指数与地区流通业资产总额指数对流通业竞争力发展总指数的贡献率分别为－1.59％和 86.71％，说明地区流通业资产总额指数对技术现代化指数的拉动作用较大，人均流通资本指数对技术现代化指数产生负向拉动作用；构成业态现代化指数的 3 个三级指标，即物流配送化程度指数、连锁经营化程度指数、人均连锁经营化规模指数对流通业竞争力发展总指数的贡献率分别为－12.99％，71.69％和 47.58％，说明连锁经营化程度指数和人均连锁经营化规模指数对业态现代化指数具有重要的意义。

8.4.2.3　发展国际化

云南的发展国际化指数在 2010—2017 年的排名呈现波动下降趋势，这期间的平均排名为全国第 16.88，排名的标准差为 3.60，变异系数为 0.21。2010—2017 年，云南发展国际化指数的全国排名如表 8-22 所示。

表 8-22　云南发展国际化指数全国排名

年份	2010	2011	2012	2013	2014	2015	2016	2017
排名	13	16	13	18	23	16	15	21

从数值方面来看，云南的发展国际化指数呈现波动式下降趋势，从 2010 年的 60.38 下降至 2017 年的 41.14，均低于全国平均水平，且差距较大，如图 8-25 所示。

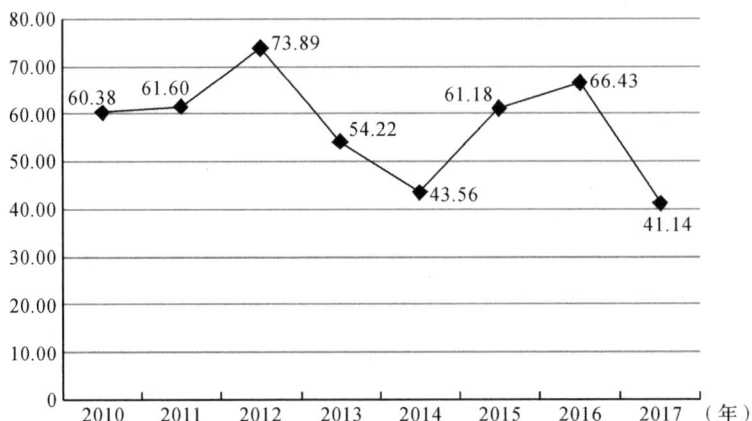

图 8-25　云南发展国际化指数变化趋势

2017 年，影响云南发展国际化指数的 2 个二级指标，即外向度指数和开放度指数对流通业竞争力发展总指数的贡献率分别为 248.65% 和 149.82%，说明 2 个二级指标都对发展国际化指数具有较大的影响力。 构成开放度指数的 2 个三级指标，即流通业实际利用外资额占比指数、外资商业销售额占比指数对流通业竞争力发展总指数的贡献率分别为 9.34% 和 140.49%，说明外资商业销售额占比指数对开放度指数的影响较大。 云南发展国际化指数的排名呈现较大波动，主要是流通业实际利用外资额占比指数波动较大导致的；2017年，云南发展国际化指数的排名下降，主要是流通业实际利用外资额占比指数下降导致的。

8.4.2.4　发展绩效

云南的发展绩效指数在 2010—2017 年间的排名波动非常大，最高排名是 2016 年的全国第 2，最低排名为 2010 年和 2015 年的全国第 30，平均排名为全国第 19.50，排名的标准差为 9.89，变异系数为 0.51。 具体如表 8-23 所示。

表 8-23　云南发展绩效指数全国排名

年份	2010	2011	2012	2013	2014	2015	2016	2017
排名	30	9	26	21	20	30	2	18

从数值方面来看，云南发展绩效指数呈现波动式上升趋势，从 2010 年的 81.49 上升至 2017 年的 111.03，年平均增长速度为 4.52%，仅在 2011 和 2016 年高于全国平均水平。 具体如图 8-26 所示。

从对云南发展绩效指数的贡献上来分析，二级指标流通效率指数与社会经济贡献指数对流通业竞争力发展总指数的贡献率分别为 26.11% 和 −100.77%，说明流通效率指数对发展绩效指数影响较大，而社会经济贡献指数则对发展绩效指数产生负向影响。 云南的发展绩效指数的排名从 2016 年的全国第 2 下降至 2017 年的全国第 18，主要是拉动倾向指数下降导致的。

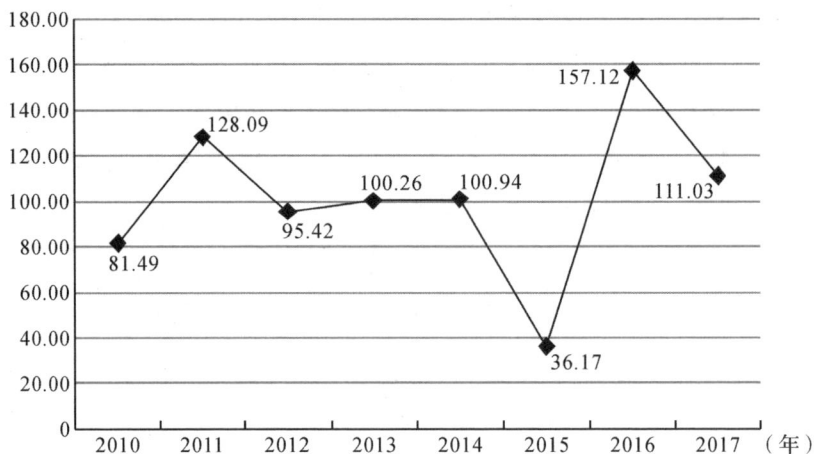

图 8-26　云南发展绩效指数变化趋势

8.4.3　相对优势与相对弱势要素分析

为了分析云南自身的四大要素发展情况，本部分将云南的四大要素按照平均排名进行排序，并将处于第 1 名的要素称为云南流通业竞争力发展的相对优势要素，将排在最后 1 名的要素称为云南流通业竞争力发展的相对弱势要素（见表 8-24）。

表 8-24　云南流通业竞争力发展四大要素的平均排名和变异系数

指标	发展支撑力指数	发展现代化指数	发展国际化指数	发展绩效指数
平均排名	17.75	22.75	16.88	19.50
变异系数	0.27	0.07	0.21	0.51

根据这一原则，云南流通业竞争力发展的相对优势要素是发展国际化，而相对弱势要素是发展现代化。进一步分析这些要素排名的变异系数可以发现，云南相对优势要素排名的波动比较大，而相对弱势要素排名相对较为稳定。

9

西北地区流通业竞争力分析

西北地区地处边陲，南依青藏高原，北傍蒙古高原，大体位于大兴安岭以西，昆仑山—阿尔金山—祁连山以北，大致包括陕西、甘肃、新疆、青海、宁夏等省区。 西北地区拥有广袤的土地资源，面积大约为 429.6 万平方千米，占全国土地总面积的 44.8％，在七大经济区中居于第 1 位，遥遥领先于其他地区。 西北地区处于欧亚经济带的核心区域，是未来欧亚经济区的黄金地段。 西北地区的经济结构以资源型工业和传统农业为主，其中工业以煤炭开采、石油开采和有色金属冶炼为主；农业以灌溉农业、绿洲农业和畜牧业为主。 西北地区的光热资源、风能资源和矿产资源都十分丰富，是我国能源的富集区。 但是，西北地区也存在诸多问题，例如人才流失严重、经济结构不合理等。 因此，虽然西北地区幅员辽阔、资源禀赋总体较好，但经济总体上较其他经济区落后。

图 9-1 展示了西北地区流通业竞争力发展总指数情况。 从图中可以看出，西北地区各省区流通业竞争力发展总指数的差距较大，新疆流通业竞争力发展总指数在 2010—2015 年均领先于其他省区；通过进一步观察西北地区的数据发现，这期间新疆的领先地位主要是因为其发展现代化指数均远高于其他 4 个省区。 此外，这 5 个省区的流通业竞争力发展总指数增减各异，其中：陕西呈现逐年上升趋势，且增长速度较快；甘肃虽然波动幅度较大，但在 2017 年增长迅速，并超越了其他 4 个省区；新疆则自 2013 年开始逐年降低，

但在 2017 年有所回升;青海波动幅度较大,并呈现逐年下降趋势;宁夏则增长幅度不大,基本保持稳定。

西北地区四要素的发展态势有所差异:支撑力指数在 2010—2017 年呈现稳定上升的态势,发展支撑力指数是流通业发展的基础,发展支撑力的高水平有利于西北地区流通业更有效率地发展,由此可见,西北地区流通业的未来发展较为乐观。 发展绩效指数的波动幅度较大,这主要是西北地区的经济情况和地理位置导致的。 西北地区经济水平落后且地处内陆,交通不发达限制了西北地区流通业的发展,但是在 2015 年以后呈现上涨趋势,并且增长速度逐年加快。 现代化指数及发展国际化指数变化得较为平缓,但整体都呈现上涨态势。 在这四要素中,增长最为迅速的是发展支撑力指数,其 2010 年的平均水平为 104.30,略低于发展绩效指数;然而,在 2010—2017 年这 8 年中,西北地区的发展支撑力指数一路稳步、快速地上升,2017 年的平均水平达到159.40,在四要素中处于遥遥领先的地位。 具体如图 9-2 所示。

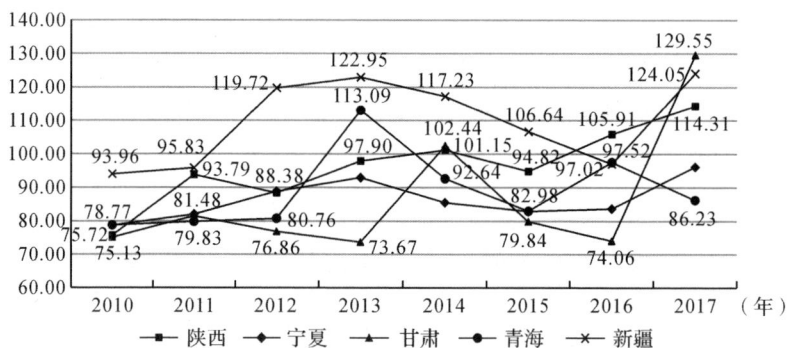

图 9-1 西北地区流通业竞争力发展总指数情况

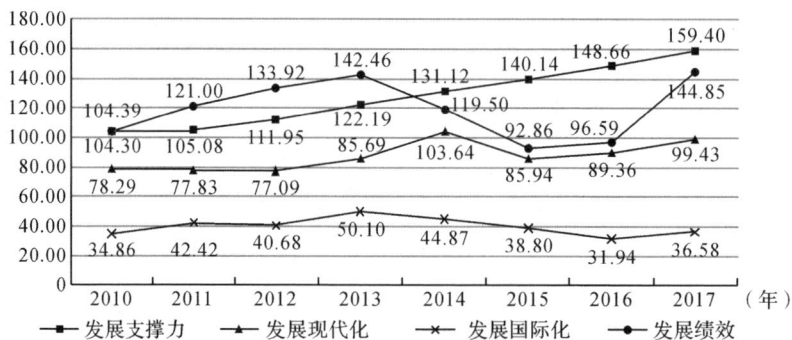

图 9-2 西北地区流通业竞争力发展四要素平均值情况

9.1 陕 西

9.1.1 流通业竞争力发展总指数概况

2010—2017 年，陕西流通业竞争力发展总指数增长得较为迅速，并呈现稳定增长的趋势，由 2010 年的 75.72 增长到 2017 年的 114.31，增长了 50.96%。 从排名上来看，陕西流通业竞争力发展总指数排名的变化波动大，平均排名为全国第 18.38，最高排名为 2011 年、2016 年的全国第 14，最低排名为 2010 年的全国第 26，由此看出，陕西的流通业竞争力发展指数在全国处于中下游水平，因而需进一步加大对其流通业的发展力度。 2010—2017 年，陕西流通业竞争力发展总指数及其子指标排名情况，具体如表 9-1 和图 9-3 所示。

表 9-1 陕西流通业竞争力发展总指数及四要素排名

指标		总指数	发展支撑力指数	发展现代化指数	发展国际化指数	发展绩效指数
年份	2010	26	26	27	22	16
	2011	14	25	26	11	7
	2012	24	25	26	17	15
	2013	17	27	18	14	12
	2014	18	26	20	15	10
	2015	18	26	18	19	12
	2016	14	25	19	16	8
	2017	16	25	21	13	9

从排名上来分析，陕西流通业竞争力发展总指数在 2010—2017 年的平均排名为全国第 18.38，排名的标准差为 4.41，变异系数为 0.24。 在 2010—2013 年间波动较大。 通过对陕西数据的进一步观察发现，这是发展支撑力指数和发展国际化指数在 2010 年较低导致的。

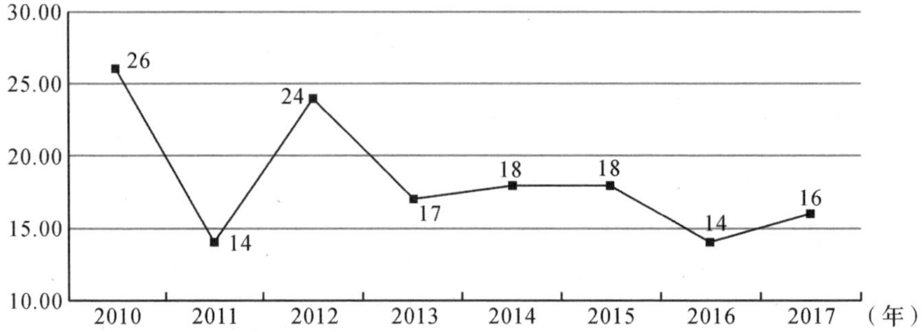

图 9-3　陕西流通业竞争力发展总指数排名

2010—2017 年，影响陕西流通业竞争力发展总指数的 4 个一级指标，即发展支撑力指数、发展现代化指数、发展国际化指数和发展绩效指数的平均值分别为122.77，76.14，64.03 和 123.05。 在这 8 年期间，陕西的发展支撑力指数呈高速增长趋势，由 2010 年的 92.54 增长到 2017 年的 155.23，增长了 67.74％。 发展现代化指数，除 2013 年增长较快外，其他年份增长幅度不大，但整体呈现稳定增长态势。 发展绩效指数变化波动不大，基本维持在 125 上下波动，高于 2009 年的基期水平。 而发展国际化指数的变化则呈现一种起伏不定的态势，虽然表现得很不稳定，但仍可看出其总体呈上升趋势。 这说明，陕西流通业的发展非常不稳定，且总体水平较为落后，处于全国下游水平。 具体如表 9-2 所示。

表 9-2　陕西流通业竞争力发展总指数及四要素情况

指标		总指数	发展支撑力指数	发展现代化指数	发展国际化指数	发展绩效指数
年份	2010	75.72	92.54	57.56	32.79	120.00
	2011	93.79	100.78	58.05	83.68	132.65
	2012	88.38	107.31	61.71	63.97	120.52
	2013	97.90	117.25	86.32	67.80	120.23
	2014	101.15	126.70	86.18	64.84	126.88
	2015	94.82	137.05	84.58	49.22	108.44
	2016	105.91	145.34	86.61	66.20	125.47
	2017	114.31	155.23	88.10	83.70	130.23

2017 年，四要素对总指数的贡献情况见图 9-4。 由图 9-4 可知，2017 年，陕西发展支撑力指数、发展现代化指数、发展国际化指数和发展绩效指数对流通业竞争力发展总指数的贡献率分别为 96.45％，−20.79％，−28.47％ 和 52.80％。 发展支撑力指数和发展绩效指数分别拉动总指数上升了 13.81 个百分点和 7.56 个百分点，而发展现代化和发展国际化指数则对总指数产生了负向拉动作用，分别使总指数降低了 2.98 个百分点和 4.07 个百分点。 这说明，陕西流通业的发展主要依赖其发展支撑力及发展绩效，发展现代化水平低和对地区外开放程度低，制约了陕西流通业的发展，因此陕西现代化水平及国际化水平仍需进一步提高。

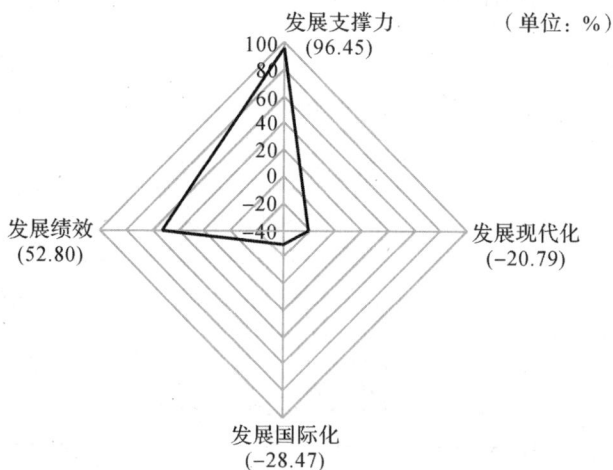

图 9-4　2017 年陕西流通业竞争力发展四要素的贡献率

9.1.2　影响流通业竞争力发展的各因素分析

9.1.2.1　发展支撑力

2010—2017 年，陕西的发展支撑力指数逐年上升，从 2010 年的 92.54 增长到 2017 年的 155.23，增长了 67.74％，但是低于同期全国平均水平的 109.67 和 181.48，同时与西北地区同期平均水平的 104.30 和 159.40 基本持平，详见图 9-5。

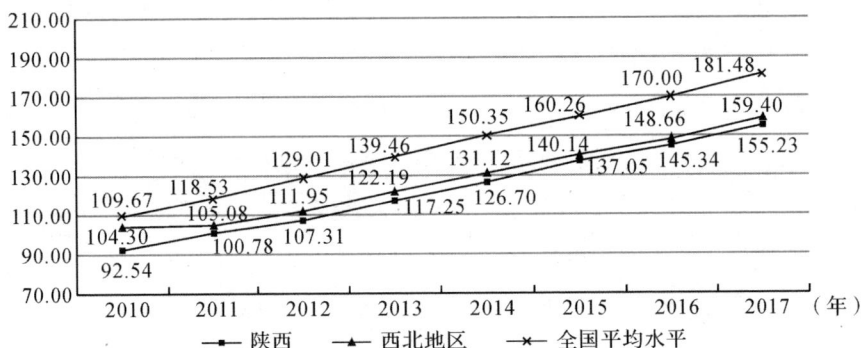

图 9-5　陕西、西北地区及全国的发展支撑力指数变化情况

陕西的发展支撑力指数的全国排名在 2010—2017 年均未能进入前 20，其中最高排名是 2011 年、2012 年、2016 年和 2017 年的第 25，最低排名则是 2013 年的第 27，如表 9-1 所示。陕西的发展支撑力指数的排名在 2010—2017 年较为平稳，但排名较低，2016—2017 年一直保持在全国第 25，如图 9-6 所示。

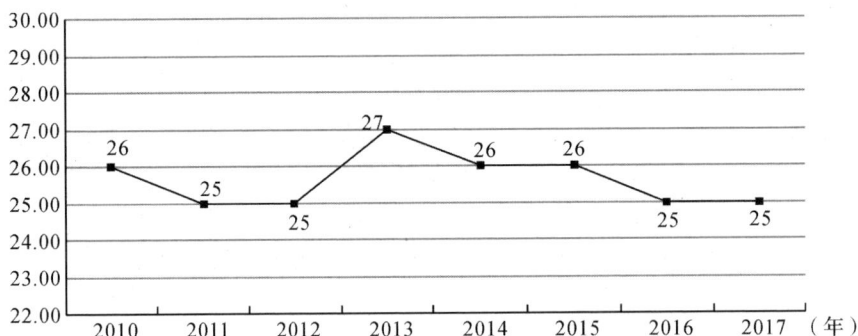

图 9-6　陕西发展支撑力指数全国排名

从排名上分析，陕西的发展支撑力指数在 2010—2017 年的平均排名为全国第 25.63，排名的标准差是 0.74，变异系数为 0.03，两者的值均远小于流通业竞争力发展总指数的相应值，由此可见，陕西的发展支撑力指数的排名较为稳定。

从对流通业竞争力发展总指数的贡献上分析，2017 年，构成陕西发展支撑力指数的 2 个二级指标，即基础指数和购买潜力指数对流通业竞争力发展

总指数的贡献率分别为 21.72％和 74.73％，基础指数和购买潜力指数分别拉
动总指数上升了 3.11 个百分点和 10.70 个百分点。 2017 年，构成陕西基础
指数和购买潜力指数的三级指标，即人均社会消费品零售总额指数、流通业固
定资产投资额占比指数、流通里程强度指数、城镇居民消费潜力指数和农村居
民消费潜力指数对流通业竞争力发展总指数的贡献率分别为 2.43％，
－3.57％，－8.31％，35.94％和 38.80％，它们分别拉动总指数上升了
0.35，－0.51，－1.19，5.14 和 5.55 个百分点。 其中，只有人均社会消费品
零售总额指数、城镇居民消费潜力指数和农村居民消费潜力指数的贡献率
为正。

第一，基础指标分析。

2010—2017 年，基础指数呈逐年增长趋势，从 2010 年的 100.88 增长到
2017 年的 124.87，相对低于同期西北地区平均水平的 128.05 和 140.00；贡
献率从 2010 年的－0.45％增长到 2017 年的 21.72％，贡献率由负转正且增长
速度较快，表明陕西流通发展支撑力的基础雄厚，对发展支撑力有一定的支持
作用。 进一步分析发现，2010—2017 年，在构成陕西发展支撑力指数的二级
指标中，基础指数与西北地区该指数的平均水平之间的差距在逐渐缩小，具体
变化趋势如图 9-7 所示。

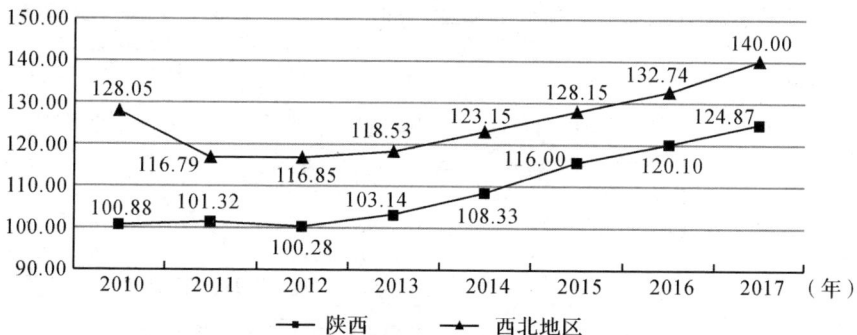

图 9-7　陕西和西北地区基础指数变化情况

陕西的基础指标由 3 个指标构成，分别是人均社会消费品零售总额指数、
流通业固定资产投资额占比指数和流通里程强度指数。 通过对这 3 个指标的
贡献率进行分析，可以发现，人均社会消费品零售总额指数的贡献率波动较

大，但贡献率仍为正值且整体呈现上升趋势；而流通业固定资产投资额占比指数和流通里程强度指数的贡献率波动也较大且在 2016—2017 年为负值，其中流通里程强度指数的贡献率最低。

（1）人均社会消费品零售总额指数总体呈增长趋势。 具体来说，该指数从 2010 年的 87.48 增长到 2017 年的 215.42；从绝对量方面入手，人均社会消费品零售总额从 2010 年的 8721.55 元增长到 2017 年的 21 476.92 元；贡献率从 2010 年的 2.15％增长到 2017 年的 2.43％。

（2）流通业固定资产投资额占比指数整体的波动幅度较大，但 2016—2017 年呈现上升趋势。 具体来说，该指数从 2010 年的 84.46 增长到 2017 年的 87.75，增长幅度较小；贡献率从 2010 年的 2.67％下降到－3.57％。

（3）流通里程强度指数呈逐年下降趋势。 具体来说，指数从 2010 年的 130.70 下降到 2017 年的 71.44，下降幅度较大；贡献率从 2010 年的－5.27％下降到 2017 年的－8.31％。 各指数变化趋势如图 9-8 所示。

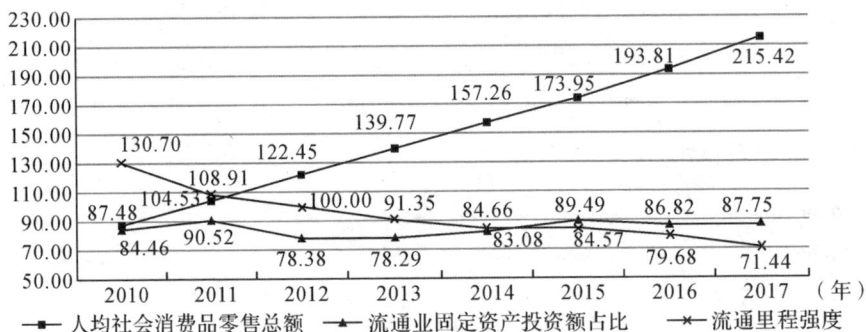

图 9-8　陕西基础指数构成指标指数变化

第二，购买潜力指标。

在构成陕西发展支撑力指数的二级指标中，购买潜力指数总体呈逐年增长趋势，从 2010 年的 84.20 增长到 2017 年的 185.58，增长了 120.41％，高于西北地区同期平均水平的 80.54 和 178.80，其对总指数的贡献率从 2010 年的 8.14％增长到 2017 年的 74.73％，增长幅度较大，体现了陕西流通发展支撑力的潜力大，发展前景良好。 具体指数变化如图 9-9 所示。

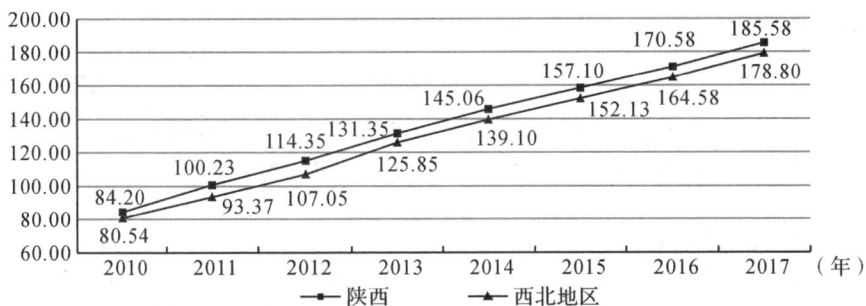

图 9-9　陕西和西北地区购买潜力指数变化情况

购买潜力指数有 2 个构成指标，分别是城镇居民消费潜力指数和农村居民消费潜力指数。 从贡献率方面分析，农村居民消费潜力指数对流通业竞争力发展总指数的贡献率更大，城镇居民消费潜力指数对流通业竞争力发展总指数的贡献率相对较小，二者整体都呈增长趋势，因此将二者结合起来进行分析。 具体来说，城镇居民消费潜力指数、农村居民消费潜力指数分别从 2010 年的 92.87，75.53 增长到 2017 年的 182.30，188.86；在绝对量方面，城镇居民家庭人均支配收入、农民居民家庭人均纯收入分别从 2010 年的15 695.2 元、4105 元增长到 2017 年的 30 810.26 元、10 264.51 元；对总指数的贡献率分别从 2010 年的 1.84％，6.30％增长到 2017 年的 35.94％，38.80％，均有大幅增长。

9.1.2.2　发展现代化

2010—2017 年，陕西流通业的发展现代化指数整体呈逐年上升趋势，由 2010 年的 57.56 增长到 2017 年的 88.10，低于西北地区同期平均水平的 78.29（2010 年）和 99.43（2017 年），说明陕西流通发展现代化程度相对于西北地区来说仍然较低，对流通业竞争力发展总指数的拉动作用在 2016—2017 年有所下降，贡献率由正转负，具体指数趋势如图 9-10 所示。

从排名上来看，2010—2017 年，陕西发展现代化指数仅在 2013 年、2015 年和 2016 年排在全国第 19 之前，整体排名波动幅度较大，但有所提升。 其中，最高排名是 2013 年和 2015 年的全国第 18，最低排名则是 2010 年的全国第 27，具体如图 9-11 所示。

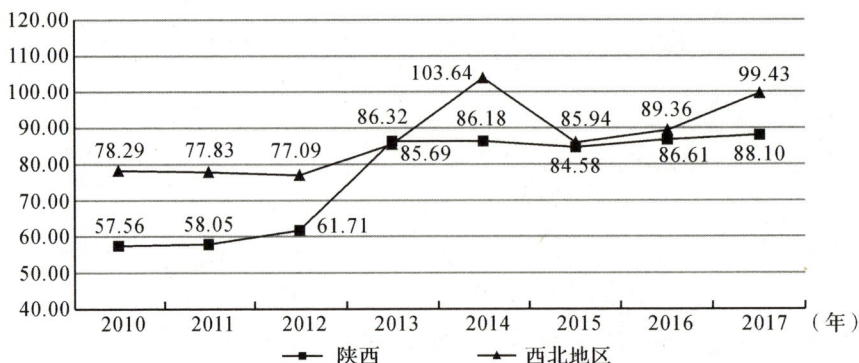

图 9-10　陕西和西北地区发展现代化指数变化趋势

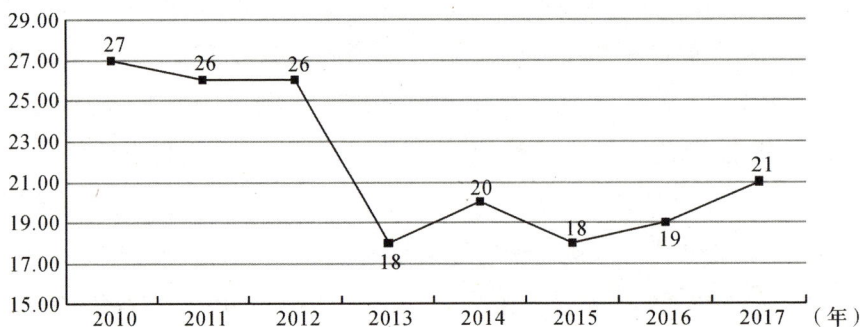

图 9-11　陕西发展现代化指数全国排名

从对流通业竞争力发展总指数的贡献上分析，发展现代化指数对陕西流通业竞争力发展总指数起到了反向拉动作用；2017年，二级指标技术现代化指数对流通业竞争力发展总指数的贡献率为−22.88%，导致总指数下降了3.28个百分点；业态现代化指数对流通业竞争力发展总指数的贡献率为2.09%，拉动总指数上升了0.30个百分点，拉动作用不明显。2017年，三级指标人均流通资本指数、物流配送化程度指数和人均连锁经营化规模指数对总指数的贡献率分别为−0.29%，0.44%和15.77%，三者分别推动总指数上升了−0.04，0.06和2.26个百分点。可见陕西物流配送化程度较2010年有所提升，但拉动作用仍不明显，因此要进一步提高其物流水平。

第一，技术现代化指数。

2010—2017年，在构成陕西发展现代化指数的二级指标中，技术现代化指数的波动幅度较大，但整体较 2010 年有了一定幅度的提高，从 2010 年的 68.62 增长到 2017 年的 73.80，但在绝大部分时间内，该指数低于西北地区平均水平，仅在 2012 年超过西北地区平均水平。 其对总指数的贡献率从 2010 年的 16.16% 降低到 2017 年的－22.88%，贡献率由正转负，表明陕西流通发展现代化技术水平亟待提高，目前技术现代化指数对流通发展现代化起到反向拉动作用。 具体指数变化情况如图 9-12 所示。

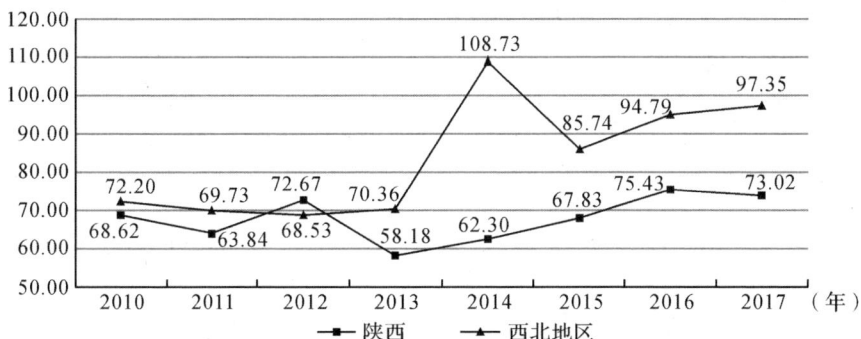

图 9-12 陕西和西北地区技术现代化指数变化趋势

技术现代化指数有 2 个构成指标，分别是人均流通资本指数和地区流通业资产总额指数。 对其进行分析后可以发现，人均流通资本指数的变化幅度较大，但整体增长幅度不大；而地区流通业资产总额虽然有所波动，但整体仍呈现增长态势。 2 个构成指标在 2017 年对总指数的贡献率都为负数，对总指数起到了反向拉动作用，具体变化情况如图 9-13 所示。

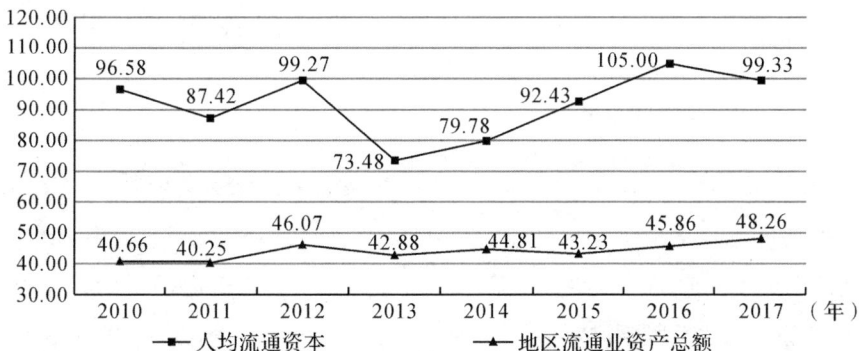

图 9-13 陕西技术现代化指数的构成指标的指数变化趋势

第二，业态现代化指数。

2010—2017 年，在构成陕西发展现代化指数的二级指标中，业态现代化指数虽然有所波动，但整体有较大幅度的提高，从 2010 年的 46.50 增长到 2017 年的 102.40，增长幅度超过 1 倍，并从 2013 年开始高于西北地区同期平均水平，但差距在逐年缩小。 其拉动总指数从 2010 年增长了－6.69 个百分点到 2017 年增长了 0.30 个百分点，虽然拉动作用不明显，但是拉动点数由负变正，表明陕西业态现代化水平正逐步提高，且有较大发展潜力，具体指数变化趋势如图 9-14 所示。

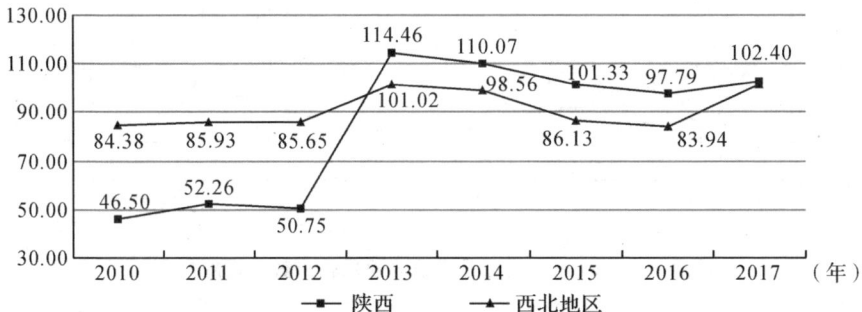

图 9-14　陕西和西北地区业态现代化指数变化趋势

陕西的业态现代化指数有 3 个构成指标，分别是物流配送化程度指数、连锁经营化程度指数和人均连锁经营化规模指数。 对其贡献率进行分析可以发现，陕西连锁经营化程度指数较低，贡献率为负值；而物流配送化程度指数的贡献率虽然为正值，但对总指数的拉动作用不明显，亟待进一步提高。 2017 年，3 项指数对总指数的贡献率分别为 0.44％，－14.11％和 15.77％。

9.1.2.3　发展国际化

2010—2017 年，陕西发展国际化指数的波动幅度较大，但整体呈上升趋势，从 2010 年的 32.79 增长到 2017 年的 83.70，增长幅度超过 1 倍，虽然仍远远低于全国同期平均水平，但基本上都高于西北地区同期平均水平，仅在 2010 年低于西北地区平均水平（34.86），这表明，陕西的流通国际化水平虽然在全国范围内仍处于较低水平，但在西北地区中处于较领先地位，并且一直在稳定提升。 具体指数的变化趋势如图 9-15 所示。

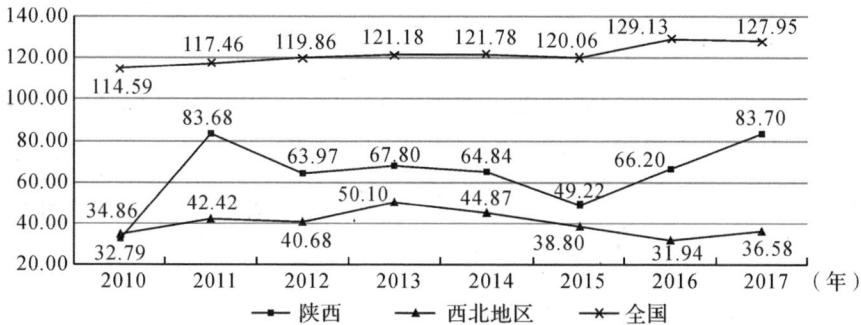

图 9-15 陕西、西北地区及全国的发展国际化指数变化

从排名方面来看，陕西的流通发展国际化指数在 2010—2017 年基本排在全国第 20 之前，仅在 2010 年排在全国第 22 名，并且排名在 2017 年内逐年提升，有较大发展潜力。 从排名稳定性上分析，陕西的发展国际化指数在 2010—2017 年的平均排名是全国第 15.88，排名的标准差是 3.48，变异系数为 0.22，两者的值均小于总指数的相应值，表明陕西发展国际化指数的排名变化幅度不大，整体呈上升趋势。 如图 9-16 所示。

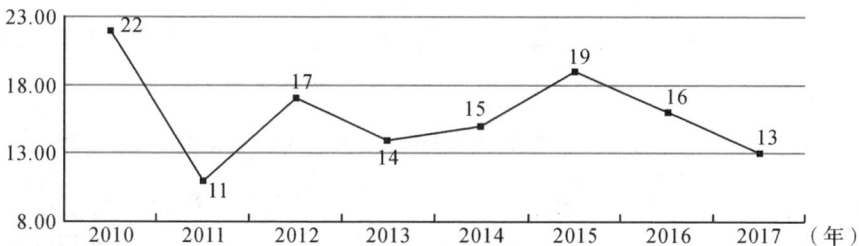

图 9-16 陕西发展国际化指数的排名

从对流通业竞争力发展总指数的贡献上分析，2017 年，构成发展国际化指数的 2 个二级指标，即外向度指数和开放度指数对总指数的贡献率分别为 −25.22% 和 −3.25%，分别导致总指数下降了 3.61 和 0.47 个百分点。 构成发展国际化指数的三级指标，即人均商品出口额指数、流通业实际利用外资额占比指数和外资商业销售额占比指数在 2017 年对总指数的贡献率分别是 −25.22%，−1.38% 和 −1.87%。 三级指标对总指数的贡献率都为负，其中人均商品出口额指数的反向拉动作用最为明显，表明陕西经济外向度水平偏低，应进一步提升对外投资合作水平，加强对外贸易往来。

9.1.2.4 发展绩效

2010—2017 年，陕西发展绩效指数的波动较为明显，但是整体呈现增长趋势，从 2010 年的 120.00 增长到 2017 年的 130.23，增长幅度较低，同时由高于西北地区同期平均水平变为低于西北地区同期平均水平，如图 9-17 所示。

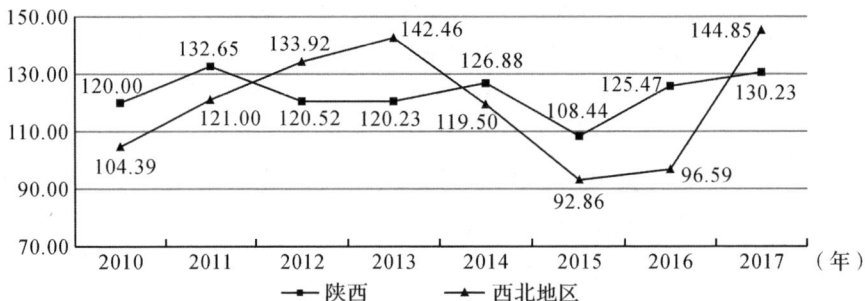

图 9-17　陕西与西北地区发展绩效指数变化趋势

陕西的发展绩效指数在 2010—2017 年共有 4 年排在全国前 10，其中最高排名是 2011 年的全国第 7，最低排名是 2010 年的全国第 16。 2010—2017 年，陕西的发展绩效指数的排名波动较为频繁，趋势表现不明显。

从对流通业竞争力发展总指数的贡献上分析，2017 年，构成发展绩效指数的二级指标，即流通效率指数和社会经济贡献指数对总指数的贡献率分别为 46.24％和 6.56％，分别拉动总指数上升了 6.62 和 0.94 个百分点。 从构成发展绩效指数的三级指标方面分析，2017 年库存周转率指数对总指数的贡献率为 34.17％，拉动总指数上升了 4.89 个百分点，对陕西流通业发展起到了明显的拉动作用；而拉动倾向指数对总指数的贡献率为 −11.90％，导致总指数下降了 1.70 个百分点，对陕西流通业发展起到了负向拉动作用。

第一，流通效率指数。

在构成陕西的发展绩效指数的二级指标中，流通效率指数的波动较为频繁，趋势表现不明显。 该指数从 2010 年的 128.64 增长至 2017 年的 152.96，高于西北地区同期平均水平的 105.63（2010 年）和 112.33（2017 年），对总指数的贡献率从 2010 年的 −14.75％增长到 2017 年的 46.24％，贡献率由负转正且有大幅提高，表明陕西的流通效率指数在 2010—2017 年发展良好，如图 9-18 所示。

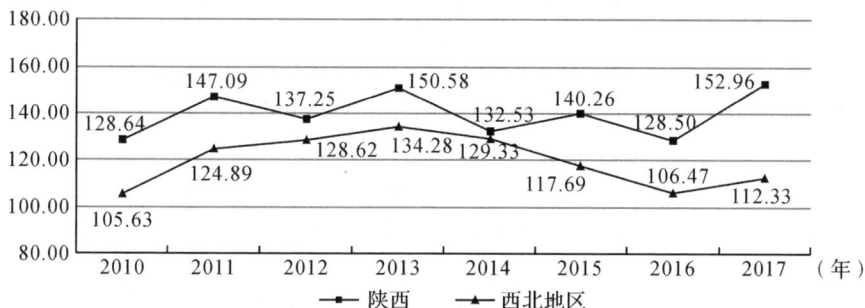

图 9-18　陕西与西北地区流通效率指数变化趋势

流通效率指数有 2 个构成指标，分别是流动资产周转率指数和库存周转率指数。 对其进行分析后可以发现，流动资产周转率指数的变化幅度较大，并且整体呈逐年下降趋势；而库存周转率指数虽然有波动，但整体仍呈现增长态势。 对其贡献率进行分析发现，流动资产周转率指数和库存周转率指数对总指数的贡献率分别从 2010 年的－12.22％，－2.53％增长到 2017 年的12.07％，34.17％，贡献率由负转正；2017 年，流动资产周转率指数和库存周转率指数分别拉动总指数上升了 1.73 和 4.89 个百分点，对总指数起到了较大的拉动作用。

第二，社会经济贡献指数。

构成发展绩效指数的社会经济贡献指数虽然有所波动，但整体基本保持在 106.38 左右，具体从 2010 年的 111.36 降至 2017 年的 107.51，变化幅度不大；对总指数的贡献率从 2010 年的－5.85％增长至 2017 年的 6.56％，贡献率由负转正并且有较大幅度的提高，在 2017 年拉动总指数上升了 0.94 个百分点，虽然拉动作用不是特别明显，但是较 2010 年已有较大幅度的提高，如图9-19 所示。

社会经济贡献指数有 4 个构成指标，分别是流通业增加值占比指数、拉动倾向指数、促进倾向指数和就业贡献率指数。 对贡献率进行分析后可以发现，流通业增加值占比指数、拉动倾向指数对总指数的贡献率分别为－1.36％和－11.90％，对总指数起到反向拉动作用；而促进倾向指数和就业贡献率指

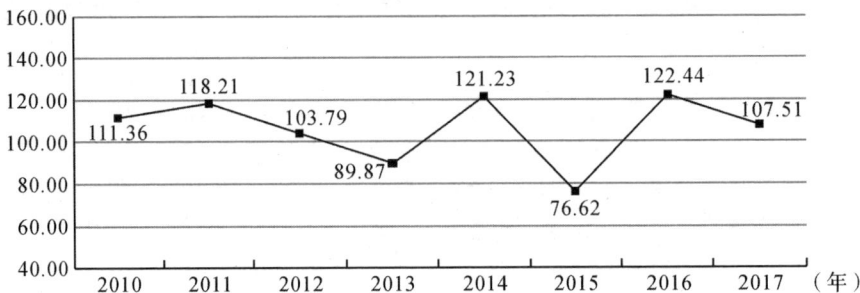

图 9-19　陕西社会经济贡献指数变化趋势

数对总指数的贡献率分别为 17.95％和 1.87％，分别拉动总指数上升了 2.57 和 0.27 个百分点，其中促进倾向指数对总指数的拉动作用最为明显。 以下依次对这 4 个指标进行分析。

（1）流通业增加值占比指数从 2010 年的 101.64 下降到 2017 年的 93.78，波动较小；对总指数的贡献率从 2010 年的－0.21％下降至 2017 年的－1.36％。

（2）拉动倾向指数从 2010 年的 44.31 增长到 2017 年的 45.48，波动幅度较大，总体趋势不明显。 对总指数的贡献率从 2010 年的 7.17％下降到 2017 年的－11.90％，贡献率由正转负，对总指数起到反向拉动作用。 这表明，陕西工业对区域经济的拉动作用不明显，甚至起到反向拉动作用，应着力培养工业企业做大做强。

（3）促进倾向指数从 2010 年的 212.64 下降到 2017 年的 182.22，波动较大，总体趋势不明显。 但从贡献方面来看，其对总指数的贡献率从 2010 年的－14.50％增长到 2017 年的 17.95％，贡献率由负转正，并在 2017 年拉动总指数上升了 2.57 个百分点。 上述数据表明，随着经济下行压力加大，广大居民消费升级的需求被抑制，但消费仍然是促进区域经济增长的"三驾马车"之一，对区域经济增长有明显的拉动作用。

（4）就业贡献率指数从 2010 年的 86.84 增长到 2017 年的 108.56，整体呈现上升趋势，但 2016—2017 年有所回落。 从贡献方面来看，对总指数的贡献率从 2010 年的 1.69％变化到 2017 年的 1.87％，并在 2017 年拉动总指数上升了 0.27 个百分点，表明就业对陕西区域经济增长有一定的拉动作用。 具体指数变化趋势如图 9-20 所示。

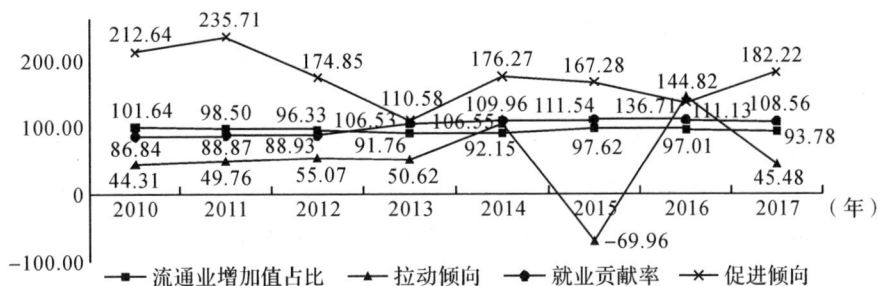

图 9-20 陕西社会经济贡献指数构成指标变化趋势

9.1.3 相对优势与相对弱势要素分析

为了分析陕西自身的四大要素的发展状况，本小节将陕西的四大要素按平均排名进行排序，并将处于第 1 名的要素称为陕西流通业竞争力发展的相对优势要素，将排在最后 1 名的要素称为陕西流通业竞争力发展的相对弱势要素，表 9-3 展示了陕西流通业竞争力发展四大要素的平均排名情况。从表中可以看出，陕西流通业竞争力发展的相对优势要素是发展绩效，而相对弱势要素是发展支撑力，同时也可以看出，陕西流通发展不均衡，基本上依赖发展国际化及发展绩效，其余 2 个要素则起到反向拉动作用。

表 9-3 陕西流通业竞争力发展四大要素的平均排名和变异系数

指标	发展支撑力指数	发展现代化指数	发展国际化指数	发展绩效指数
平均排名	25.63	21.88	15.88	11.13
变异系数	0.03	0.18	0.22	0.29

通过以上分析，在构成陕西流通业竞争力发展总指数 4 个一级指标中，发展国际化指数的贡献率最低，表明经济外向度水平低是长期制约陕西经济持续快速发展的"短板"，应进一步提升陕西的对外投资合作水平，加强对外贸易往来程度。

9.2 甘 肃

9.2.1 流通业竞争力发展总指数概况

甘肃流通业竞争力发展程度在全国处于中下游水平,其竞争力发展总指数虽然有明显提高,但是和全国其他省区市相比增长较为缓慢。 2010—2017年,甘肃流通业竞争力发展总指数及其子指标排名情况如表 9-4 和图 9-21 所示。 其中,甘肃流通业竞争力发展总指数总体呈增长态势,从 2010 年的 75.13 增长到 2017 年的 129.55,除了在 2014 年、2017 年有显著提高外,其余年份都在 76.84 左右波动。

从排名上来看,如表 9-4 所示,2010—2017 年,甘肃流通业竞争力发展总指数的排名波动较大,平均排名为全国第 24.38,最高排名为 2017 年的全国第 12,最低排名为 2013 年、2016 年的全国第 29,由此看出,甘肃的流通发展水平在全国是相对落后的。 因此,甘肃在流通业竞争力发展方面不应沉浸在自身绝对量的提高上,要着眼于大环境,均衡发展以提高自身排名,从而以更大的力度提升本省的流通业竞争力发展能力水平。

表 9-4 甘肃流通业竞争力发展总指数及四要素排名

	指标	总指数	发展支撑力指数	发展现代化指数	发展国际化指数	发展绩效指数
年份	2010	27	23	24	19	27
	2011	26	26	27	22	10
	2012	28	27	25	30	8
	2013	29	29	25	28	24
	2014	16	27	9	30	9
	2015	28	25	26	30	14
	2016	29	26	28	30	25
	2017	12	26	24	30	1

从排名稳定性上分析，如图 9-21 所示，甘肃流通业竞争力发展总指数排名的标准差为 6.57，变异系数为 0.27，总体波动较大。总指数主要的波动来源于 2014 年和 2017 年，通过对甘肃的数据的进一步观察发现，这是 2014 年发展现代化指数和 2017 年发展绩效指数异常升高所导致的。

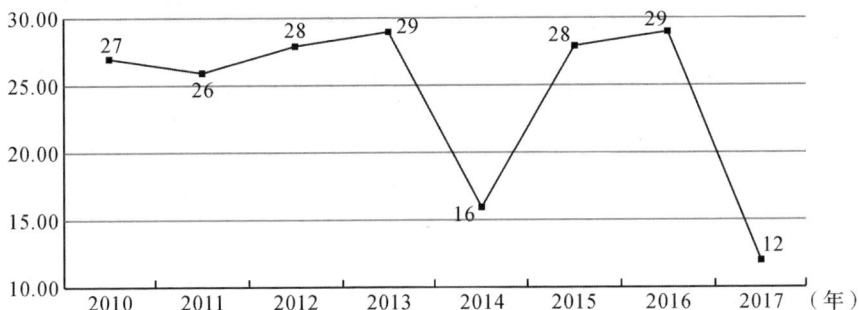

图 9-21　甘肃流通业竞争力发展总指数排名

2010—2017 年，影响甘肃流通业竞争力发展总指数的 4 个一级指标，即发展支撑力指数、发展现代化指数、发展国际化指数和发展绩效指数的平均值分别为 122.96，74.59，18.43 和 130.53，如表 9-5 所示。在这 8 年间，甘肃的发展支撑力指数呈高速增长趋势，由 2010 年的 98.90 增长到 2017 年的 154.26，增长了 55.98%。发展现代化指数，除 2014 年增长较快外，其他年份的增长幅度不大，但整体呈现稳定增长态势。发展绩效指数在 2016 年之前波动不大，基本维持在 108.14 左右，但在 2017 年骤升。而发展国际化指数的变化则呈现下降的趋势，由 2010 年的 36.80 下降到 2017 年的 3.78，下降了 89.73%，下降幅度较大。这说明，甘肃流通业的发展非常不均衡，且总体水平较为落后，处于全国下游位置，详见表 9-5。

表 9-5　甘肃流通业竞争力发展总指数及四要素分值

	指标	总指数	发展支撑力指数	发展现代化指数	发展国际化指数	发展绩效指数
年份	2010	75.13	98.90	67.88	36.80	96.93
	2011	81.48	99.77	57.77	40.98	127.42
	2012	76.86	105.88	64.02	9.12	128.40
	2013	73.67	115.74	62.41	20.50	96.05

指标		总指数	发展支撑力指数	发展现代化指数	发展国际化指数	发展绩效指数
年份	2014	102.44	126.52	138.03	13.43	131.76
	2015	79.84	137.62	66.90	14.04	100.80
	2016	74.06	145.01	66.82	8.82	75.60
	2017	129.55	154.26	72.86	3.78	287.32

2017 年，四要素对总指数的贡献程度如图 9-22 所示。由图 9-22 可知，2017 年，甘肃发展支撑力指数、发展现代化指数、发展国际化指数和发展绩效指数对流通业竞争力发展指数的贡献率分别为 45.90%，−22.96%，−81.39%和 158.45%。发展支撑力指数和发展绩效指数分别拉动总指数上升了 13.56 和 46.83 个百分点，而发展现代化指数和发展国际化指数则对总指数产生了负向拉动作用，分别使总指数降低了 6.79 和 24.06 个百分点。这说明，甘肃流通业的发展主要依赖其发展绩效指数及发展支撑力指数，其次为发展现代化指数，而国际化经营程度较低，制约了甘肃流通业的发展，因此甘肃现代化水平及国际化水平仍需进一步提高。

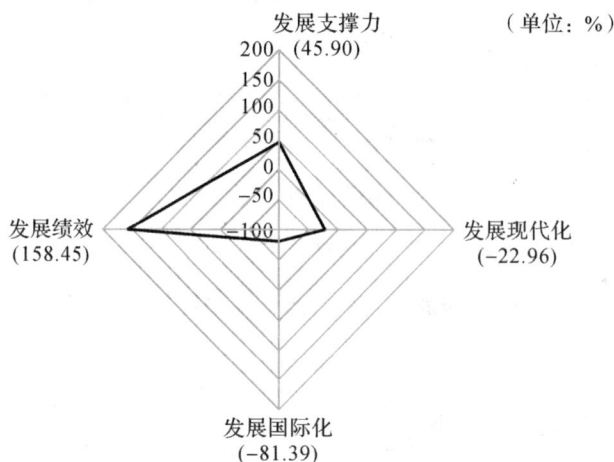

图 9-22　2017 年甘肃流通业竞争力发展四要素的贡献率

9.2.2 影响流通业竞争力发展的各因素分析

9.2.2.1 发展支撑力

2010—2017 年，甘肃的发展支撑力指数逐年上升，从 2010 年的 98.90 增长到 2017 年的 154.26，增长了 55.98%，但是低于同期全国平均水平的 109.67（2010 年）和 181.48（2017 年），同时也低于西北地区同期平均水平的 104.30 和 159.40，但两者间的差距正逐年缩小，如图 9-23 所示。

图 9-23　甘肃、西北地区及全国发展支撑力指数变化趋势

从排名上分析，甘肃的发展支撑力指数在 2010—2017 年均未能进入全国前 20，其中最高排名是 2010 年的全国第 23，最低排名则是 2013 年的全国第 29，如图 9-24 所示。同时，该排名在 2010—2017 年的波动幅度较大，且基本上都较低，2016—2017 年一直保持在全国第 26。

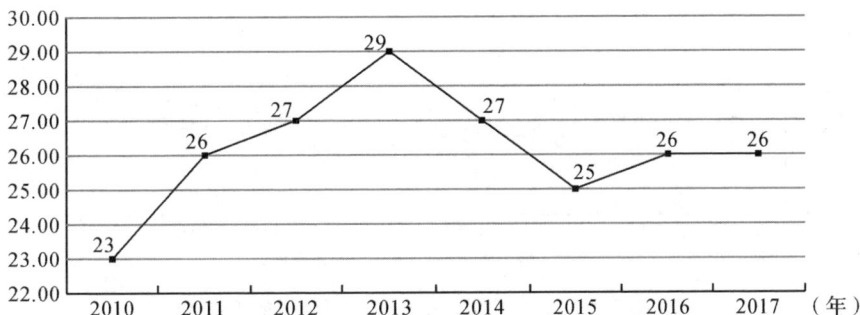

图 9-24　甘肃的发展支撑力指数全国排名

从排名稳定性上分析，2010—2017 年，甘肃的发展支撑力指数的平均排名为全国第 26.13，排名的标准差是 1.73，排名的变异系数为 0.07，两者的值远小于流通业竞争力发展总指数的相应值，因此发展支撑力指数的排名较为稳定。

从对流通业竞争力发展总指数的贡献上分析，2017 年，2 个二级指标，即基础指数和购买潜力指数对总指数的贡献率分别为 22.03％和 23.87％，基础指数和购买潜力指数分别拉动总指数上升了 6.51 和 7.05 个百分点。2017年，甘肃人均社会消费品零售总额指数、流通业固定资产投资额占比指数、流通里程强度指数、城镇居民消费潜力指数和农村居民消费潜力指数对流通业竞争力发展总指数的贡献率分别为 2.43％，7.59％，10.09％，13.59％和10.28％，分别拉动总指数上升了 0.72，2.24，2.98，4.02 和 3.04 个百分点。贡献率均为正，表明发展支撑力指数的各构成指标均对总指数有一定的拉动作用，尤其是城镇居民消费潜力指标，对总指数的拉动作用最大。

第一，基础指数。

2010—2017 年，甘肃基础指数呈增长的趋势，从 2010 年的 127.28 增长到 2017 年的 152.08，基本高于西北地区同期平均水平的 128.05（2010 年）和140.00（2017 年），仅在 2010 年低于西北地区平均水平且差距较小，如图9-25所示。贡献率从 2010 年的－13.71％增长至 2017 年的 22.03％，贡献率由负转正且增长速度较快，表明甘肃省流通发展支撑力的基础雄厚，对发展支撑力有一定的支持作用。

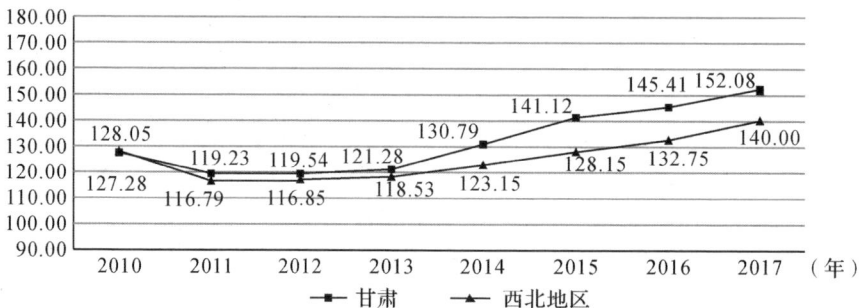

图 9-25 甘肃和西北地区基础指标指数变化

甘肃发展支撑力指数的二级指标基础指数由 3 个指标构成，分别是人均社会消费品零售总额指数、流通业固定资产投资额占比指数和流通里程强度指数。通过对这 3 个指标的贡献率进行分析，可以发现，人均社会消费品零售总额指数和流通业固定资产投资额占比指数的贡献率波动较小，但在 2010—2017 年呈现增长趋势，而流通里程强度指数的贡献率除了在 2015 年略有上升外，其余年份均呈现下降的态势，如图 9-26 所示。以下对上述 3 个指标依次进行分析。

（1）人均社会消费品零售总额指数总体呈增长趋势，从 2010 年的 56.24 增长到 2017 年的 130.88；其绝对量从 2010 年的 5607.42 元增长到 2017 年的 13 048.74 元；对总指数的拉动从 2010 年的 −1.82％增长到 2017 年的 0.72％，拉动作用有所提高。

（2）流通业固定资产投资额占比指标呈现稳定增长趋势，从 2010 年的 67.91 增长到 2017 年的 153.81，增长了 126.49％，增长幅度较大；对总指数贡献率从 2010 年的 5.38％变化到 2017 年的 7.59％，对总指数的拉动从 2010 年的 −1.34％增长到 2017 年的 2.24％，拉动作用显著提高。

（3）流通里程强度指数呈逐年下降趋势，从 2010 年的 257.68 下降到 2017 年的 171.56，下降幅度较大；对总指数的拉动从 2010 年的 6.57 个百分点下降到 2017 年的 2.98 个百分点，虽然对总指数仍有较大拉动作用，但相较于 2010 年的拉动作用有所下降。

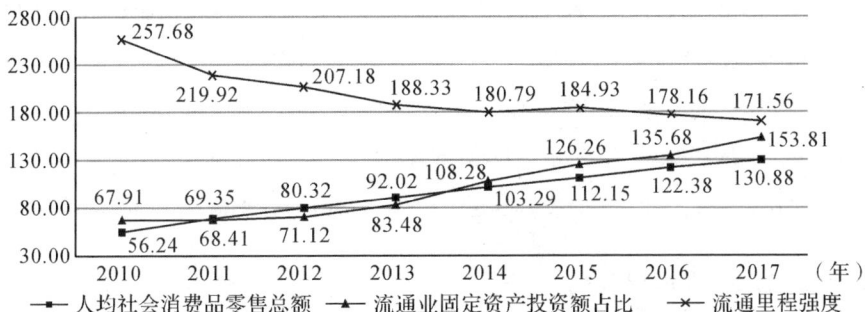

图 9-26　甘肃基础指数构成指标指数变化趋势

第二,购买潜力指数。

在构成甘肃发展支撑力指数的二级指标中,购买潜力指数总体呈逐年增长趋势,从 2010 年的 70.52 增长到 2017 年的 156.43,增长了 121.82%,低于西北地区同期平均水平的 80.54 和 178.80,并且差距正逐年扩大;对总指数的贡献率从 2010 年的 14.81% 提高到 2017 年的 23.87%,有较大幅度的提高,对总指数的拉动作用由负转正,并且在 2017 年拉动总指数上升了 7.05 个百分点。 上述数据表明,甘肃发展支撑力指数的购买潜力大,即对支撑作用的带动作用大,发展前景良好,但相较于整个西北地区,其仍处于中下游水平。 具体指数变化趋势如图 9-27 所示。

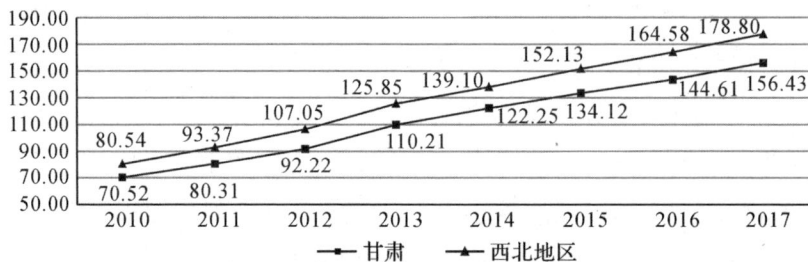

图 9-27　甘肃与西北地区购买潜力指数变化趋势

购买潜力指数有 2 个构成指标,分别是城镇居民消费潜力指数和农村居民消费潜力指数。 对贡献率方面进行分析可以发现,城镇居民消费潜力指数对流通业竞争力发展总指数的贡献率更大,农村居民消费潜力指数的贡献率相对较小,二者整体都呈增长趋势,因此结合二者进行分析。 具体来说:城镇居民消费潜力指数、农村居民消费潜力指数分别从 2010 年的 78.04,63.01 增长到 2017 年的 164.28,148.59;指标绝对量分别从 2010 年的 13 188.6 元/人、3424.7 元/人增长到 2017 年的 27 763.4 元/人、8076.06 元/人;贡献率分别从 2010 年的 5.52%,9.29% 增长到 2017 年的 13.59%,10.28%,均有所提高。

9.2.2.2　发展现代化

2010—2017 年,甘肃流通业的发展现代化指数除了在 2014 年异常增长外,其余年份波动较小,整体呈上升趋势,由 2010 年的 67.88 增长到 2017 年的 72.86,增长幅度较低,同时低于西北地区同期平均水平的 78.29 和

99.43，说明甘肃流通发展现代化程度相对于西北地区来说仍然较低，贡献率除了 2014 年外基本都为负值，即对流通业竞争力发展总指数起到负向拉动作用，具体指数变化趋势如图 9-28 所示。

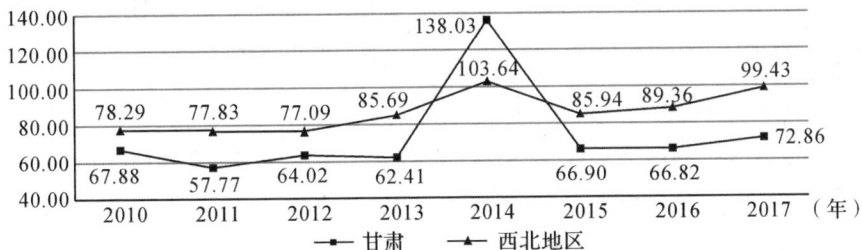

图 9-28　甘肃和西北地区发展现代化指数变化趋势

从排名上来看，2010—2017 年，甘肃的发展现代化指数仅在 2014 年排在全国第 9，其余年份都未能排进全国前 20，且变化幅度不大。 除 2014 年数据异常之外，2010—2017 年，最高排名是 2010 年、2017 年的全国第 24，最低排名则是 2016 年的全国第 28，如图 9-29 所示。

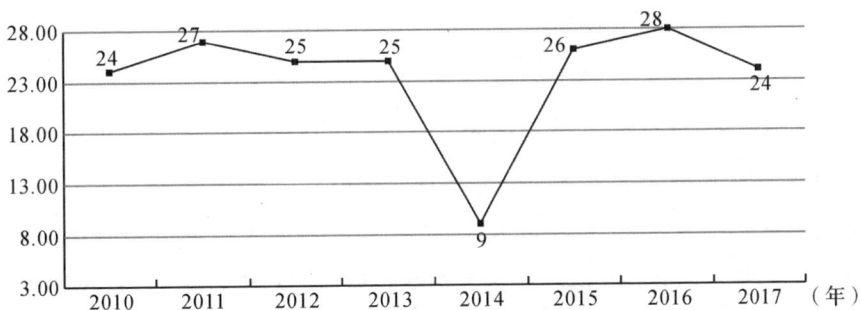

图 9-29　甘肃发展现代化指数排名

从对流通业竞争力发展总指数的贡献方面分析，甘肃的发展现代化指数对总指数起到负向拉动作用。 2017 年，二级指标技术现代化指数和业态现代化指数对总指数的贡献率分别为 −6.85% 和 −16.11%，分别导致流通业竞争力发展总指数下降了 2.02 和 4.76 个百分点，都对总指数起到负向拉动作用。 2017 年，三级指标人均流通资本指数、物流配送化程度指数和人均连锁经营化规模指数对总指数的贡献率分别为 10.51%，1.26% 和 −8.50%，三者分别推动总指数上升了 3.10，0.37 和 −2.51 个百分点，其中人均流通资本指数对总指数的拉动作用最为明显。

第一,技术现代化指数。

2010—2017 年,在构成甘肃发展现代化指数的二级指标中,技术现代化指数除 2014 年数据异常升高外,总体呈现增长的趋势。 具体来说,从 2010 年的 46.46 增长到 2017 年的 83.81,绝大部分年份低于西北地区平均水平,仅在 2014 年数据异常时超过西北地区平均水平。 其对总指数的贡献率从 2010 年的 26.91％降低到 2017 年的－6.85％,贡献率由正转负,表明甘肃发展技术现代化水平亟待提高,目前对流通发展现代化起到反向拉动作用。 具体指数变化情况如图 9-30 所示。

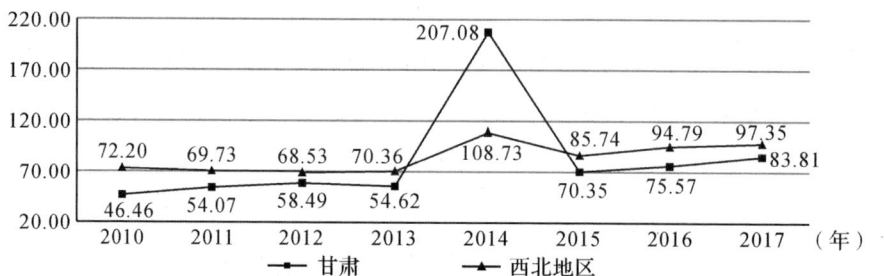

图 9-30 甘肃和西北地区技术现代化指数变化趋势

技术现代化指标有 2 个构成指标,分别是人均流通资本指数、地区流通业资产总额,进一步分析可以发现,技术现代化指数在 2014 年表现异常主要是由于人均流通资本指数在 2014 年异常升高。 对三级指数进行分析,除去 2014 年的异常数据外,人均流通资本指数整体呈现稳定增长态势,而地区流通业资产总额整体仍呈现逐年下降的趋势。 2017 年,人均流通资本指数对总指数的贡献率为正,拉动总指数上升了 3.10 个百分点,有明显拉动作用,而地区流通业资产总额指数的贡献率为负数,对总指数起到了负向拉动作用。

第二,业态现代化指数。

2010—2017 年,在构成甘肃发展现代化指数的二级指标中,业态现代化指数呈下降趋势,从 2010 年的 89.30 下降到 2017 年的 61.90,下降幅度较大,并从 2011 年开始始终低于西北地区同期平均水平。 其对总指数的贡献率从 2010 年的 5.37％下降到 2017 年的－16.11％,贡献率由正变负,对总指数的反向拉动作用更加明显。 这表明甘肃业态现代化水平较低，亟待进一步的发展，具体指数变化趋势如图 9-31 所示。

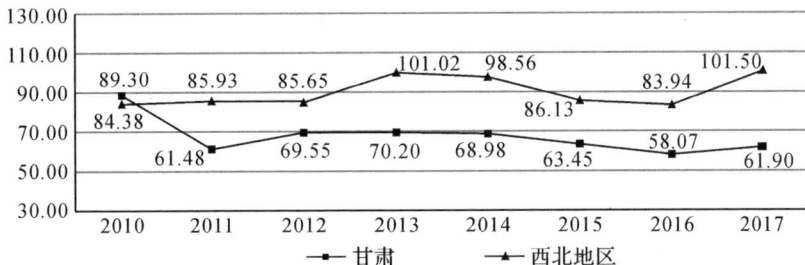

图 9-31　甘肃和西北地区业态现代化指数变化趋势

甘肃业态现代化指数有 3 个构成指标，分别是物流配送化程度指数、连锁经营化程度指数和人均连锁经营化规模指数。 对其贡献率进行分析可以发现，甘肃连锁经营化程度指数和人均连锁经营化规模指数较弱，贡献率均为负值；而物流配送化程度指数的贡献率虽然为正，但对总指数的拉动作用不明显，亟待进一步提高。 2017 年，上述 3 项指标的贡献率分别为 1.26%，−8.87%和−8.50%。

9.2.2.3　发展国际化

2010—2017 年，甘肃的发展国际化指标整体呈逐年下降趋势，从 2010 年的 36.80 下降到 2017 年的 3.78，下降幅度超过 80.00%，并且远远低于同期全国水平，同时仅在 2010 年高于西北地区同期平均水平，其余年份均低于西北地区同期平均水平，并且两者间的差距逐年增大。 这表明，甘肃流通国际化水平在全国范围内乃至西北地区仍处于较低甚至是倒数的水平。 具体指数变化趋势如图 9-32 所示。

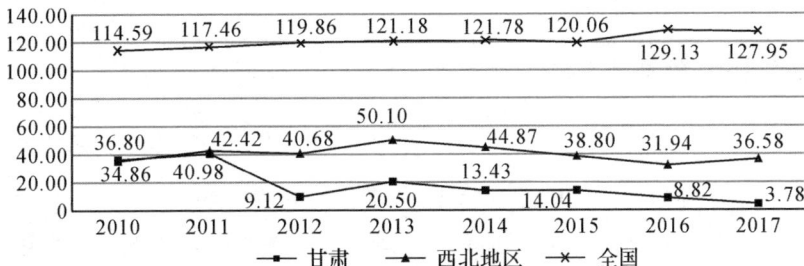

图 9-32　甘肃、西北地区和全国发展国际化指数变化趋势

从排名上来看，如图 9-33 所示，甘肃的发展国际化指数在 2010—2017 年基本都排在全国第 20 之外，仅于 2010 年排在全国第 19，并且 2014—2017 年的排名维持在全国第 30，处于垫底状态。 从排名稳定性上分析，甘肃的发展国际化指数在 2010—2017 年的平均排名是全国第 27.38，排名的标准差是4.37，变异系数为 0.16，整体较为稳定。 这表明，甘肃的发展国际化形势不容乐观，处于全国末尾位置。

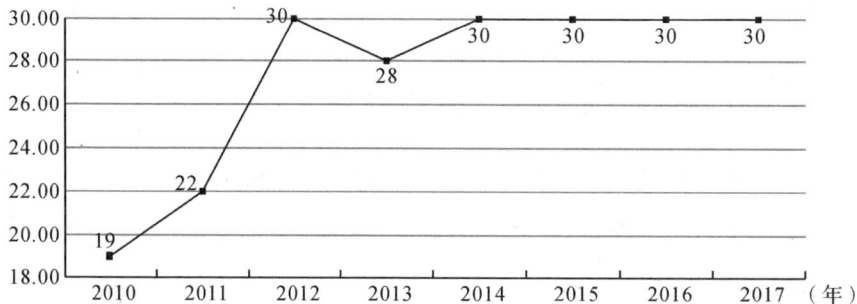

图 9-33 甘肃发展国际化指数全国排名

从对流通业竞争力发展总指数的贡献上分析，2017 年，构成发展国际化指数的 2 个二级指标，即外向度指数和开放度指数对总指数的贡献率分别为 −39.23％和 −42.16％，分别导致总指数下降了 11.60 个百分点和 12.46个百分点。 构成发展国际化指数的三级指标，即人均商品出口额指数、流通业实际利用外资额占比指数和外资商业销售额占比指数在 2017 年对总指数的贡献率分别是 −39.23％，−21.15％和 −21.01％。 这说明 3 个三级指标对总指数的贡献率都为负，其中人均商品出口额指数的负向拉动作用最为明显，表明甘肃的经济外向度偏低，应进一步提升其对外投资合作水平，加强对外贸易往来。

9.2.2.4 发展绩效

2010—2017 年，甘肃发展绩效指数波动幅度较大，总体趋势不明显，其中 2017 年的增长幅度较为异常，具体指数变化趋势如图 9-34 所示。 甘肃发展绩效指数在 2010—2017 年间共有 4 年排在全国前 10，其中最高排名是 2017年的全国第 1，最低排名是 2010 年的全国第 27。 2010—2017 年，甘肃发展绩效指数排名曲线的波动较大，曲线趋势表现不明显。

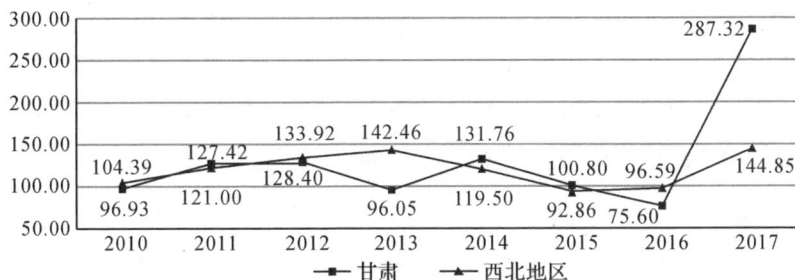

图 9-34　甘肃和西北地区发展绩效指数变化趋势

从对流通业竞争力发展总指数的贡献上分析，2017 年，构成发展绩效指数的二级指标，即流通效率指数和社会经济贡献指数对总指数的贡献率分别为 17.35％和 141.10％，分别拉动总指数上升了 5.13 和 41.70 个百分点。 在构成发展绩效指数的三级指标中，2017 年，拉动倾向指数对总指数的贡献率为 132.84％，拉动总指数上升了 39.26 个百分点，对甘肃流通业的发展起到了明显的拉动作用；而就业贡献率指数对总指数的贡献率为－1.63％，导致总指数下降了 0.48 个百分点，对甘肃流通业的发展起到了负向拉动作用。

第一，流通效率指数。

在构成甘肃发展绩效指数的二级指标中，流通效率指数整体呈现增长趋势，从 2010 年的 111.89 变化为 2017 年的 141.02，高于西北地区同期平均水平的 105.63 和 112.33，对总指数的贡献率从 2010 年的－5.98％增长到 2017 年的 17.35％，贡献率由负转正且有大幅度提高，表明甘肃的流通效率指数在 2010—2017 年间的发展良好，具体指数变化趋势如图 9-35 所示。

图 9-35　甘肃和西北地区流通效率指数变化趋势

流通效率指标有 2 个构成指标，分别是流动资产周转率指数和库存周转率指数，对其进行分析后可以发现，流动资产周转率指数有所波动，但整体增长幅度不大；库存周转率指数在 2010—2014 年呈现稳定增长态势，而在 2014 年之后波动较大，变化趋势不明显。 对其贡献率进行分析，流动资产周转率指数和库存周转率指数对总指数的贡献率分别从 2010 年的－9.26％，3.28％增长到 2017 年的 10.34％，7.01％，流动资产周转率指数的贡献率由负转正；2017 年，流动资产周转率指数和库存周转率指数分别拉动总指数上升了 3.06 和 2.07 个百分点，对总指数起到了较大的拉动作用。

第二，社会经济贡献指数。

构成发展绩效指数的社会经济贡献指数的波动非常大，尤其是 2016 年、2017 年的差距比较大，具体从 2010 年的 81.96 变为 2017 年的 433.62，变化幅度较大，进一步分析后发现，这主要是 2017 年拉动倾向指数的异常升高导致的。 社会经济贡献指数对总指数的贡献率从 2010 年的 9.07％增长至 2017 年的 141.10％，有较大提高，并且在 2017 年拉动总指数上升了 41.70 个百分点，对总指数起到了非常大的拉动作用。

社会经济贡献指数有 4 个构成指标，分别是流通业增加值占比指数、拉动倾向指数、促进倾向指数和就业贡献率指数。 对其贡献率进行分析，可以发现，流通业增加值占比指数、就业贡献率指数对总指数的贡献率分别为－0.35％和－1.63％，对总指数起到了负向拉动作用；而拉动倾向指数和促进倾向指数对总指数的贡献率分别为 132.84％和 10.24％，分别拉动总指数上升了 39.26 和 3.03 个百分点，其中拉动倾向指数对总指数的拉动作用最为明显。

9.2.3　相对优势与相对弱势要素分析

为了分析甘肃自身四大要素的发展状况，本小节将甘肃的四大要素按平均排名排序，并将处于第 1 名的要素称为甘肃流通业竞争力发展的相对优势要素，将排在最后 1 位的要素称为甘肃流通业竞争力发展的相对弱势要素，表 9-6 为甘肃流通业竞争力发展四大要素的平均排名情况。 从表中可以看出，

甘肃流通业竞争力发展的相对优势要素是发展绩效,而相对弱势要素是发展
国际化。 同时也可以看出,甘肃流通业发展得较差,基本上仅依赖发展绩
效,其余3个要素则起到了负向拉动作用。

表 9-6 甘肃流通业竞争力发展四大要素的平均排名和变异系数

指标	发展支撑力指数	发展现代化指数	发展国际化指数	发展绩效指数
平均排名	26.13	23.50	27.38	14.75
变异系数	0.07	0.26	0.16	0.64

通过以上分析可以发现,在甘肃流通业竞争力发展总指数的 4 个一级指
标中,发展国际化指数的贡献率最低,表明甘肃应紧紧抓住"一带一路"建设
的政策红利,逐步扩大与中西亚国家的经贸合作,充分发挥甘肃在丝绸之路上
的战略通道优势,培植一批面向中西亚及中东欧市场的生产基地和加工贸易
基地,提升外向型经济发展水平。

9.3 新 疆

9.3.1 流通业竞争力发展总指数概况

2010—2017 年,新疆流通业竞争力发展总指数增长得较为缓慢,但呈现
稳定增长趋势,由 2010 年的 93.96 增长到 2017 年的 124.05,增长了
32.02%。 从排名上来看,新疆流通业竞争力发展总指数的变化幅度较大,平
均排名为全国第 12.50,最高排名为 2013 年的全国第 8,最低排名为 2016 年
的全国第 19。 由此看出,新疆的流通业在全国处于中等地位,且发展不均
衡,仍需进一步加大对流通业的发展力度。 2010—2017 年,新疆流通业竞争
力发展总指数及其子指标排名情况如表 9-7 和图 9-36 所示。

从排名稳定性上分析,新疆流通业竞争力发展总指数在 2010—2017 年间
的平均排名为全国第 12.50,排名的标准差为 3.21,变异系数为 0.26。 总指
数主要的波动发生在 2016 年,通过对新疆的数据的进一步观察发现,这是发
展绩效指数在 2016 年较低导致的。

表 9-7　新疆流通业竞争力发展总指数及其四要素全国排名

	指标	总指数	发展支撑力指数	发展现代化指数	发展国际化指数	发展绩效指数
年份	2010	11	13	10	9	29
	2011	13	20	11	18	20
	2012	11	20	8	14	2
	2013	8	21	8	12	4
	2014	11	21	8	13	13
	2015	13	19	7	13	24
	2016	19	22	7	19	27
	2017	14	18	7	18	6

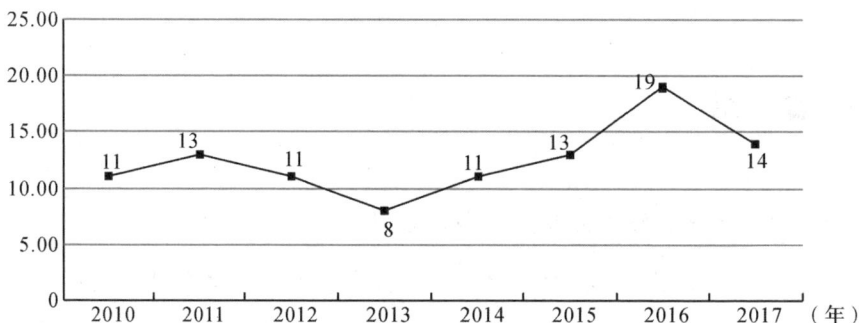

图 9-36　新疆流通业竞争力发展总指数全国排名

2010—2017 年，影响新疆流通业竞争力发展总指数的 4 个一级指标，即发展支撑力指数、发展现代化指数、发展国际化指数和发展绩效指数的平均值分别为 130.10，127.29，67.15 和 114.17。如表 9-8 所示，在这 8 年期间，新疆的发展支撑力指数呈稳定增长趋势，由 2010 年的 108.57 增长到 2017 年的 164.22，增长了 51.26%。流通业发展现代化指数在 2010—2014 年增长较快，在 2014 年之后有所下降，并在 2017 年有所回升。流通业发展绩效指数的波动较大，在 2010—2012 年呈现稳定增长趋势，而在 2012 年之后逐年下降，下降幅度较大，并在 2016 年达到 8 年来最低水平，但在 2017 年又有所回升，因此整体发展趋势不明显。 流通业发展国际化指数的变化也呈现出起伏不定的态势，表现得很不稳定。 这说明了新疆流通业的发展虽然处于全国中等水平，但发展非常不稳定。

表 9-8　新疆流通业竞争力发展总指数及四要素分值

	指标	总指数	发展支撑力指数	发展现代化指数	发展国际化指数	发展绩效指数
年份	2010	93.96	108.57	107.65	78.12	81.50
	2011	95.83	106.36	111.01	48.33	117.63
	2012	119.72	113.27	125.34	73.26	167.00
	2013	122.95	124.44	133.06	77.74	156.55
	2014	117.23	131.59	140.11	85.35	111.88
	2015	106.64	143.02	133.44	69.01	81.10
	2016	97.02	149.36	132.90	47.65	58.17
	2017	124.05	164.22	134.78	57.71	139.51

2017 年，四要素对总指数的贡献程度见图 9-37。 从图 9-37 中可知，2017年，新疆的发展支撑力指数、发展现代化指数、发展国际化指数和发展绩效指数对流通业竞争力发展总指数的贡献率分别为 66.74%，36.15%，−43.95%和 41.06%。 发展支撑力指数、发展现代化指数、发展绩效指数分别拉动总指数上升了 16.05，8.69 和 9.88 个百分点，而发展国际化指数则对总指数产生了负向拉动作用，使总指数降低了 10.57 个百分点。 这说明，新疆流通业的发展主要依赖其发展支撑力指数及发展绩效指数，其次为发展现代化指数，而地区对外开放程度低，制约了新疆流通业的发展，所以新疆的国际化水平仍需进一步提高。

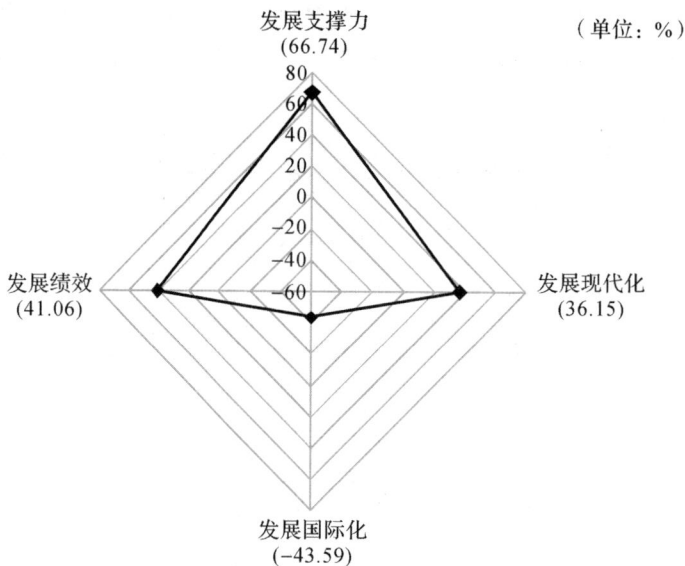

图 9-37　2017 年新疆流通业竞争力发展四要素的贡献率

9.3.2　影响流通业竞争力发展的各因素分析

9.3.2.1　发展支撑力

2010—2017 年，新疆的发展支撑力指数逐年上升。 具体来说，从 2010 年的 108.57 增长到 2017 年的 164.22，增长了 51.26%，但是仅在 2010 年与全国水平基本持平，其余年份都低于全国同期水平，同时与西北地区同期平均水平的 104.30 和 159.40 基本持平，如图 9-38 所示。

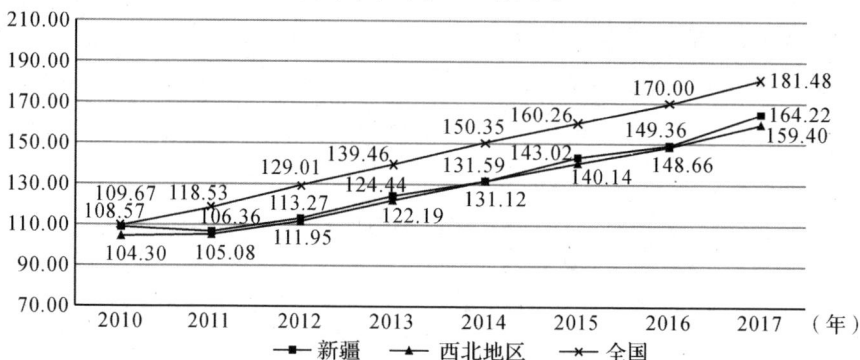

图 9-38　新疆、西北地区与全国的发展支撑力指数变化趋势

2010—2017 年，新疆的发展支撑力指数仅在 2010 年排在全国第 13，其余年份均在全国第 20 左右变化，其中最高排名是 2010 年的全国第 13，最低排名则是 2016 年的全国第 22，如表 9-7 所示。新疆发展支撑力指数的排名在 2010—2017 年基本保持平稳，但排名较低，如图 9-39 所示。

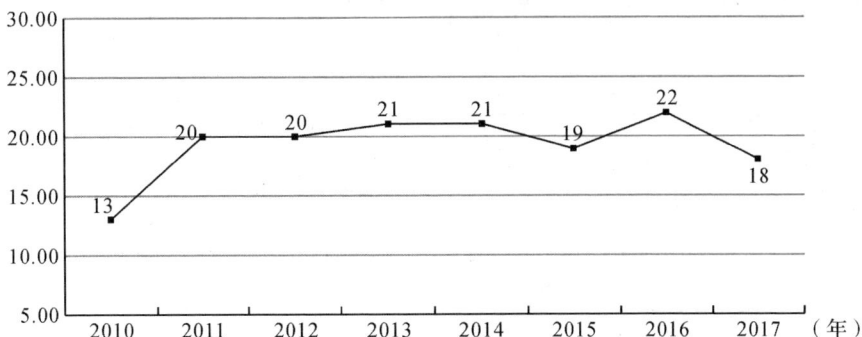

图 9-39　新疆发展支撑力指数排名

从排名稳定性上分析，2010—2017 年，新疆的发展支撑力指数的平均排名为全国第 19.25，排名的标准差是 2.82，变异系数为 0.15，标准差较大，但变异系数的值小于流通业竞争力发展总指数的相应值，所以新疆发展支撑力指数的排名较为稳定。

从对流通业竞争力发展总指数的贡献上分析，2017 年，2 个二级指标，即基础指数和购买潜力指数对总指数的贡献率分别为 18.59% 和 48.15%，基础指数和购买潜力指数分别拉动总指数上升了 4.47 和 11.58 个百分点。2017 年，新疆人均社会消费品零售总额指数、流通业固定资产投资额占比指数、流通里程强度指数、城镇居民消费潜力指数和农村居民消费潜力指数对流通业竞争力发展总指数的贡献率分别为 2.43%，5.16%，9.12%，21.33% 和 26.82%，分别拉动总指数上升了 0.58，1.24，2.19，5.13 和 6.45 个百分点。

第一，基础指数。

新疆基础指数在 2010—2014 年呈现逐年下降的趋势，在 2014 年之后整体呈现增长的趋势，从 2010 年的 134.06 增长到 2017 年的 135.78，增长幅度较低，仅在 2010 年高于西北地区平均水平，其余年份均低于西北地区同期平均水平，但变化趋势与西北地区平均水平基本符合。 基础指数对总指数的贡献率从 2010 年的－70.48％变化到 2017 年的 18.59％，贡献率由负转正且增长速度较快，表明新疆发展支撑力的基础雄厚，对发展支撑力有一定的支持作用。 进一步分析发现，2010—2017 年，新疆的基础指数与西北地区平均水平之间的差距在逐渐缩小，具体指数变化趋势如图 9-40 所示。

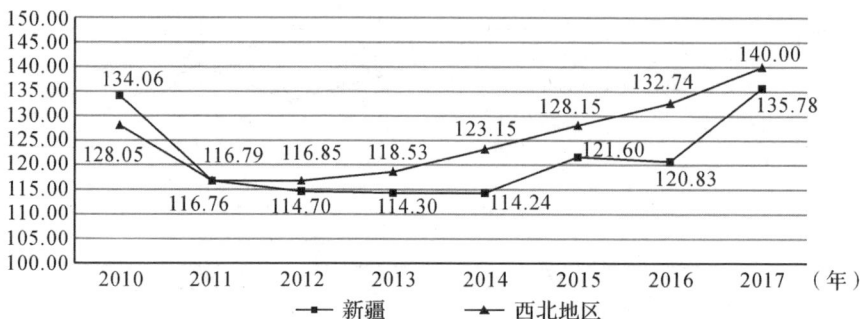

图 9-40　新疆与西北地区基础指数变化趋势

在构成新疆发展支撑力指数的二级指标中，基础指数由 3 个指标构成，分别是人均社会消费品零售总额指数、流通业固定资产投资额占比指数和流通里程强度指数。 通过对这 3 个指标进行分析，可以发现，2017 年人均社会消费品零售总额指数呈现稳定增长的趋势，对总指数的拉动作用较弱，仅拉动总指数上升了 0.58 个百分点，虽然拉动作用不明显，但相对于 2010 年来说有了较大增长。 流通业固定资产投资额占比指数在 2017 年之前都对总指数起到负向拉动作用，而在 2017 年由负转正，表明新疆在这一方面做出了一定的成绩，流通业固定资产投资额占比指数有一定程度的提高。 流通里程强度指数虽然呈逐年下降的趋势，但对总指数的拉动作用最为明显，对总指数的贡献率也由 2010 年的－104.35％增长到 2017 年的 9.12％，增长幅度较大。 各指数变化趋势如图 9-41 所示。

第二，购买潜力指数。

在构成新疆发展支撑力指数的二级指标中，购买潜力指数呈逐年增长趋势，从 2010 年的 83.08 增长到 2017 年的 192.66，增长了 131.90％，高于西北地区同期平均水平的 80.54 和 178.80，并且两者间的差距正逐年增大。 其对总指数的贡献率从 2010 年的 35.02％提高到 2017 年的 48.15％，贡献率有

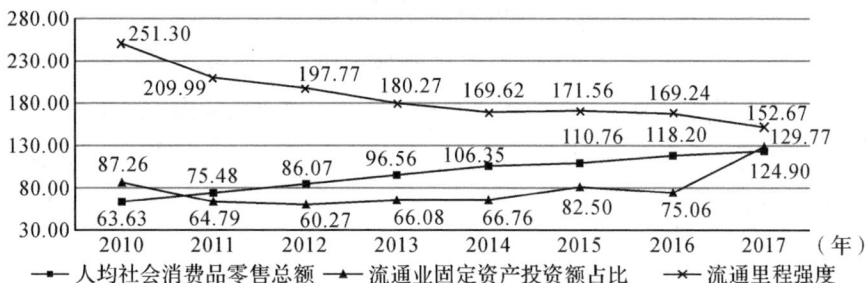

图 9-41　新疆基础指数构成要素变化趋势

较大提高，对总指数的拉动作用也由负转正，体现了新疆发展支撑力的潜力大，对支撑力的带动作用大，发展前景良好。 具体指数变化趋势如图 9-42 所示。

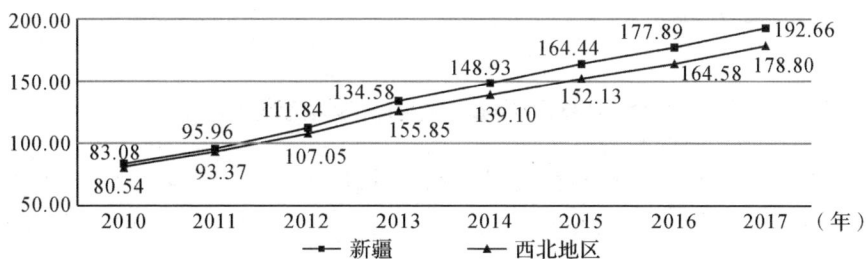

图 9-42　新疆购买潜力指数变化趋势

购买潜力指数有 2 个构成指标，分别是城镇居民消费潜力指数和农村居民消费潜力指数。 从其贡献率方面分析，农村居民消费潜力指数对流通业竞争力发展总指数的贡献率更大，城镇居民消费潜力指数的贡献率相对较小，二者整体都呈增长的趋势，因此结合二者进行分析。 具体来说，城镇居民消费潜力指数、农村居民消费潜力指数分别从 2010 年的 80.73，85.42 增长到 2017 年的 182.09，203.22；指标绝对量分别从 2010 年的 13 643.8 元/人、4642.7 元/人增长到 2017 年的 30 774.8 元/人、11 045.3 元/人；贡献率分别从 2010 年的 19.93％，15.08％增长到 2017 年的 21.33％，26.82％。

9.3.2.2　发展现代化

新疆的发展现代化指数在 2010—2014 年呈逐年上升的趋势，但在 2014 年之后逐年减低,总体上由 2010 年的 107.65 增长到 2017 年的 134.78,高于西北地区同期平均水平的 78.29 和 99.43,说明新疆的流通发展现代化程度相对于西北地区来说发展较快,贡献率由负转正,对流通业竞争力发展总指数的拉动作用逐年上升,2017 年拉动总指数上升了 8.69 个百分点。 具体指数变化趋势如图9-43所示。

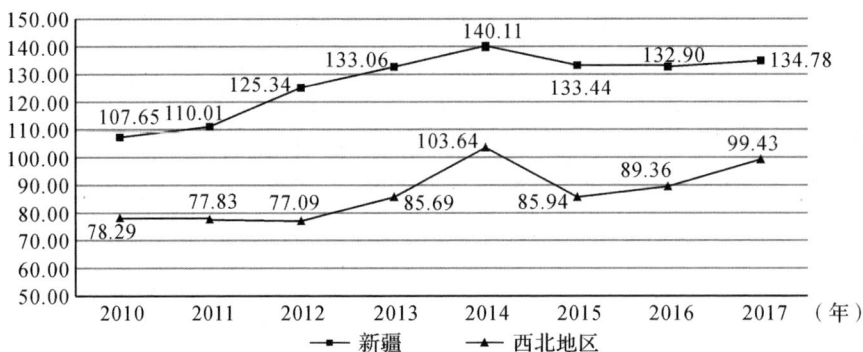

图 9-43　新疆和西北地区发展现代化指数变化趋势

从排名上来看,新疆的发展现代化指数在 2010—2017 年都排在全国前 20,并从 2015 年开始一直稳定保持在全国第 7,整体排名波动幅度较小,有所提升。 其中,最高排名是在 2015—2017 年的全国第 7,最低排名则是 2011 年的全国第 11,如图 9-44 所示。

从对流通业竞争力发展总指数的贡献上分析,发展现代化指数对新疆流通业竞争力发展总指数起到明显的拉动作用,2017 年,在二级指标中,技术现代化指数对总指数的贡献率为 15.50%,拉动总指数上升了 3.73 个百分点;业态现代化指数对总指数的贡献率为 20.65%,拉动总指数上升了 4.97 个百分点,拉动作用较为明显。 2017 年,构成发展现代化指数的三级指标,即人均流通资本指数、物流配送化程度指数和人均连锁经营化规模指数对总指数的贡献率分别为 29.81%,2.58% 和 13.75%,三者分别推动总指数上升了 7.17,0.62 和 3.31 个百分点。 可见,新疆人均流通资本指数和人均连锁经营化规模指数较 2010 年有所提升,且拉动作用较为明显。

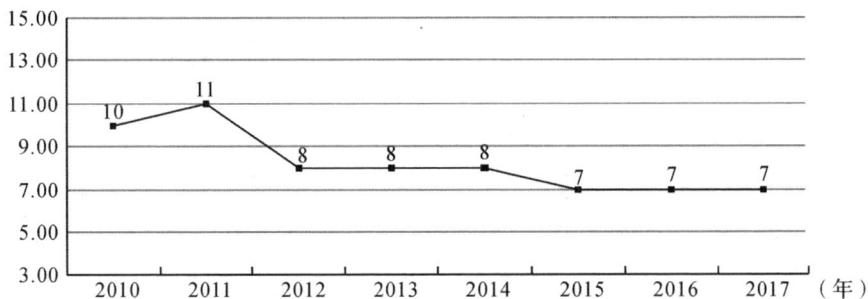

图 9-44　新疆发展现代化指数全国排名

第一，技术现代化指数。

2010—2017 年，在构成新疆发展现代化指数的二级指标中，技术现代化指数波动较大，但整体较 2010 年有一定幅度的提高，从 2010 年的 92.28 增长到 2017 年的 129.82，高于西北地区平均水平；其贡献率从 2010 年的 15.97％增长到 2017 年的 15.50％，基本持平，2017 年拉动总指数上升了 3.73 个百分点，表明新疆流通发展现代化技术水平较 2010 年有较大提高，对流通业竞争力发展总指数起到了明显的拉动作用。具体指标变化趋势如图 9-45 所示。

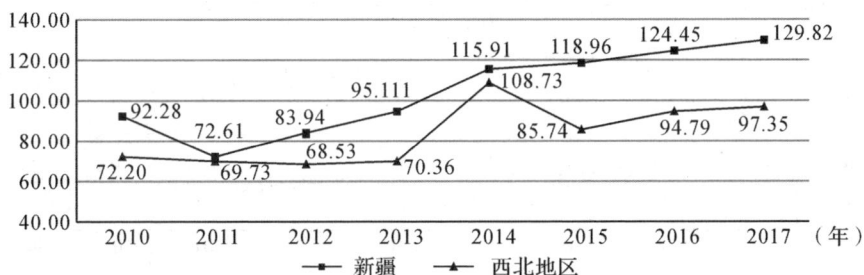

图 9-45　新疆和西北地区的技术现代化指数变化趋势

技术现代化指数有 2 个构成指标，分别是人均流通资本指数、地区流通业资产总额指数，对其进行分析可以发现，人均流通资本指数呈现逐年上升的趋势，较 2010 年有较大增长，2017 年对流通业竞争力发展总指数的贡献率为 29.81％，拉动总指数上升了 7.17 个百分点；而指数虽然逐年增长，但整体增长幅度较低，在 2017 年的贡献率为负数，对总指数起到了负向拉动作用，具体指数的变化情况如图 9-46 所示。

图 9-46 　新疆技术现代化指数构成要素变化趋势

第二，业态现代化指数。

在构成新疆发展现代化指数的二级指标中，业态现代化指数在 2010—2013 年呈增长趋势，但在 2013 年之后逐年降低，具体从 2010 年的 123.02 增长到 2017 年的 139.73，增长幅度较低，但在这 8 年内始终高于西北地区同期平均水平，差距在逐年缩小。 其对总指数的贡献率从 2010 年的－47.62％增长到 2017 年的 20.65％，贡献率由负转正，表明新疆的业态现代化水平正逐步提高，有较大发展潜力，具体指数变化趋势如图 9-47 所示。

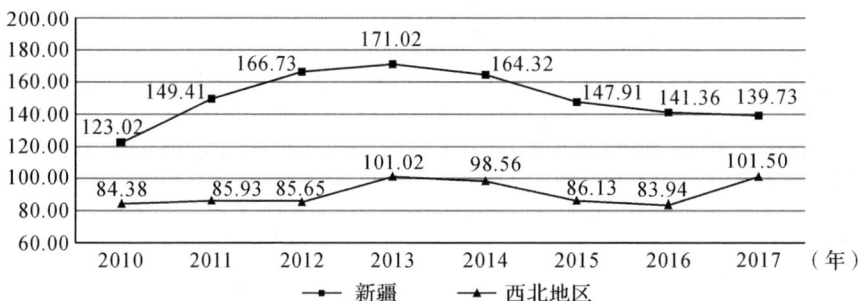

图 9-47 　新疆和西北地区业态现代化指数变化趋势

业态现代化指数有 3 个构成指标，分别是物流配送化程度指数、连锁经营化程度指数和人均连锁经营化规模指数。 从贡献率方面分析可以发现，2017 年，新疆物流配送化程度指数、连锁经营化程度指数和人均连锁经营化规模指数的贡献率均为正值，都对流通业竞争力发展总指数有明显的拉动作用。 2017 年，这 3 项指标的贡献率分别为 2.58％，4.31％和 13.75％，分别拉动总指数上升了 0.62，1.04 和 3.31 个百分点，其中人均连锁经营化规模指数对总

指数的拉动作用最为明显，连锁经营化程度指数次之，物流配送化程度指数
最弱。

9.3.2.3 发展国际化

2010—2017 年，新疆发展国际化指数的波动性较大，整体趋势不明显。
从指数方面来看，发展国际化指数从 2010 年的 78.12 变化到 2017 年的
57.71，下降了 26.13％，下降幅度较大。虽然该指数一直高于西北地区同期
平均水平，但仍远远低于同期全国水平，这表明新疆流通发展国际化水平虽然
在全国范围内仍处于较低水平，但在西北地区中处于较领先地位，在 2014—
2017 年呈现下降的趋势。具体指数变化趋势如图 9-48 所示。

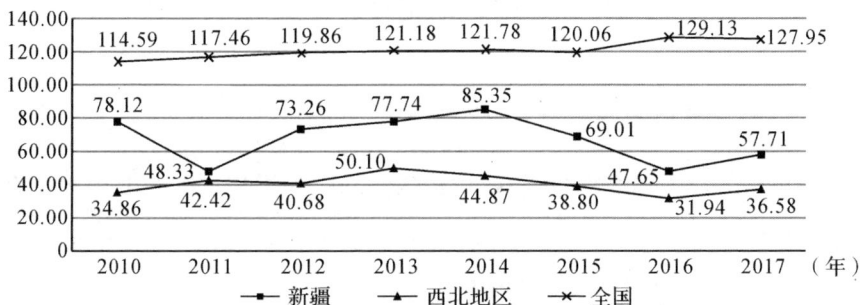

图 9-48 新疆、西北地区和全国的发展国际化指数变化趋势

从排名上来看，发展国际化指数在 2010—2017 年都排在全国前 20，2010
年的全国第 9 是这 8 年间的最好成绩，其余年份基本在全国第 12—19 之间。
从排名稳定性上分析，新疆发展国际化指数在 2010—2017 年的平均排名是全
国第 14.50，排名的标准差是 3.51，变异系数则为 0.24，变异系数的值小于流
通业竞争力发展总指数的相应值，表明发展国际化指数排名的波动性较总指
数排名波动情况来说较小，但发展趋势不明显，如图 9-49 所示。

从对流通业竞争力发展总指数的贡献上分析，2017 年，构成发展国际化
指数的 2 个二级指标，即外向度指数和开放度指数对总指数的贡献率分别为
－10.32％和－33.64％，分别导致总指数下降了 2.48 和 8.09 个百分点。构
成发展国际化指数的三级指标，即人均商品出口额指数、流通业实际利用外资
额占比指数和外资商业销售额占比指数在 2017 年对总指数的贡献率分别是

−10.32％，−8.86％和−24.78％。 三级指标对总指数的贡献率都为负，其中外资商业销售额占比指数的负向拉动作用最为明显，表明新疆外商投资规模较小，应进一步提升其对外投资合作水平，加强对外贸易往来。

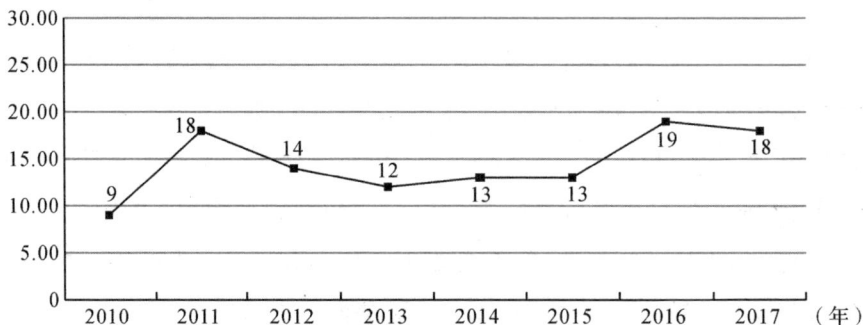

图 9-49　新疆发展国际化指数全国排名

9.3.2.4　发展绩效

2010—2017 年，新疆发展绩效指数的波动较为明显，在 2010—2012 年呈现增长趋势，但在 2012 年之后逐年下降并在 2016 年达到最低值，而在 2017 年又有较大幅度的提升，因此整体变化趋势不明显。 从指数方面来看，新疆发展绩效指数从 2010 年的 81.50 增长到 2017 年的 139.51，整体来看有较大幅度的增长，但仅在 2012 年、2013 年高于西北地区同期平均水平，其余年份均低于西北地区平均水平。 具体指数变化趋势如图 9-50 所示。

新疆发展绩效指数的排名在 2010—2017 年间共有 5 年排在全国前 20，其中最高排名是 2012 年的全国第 2，最低排名是 2010 年的全国第 29。 2010—2017 年，新疆发展绩效指数排名曲线的波动较大，曲线趋势不明显。

从对流通业竞争力发展总指数的贡献上分析，2017 年，构成新疆发展国际化指数的二级指标，即流通效率指数和社会经济贡献指数对总指数的贡献率分别为−8.73％和49.80％，分别拉动总指数上升了−2.10 和11.98 个百分点。 从构成新疆发展国际化指数的三级指标上分析，2017 年，促进倾向指数对总指数的贡献率为 57.97％，拉动总指数上升了 13.94 个百分点，对新疆流通业的发展起到了明显的拉动作用；而流动资产周转率指数、库存周转率指数、流通业增加值占比指数、拉动倾向指数和就业贡献率指数都对总指数起到了负向拉动作用，且不同程度地拉低了流通业竞争力发展总指数，对新疆流通业的发展带来了消极的影响。

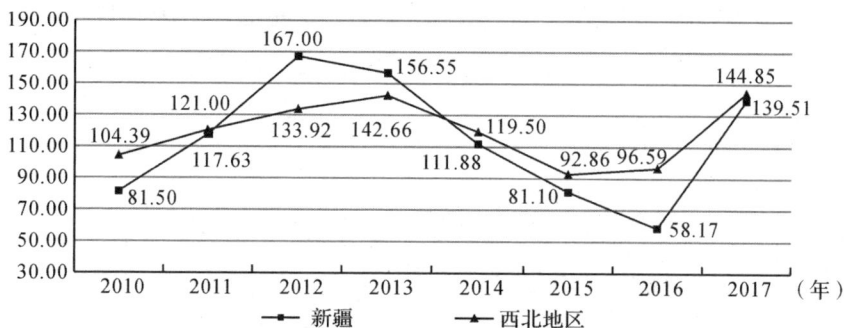

图 9-50　新疆和西北地区发展绩效指数变化趋势

第一，流通效率指数。

在构成新疆发展绩效指数的二级指标中，如图 9-51 所示，流通效率指数在 2010—2013 年呈逐年增长的趋势，但在 2013 年之后逐年下降并在 2016 年达到 8 年间的最低水平，而在 2017 年又呈现小幅提升，整体来讲呈现下降趋势，从 2010 年的 97.33 降至 2017 年的 83.19，低于西北地区同期平均水平的 105.63 和 112.33，对总指数的贡献率从 2010 年的 5.52％ 下降到 2017 年的 －8.73％，贡献率由正转负，有大幅度降低，表明新疆流通效率指数在 2013—2017 年的发展形势不容乐观，亟待提高。

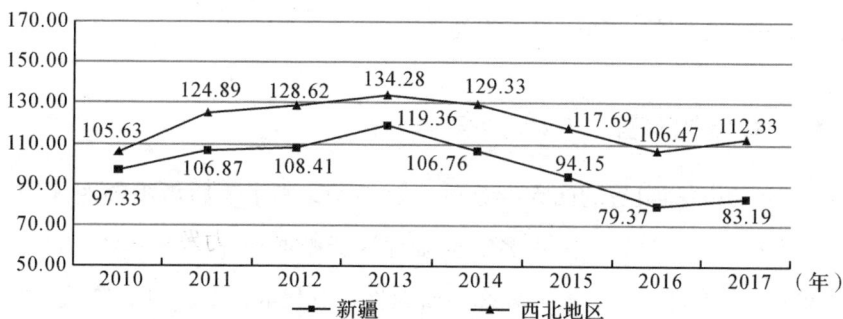

图 9-51　新疆和西北地区流通效率指数变化趋势

第二，社会经济贡献指数。

构成发展绩效指数的社会经济贡献指数的波动较大，发展趋势不明显，从 2010 年的 65.66 增长至 2017 年的 195.82，增长幅度较大；2017 年，社会经济贡献指数对总指数的贡献率为 49.80%，并且拉动总指数上升了 11.98 个百分点，拉动作用较为明显，具体指数变化趋势如图 9-52 所示。

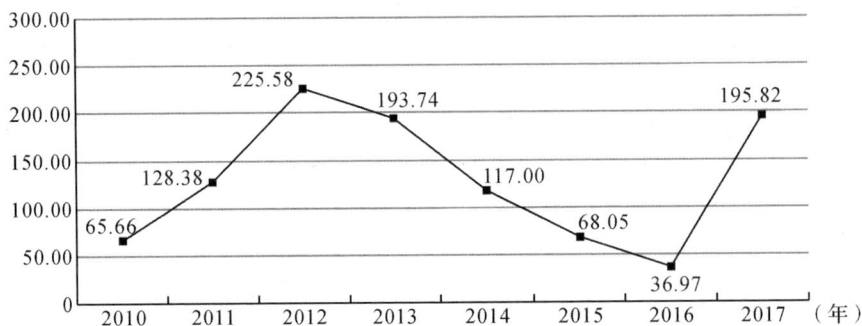

图 9-52　新疆社会经济贡献指数变化趋势

新疆的社会经济贡献指数有 4 个构成指标，分别是流通业增加值占比指数、拉动倾向指数、促进倾向指数和就业贡献率指数。对贡献率进行分析可以发现，流通业增加值占比指数、拉动倾向指数和就业贡献率指数对总指数的贡献率分别为-0.70%，-5.22% 和-2.26%，对总指数起到了负向拉动作用，分别导致流通业竞争力发展总指数下降了 0.17，1.26 和 0.54 个百分点；而促进倾向指数对总指数的贡献率为 57.97%，拉动总指数上升了 13.94 个百分点，对总指数的拉动作用最为明显。

9.3.3　相对优势与相对弱势要素分析

为了分析新疆自身的四大要素的发展状况，本小节将新疆的四大要素按平均排名排序，并将处于第 1 名的要素称为新疆流通业竞争力发展的相对优势要素，将排在最后 1 名的要素称为新疆流通业竞争力发展的相对弱势要素，表 9-9 展示了新疆流通业竞争力发展四大要素的平均排名情况。从表中可以看出，新疆流通业竞争力发展的相对优势要素是全国发展现代化，而相对弱势要素是发展支撑力，且四大要素的平均排名均在全国前 20，流通业发展水平较为均衡。

表 9-9　新疆流通业竞争力发展四大要素的平均排名和变异系数

指标	发展支撑力指数	发展现代化指数	发展国际化指数	发展绩效指数
平均排名	19.25	8.25	14.50	15.63
变异系数	0.15	0.18	0.24	0.69

通过以上分析可以发现，在构成新疆流通业竞争力发展总指数的 4 个一级指标中，发展国际化指数贡献率最低，表明新疆的国际化程度较低，制约了其经济外向度的提高，是流通经济持续快速发展的"短板"，因此新疆应进一步提升对外投资合作水平，加强对外贸易往来。

9.4　青　海

9.4.1　流通业竞争力发展总指数概况

2010—2017 年，青海流通业竞争力发展总指数的波动性较大，整体呈下降趋势。 从指数方面来看，总指数由 2010 年的 78.77 增长到 2017 年的 86.23，在 8 年间仅增长了 9.47%，增长幅度较小。 从排名上来看，总指数变化幅度较大，平均排名为全国第 22.25，最高排名为 2013 年的全国第 12，最低排名为 2011 年、2012 年和 2017 年的全国第 27。 由此看出，青海的流通发展水平在全国是相对落后的，仍需进一步加大对青海流通业的发展力度。 青海流通业竞争力发展总指数及其子指标排名情况具体如表 9-10、图9-53所示。

表 9-10　青海流通业竞争力发展总指数及四要素全国排名

指标		总指数	发展支撑力指数	发展现代化指数	发展国际化指数	发展绩效指数
年份	2010	22	5	28	30	18
	2011	27	8	29	25	13
	2012	27	9	29	29	7
	2013	12	11	29	29	1
	2014	21	11	28	29	8
	2015	24	13	29	27	18
	2016	18	14	26	28	4
	2017	27	12	27	29	26

从排名稳定性上分析，青海流通业竞争力发展总指数在 2010—2017 年的平均排名为全国第 22.25，排名的标准差为 5.28，变异系数为 0.24。 总指数主要的波动发生于 2013 年，通过对青海的数据进一步观察发现，这是发展绩效指数在 2013 年有较大幅度的提升导致的。

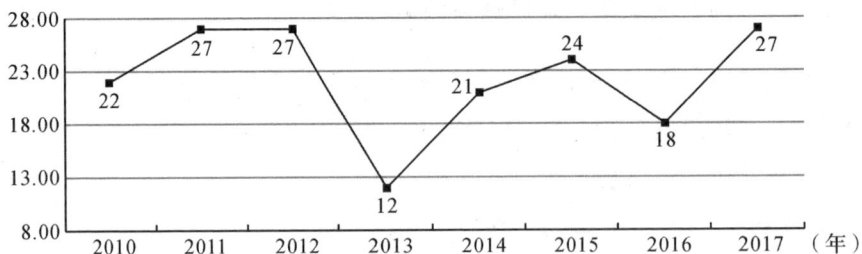

图 9-53　青海流通业竞争力发展总指数排名

2010—2017 年，影响青海流通业竞争力发展的 4 个一级指标，即发展支撑力指数、发展现代化指数、发展国际化指数和发展绩效指数的平均值分别为 149.20，57.52，14.55 和 134.63。 在这 8 年期间，青海的发展支撑力指数呈稳定增长趋势，由 2010 年的 134.73 增长到 2017 年的 180.42，增长了 33.91％。 流通业发展现代化指数整体也呈现增长趋势，增长幅度仅次于发展支撑力指数。 而流通发展绩效指数仅在 2013 年有较大提升，但随后便开始下降，2017 年的流通业发展绩效指数低于 2010 年的，整体呈现下降趋势。 而流通业发展国际化指数的变化则呈现一种起伏不定的态势，变化幅度较大，总体呈现下降趋势。 这说明青海流通业的发展非常不稳定，且总体水平较为落后，处于全国下游水平，如表 9-11 所示。

表 9-11　青海流通业竞争力发展总指数及四要素分值

	指标	总指数	发展支撑力指数	发展现代化指数	发展国际化指数	发展绩效指数
年份	2010	78.77	134.73	54.16	9.69	116.50
	2011	79.83	126.20	44.87	22.84	125.41
	2012	80.76	133.23	45.15	11.70	132.96
	2013	113.09	143.02	50.72	12.39	246.22
	2014	92.64	151.65	63.48	15.90	139.53
	2015	82.98	156.67	61.10	22.46	91.67
	2016	97.52	167.72	71.04	14.50	136.84
	2017	86.23	180.42	69.68	6.92	87.90

2017 年，青海发展支撑力指数拉动总指数上升了 20.10 个百分点，而发展现代化指数、发展国际化指数和发展绩效指数则对总指数产生了负向拉动作用，分别使总指数降低了 7.58，23.27 和 3.03 个百分点。 因此，青海流通业的发展主要依赖其发展支撑力指数，其余二级指标均对流通业竞争力发展总指数有负向拉动作用，尤其是流通发展国际化水平，制约了青海流通业的发展，因此青海现代化水平、国际化水平及发展绩效都亟待进一步提高。

9.4.2　影响流通业竞争力发展的各因素分析

9.4.2.1　发展支撑力

2010—2017 年，青海的发展支撑力指数基本逐年上升。 具体来说，从 2010 年的 134.73 增长到 2017 年的 180.42，增长了 33.91%，与全国同期水平的 109.67 和 181.48 基本持平，同时高于西北地区同期平均水平的 104.30 和 159.40，如图 9-54 所示。 这表明青海发展支撑力水平达到全国平均水平，并且在西北地区处于中上游水平。

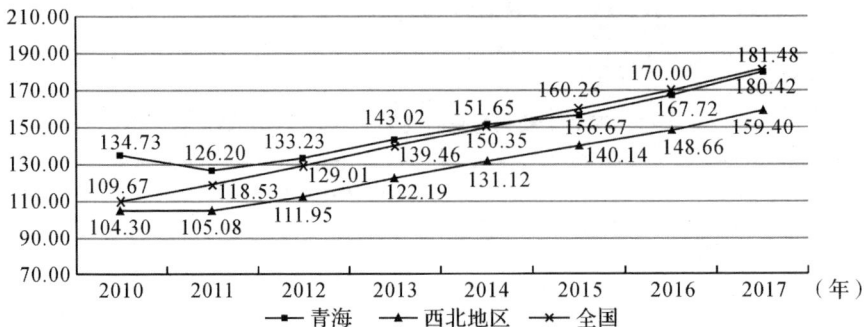

图 9-54 青海、西北地区和全国发展支撑力指数变化趋势

如图 9-55 所示，2010—2017 年，青海发展支撑力指数均排在全国前 20，其中最高排名是 2010 年的全国第 5，最低排名则是 2016 年的全国第 14；同时，青海发展支撑力指数的排名呈现逐年下降的趋势，但 2017 年的排名有所提升。

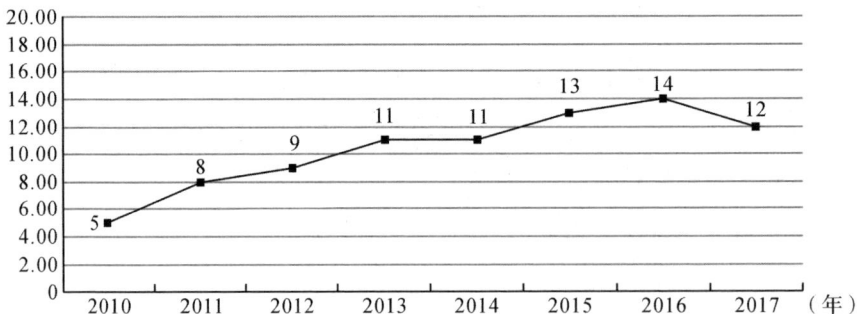

图 9-55 青海发展支撑力指数排名

从排名稳定性上分析，2010—2017 年，青海的发展支撑力指数的平均排名为全国第 10.38，排名的标准差是 2.92，变异系数为 0.28，变异系数的值大于流通业竞争力发展总指数的相应值，可见流通发展支撑力指数排名的波动性较大。

从对流通业竞争力发展总指数的贡献上分析，2017 年，构成青海发展支撑力指数的 2 个二级指标，即基础指数和购买潜力指数分别拉动总指数上升了 10.94 和 9.17 个百分点。2017 年，青海省人均社会消费品零售总额指数、流通业固定资产投资额占比指数、流通里程强度指数、城镇居民消费潜力指数和农村居民消费潜力指数分别拉动总指数上升了－0.33，1.88，7.36，4.54 和 4.63 个百分点，其中只有人均社会消费品零售总额指数对总指数起到了负向拉动作用，其余三级指标均对总指数起到了正向拉动作用。

第一，基础指数。

2010—2011 年，青海基础指数呈下降趋势，在 2011 年以后则呈现增长的趋势，但增长幅度较小。 从指数方面来看，青海基础指数从 2010 年的192.93 下降到 2017 年的 187.49，整体来看有所降低，但仍高于西北地区同期平均水平的 128.05 和 140.00。 2017 年，青海基础指数拉动总指数上升了10.94 个百分点，对总指数的拉动作用较为明显，表明青海发展支撑力的基础雄厚，对发展支撑力有一定的支持作用。 具体指数变化趋势如图 9-56 所示。

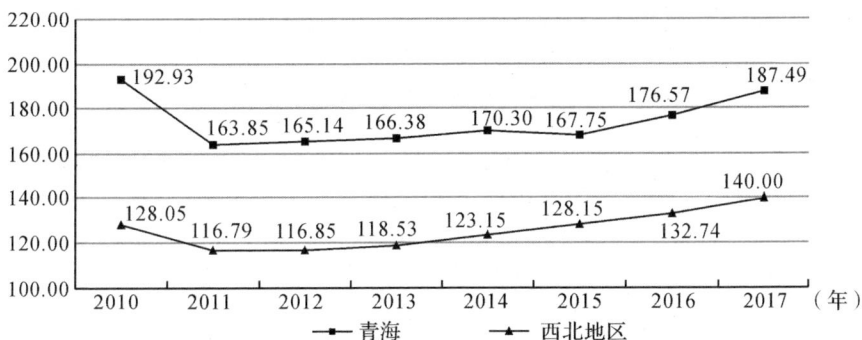

图 9-56 青海和西北地区基础指数变化趋势

在构成青海发展支撑力指数的二级指标中，基础指数由 3 个指标构成，分别是人均社会消费品零售总额指数、流通业固定资产投资额占比指数和流通里程强度指数。 通过对这 3 个指标的贡献率进行分析，可以发现，人均社会消费品零售总额指数呈现逐年上升的趋势，从 2010 年的 62.53 增长到 2017 年的 140.72，增长幅度超过 1 倍，指标绝对量从 2010 年的 6234.46 元/人增长到 2017 年的 14 030.10 元/人。 流通业固定资产投资额占比指数有所波动，但整体呈现上升趋势，从 2010 年的 102.58 增长到 2017 年的 145.04，拉动总指数增长了 1.88 个百分点。 流通里程强度指数则呈逐年下降的趋势，从2010 年的 413.67 下降到 2017 年的 276.71，下降幅度较大。

第二，购买潜力指数。

青海发展支撑力的购买潜力指数总体呈逐年增长的趋势，从 2010 年的 76.52 增长到 2017 年的 173.34，增长了 126.52％，低于西北地区同期平均水平的 80.54 和 178.80；对总指数的拉动作用从 2010 年的－2.93 个百分点增长到 2017 年的 9.17 个百分点，拉动作用有明显提升。 这表明青海购买潜力大，对青海发展支撑力的带动作用大。 具体指数变化趋势如图 9-57 所示。

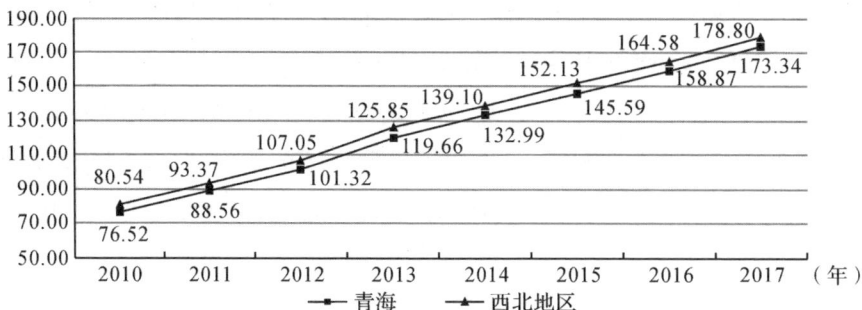

图 9-57　青海和西北地区购买潜力指数变化趋势

青海的购买潜力指数有 2 个构成指标，分别是城镇居民消费潜力指数和农村居民消费潜力指数。 从拉动作用进行分析，农村居民消费潜力指数对总指数的拉动作用更大，城镇居民消费潜力指数的拉动作用则相对小一些，二者整体都呈逐年稳定增长趋势，因此结合二者进行分析。 具体来说，城镇居民消费潜力指数、农村居民消费潜力指数分别从 2010 年的 81.98，71.07 增长到 2017 年的 172.59，174.10；指标绝对量分别从 2010 年的 13 855 元/人、3862.7 元/人增长到 2017 年的 29 168.86 元/人、9462.3 元/人；对总指数的拉动作用都由负转正，均有大幅度提高。

9.4.2.2　发展现代化

2010—2017 年，青海流通业的发展现代化指数整体呈上升趋势，由 2010 年的 54.16 增长到 2017 年的 69.68，增长幅度较低，且低于西北地区同期平均水平的 78.29 和 99.43，并且在这 8 年内，发展现代化指数虽然有所改善，但对总指数始终起到负向拉动作用，说明青海流通发展现代化程度相对于西北地区来说仍然较低。 具体指数变动趋势如图 9-58 所示。

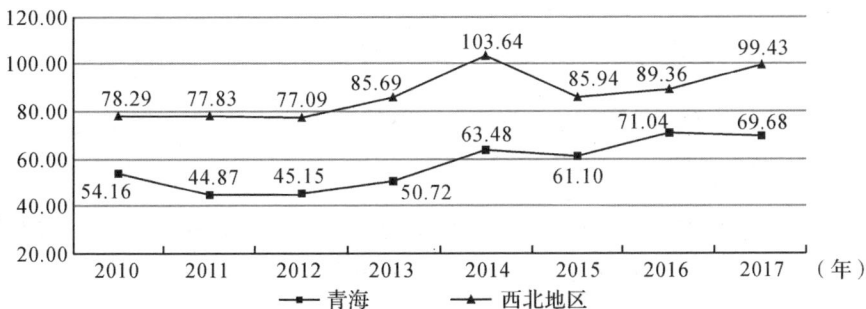

图 9-58　青海和西北地区发展现代化指数变化趋势

从排名上来看，2010—2017 年，青海发展现代化指数在全国的平均排名为第 28，并且均未能进入全国前 20，如图 9-59 所示。其中，最高排名是 2016 年的全国第 26，最低排名则是 2011 年、2012 年、2013 年和 2015 年的全国第 29，该指数排名较为平稳，一直处于全国第 26 至第 29 的位置，处于全国落后水平，因此需要进一步加快提升青海流通现代化水平。

对流通业竞争力发展总指数拉动作用进行分析，发展现代化指数对青海流通业竞争力发展总指数起到了负向拉动作用。2017 年，在构成发展现代化指数的二级指标中，技术现代化指数对总指数的贡献率为 0.09％，导致总指数下降了 0.01 个百分点，负向拉动作用不明显；而业态现代化指数则导致总指数下降了 7.57 个百分点，负向拉动作用较为明显。2017 年，构成发展现代化指数的三级指标，即人均流通资本指数、物流配送化程度指数和人均连锁经营化规模指数分别推动总指数上升了 5.77，－1.69 和－2.83 个百分点。其中，仅人均流通资本指数对总指数起到了正向拉动作用，其余三级指标均对总指数起到了负向拉动作用。

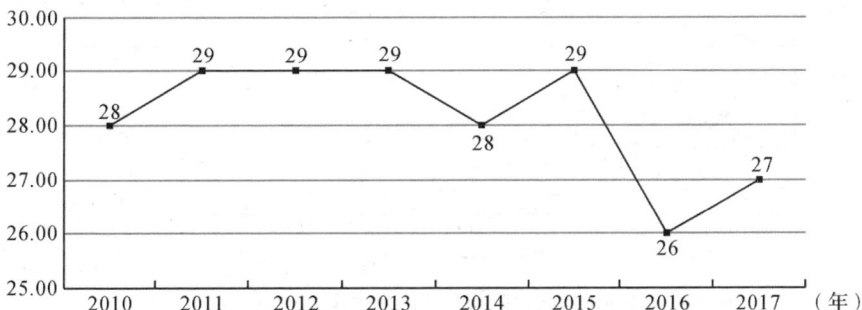

图 9-59　青海发展现代化指数全国排名

9.4.2.3　发展国际化

2010—2017 年，青海的发展国际化指数的波动性较大，整体呈下降趋势。 从指数方面来看，发展国际化指数从 2010 年的 9.69 变化到 2017 年的 6.92，远远低于全国同期水平，同时也低于西北地区同期平均水平，这表明青海流通国际化水平在西北地区乃至全国范围内都处于较低水平，且有逐年下降的趋势，因此需要加大力度提高青海城市国际化水平。 具体指数变化趋势如图 9-60 所示。

从排名上来看，如图 9-61 所示，青海发展国际化指数在 2010—2017 年均未进入全国前 20，其中最高排名是 2011 年的全国第 25，最低排名则是 2010 年的全国第 30。 从排名稳定性上分析，青海的发展国际化指数在 2010—2017 年的平均排名是全国第 28.25，排名的标准差是 1.58，变异系数则为 0.06，两者的值均小于总指数的相应值，表明发展国际化指数的排名较为稳定，但处于全国乃至西北地区的下游水平。

从对流通业竞争力发展总指数的拉动作用进行分析，2017 年，构成发展国际化指数的 2 个二级指标，即外向度指数和开放度指数分别导致总指数下降了 11.51 和 11.75 个百分点。 构成发展国际化指数的三级指标，即人均商品出口额指数、流通业实际利用外资额占比指数和外资商业销售额占比指数在 2017 年分别导致总指数下降了 11.51，5.96 和 5.80 个百分点，其中人均商品出口额指数的负向拉动作用最为明显，表明青海经济外向度偏低，应进一步提升其对外投资合作水平，加强对外贸易往来。

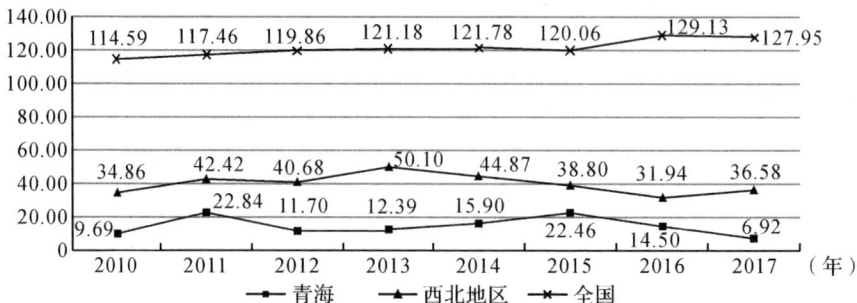

图 9-60　青海、西北地区与全国的发展国际化指数变化趋势

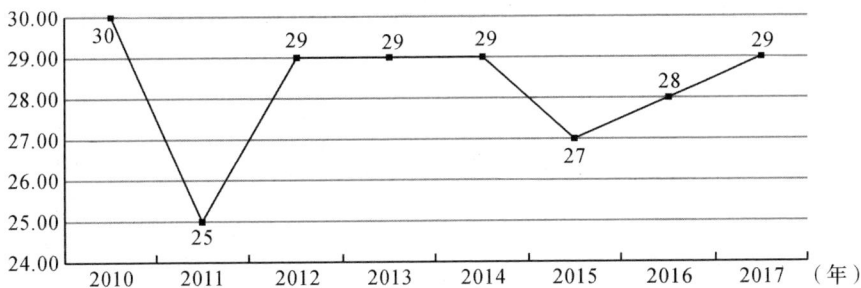

图 9-61　青海发展国际化指数全国排名

9.4.2.4　发展绩效

2010—2017 年，青海发展绩效指数的波动较为明显，其中在 2010—2013 年呈现逐年上升的趋势，且在 2013 年有较大幅度的提升，但在 2013 年之后整体呈下降趋势。从整体上来看，该指数从 2010 年的 116.50 降到 2017 年的 87.90，虽有所降低，但基本上高于西北地区同期平均水平，仅在 2017 年低于西北地区同期平均水平。具体指数变化趋势如图 9-62 所示。

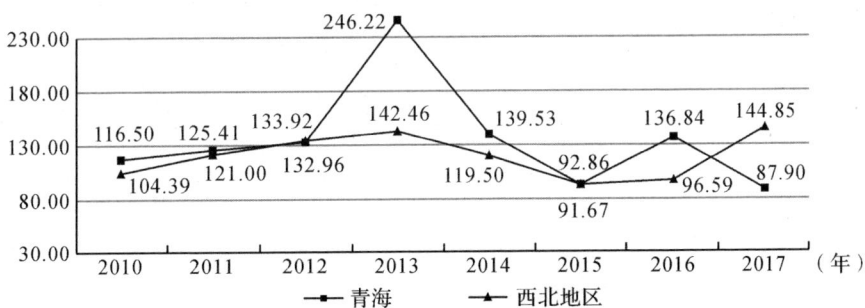

图 9-62　青海和西北地区发展绩效指数变化趋势

青海发展绩效指数在 2010—2017 年共有 4 年排在全国前 10 名，其中最高排名是 2013 年的全国第 1，最低排名是 2017 年的全国第 26。2010—2017 年，青海发展绩效指数排名曲线的波动较大，曲线趋势不明显。

对流通业竞争力发展总指数的拉动作用进行分析发现，2017 年，构成发展绩效指数的二级指标，即流通效率指标和社会经济贡献指数分别拉动总指数上升了 0.28 和 −3.31 个百分点，其中社会经济贡献指数对总指数起到了负向拉动作用。 从构成发展绩效指数的三级指标上来看，2017 年，库存周转率指数和促进倾向指数分别拉动总指数上升了 4.49 和 1.43 个百分点，对青海流通业的发展起到了明显的拉动作用；而其余的三级指标均对总指数起到了负向拉动作用，其中流动资产周转率指数的反向拉动作用最为明显。

9.4.3 相对优势与相对弱势要素分析

为了分析青海自身的四大要素的发展状况，本小节将青海的四大要素按平均排名排序，并将处于第 1 名的要素称为青海流通业竞争力发展的相对优势要素，将排在最后 1 名的要素称为青海流通业竞争力发展的相对弱势要素，表 9-12 展示了青海流通业竞争力发展四大要素的平均排名情况。 从表中可以看出，青海流通业竞争力发展的相对优势要素是发展支撑力，而相对弱势要素是发展国际化；同时也可以看出，青海流通业发展不均衡，基本依赖发展支撑力指数及发展绩效，其余两个要素则起到负向拉动作用。

表 9-12　青海流通业竞争力发展四大要素的平均排名和变异系数

指标	发展支撑力指数	发展现代化指数	发展国际化指数	发展绩效指数
平均排名	10.38	28.13	28.25	11.88
变异系数	0.28	0.04	0.06	0.71

通过以上分析可以发现，在青海流通业竞争力发展总指数的 4 个一级指标中，发展国际化指数的贡献率最低，表明经济外向度水平低是长期制约青海经济持续快速发展的"短板"。 青海政府和企业应进一步提升对外投资合作水平，以招商引资和扩大出口为重点加快提高经济外向度，从而提高流通业的发展国际化水平，最终提高青海流通业发展的水平。

9.5 宁 夏

9.5.1 流通业竞争力发展总指数概况

2010—2017 年，宁夏流通业竞争力发展总指数整体呈现增长的趋势，但增长幅度较低，由 2010 年的 78.72 增长到 2017 年的 96.16，8 年间仅增长了 22.15%。 从排名上来看，宁夏流通业竞争力发展总指数的变化波动不大，平均排名为全国第 23.88，最高排名为 2013 年的全国第 20，最低排名为 2016 年的全国第 27。 由此看出，宁夏的流通发展水平在全国是相对落后的，仍需进一步加大对宁夏流通业的发展力度。 2010—2017 年，宁夏流通业竞争力发展总指数及其子指标全国排名情况如表 9-13 和图 9-63 所示。

表 9-13　宁夏流通业竞争力发展总指数及四要素排名

	指标	总指数	发展支撑力指数	发展现代化指数	发展国际化指数	发展绩效指数
年份	2010	23	30	11	26	21
	2011	25	30	9	27	26
	2012	22	30	18	23	14
	2013	20	30	16	13	25
	2014	26	30	17	22	23
	2015	25	30	19	22	23
	2016	27	30	17	26	22
	2017	23	30	8	26	27

从排名稳定性上分析，宁夏流通业竞争力发展总指数在 2010—2017 年的平均排名为全国第 23.88，排名的标准差为 2.30，变异系数为 0.10。 总指数主要的波动发生于 2013 年，通过对宁夏的数据的进一步观察发现，这是发展国际化指数在 2013 年有较大幅度的提升所导致的。

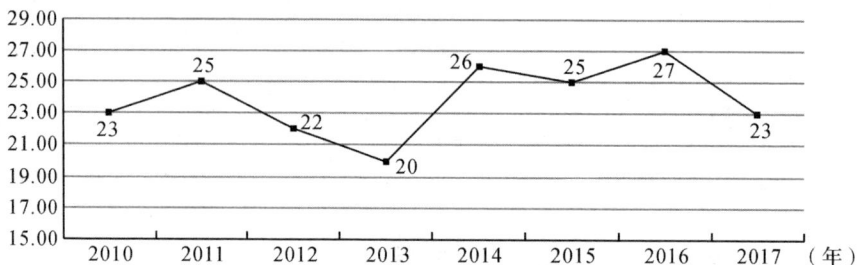

图 9-63　宁夏流通业竞争力发展总指数排名

2010—2017 年,影响宁夏流通业竞争力发展总指数的 4 个一级指标,即发展支撑力指数、发展现代化指数、发展国际化指数和发展绩效的平均值分别为 114.23,100.26,36.00 和 94.85,如表 9-14 所示。 在这 8 年期间,宁夏发展支撑力指数呈高速增长趋势,由 2010 年的 86.76 增长到 2017 年的 142.86,增长了 64.66%。 流通业发展现代化指数的波动性较大,在 2015—2017 年呈现逐年增长的趋势。 流通业发展绩效指数的变化波动不大,整体呈下降的趋势。 而流通业发展国际化指数的变化波动幅度较大,在 2011—2013 年有较大幅度的提升,在 2013 年之后则逐年下降,但在 2017 年又有所回升,发展趋势不明显。 这说明宁夏流通业的发展非常不稳定,且总体水平较为落后,处于全国下游位置。

表 9-14　宁夏流通业竞争力发展总指数及四要素分值

指标		总指数	发展支撑力指数	发展现代化指数	发展国际化指数	发展绩效指数
年份	2010	78.72	86.76	104.21	16.88	107.04
	2011	81.98	92.30	117.45	16.26	101.90
	2012	88.84	100.07	89.24	45.36	120.71
	2013	92.95	110.50	95.95	72.07	93.27
	2014	85.46	119.16	90.41	44.84	87.42
	2015	82.89	126.33	83.66	39.29	82.29
	2016	83.67	135.87	89.45	22.52	86.86
	2017	96.16	142.86	131.72	30.77	79.27

2017 年，宁夏的发展支撑力指数和发展现代化指数分别拉动总指数上升了 10.72 和 7.93 个百分点，而发展国际化指数和发展绩效指数则对总指数产生了负向拉动作用，分别使总指数降低了 17.31 和 5.18 个百分点。因此，说明宁夏流通业的发展主要依赖其发展支撑力指数及发展现代化指数，其余二级指标均对流通业竞争力发展总指数有负向拉动作用，尤其是流通发展国际化水平，制约了宁夏流通业的发展，因此宁夏的国际化水平及发展绩效都亟待进一步提高。

9.5.2 影响流通业竞争力发展的各因素分析

9.5.2.1 发展支撑力

2010—2017 年，宁夏的发展支撑力指数逐年上升，从 2010 年的 86.76 增长到 2017 年的 142.86，增长了 64.66%，但远远低于全国同期水平的 109.67 和 181.48，同时也低于西北地区同期平均水平的 104.30 和 159.40，表明宁夏的发展支撑力指数虽然呈现逐年上升的趋势，但发展程度在全国乃至西北地区来说仍然处于下游水平，如图 9-64 所示。

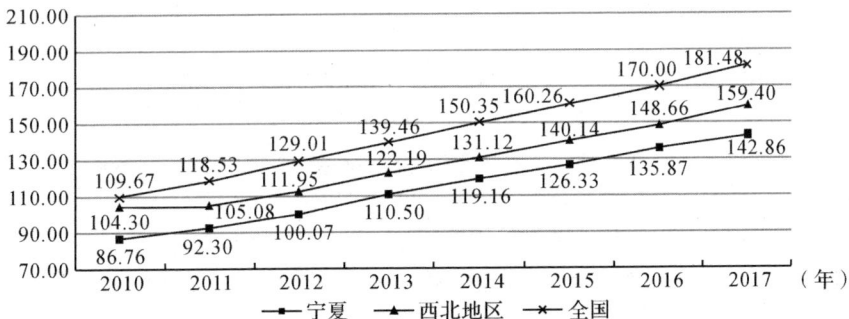

图 9-64 宁夏、西北地区、全国的发展支撑力指数变化趋势

从排名上来看，2010—2017 年，宁夏的发展支撑力指数的排名均为全国第 30，始终处于全国末尾位置。从对流通业竞争力发展总指数的贡献上分析，2017 年，构成发展支撑力指数的 2 个二级指标，即基础指数和购买潜力指数分别拉动总指数上升了 −0.03 和 10.75 个百分点。2017 年，宁夏发展支撑力指数的三级指标，即人均社会消费品零售总额指数、流通业固定资产投资额占比指数、流通里程强度指数、城镇居民消费潜力指数和农村居民消费潜力指数分别拉动总指数上升了－0.09，－1.18，－0.39，4.65 和 6.10 个百分点。 其中，人均社会消费品零售总额指数、流通业固定资产投资额占比指数和流通里程强度指数均对总指数起到了负向拉动作用，其余三级指标则对总指数起到了正向拉动作用。

第一，基础指数。

2010—2017 年，宁夏基础指数整体呈现逐年上升趋势，从 2010 年的 85.12 变化到 2017 年的 99.75，在 8 年间仅增长了 17.19%，增长幅度较小，且远远低于西北地区同期平均水平的 128.05 和 140.00。 2017 年，宁夏基础指数拉动总指数下降了 0.03 个百分点，虽然对总指数的负向拉动作用不明显，但表明宁夏的基础指数较小，对发展支撑力的支持作用较小。 具体指数变化趋势如图 9-65 所示。

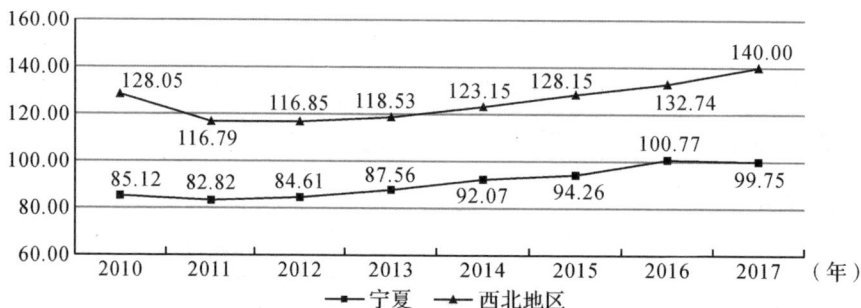

图 9-65　宁夏与西北地区基础指数变化趋势

宁夏的基础指数由 3 个指标构成，分别是人均社会消费品零售总额指数、流通业固定资产投资额占比指数和流通里程强度指数。 通过对这 3 个指标的贡献率进行分析，可以发现，人均社会消费品零售总额指数呈现逐年上升的趋势，从 2010 年的 66.31 增长到 2017 年的 136.83，增长幅度超过 1 倍，指标绝对量从 2010 年的 6611.37 元/人增长到 2017 年的 13 642.23 元/人。 流通业固定资产投资额占比指数有所波动，整体发展趋势不明显，从 2010 年的 67.94 变化到 2017 年的 71.77，导致总指数下降了 1.18 个百分点，对总指数的负向拉动作用最为明显。 流通里程强度指数则呈逐年下降的趋势，从 2010 年的 121.11 下降到 2017 年的 90.64，下降幅度较大。

第二，购买潜力指数。

宁夏的购买潜力指数总体呈逐年增长趋势，从 2010 年的 88.40 增长到 2017 年的 185.98，增长了 110.38%，高于西北地区同期平均水平的 80.54 和 178.80；对总指数的拉动作用从 2010 年的 −1.45 个百分点增长到 2017 年的 10.75 个百分点，拉动作用有明显提升，表明宁夏购买潜力大，对发展支撑力的带动作用大。具体指数变化趋势如图 9-66 所示。

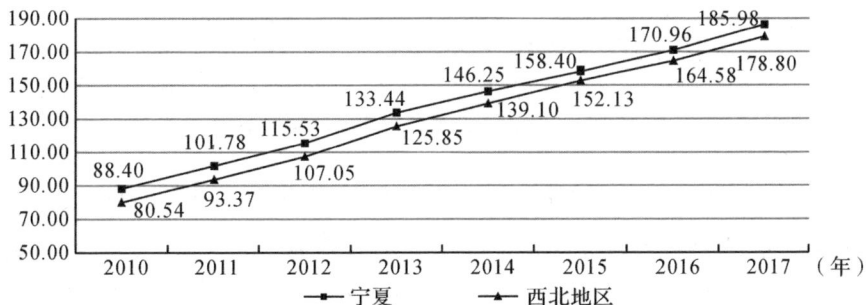

图 9-66　宁夏和西北地区购买潜力指数变化趋势

购买潜力指数有 2 个构成指标，分别是城镇居民消费潜力指数和农村居民消费潜力指数。从拉动作用方面来看，农村居民消费潜力指数对总指数的拉动作用更大，城镇居民消费潜力指数的拉动作用则相对小一些，二者整体都呈逐年稳定增长趋势，因此结合二者进行分析。具体来说，城镇居民消费潜力指数、农村居民消费潜力指数分别从 2010 年的 90.79，86.01 增长到 2017 年的 174.39，197.57；指标绝对量分别从 2010 年的 15 344.50 元/人、4674.90 元/人增长到 2017 年的 29 472.28 元/人、10 737.89 元/人；对总指数的拉动作用均由负转正，有大幅度提高。

9.5.2.2　发展现代化

2010—2017 年，宁夏流通业的发展现代化指数虽然有所波动，但整体呈增长趋势，由 2010 年的 104.21 增长到 2017 年的 131.72，仅在 2014 年、2015 年低于西北地区同期平均水平，其余年份均高于西北地区同期平均水平。这 8 年来，发展现代化指标有所改善，对总指数的拉动从 2010 年的 1.05 个百分点增长到 2017 年的 7.93 个百分点，说明宁夏流通发展现代

化程度相对于西北地区来说处于中上游水平。 具体指数变化趋势如图 9-67
所示。

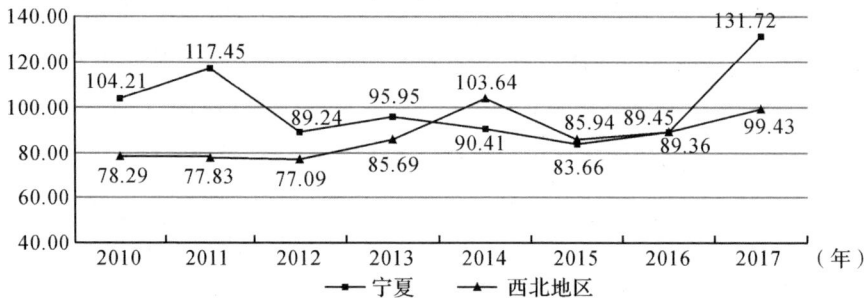

图 9-67　宁夏与西北地区的发展现代化指数变化趋势

从排名上来看，如图 9-68 所示，2010—2017 年，宁夏发展现代化指数
在全国的平均排名为第 14.38，并且均处于前 20 名。 其中，最高排名是
2017 年的全国第 8，最低排名则是 2015 年的全国第 19。 从排名稳定性上
分析，宁夏发展现代化指数排名的标准差是 4.34，变异系数为 0.30，两者
的值均大于总指数的相应值，表明宁夏发展现代化指数的排名变化幅度
较大。

从对流通业竞争力发展总指数拉动作用方面来分析，宁夏的发展现代化
指数对总指数起到了明显的拉动作用。 2017 年，在构成发展现代化指数的二
级指标中，技术现代化指数对总指数的贡献率为 1.82%，导致流通业竞争力
总指数下降了 0.07 个百分点，负向拉动作用不明显；而业态现代化指数则拉
动总指数上升了 8.00 个百分点，对总指数的拉动作用较为明显。 2017 年，
在三级指标中，人均流通资本指数、物流配送化程度指数和人均连锁经营化规
模指数分别推动总指数上升了 5.54，－1.24 和 6.35 个百分点。 可见，宁夏
的物流配送化程度较低，对总指数起到了负向拉动作用，因此，宁夏亟待进一
步提高物流水平。

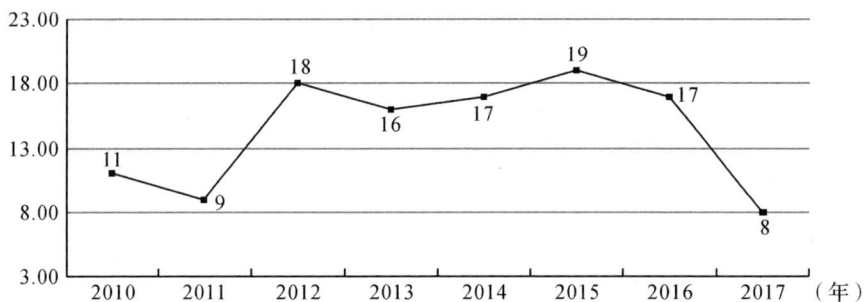

图 9-68　宁夏发展现代化指数排名

9.5.2.3　发展国际化

　　2010—2017 年，宁夏发展国际化指数的变化幅度较大，整体趋势不明显。从指数方面来看，发展国际化指数从 2010 年的 16.88 增长到 2017 年的 30.77，远远低于全国同期水平，同时仅在 2012 年、2013 年和 2015 年高于西北地区同期平均水平，其余年份均低于西北地区同期平均水平，这表明宁夏的流通国际化水平在全国范围内仍处于较低水平，且有逐年下降的趋势，因此需要加大力度提高宁夏的城市国际化水平。具体指数变化趋势如图 9-69 所示。

　　从排名上来看，宁夏的发展国际化指数在 2010—2017 年仅在 2013 年排在全国前 20 名，其余年份均未进入全国前 20 名，其中最高排名是 2013 年的全国第 13，最低排名则是 2011 年的全国第 27，如表 9-13 所示。从排名稳定性上分析，宁夏的发展国际化指数在 2010—2017 年的平均排名是全国第 23.13，排名的标准差是 4.55，变异系数为 0.20，两者的值均大于总指数的相应值，表明发展国际化指数的排名不稳定。

　　从对流通业竞争力发展总指数的拉动作用方面分析，2017 年，构成发展国际化指数的 2 个二级指标，即外向度指数和开放度指数分别导致总指数下降了 5.06 和 12.24 个百分点。在构成发展国际化指数的三级指标中，人均商品出口额、流通业实际利用外资额占比指数和外资商业销售额占比指数在 2017 年分别导致总指数下降了 5.06，6.03 和 6.21 个百分点，其中外资商业销售额占比指数的负向拉动作用最为明显，表明宁夏经济外向度水平偏低，宁夏应进一步提升对外投资合作水平，加强对外贸易往来。

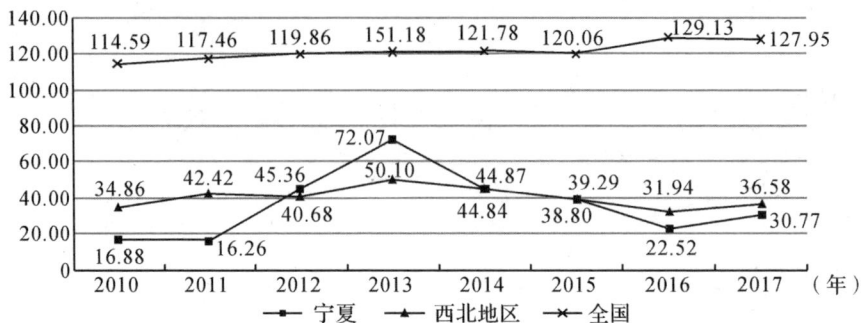

图 9-69　宁夏、西北地区和全国的发展国际化指数变化趋势

9.5.2.4　发展绩效

2010—2017 年，宁夏的发展绩效指数整体呈现下降的趋势。从指数方面来看，发展绩效指数从 2010 年的 107.04 降低到 2017 年的 79.27，下降幅度较大，除了 2010 年高于西北地区同期平均水平外，其余年份都低于西北地区同期平均水平。具体指数变化趋势如图 9-70 所示。

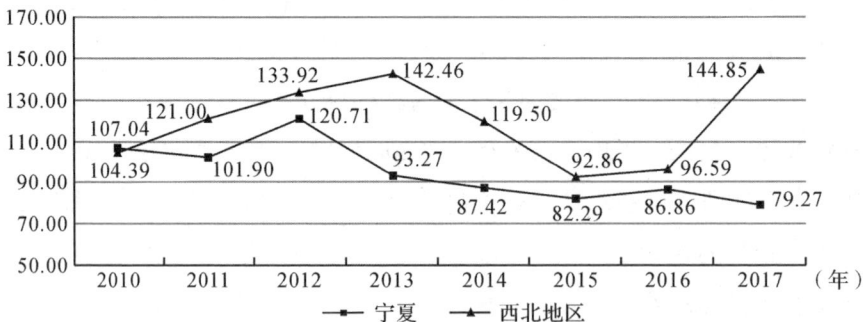

图 9-70　宁夏和西北地区发展绩效指数变化趋势

2010—2017 年，宁夏的发展绩效指数仅在 2012 年排在全国前 20，其余年份均未能进入全国前 20，其中最高排名是 2012 年的全国第 14，最低排名是 2017 年的全国第 27。2010—2017 年，宁夏发展绩效指数的排名曲线的波动较大，曲线趋势不明显。

从对流通业竞争力发展总指数的拉动作用方面分析，2017 年，构成发展绩效指数的二级指标，即流通效率指数和社会经济贡献指数分别导致总指数下降了2.22和2.96个百分点，其中社会经济贡献指数对总指数起到的负向拉动作用更为明显。从三级指标上分析，2017年，库存周转率指数拉动总指数上升了0.27个百分点，虽然其对宁夏流通业的发展起到了拉动作用，但作用不明显；而其余的三级指标均对总指数起到了负向拉动作用，其中流动资产周转率指数的负向拉动作用最为明显。

9.5.3　相对优势与相对弱势要素分析

为了分析宁夏自身的四大要素的发展状况，本小节将宁夏的四大要素按平均排名排序，并将处于第1名的要素称为宁夏流通业竞争力发展的相对优势要素，将排在最后1名的要素称为宁夏流通业竞争力发展的相对弱势要素，表9-15为宁夏流通业竞争力发展四大要素的平均排名情况。从表中可以看出，宁夏回族自治区流通发展力的相对优势要素是流通发展现代化，而相对弱势要素是流通发展支撑力；同时也可以看出，宁夏回族自治区流通发展水平较差，除了流通发展现代化要素外，其余要素平均排名均处于20名之后。

表 9-15　宁夏流通业竞争力发展四大要素的平均排名和变异系数

指标	发展支撑力指数	发展现代化指数	发展国际化指数	发展绩效指数
平均排名	30.00	14.38	23.13	22.63
变异系数	0.00	0.30	0.20	0.18

通过以上分析可以发现，在宁夏流通业竞争力发展总指数的4个一级指标中，发展国际化指标贡献率最低。

后　记

　　本书是浙江工商大学现代商贸研究中心众多研究人员辛勤工作的成果。参加本课题的主要成员及分工如下：丁一志、肖亮、郑勇军负责整体框架、思路设计和评价指标体系研究工作；丁一志、余福茂、舒莉负责指数测算与分析工作；舒莉负责第一、二、三和五章的撰写工作；卢丹负责第六章和第八章的撰写工作；研究生柴城璐、魏欣雨和丁玉婷分别参与了第四、七和九章的内容撰写工作，曹怀胜参与了数据收集和整理工作。

　　本书研究工作受浙江省高校重大人文社科项目"全球流通发展新动态与国家战略选择"资助（项目编号：2016GH023）。

　　由于研究角度的差异、受限于流通理论研究水平，本书尚有许多不足之处，欢迎读者批评指正。